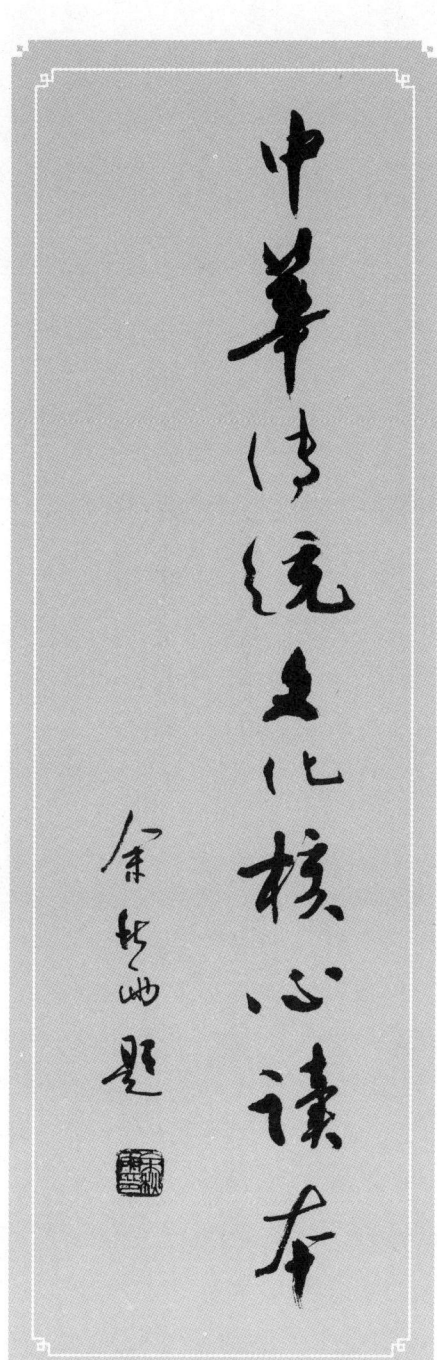

中华传统文化核心读本

传承中华文化精髓

建构国人精神家园

白话资治通鉴

[北宋]司马光/著

乙力/编译

天地出版社 | TIANDI PRESS

图书在版编目（CIP）数据

白话资治通鉴 /（北宋）司马光著；乙力编译. —成都：天地出版社，2019.9（2020年1月重印）
（中华传统文化核心读本：精选插图版）
ISBN 978-7-5455-4841-9

Ⅰ.①白… Ⅱ.①司… ②乙… Ⅲ.①中国历史—古代史—编年体②《资治通鉴》—译文 Ⅳ.①K204.3

中国版本图书馆CIP数据核字（2019）第076146号

BAIHUA ZIZHI TONGJIAN
白话资治通鉴

出 品 人	杨 政
作 者	［北宋］司马光
编 译	乙 力
责任编辑	陈文龙 沈海霞
封面设计	思想工社
内文排版	麦莫瑞
责任印制	葛红梅

出版发行	天地出版社
	（成都市槐树街2号 邮政编码：610014）
	（北京市方庄芳群园3区3号 邮政编码：100078）
网 址	http://www.tiandiph.com
电子邮箱	tianditg@163.com
经 销	新华文轩出版传媒股份有限公司

印 刷	河北鹏润印刷有限公司
版 次	2019年9月第1版
印 次	2020年1月第2次印刷
开 本	710mm×1000mm 1/16
印 张	24
字 数	512千字
定 价	39.80元
书 号	ISBN 978-7-5455-4841-9

版权所有◆违者必究
咨询电话：（028）87734639（总编室）
购书热线：（010）67693207（营销中心）

本版图书凡印刷、装订错误，可及时向我社营销中心调换

出版说明

中华文明历史悠久,源远流长。五千年的中华文明光辉灿烂,硕果累累,对后世产生了积极而深远的影响。作为华夏儿女,这是值得我们每一个人骄傲和自豪的地方。

中华传统文化,是中华文明在五千年的发展历程中诞生的成果之一,它以儒、道文化为主体,包含政治、经济、思想、艺术等各类物质和非物质文化。具体而言,中华传统文化包括诗、词、曲、赋、古文、书法、对联、灯谜、成语、中医、国画、传统节日、民族音乐等等,可谓博大精深,形式多样。

习近平总书记指出,中华优秀传统文化是我们最深厚的文化软实力,也是中国特色社会主义植根的文化沃土。中华优秀传统文化,滋养了中华民族的民族精神,赋予了中华民族伟大的生命力和凝聚力,是中华文明成果的创造力源泉。继承和发展中华优秀传统文化,学习、掌握其中的各种思想精华,不仅对我们树立正确的世界观、人生观、价值观大有裨益,而且也能为我们处理各种社会事务提供有益的启发和指导。

为弘扬中华优秀传统文化,满足广大读者对优秀传统文化的阅读需求,我们遴选了这套"中华传统文化核心读本·精选插图版"丛书。本丛书分"贤哲经典""历史民俗""文学菁华"三个系列,每个系列精选代表性的书目若干,基本涵盖了传统文化的各个类别。

为便于广大读者对传统经典的学习和吸收，本丛书对涉及古文的品种基本采用了注译和白话两种处理方式，以消除读者阅读的障碍。另外，本丛书每个品种都配有大量精美的古画插图，这些插图与内容互为补充，相得益彰，让读者在阅读中获得艺术的享受。

前言

《资治通鉴》是一部历史巨著。全书共294卷，300余万字，记载了上起战国时期周威烈王二十三年（前403年），下迄后周世宗显德六年（959年）五代灭亡，前后长达1362年的历史。其取材除十七史外，还包括杂史、传状、文集、谱录等数百种，内容充实。该书以历代治乱兴衰为线索，在记录历史的同时，阐述君主与人臣的品德善恶、军国大事与政策的得失，总结王朝更替的原因和教训，以期使统治者鉴戒。该书完全用年、月、日的时间顺序记事，结构严密，条理清晰，堪称我国古代最完善的一部编年体通史。

作者司马光（1019—1086），字君实，号迂叟，山西夏县涑水乡人，世称涑水先生。司马光的父亲司马池，曾在朝中为官，官至天章阁待制，在皇家藏书阁担任皇帝的顾问。父亲的学识与修养，无疑对司马光的成长产生了深远的影响。司马光自幼聪明好学，七岁时便能粗通《左传》，他和同伴游戏时破缸救人的故事至今仍被人们所熟知。仁宗宝元元年（1038年），年仅二十岁的司马光中了进士，起初在华州担任地方官。后被庞籍推荐调入京城，担任馆阁校勘、同知礼院的职务。至和元年（1054年），司马光跟随庞籍到了并州为官，嘉祐二年（1057年）因庞籍获罪，司马光便引咎离开了并州。从嘉祐三年（1058年）开始，司马光又陆续担任了开封府推官、度支员外郎等职。宋英宗统治时期，司马光由谏官提升为龙图阁直学士。英宗治平三年（1066年），司马光奉诏编写《历代君臣事迹》。宋英宗颁诏设书局于秘阁，令其续修《通志》。并授权司马光自己挑选英才，辅助编修《通志》。宋神宗即位不久，司马光任翰林兼侍读学士。当年，司马光向神宗进献《通志》八卷，《通志》即《历代君臣事迹》第八卷，该书记载了从周威烈王二十三年起，至秦二世三年的史事。神宗将《通志》赐名为《资治通鉴》，意思是"鉴于往事，有资于治道"，并命司马光等人继续编写。《资治通鉴》从治平三年设立局编写，经过全体编修者的通力合作，到元丰七年成书，历时十九年。宋哲宗即位，拜司马光为相。他任相年余，尽废新法，元祐元年卒。欧阳修评其为"德性淳正，学术通明"。司马光一生著述多达三十七种，其中以《资治通鉴》《家范》《涑水纪闻》最为著名。

《资治通鉴》自成书以来，历代帝王将相、文人骚客、各界要人争读不止。点评批注《资治通鉴》的帝王、贤臣、鸿儒及现代的政治家、思想家、学者数不胜数。对《资治通鉴》的称誉，除《史记》之外，几乎没有任何一部史著可与《资治通鉴》媲美。

《资治通鉴》通过翔实的历史记载，向当时的统治者说明了历史的经验对于政治统治的重要性，在这一点上《资治通鉴》所提供的历史教训，是以往任何一部史书都不能相比的。另外，在历史观点上，《资治通鉴》认为国家的兴衰在很大程度上取决于统治者们的修养。提倡君主应遵礼，讲究仁义，在用人方面要量才而用，赏罚分明，还要能听取臣民的谏言，这一点对后来历代的统治阶级都有一定的约束作用，直到今天仍不失其意义。

《资治通鉴》的内容，以政治、军事和民族关系为主，兼及经济、文化和历史人物评价，目的是要通过对国家盛衰、民族兴亡、统治阶级的政策的描述，来警醒世人。"鉴前世之兴衰，考当今之得失，嘉善矜恶，取是舍非，足以懋稽古之盛德，跻无前之至治"。

在文字表达方面，《资治通鉴》最擅长于描写战争场面，像中国历史上以少胜多、以弱胜强的经典战役赤壁之战、淝水之战，都被记述得精彩纷呈。在记载赤壁之战时，司马光并没有正面去描写战争的具体情况，而是从人物着手，把鲁肃与孙权合谋定计、吴蜀构筑同盟及诸葛亮智激孙权等故事分别道来，从独特的视角诠释了这场决定魏、蜀、吴三足鼎立局面的关键之战。既有战争的完整过程，又有人物的刻画，给人留下了深刻的印象。

《资治通鉴》是我国一部极为重要的编年史，不仅为封建统治阶级提供了统治经验，同时也具有很高的史料价值，因此历代政治家和史学家都给予了高度评价。宋神宗早就说它"贤于荀悦《汉纪》远矣"。南宋学者王应麟评价该书为"自有书契以来，未有为通鉴者"。清代史学家王鸣盛也说："此天地间必不可无之书，亦学者必不可不读之书也。"一代伟人毛泽东评价这部巨著："尽管立场观点是封建统治阶级的，但叙事有法，历代兴衰本末毕具，我们可以从中吸取教训。"可见其影响之深远。

《资治通鉴》全书体例严谨，前后脉络分明，语言文字也极为简练。这些对后世史学都产生了极大的影响。直至今天，人们还在学习它、研究它、借鉴它，从中吸取着大量的营养。我们把其中的经典篇章翻译成白话文，进行重新编排，以事件为中心重新拟标题，并在原文之外做了背景介绍和简要评述，以便让事件清晰完整、易于理解，定名为《白话资治通鉴》，奉献给读者，让读者更好地阅读和欣赏。

本书编排严谨，校点精当，并配以精美的插图，以达到图文并茂、生动形象的效果。此外，本书版式新颖，设计考究，双色印刷，装帧精美，除供广大读者阅读欣赏外，更具有极高的研究、收藏价值。

目 录

- 三家分晋 …………………………………… 001
- 豫让报恩 …………………………………… 003
- 魏文侯以贤兴国 …………………………… 005
- 吴起奔楚 …………………………………… 007
- 齐威王明察吏治 …………………………… 009
- 商鞅变法 …………………………………… 010
- 孙膑奇计胜庞涓 …………………………… 012
- 孟子谏齐宣王 ……………………………… 014
- 张仪的连横策略 …………………………… 015
- 赵武灵王胡服骑射 ………………………… 017
- 乐毅伐齐 …………………………………… 020
- 完璧归赵 …………………………………… 022
- 将相和 ……………………………………… 023
- 田单收复齐城 ……………………………… 025
- 鸡鸣狗盗 …………………………………… 028
- 范雎睚眦必报 ……………………………… 029

- 触龙说赵太后 …………………………………… 032
- 长平之战 ………………………………………… 033
- 毛遂自荐 ………………………………………… 035
- 信陵君窃符救赵 ………………………………… 036
- 二周灭亡 ………………………………………… 038
- 吕不韦居奇货 …………………………………… 040
- 李牧守边破匈奴 ………………………………… 042
- 李斯谏逐客 ……………………………………… 044
- 荆轲刺秦王 ……………………………………… 045
- 秦王政灭六国 …………………………………… 047
- 焚书坑儒 ………………………………………… 049
- 赵高指鹿为马杀二世 …………………………… 051
- 陈胜、吴广起义 ………………………………… 052
- 巨鹿之战 ………………………………………… 054
- 鸿门宴 …………………………………………… 056
- 韩信拜将 ………………………………………… 058
- 垓下悲歌 ………………………………………… 060
- 刘邦谈得天下 …………………………………… 063
- 刘邦被困白登山 ………………………………… 064
- 白马之盟 ………………………………………… 065
- 萧曹两相国 ……………………………………… 067

- 吕后分封诸吕 …… 068
- 周勃平诸吕 …… 070
- 贾谊上疏论"积贮" …… 072
- 张释之公平断案 …… 073
- 晁错主张劝农贵粟 …… 074
- 七国之乱 …… 076
- 朱买臣发迹 …… 077
- 飞将军李广 …… 078
- 周亚夫获罪含冤死 …… 080
- 司马相如谏猎 …… 081
- 大破匈奴 …… 083
- 张骞通西域 …… 086
- 苏武牧羊 …… 088
- 武帝杀妃立太子 …… 090
- 司马迁写《史记》 …… 091
- 霍光辅政 …… 093
- 汉宣帝励精图治 …… 095
- 霍氏专权覆灭 …… 096
- 赵广汉任京兆尹 …… 097
- 昭君出塞 …… 098
- 陈汤料军如神 …… 100

- 赵飞燕得宠 …………………………………… 102
- 董贤受宠 ……………………………………… 104
- 王莽称帝 ……………………………………… 106
- 绿林赤眉起义 ………………………………… 107
- 昆阳之战 ……………………………………… 109
- 刘秀称帝 ……………………………………… 110
- 宋弘做大司空 ………………………………… 112
- 马援择君 ……………………………………… 113
- 董宣不畏豪强 ………………………………… 114
- 举案齐眉 ……………………………………… 116
- 耿弇大破张步 ………………………………… 118
- 投笔从戎 ……………………………………… 120
- 马太后拒封外戚 ……………………………… 122
- 杨震拒收贿赂 ………………………………… 124
- 虞诩巧计破羌 ………………………………… 126
- 虞诩弹劾宦官 ………………………………… 127
- 张纲检举外戚 ………………………………… 128
- 桓帝诛杀梁冀 ………………………………… 129
- 党锢之祸 ……………………………………… 131
- 黄巾起义 ……………………………………… 134
- 董卓洗劫洛阳 ………………………………… 136

- 袁绍豪夺冀州 …… 138
- 王允计除董卓 …… 140
- 曹操迎汉献帝 …… 142
- 白门楼吕布丧命 …… 143
- 官渡之战 …… 145
- 孙氏称霸江东 …… 148
- 刘备三顾茅庐 …… 150
- 赤壁之战 …… 153
- 神医华佗 …… 156
- 曹植七步成诗 …… 158
- 曹操平定关中 …… 160
- 刘备平定蜀中 …… 162
- 东吴名将吕蒙 …… 164
- 张辽勇守合肥 …… 165
- 关羽失荆州 …… 167
- 曹丕继位 …… 168
- 火烧连营 …… 170
- 七擒孟获 …… 171
- 诸葛亮上出师表 …… 173
- 马谡失街亭 …… 174
- 诸葛亮命殒五丈原 …… 177

- 司马懿诛曹爽 …… 179
- 曹魏灭蜀 …… 181
- 司马氏建晋 …… 184
- 西晋灭吴 …… 186
- 石崇与王恺斗富 …… 189
- 除害英雄周处 …… 191
- 贾南风毒计除太子 …… 193
- 八王之乱 …… 195
- 刘渊称王建汉 …… 197
- 刘聪夺王位称帝 …… 199
- 陈元达力谏刘聪 …… 200
- 司马睿迁都建东晋 …… 201
- 闻鸡起舞 …… 202
- 陶侃为政 …… 205
- 庾亮逼反苏峻 …… 206
- 石勒灭前赵称帝 …… 208
- 石虎父子相残 …… 210
- 王猛扪虱谈天下 …… 212
- 苻坚灭前凉 …… 213
- 谢安东山再起 …… 214
- 淝水之战 …… 216

- 李暠起兵建西凉 …… 218
- 桓玄施计受禅即位 …… 219
- 刘宋代晋 …… 221
- 元嘉之治 …… 224
- 萧道成建南齐 …… 226
- 孝文帝改革 …… 227
- 梁武帝舍身佛寺 …… 228
- 乘长风破万里浪 …… 230
- 大发明家祖冲之 …… 232
- 范缜不信佛 …… 234
- 高欢伐叛 …… 235
- 北魏分东西 …… 238
- 元帝平定湘州 …… 240
- 侯景兴兵作乱 …… 241
- 北周灭北齐 …… 244
- 陈霸先建陈 …… 246
- 杨坚受禅建隋 …… 248
- 隋平陈统一 …… 250
- 高颎被贬 …… 253
- 杨广夺皇位 …… 254
- 隋炀帝游江都 …… 256

- 隋炀帝三征高丽 …… 258
- 杨玄感造反 …… 260
- 瓦岗军内讧 …… 263
- 隋炀帝被杀 …… 265
- 李渊太原起兵 …… 269
- 李世民取东都 …… 271
- 李世民退突厥 …… 272
- 玄武门之变 …… 274
- 李世民励精图治 …… 277
- 唐太宗与魏徵 …… 280
- 房谋杜断 …… 283
- 李靖大破突厥 …… 285
- 文成公主入藏 …… 287
- 太宗慎立太子 …… 290
- 武则天当皇后 …… 292
- 武则天弄权称帝 …… 294
- 酷吏周兴 …… 298
- 宰相狄仁杰 …… 300
- 徐敬业叛乱 …… 301
- 韦后母女乱政 …… 304
- 姚崇为臣坦荡 …… 306

- 宋璟不徇私情 …………………………………… 308
- 口蜜腹剑 ………………………………………… 309
- 安禄山起兵反唐 ………………………………… 311
- 诗仙李白 ………………………………………… 312
- 张巡守城 ………………………………………… 315
- 颜杲卿讨伐安禄山 ……………………………… 316
- 马嵬驿兵变 ……………………………………… 318
- 李亨灵武即位 …………………………………… 320
- 固守太原 ………………………………………… 322
- 李俶收复两京 …………………………………… 323
- 李光弼大破史思明 ……………………………… 325
- 杜甫写"诗史" ………………………………… 327
- 段秀实不畏强权 ………………………………… 329
- 鱼朝恩祸乱朝政 ………………………………… 331
- 颜真卿临死不屈 ………………………………… 333
- 二王八司马事件 ………………………………… 334
- 李愬雪夜取蔡州 ………………………………… 336
- 一身正气的韩愈 ………………………………… 338
- 甘露之变 ………………………………………… 340
- 唐武宗灭佛 ……………………………………… 342
- 朋党之争 ………………………………………… 343

- 黄巢起义 …………………………………… 344
- 王建建前蜀 ………………………………… 346
- 后梁代唐 …………………………………… 348
- 李存勖建后唐 ……………………………… 350
- "儿皇帝"石敬瑭 …………………………… 353
- 杜威受骗降契丹 …………………………… 355
- 刘知远建后汉 ……………………………… 356
- 郭威废帝自立 ……………………………… 359
- 赵匡胤黄袍加身 …………………………… 360

三家分晋

春秋时期，晋国大夫智宣子打算让他的儿子智瑶继承他的位置。族人智果坚决不赞同，他说："你的另一个儿子智宵比他强，虽然智瑶有五个优点：他仪表堂堂，身材高大；他精通射箭，擅长驾车；他技艺出众，才华超人；他能言善辩，文辞优美；他坚决果断，刚毅勇敢。但智瑶有一个很大的不足，那就是不讲仁义。倚仗自己有五个优势，他就盛气凌人，不讲仁义，谁能忍受得了他呢？如果立智瑶为智家的继承人，智家一定会灭亡的。"

但是，智宣子没有采纳智果的意见。为了躲避智家的祸乱，精明的智果就通过太史官作证，把自己家从整个智氏家族里分出来，另外立为辅氏家族。

大夫赵简子有两个儿子，大儿子叫伯鲁，小儿子叫无恤。赵简子想立继承人，却不知怎么选择。他把训诫的话写在两块竹简上，分别交给两个儿子，让他们认真记住上面的话。

三年之后，赵简子叫来两个儿子，让他们说出竹简上的话。伯鲁支支吾吾说不上来，让他拿竹简出来，已经找不到了。再问无恤，无恤背得滚瓜烂熟，对答如流。向他要竹简，竹简就在他的袖子里。赵简子就认为无恤贤能，于是把他立为赵家的继承人。

赵简子派尹铎治理晋阳，临走前尹铎向他请示说："我这次去是要像剥茧一样搜刮民脂民膏呢，还是要让百姓一天天幸福安康起来呢？"赵简子说："当然是要让百姓幸福安康。"尹铎到了晋阳后，减免赋税，让百姓生活富足。

赵简子听说后，就对无恤说："如果晋国发生祸乱，你不要嫌尹铎地位低下，也不要怕晋阳路途遥远，一定要去那儿投靠他。"

智宣子死后，智瑶继承了他的位置，就是智襄子。智襄子独揽大权，暴虐无道。他和大夫韩康子、魏桓子在蓝台喝酒，在宴席上戏弄韩康子，还侮辱他的家臣段规。智襄子的家臣劝说主公，让他以礼待人，以免招来灾祸，智襄子却不理睬。

智襄子还平白无故地向韩、魏两家索要土地。韩康子和魏桓子因为实力不

智伯决水灌晋阳

够,只好忍住怒气,给智襄子土地,但都准备以后找机会报仇。

赵简子去世后,无恤继承家业,就是赵襄子。智襄子又向赵襄子索要蔡和皋狼两处土地,赵襄子没有答应。智襄子勃然大怒,带着韩、魏两家的军队攻打赵家。

赵襄子害怕了,准备出逃,就问:"我去哪儿好呢?"随从建议去他大儿子的城堡,赵襄子认为那里的百姓刚刚花了大力气把城墙修好,现在又要冒着生命危险守城,肯定不会同心协力的。随从又建议去邯郸城的仓库,那里储存的粮食最为充足。赵襄子认为粮食是从百姓那里搜刮来的,现在又让他们打仗送死,也不会有人与他同心协力。

最后,他们决定逃往晋阳。因为尹铎宽厚爱民,百姓愿意同心协力抗敌。

智襄子统率三家联军包围了晋阳,并挖开汾水,引水淹没城墙。晋阳城里到处是水,但是城里的百姓始终万众一心,没有人投降。

智襄子乘坐战车察看水势,魏桓子驾车,韩康子在旁边保护。智襄子得意地说:"我现在才知道,原来水也可以让别人的国家灭亡。"

魏桓子听了,用胳膊肘偷偷捅了一下韩康子,韩康子也轻轻踩了一下魏桓子的脚。两个人暗中使眼色,心里都明白智襄子也可以用汾水淹魏的安邑城,用绛水淹韩的平阳城了。

智襄子的谋士絺疵提醒他说:"韩、魏两家一定会谋反,您要小心啊。"

智襄子问:"你根据什么判断的?"

絺疵说:"根据发生的事情就可以判断。三家联军攻打赵家,赵家灭亡后,灾祸一定会波及韩、魏。而且之前约好三家平分赵家的土地,现在眼看要达到目标了,赵家快要灭亡了,韩康子和魏桓子眼看就能分到土地,却一点儿也没有显露出高兴的样子,反而愁眉苦脸的,这不就是要谋反吗?"

第二天,智襄子把絺疵的话转告给韩康子和魏桓子,他们赶紧解释说:"絺疵这人专讲别人坏话,其实是想帮赵家脱困好让您怀疑我们的忠诚,动摇您攻打赵家的决心。况且,谁会不愿意马上分到赵家的土地,反而要去做些会带来危险而且不可能成功的事呢?"

两人离开后，絺疵走进来说："主公为什么把臣子的话告诉他们两个？"

智襄子说："你是怎么知道的？"

絺疵回答："我看到他们出去时，仔细地端详我，而且脚步匆匆，就知道他们的心意了。"

智襄子最终还是没有听从絺疵的劝告。絺疵为了避祸，就向智襄子请求出使齐国。

赵襄子派使臣张孟谈偷偷出城，去见韩康子和魏桓子，劝他们不要帮助智襄子，以免唇亡齿寒。

于是韩康子、魏桓子就暗中与张孟谈约定合作，决定共同对抗智襄子。

按照约定，赵襄子派人用水冲击智襄子的军队，智襄子的军队忙于救水，乱作一团，韩、魏两家乘机从侧翼进攻，赵襄子也率领士兵冲击智襄子的前军，一起打败了智襄子的军队。

智襄子被杀，智氏家族全部被诛灭，只有智果因为已经脱离了智氏，另外立了辅氏而得以保全。

从此韩、赵、魏三家共同管理晋国。周威烈王二十三年（前403年），周王分封三家为诸侯，韩、赵、魏三国独立，晋国灭亡。

豫让报恩

春秋末期，各诸侯之间的战争仍十分频繁，社会动乱不堪。

当时，晋国的国君晋出公只是一个傀儡，毫无实权，晋国的朝政实际上由智伯、范氏、中行氏、韩氏、魏氏、赵氏六卿共同执掌。这六卿明争暗斗，私下里都在笼络人才。

当时，有一个很有才气的人叫豫让。起初，他在大夫范氏和中行氏那里做家臣，希望自己的才华得以施展。可时间一长，豫让发现，主人并不赏识他，于是他决定投奔求贤若渴的智伯。

终于有一天，豫让只身去投靠智伯。果然，智伯极为高兴，亲自出宫迎接，并设宴为豫让洗尘。智伯尊豫让为上宾，宾主朝夕相处，竟亲如手足，凡遇到大事，智伯都要请教豫让，与之商讨。豫让十分感激智伯的知遇之恩，总是仔细思考智伯所提出的问题，然后毫无保留地说出自己的想法。

豫让击衣报襄子

智伯的势力一天天强大起来，他的野心也一天天膨胀，于是智伯带领赵、韩、魏灭了范氏和中行氏。

范氏和中行氏被灭了，晋国内部的矛盾依然存在。不久，智伯和赵襄子发生冲突，赵襄子联合韩氏、魏氏，打败了智伯。他们处死了智伯，灭其家族，瓜分了智伯的土地。

赵襄子杀了智伯后，余恨未消，又把智伯的头颅骨用漆漆好，做成饮酒用的大杯子，每逢大宴宾客时，就特意摆在醒目的地方，让人观看，宾客们用餐时通常都是胆战心惊的。

在智伯遇害之前，豫让就舍弃家室，只身逃到深山老林中隐匿起来，等待时机为智伯报仇。机会终于来了，赵襄子大兴土木，修建宫殿，豫让身藏匕首，装扮成服苦役的囚犯潜入宫中。但警觉的赵襄子还是把他抓住了。面对赵襄子的审问，豫让面无惧色，直言不讳地说道："我想伺机刺杀你，为智伯报仇！"赵襄子十分敬佩他的义气，于是放走了他。

豫让并不感激赵襄子的不杀之恩，相反，他刺杀赵襄子的决心更加坚定了。为了防止被人认出，他用生漆涂满全身，使浑身皮肤肿烂，毛发脱落，自己的容貌发生了很大的变化，又吞下烧红的木炭，使声音变哑，其间所忍受的痛苦是常人难以想象的。更让他痛心的是妻子和朋友几乎都不能认出他。

一个朋友遇到豫让，流泪说："以你的才干，投靠赵家，一定会得到赵襄子的信任，到那时候再杀他易如反掌，何必这么折磨自己呢？现在这个样子报仇，实在是太困难了！"

豫让说："那是绝对不可以的！我要是做了赵襄子的家臣，再去杀他，就是怀有二心！现在我所做的一切，的确是非常艰难的。我之所以要这样做，是要让后世那些为人臣子却怀着二心的人感到惭愧。"

豫让在仇恨与痛苦中等待着刺杀的时机。一次，赵襄子外出，豫让便事先埋伏在赵襄子所要途经的桥下。谁知赵襄子的车马刚到桥边，马匹突然嘶叫惊跳，赵襄子好生奇怪，立即令手下四处搜查，果然，发现了一个乞丐躲在桥洞里。赵襄子说："此人必是豫让。"派人去查问，果然不错。赵襄子问豫让为何对智伯如此忠心，豫让回答："范氏和中行氏把我当常人看待，所以报答他们我也像常人那样。而智伯把我看作人才，所以报答他我要用人才的方式。"

赵襄子听了，被他的一片忠义所感动，不禁流下了眼泪。豫让知道这一次是非死不可了，于是恳求赵襄子脱下衣服，让他刺穿，这样表示自己替智伯报了仇。赵襄子同意了他的请求。

最后，豫让挥剑自杀了。人们听说后，没有不为他叹息的。

魏文侯以贤兴国

魏文侯执政时，他请卜子夏、田子方为老师，每次乘车经过段干木的住所，总要低头致敬。各地贤能之人见他如此礼遇士人，纷纷投奔魏国。

一次，魏文侯正与群臣一起欢饮。外边下着大雨，他却命人准备行具，要去城外原野。左右官员说："今日饮酒很欢乐，天又下雨，主上要去哪里呢？"魏文侯说："我跟管山泽的虞人约定今天一起打猎，虽然饮酒很欢乐，但约期是不能延误的！"他坚持前去，亲自与虞人商定因下雨而罢猎。

雨不失期·魏文侯

韩国向魏国借兵去攻打赵国。魏文侯说："魏国与赵国是兄弟之国，您的要求我不能遵从。"赵国向魏国借兵去攻打韩国，魏文侯也是这样回答。两国使者都怒气冲冲地离去。当他们听说魏文侯把自己的国家当作兄弟之邦时，两国都朝见魏国。于是，魏国开始成为赵、魏、韩中最强大的国家，其他诸侯国都不能与魏国相比。

魏国派乐羊进攻中山国，得以攻克。魏文侯把这片土地分封给儿子魏击。一天，魏文侯问群臣："我是怎样的君主？"大家回答："仁慈的君主。"任座却说："您不把中山封您的弟弟而封您的儿子，怎能称为仁慈的君主呢？"魏文侯大怒，任座赶忙退出去。魏文侯又问翟璜，翟璜回答说："您是仁慈的君主。"魏文侯说："你又根据什么这么说？"翟璜回答："我听说，君主仁慈则大臣正直。刚才任座说话很直率，我是由此推断的。"魏文侯高兴了，派翟璜去把任座请回来，并亲自下堂迎接，待为上宾。魏文侯与田子方一起饮酒，听到宫中乐队奏乐时，说道："钟声有点不协调，大概是悬挂的编钟左边高了。"田子方微微一笑。魏文侯问："你为何发笑？"田子方说："我听说，君主只要了解管理音乐的乐官就够了，对音乐就不必了解。现在，您如此精通音乐，我担心您对乐官一无所知。"魏文侯连忙说道："说得好！"

　　魏文侯对李克说："先生您曾说过'家贫思良妻，国乱思良相'。现在能够担任宰相的不是魏成，就是翟璜。您以为他俩谁更合适？"李克回答说："卑微者不参与谋划尊贵者的事，关系疏远者不参与谋划关系密切者的事。我远在宫门之外，不敢说三道四。"魏文侯说："先生遇事不要绕道走，躲得那么远！"李克说："其实，这事也好办。选择宰相的条件十分明显，您只是没有留心考察罢了。这就是：平日居家，看他亲近什么人；富有之后，看他交往哪些人；身为达官，看他举荐怎样的人；身处困境，看他能否不苟且；一贫如洗，看他能否不取不义之财。凭这五点就可以判断出一个人能力的高下，而确定谁可为相。何必要等我说话呢！"魏文侯说："先生，请您回府休息吧。我已经知道谁可以为宰相了。"李克出来，遇见了翟璜。翟璜说："刚才听说主上召见先生，向您征询选相的意见。最后谁可以得到这个职务呢？"李克说："魏成。"翟璜勃然变色，怒气冲冲地说："西河守将吴起，是我举荐的；主上于国内最忧虑邺城，我举荐了西门豹；主上要攻伐中山国，我举荐了乐羊。攻拔中山后，无人镇守，我举荐了先生您；主上的儿子无师傅，我举荐了屈侯鲋。从以上各个方面看，我什么地方不如魏成？"李克说："您当初将我推荐给主上的时候，难道是为了结党营私谋求当大官吗？主上向我征询选相的意见，我如此这般做了回答。所以推断主上必是打算以魏成为相，是因为：魏成的千钟俸禄，十分之九用来广交豪杰，周济穷困之士；十分之一用于养家糊口。因此才获得卜子夏、田子方、段干木这样贤能的人。这三人，主上皆尊为师长。您举荐的五人，主上皆用为大臣。您可以和魏成相比吗？"翟璜惭愧得连连后退，再三拜谢说："我翟璜是鄙陋之人，说话失礼了。我愿终身当您的学生。"

　　魏成做了魏国的相国。大臣们都一致称赞他，说魏文侯很有远见。

吴起奔楚

吴起，卫国人，在鲁国做官。齐国攻伐鲁国，鲁国人想任用吴起为将，但是吴起的妻子是齐国人，鲁国人不放心，吴起便杀了妻子来请求担任鲁国的将，他把齐军打得大败。有人向鲁侯说他的坏话："吴起最初侍奉曾参，母亲死了他也不回家去守丧，因此被曾参赶走；现在他又杀了妻子来请求做你的将帅。吴起是残忍鄙薄的人！而且小小的鲁国竟有战胜敌国的大名，这会招致诸侯国的联合进攻。"

吴起知道后怕有危险，听说魏文侯贤明，于是去投奔他。魏文侯向李克询问吴起的情况，李克说："吴起这个人贪心好色，然而在用兵打仗方面，就是司马穰苴也不能超过他。"于是魏文侯以吴起为将，攻打秦国，攻取了五座城池。

吴起做大将后，同最下级的士卒穿一样的衣服，吃一样的饭食。睡卧时不铺置床席，行军时不骑马、不乘车，亲自背着该由士卒们担负的粮食，与士卒分担劳苦。士卒有患痈疽的，吴起为他吮吸脓血。士卒的母亲听到这些消息之后哭泣，有人问她："你的儿子是普通士卒，而将军亲自为他吸吮痈疽脓血，还哭什么呢？"士卒的母亲说："不是这样。从前吴公吸吮儿子他父亲的脓疽，他父亲作战时勇往直前从不退却，被敌人杀死。吴公现在又吸吮我儿子的脓疽，我不知道儿子又将死在哪里，因此为他哭泣。"

魏武侯坐船沿西河顺流而下，船行驶在河中时，他对吴起说："华山、黄河天险坚固，多么美好啊，这是魏国的大宝！"吴起回答说："国家的大宝在于施行德政而不在于天险坚固。古代三苗氏，西有洞庭湖，东

吴起杀妻求将

吮卒病疽

有彭蠡泽，却不施行德政，被夏禹所灭。夏桀的国土，东边有黄河、济水，西边有华山，南有伊阙山，北有羊肠坂，他也因不实行仁政而被商汤放逐。商纣的国境内，西边有孟门山，东边有太行山，常山在它的北境，黄河流经它的南境，但他施政不仁德，周武王就把他灭了。所以，国家的大宝在于德政而不在于山河天险。假使主君您不行德政，那么这船中的人都是敌人哩！"魏武侯说："这话说得很有道理。"

魏国以田文为相。吴起不高兴，想与田文比功绩。吴起说："统领全国的军队，使士卒作战勇敢，视死如归，敌国不敢来侵犯，这方面你跟我吴起相比怎么样？"田文说："我不如你。"吴起又说："整治众多的官员，安定广大百姓，使府库充实，这方面你跟我吴起相比怎么样？"田文回答说："我不如你。"吴起接着又说："守卫西河，秦国的军队不敢向东来进攻魏国，韩、赵两国都来臣服，这方面你跟我吴起相比怎么样？"田文说："我不如你。"吴起说："这三个方面你都不如我，而官职地位却在我之上，这是为什么？"田文说："主君年少，国家不稳定，大臣们还没有诚心归附，老百姓犹豫不安，在这样的时候，是把相的职务交给你，还是交给我呢？"吴起沉默了一阵说："该交给你！"

过了一段时间，魏国的相国公叔想用娶公主为妻的办法来陷害吴起。公叔的仆人给他出主意：先在主君面前说："吴起是贤能的人，而主君你的国家小，我恐怕吴起没有留在魏国的想法，主君你何不用招他为婿的办法试一试？吴起如果不想留在魏国，那他就一定会推辞的。"然后与吴起一块儿回家让吴起看看公主的骄横，吴起一定会辞谢娶公主为妻的事的。公孙听从了仆人的计策，吴起果然推辞娶公主的事。魏武侯怀疑吴起，因此不信任他，吴起怕招致杀身之祸，便投奔到楚国。

楚悼王早就听说吴起有本领，就任命他为相。吴起申明法律，审施政令，除去冗闲的官员，废除公族中关系已疏远的人的爵禄，以抚慰士卒，其目的在于强兵保国，破除游说的策士们所宣扬的合纵连横言论。于是在南方平定了百越，在北方使晋国军队退却，向西方攻伐秦国，使诸侯各国都畏惧楚国的强大，但这样却招来国内贵戚和大臣的怨恨。

周安王二十一年（前381年）楚悼王去世，贵戚大臣们围攻吴起。吴起伏卧在楚悼王尸体旁，攻击吴起的人射击吴起时射中了楚悼王的尸体。丧葬完了后，楚肃王即位，命令令尹将作乱的人全部杀掉，因作乱、攻打吴起而被诛灭宗族的超过七十家。

齐威王明察吏治

齐国在东周时期属于大国，包括今天山东大部分地区，北到河北沧州，西到聊城，东、南临海。那里土地肥沃，物产丰富，鱼盐贸易等条件相当便利，春秋时，齐桓公就倚仗这种雄厚的实力第一个建立了霸业。

但是，齐威王即位后，齐国却连连遭到了鲁、魏、赵、卫等诸侯国的侵略，不但损兵折将，还丢失了许多城池。

原来，齐威王即位初期年龄还小，他把治理国家的大事交给了手下的大臣，而一些卿大夫只顾自己捞好处，与地方官吏串通一气，欺上压下，致使齐国实力一落千丈。其他国家趁机派兵攻打齐国边境各地，侵占了不少城池。

齐威王长大以后，见国家屡遭侵略，国力衰退，决心重振朝纲，重树大国雄风。首先，齐威王亲自到周天子的京城洛邑，参拜周天子。

这时的周王室已经名存实亡了，不被任何一个诸侯放在眼里。齐国这么个大国肯屈尊前来称臣，周烈王喜出望外，也摆了摆天子的威仪，对齐威王大加赏赐。齐威王高高兴兴地回到齐国，这样的举动在各诸侯中间也产生了影响，大家都觉得齐威王英明仁义，开始不再小瞧齐国和齐威王了。

旌贤去奸

在国内，齐威王着手整顿全国各级官员，对每个官员都进行评审。半年时间里，齐威王听得最多的是：阿城大夫好，善于治理地方，操劳勤勉；即墨大夫如何不理政事，鱼肉百姓，把即墨给搞得一团糟。身边的大臣们每提起来，齐威王都答应"考虑考虑"，最后，齐威王决定把两人召到京城进行赏罚。

第二天，齐威王叫人在大殿中间支起一口大锅，点起柴火把锅里的水煮沸。齐威王召见即墨的大夫，对他说："你自上任以来，我每天都听到毁谤你的话，然而我派人观察，看到你治理的地方人民富足，官吏清廉，国家的东部得以安宁。可见你不巴结我左右的当权者以求他们为你助力！"于是封给一万户作封邑。齐威王召见阿城的大夫，对他说："自从你主管阿城，每天都有称赞你的话。我派人视察阿城，只见田野荒芜，没有开辟，人民贫困挨饿。前些时候，赵国攻打鄄城，你不援救；卫国占领薛陵，你全然不知。可见你用大量钱财贿赂我左右的当权者，以求他们为你说好话！"于是把阿城大夫及左右曾夸赞过他的人，都投到锅里。从此，大臣们都十分害怕，再也没有人敢弄虚作假了，齐国也渐渐强盛起来。

商鞅变法

战国初年，秦国还是个弱小的国家，虽然商业交换正逐渐活跃起来，但是比起关东各国仍要落后一些，主要原因是奴隶领主势力十分强大。秦献公时，秦国经常受到楚、魏两国的侵略。秦在外交上地位颇低，不能参与中原各国之盟会，各国都瞧不起它。

前361年，秦献公的儿子秦孝公即位，他是一个很有作为的国君，他决心改变"诸侯卑秦"的局面，使秦国富强起来，于是下令求贤变法。商鞅应召自魏入秦。他是卫国的贵族后裔，姓公孙，叫卫鞅或公孙鞅，入秦后，因变法有功封于商，号商君，史称商鞅。他重视刑名之学，是当时法家著名代表人物之一。商鞅在秦孝公三年（前359年）和秦孝公十二年（前350年），先后两次变法，其主要内容如下：

第一，废井田，开阡陌。废除奴隶社会的土地国有制，承认土地私有制，允许土地买卖，土地税由国家统一征收。从此，地主占有土地，剥削农民，被法律认可。与此同时,也使相当多的奴隶制下的国有土地转变为封建国家所有,促进了封建土地所有制的进一步发展。

第二,废除世卿世禄制,建立军功爵制。规定宗室贵戚中凡是没有立军功的人,不得列入宗室的属籍。根据军功大小制定了尊卑爵秩的等级,秦国的爵位为二十级。规定"能得甲首一者,赏爵一级,益田一顷,益宅九亩",军功越大,授爵位越高,赐田宅也就越多。大夫以上是高爵,每一级还赐给一个"庶子",平时每月要为地主提供无偿劳役六天,忙时不计。军功爵制的建立,形成了封建等级制,培植了一批新的军功地主。

商鞅立木

第三,重农抑商,奖励耕织。规定"僇力本业、耕织致粟帛多者,复其身;事末利及怠而贫者,举以为收孥"。又规定"民有二男以上不分异者,倍其赋",以促进封建小农经济的发展。

第四,推广县制和什伍连坐。秦孝公以前秦国已设立县,商鞅普遍推广县制,把秦国划分为三十一个县(一作四十一县),每县设县令和县丞,县令是全县最高地方长官,掌管一县的政务,县丞是他的助手。他们均由国君任免,必须对国君负责。这与奴隶社会世卿世禄制不同,是封建社会的行政机构。同时又将全国人民都编入户籍,规定五家为一伍,十家为一什,互相连坐告奸。告奸者,与斩敌同赏;不告发者腰斩;藏匿"奸人"的以降敌论处;什伍同罪,这就是什伍连坐法。

第五,统一度量衡。制造统一的标准量衡器,发至全国各地,标准尺约合今二十三厘米,标准升约合今二百毫升。

第六,"明法令"。商鞅制定了秦国法律,申明"刑无等级",并公布于众。

第七,迁都咸阳,以适应向东发展的需要。

此外,还严禁私家请托或私通外国,焚烧诗书,禁止游说,禁止私斗,以及改革戎狄旧俗,禁止父子兄弟同室居住,等等。

孙膑奇计胜庞涓

前445年，魏文侯即位，他重用李悝、吴起、西门豹、段干木等人，进行了大刀阔斧的改革，魏国迅速成为战国初期最为强盛的国家。魏惠王继位以后，继承文侯、武侯的霸业，继续积极向外扩张。魏国的兴盛和称霸，直接损害了楚、齐、秦等其他大国的利益，引起这些国家的普遍恐惧和嫉恨，齐、魏矛盾尤为尖锐。齐国自西周以来一直是东方的大国。前356年齐威王即位后，任用邹忌为相，积极发展经济，使齐国国势日渐壮大。在面临魏国向东扩张的严重威胁时，它积极利用赵、韩诸国与魏国之间的矛盾冲突，展开了对魏国的激烈斗争。

前384年，魏惠王攻伐赵国，将邯郸团团围住。楚王派遣景舍救援赵国，齐威王派遣田忌救援赵国。

孙膑

孙膑和庞涓曾一同学习兵法，后来庞涓在魏国任将军一职。他认为自己的才能赶不上孙膑，就把孙膑招引来；孙膑到达魏国以后，庞涓却寻机削去了他的膑骨，并且施以黥刑，想使孙膑终生不能做事。齐国的使节来到魏国，孙膑以受过刑罚的罪人身份暗中求见，并让齐国的使节偷偷地用车把他送回齐国。田忌非常友好地以宾客之礼接待了孙膑，并且把他推荐给齐威王。齐威王向孙膑请教兵法，并拜他为军师。后来齐威王谋划救援赵国，打算让孙膑担任主帅。孙膑以受过刑罚的人不能担任主帅为理由来辞谢，于是齐威王以田忌为主帅而以孙膑为军师。

田忌想要与赵国军队直接交

锋。孙膑说："理清乱丝的人不能握紧拳头，劝架的人不能动手帮着打，避开要害直捣虚处就可以自然地改变形势了。现在魏国和赵国互相进攻，轻便的武器和精锐的士卒必然全部用在战场，而年老病弱者则留在国内。您不如率领部队快速奔赴魏国都城，占据它的交通要道，攻陷它正处于虚弱的地方，那么魏国必定放弃进攻赵国。这样，我们出一次兵就能达到既解赵国之围而又挫败魏军的效果。"田忌接受了孙膑的建议，率军亲自奔向魏国都城。魏军得知这一情况急忙返回救援，齐军在桂陵大败魏军。

马陵道万弩射庞涓

庞涓又攻伐韩国，韩国向齐国请求救援。齐威王召见大臣商议说："早救与晚救相比较，哪个对我们更好呢？"成侯说："不如不救。"田忌说："不救韩国，那么韩国就将受挫而被魏国吞并，不如早点救它。"孙膑说："韩、魏两国的军队还没有疲惫就去救它，这是我们代替韩国承受魏国的武力，听从了韩国的命令。况且魏国有破韩国的决心，韩国看到有亡国的趋势，必然向东告诉齐国。我们顺势与韩国深结友谊，这样就可以获取重利并且得到好的名声。"齐威王说："好。"于是暗中答应韩国使节并且送走了他。韩国因为依赖于齐，于是就把国家的命运托付给东方的齐国。

齐国于是让田忌、田婴、田盼率领部队，孙膑为军师，前去救援韩国，奔赴魏国都城。庞涓听到这消息，离开韩国而返回。魏国派太子申担任主帅，抵御齐军。孙膑对田忌说："韩、赵、魏的士卒向来剽悍勇猛而瞧不起齐国士卒，认为齐军怯懦。善于作战的人应顺应事物的发展趋势加以引导。《孙武兵法》说：走百里去争利的，先头部队的将领会受挫折；走五十里去争利的，队伍只有一半赶得到。"于是齐军进入魏国领土后，第一天孙膑让修造十万火灶，第二天修造五万火灶，第三天修造两万火灶。庞涓行军三天，非常高兴地说："我就知道齐军怯懦，进入我国领土三天，超过半数的士兵就逃走了！"于是他舍弃了步兵，只与他的轻骑兵日夜兼程追逐齐军。孙膑估计魏军天黑时应该到达马陵，马陵道路狭窄而且两旁多险阻，可以埋伏军队，他命人在路边一棵大树上写道："庞涓死于此树下！"接着他命令齐军擅长射箭的人携带上万只弩，沿马陵道两旁埋伏下来，约定好天黑后看到举火把就一齐射箭。庞涓果然夜间来到被砍剥的树下，忙让士兵点火去看。还没等读完，万弩一齐发射，魏军大乱，各自逃窜。庞涓走投无路只好自杀。齐军大破魏军，魏国的太子申也被俘虏。

孟子谏齐宣王

周赧王元年（前314年），齐王命令章子率领五都的军队，联合齐国北境的军队去攻伐燕国。燕国士兵未做任何抵抗，大开城门。齐军顺利地捉住了子之，把他剁成肉酱，并把燕王哙杀死。

齐王问孟子："有人不让我们攻打燕国，有人又要我攻占燕国。以有战车万辆的大国去攻伐另一个战车万辆的大国，五十日便攻取了，这不是光靠人力所能做到的，一定是天意啊。不攻占燕国，一定会有上天的惩罚。我们攻占燕国的做法怎么样？"孟子回答说："攻占了燕国而燕国的人民高兴，那么就应该攻占，古代之中，周武王就是这样做的。攻占燕国而燕国人民不高兴，那么就不要攻占它，古人之中，周文王就是这样啊。以有战车万辆的大国去攻伐另一个战车万辆的大国，人们用筐装着饭食、用壶装着酒浆来迎接王国的军队，目的只有一个，就是逃离水深火热的生活。假使水还要更深，火还要更热，人们只有投靠他国一条路可走了。"

孟子

诸侯各国打算共同拯救燕国。齐王对孟子说："诸侯各国多在合谋攻伐我，我该怎么办呢？"孟子回答说："我听说以方圆七十里的土地而能在天下推行政令的，就是商汤啊，没有听说有方圆千里的土地而畏惧别人的啊。《尚书》里说'等待我们的君王到来，君王到来我们就复活了'。现在燕国虐待它的人民，大王您前去征讨它，人民认为将要被从水深火热中拯救出来，便用筐盛着饭、用壶装着酒浆来迎接大王的军队。杀死他们的父兄，捆绑他们的子弟，捣毁他们的宗庙，搬走他们的国宝重器，这怎么可以啊！齐国的强大本来就是各国所害怕的，现在扩张了一倍的土地而又不实行仁政，这样就引动了天下各国的军队。大王您要赶快下命令，送回掳掠的燕国老小，阻止搬迁燕国的国宝重器，和燕国民众商议确立燕王之后，再离开燕国，那么还可以来得及阻止诸侯国出兵拯救燕国啊。"齐王却不以为然。

不久，齐国遭到了燕国民众的反对。齐王说："我十分愧对孟子。"陈贾说："大王不必忧虑这件事。"于是他去见孟子，说："周公是什么人？"孟子说："是古代的圣人。"陈贾说："周公派管叔去监督商国的遗民，管叔据商地叛变，周公是知道他将要叛变而派遣他前去的吗？"孟子说："周公不知道他会叛变。"陈贾又说："那么圣人也有过错啊！"孟子说："周公是管叔的弟弟，周公有过失不也是应该的吗？况且古代的君子，有过失就改正；现在的君子，有过失就由着它。古代君子的过失像日食、月食一样，人们都能看得见；到他们改正错误时，人民都敬仰他。现在的君子对于过失，不但由着它，还为自己辩解。"

张仪的连横策略

战国中后期，经过商鞅变法后的秦国日益强盛，不满足于居于边陲，就把侵略的矛头指向东方。马陵之战后，齐国代替魏国成了中原地区的霸主。这样，秦、齐都以向中原地区扩张作为自己的主要发展方向，当时局势混乱不堪。处在东西二强夹击下的韩、赵、魏三国为了图谋自存，联合起来，北连燕、南接楚，东抗齐或西抗秦，被称为"合纵"。同时，如果弱国被齐国或秦国拉拢，进攻其他弱国，就被称为"连横"。于是，一批对当时国家间的政治形势非常熟悉的说客利用辞令和权术，从中获取功名利禄，这些人被称为"纵横家"。张仪是其中的代表人物。

张仪，魏国人，曾拜鬼谷子为师。张仪出师之后，周游列国，游说诸侯，曾经和楚国令尹昭阳一块儿喝酒，正巧昭阳丢失了一块玉璧，相府中有人认为张仪很贫穷，也没什么好的名声，一定是他偷的，便把他捆绑起来，拷打逼供。但张仪死也不肯招认，无奈之下只好将他放了。

张仪跌跌撞撞地跑回家，对妻子一五一十地倾诉委屈。妻子悲恨地长叹一声，说："您若不是一心读书游说，这些苦楚又怎么会发生？"满不在乎的张仪问妻子："看我的舌头还在不在？"他妻子莫名其妙地说："舌头还在。"张仪笑道："舌头还在，就足够了！"其后，张仪就凭借这三寸不烂之舌，巧施纵横之术，助秦国统一天下。

前329年，秦惠文王拜张仪为客卿，让他直接参与谋划讨伐诸侯的大事。前328年，张仪与公子华带兵攻打魏国，一举拿下魏国的蒲阳。张仪乘机推出自己的连横政策，建议秦王把蒲阳归还魏国，并且派公子繇到魏国去做人质，而他将利用护送公子繇入魏的机会与魏王接近，游说魏王投靠秦国。

入魏后，张仪对魏王说："秦国是真心实意地对待魏国！得到城邑不要不说，还送人质来到魏国，魏国怎么说也不应对秦国失去礼节呀，应该想办法来报答一下吧？""怎样来报答呢？"魏王问道。张仪说："秦国只喜欢土地，魏国如果能送一些地方给秦国，秦国一定会把魏国视为兄弟之国。如果秦魏结成联盟，联合起来攻打其他国家，魏国将来从别的国家取得的土地肯定会比送给秦国的土地多很多倍。"魏王被张仪说动了心，于是把上郡十五县和河西重镇少梁献给了秦国，从此秦魏和好。张仪的连横政策获得了初步的成功。而秦国也占据了黄河以西的所有土地。

当时，齐国是东方的强国，楚则称霸南方。齐楚联盟成了秦国的心腹之患，因此离间齐楚联盟，削弱齐楚力量就成为秦向东扩张过程中的关键一步。

张仪

前313年，张仪南下楚国，首先派人买通了楚怀王的宠臣靳尚，并骗取了楚怀王的信任，然后着手离间齐楚关系。他对怀王说："我们秦王所敬重的人没有谁能超过大王您，我们秦王所憎恶的人没有谁能比得上齐王。现在我们秦国想讨伐齐国，如果大王能够与齐国断绝关系，臣下将请求秦王把商於六百里的地方献给楚国。这样，齐国的国力就会被削弱，而大王就可以趁机役使齐国了。这是向北削弱齐国、向西施德于秦而自己据有商於之地，一计三利可得的事情啊。"楚王十分高兴地应允了。不明真相的大臣们也都向楚王庆贺。

张仪的意图却被陈轸看得十分清楚，他劝楚怀王不要听信张仪之言，以防被欺而又和齐国断绝关系。但楚怀王早就被张仪的花言巧语所迷惑，又利欲熏心，根本听不进陈轸的意见，他把楚国相印交给张仪，一面派人去齐宣布断交，一面派人跟随张仪去接收土地。

回秦国后，张仪称病三个月不上朝，没有得到土地的楚怀王，以为秦嫌楚与齐断绝关系不够坚决，因此又派勇士前去辱骂齐王。齐王大怒，一面与楚彻底断交，一面派人入秦与秦王商议共同伐楚。达到目的的张仪这时才接见了楚国使者，对他说："您怎么还不接受我们献给楚国的土地呢？从这里到那里，共六里。"楚使节回报怀王，楚怀王暴跳如雷，大骂张仪出尔反尔，盛怒之下决定出兵伐秦。

伪献地张仪欺楚

前312年，楚国与秦、齐大战，结果楚军大败，八万楚军被消灭，汉中郡也被秦国夺走。战败消息传来，楚怀王气得发昏，他又调动楚国全部军队进攻秦国。由于孤军深入，楚军在蓝田又被打得大败。这时韩、魏两国也乘机向南进攻楚国，一直打到邓邑。楚国腹背受敌，急忙撤军，还割了两个城邑向秦国求和。前310年，张仪病死。从前328年开始，张仪运用纵横之术，游说于魏、楚、韩等国之间，利用各个诸侯国之间的矛盾，或为秦国拉拢，使其归附于秦；或拆散其联盟，使其力量削弱。在整个秦惠文王时期，在外交上，他取得了连连胜利，同时也帮助秦国扩张了领土，为秦国的强大和日后统一六国立下了汗马功劳。

赵武灵王胡服骑射

赵国在北方靠近少数民族的游牧地区，除了同邻国打仗保卫领土外，还得提防着当时叫作胡人的少数民族骑兵的骚扰。胡兵不用战车，全是骑马作战，在马上射箭威力不小；他们的穿戴与中原各国不一样，都是紧身衣甲，上下马和拉弓放箭灵活自如。因此，胡兵突袭赵国边镇，往往得胜，抢走钱物牲畜，抓走不少百姓。

前326年，赵武灵王当上赵国国君。赵武灵王可算战国时代一个有雄心壮志并有一番作为的君主。刚一即位，他就下令设置三个"博闻师"的职位，专门让那些见闻广、知识多的人在自己身边当顾问；又任命敢于当面批评自己错误的正直大臣，做左司过和右司过。司过，就监督过失的意思。先朝老臣中有不少人忠心耿耿，赵武灵王十分尊重他们，这些大臣见赵武灵王雄心勃勃，励精图治，都十分出力地辅佐新君，如肥义、公子成等，都成了赵武灵王的得力帮手。

赵武灵王做了二十年国君，在此期间，连韩国、燕国这些小国的国君都倚仗国力，不再老老实实顺从周天子，他们改称为王，只有赵武灵王不动声色，依旧沿用赵国侯国的称号。他倒不是遵从周王室，赵武灵王有自己的长远打算：只有赵国力量强大了，自己才能安心。不然，急急忙忙称了王可实力不如人家，又有什么意思！

周赧王八年，赵武灵王向北掠取中山国的土地，到达房子，又到达代郡，再往北至塞外大漠中的无穷，西到黄河边，登上黄华山。他与肥义谋划推行"胡服骑射"的改革，来教化百姓，说道："愚顽之辈会嘲笑我，贤能之人会明察。即使世人都讥笑我，我也要这样做，胡人之地和中山国，我必能夺到手！"于是，在国内推行短衣短袖的胡服。

赵国人都不愿改穿胡服，赵武灵王的叔叔公子成称病不上朝。赵武灵王派人去请求，说："在家要听命于父母，一国要听命于君主。现在，我已决定让国民将宽袍大袖的传统服装改为紧身灵便的胡人服装，而叔父却不肯改换服装。我怕天下人会议论、指责我徇私情啊！国家有常制，以人民的利益为根本；从政有规律，以行令为前提。广布明德于黎庶，必须先在下层民众中宣传；推行法令有阻力，必须权贵先遵从，以取信于民。所以，我希望仰仗叔父以身作则的表率作用，来成就改穿胡服的大功。"公子成先行礼，然后说："我听说中原之国，是圣贤教化的地方，是推行礼乐的地方，是远方外国向往的地方，是蛮夷之邦效仿的地方。现在，大王抛弃这些，而袭用远方胡人的胡装。这改变

赵武灵王

了古代的风尚，违逆了人们的心愿。我劝大王三思。"

使者回来如实报告。赵武灵王亲自去公子成家请安问好，说道："我们赵国东有齐国、中山国，北有燕国、东胡，西有楼烦、秦国、韩国。现在，如仍沿用笨重迟钝的战车，而无精锐的骑射之师做防备，将如何去守卫国土呢？先前，中山国倚仗齐国的强兵做后盾，侵略我们的国土，施暴行于我们的人民，决河引水围灌鄗城，如果没有上天神灵保佑，则鄗城就会失守。先君深以为耻辱。所以，我才推行胡服骑射，是为了防备四境敌国的发难，以报中山国之仇。而叔父却固守中原之国的旧俗，厌恶改变服装的名声，忘记了鄗城的耻辱，这可不是我所希望的啊！"公子成表示听从上命，赵武灵王就赐给他胡服。第二天，他穿胡服上朝，赵武灵王这才发布了胡服令，并招募骑兵，演习骑射。

赵主父饿死沙丘宫

不到一年工夫，身穿胡服的赵国骑兵就训练好了。

周赧王十六年（前299年）五月，赵武灵王将王位传给小儿子赵何，让他管理国家，史称赵惠文王。赵武灵王则专管军务，称为"主父"，他特地安排肥义辅佐惠文王。赵武灵王本来是立长子赵章为太子的，后来，赵武灵王娶了美女吴娃，宠爱无比，以致几年不外出。吴娃便是赵何之母，赵武灵王因为宠爱吴娃，所以改立赵何为太子。

赵主父身穿胡服，到了西北，决定从云中、九原南下，袭击秦国都城咸阳。为了观察秦国的地形和秦王的为人，他化装成赵国的使者访问秦国，秦王接待了他。等他走后，秦王越想越觉得不对头，觉得他长得太雄伟了，不像个人臣的样子。于是，忙派兵去追。这时，赵主父已经出了函谷关了。

周赧王二十年（前295年），赵主父亲率身着胡服的骑兵部队，与齐国、燕国的军队共同灭了中山国。

赵主父将长子赵章封在代郡，称为安阳君，让田不礼做代相。赵章被废后，心中一直不服。大臣李兑对肥义说："公子章为人骄横，党徒很多，欲望很大。田不礼也很骄横。他两人凑到一起，必有阴谋。小人有欲望时，往往轻举妄动，只见其利，不顾其害。他们不久就会有行动的，您不如退出来，让公子成辅佐大王吧。否则，您会很危险的。"肥义说："我受主父重托，辅佐新君，只有临危不惧，怎能顾及身家性命呢？"李兑说："那好，您多保重吧。"李兑哭着走了。

李兑又多次去找公子成，劝他防备田不礼。肥义也预料到大难将至，嘱咐赵惠文王的近臣信期说："公子章和田不礼心术不正，极可能谋反。为了大王的安全，如果有人来请大王，你一定要告诉我，我先去，没危险后再让大王去。"信期答应说："好吧。"

一天早朝，赵主父在旁窥视，见公子章年纪大，反而北面称臣，心中很不是滋味，便想将赵国一分为二，让公子章当代王。后来，这事又终止了。

不久，赵主父带着儿子到沙丘去游玩。一天夜里，公子章和田不礼真的谋反了。他们假传赵主父之命，召见赵惠文王，要杀掉他，好取而代之。信期赶紧告诉肥义，肥义立即抢先前往，结果被杀了。

信期和赵惠文王率军反击，公子成和李兑闻信后，率领大军前来平乱。公子章和田不礼逃进赵主父的行宫中躲了起来。公子成和李兑命令军队围攻行宫，杀了公子章和田不礼。

事后，公子成和李兑商量说："我们为了平乱，围攻了主父的行宫。现在即使解围，也会被灭族的。"于是，他们继续包围行宫，对里面的人说："行宫里的人快出来！后出来的人一律灭族！"里面的人听了，都出来了。

公子成和李兑将行宫大门关上，不许赵主父出来。几天后，赵主父断粮了。无奈，他只得掏树上的小鸟吃。三个月后，他终于饿死了。

赵主父死后，公子成和李兑解除了对行宫的包围。公子成做了相国，李兑做了司寇。

赵武灵王提倡穿胡服，练骑射，其魄力是惊人的。赵国因而强大起来，百姓也过上了安定的日子。但由于废长立幼，处理失当，引发了沙丘之乱，他自己也付出了生命的代价，这是令人深感遗憾的。

乐毅伐齐

齐湣王灭掉宋国以后，日益骄横起来，不但攻打其他诸侯，还想吞并二周，自立为天子。

燕昭王召来乐毅，与他商议攻打齐国的事。乐毅说："齐国凭借桓公称霸时打下的基础，土地广大，人民众多，单凭我们的力量很难将其打下。不如与赵、楚、魏三个国家联合起来一起攻打。"

于是燕王派乐毅出使去联合赵国，又派使者联合楚、魏，还通过赵国旁敲侧击，以攻打齐国可获得利益来诱导秦国。各诸侯国都受齐湣王欺凌，都争着与燕国联合去攻打齐国。

周赧王三十一年（前284年），燕王出动了全国所有的兵力，任命乐毅为上将军。秦太尉斯离也率领军队和韩、赵、魏的军队会合，赵王还把乐毅任命为他们的相国，于是秦、韩、赵、魏的军队由乐毅统一率领。齐湣王也动员了全国所有的军队，与联军在济西展开了一场大战，齐军大败而回。

乐毅让秦、韩两国军队先行回国，派魏国军队攻占原属宋国的土地，安排赵军收复河间。然后亲自率领燕国的军队，长驱直入追逐败逃的齐军。

剧辛进言说："齐国强大而燕国弱小，我们大败齐军是因为我们有各国的协助。现在应该及时攻占边境城镇，扩大我们燕国的疆域，这样的打算才长远。您现在经过边境城镇，却不去攻占，反而打着旗号要深入腹地。这样做，对齐国其实造不成什么损伤，对燕国也没有什么好处，反而与齐国结下深仇大恨，以后一定会后悔的。"

乐毅说："齐王骄横暴虐，任用阿谀谄媚之人，而疏远忠良贤臣，在国内横征暴敛，百姓早就对他不满了。现在齐军打了败仗，如果我们乘胜追击，深入腹地，齐国百姓一定会背叛齐国，而归附我们燕国，齐国国内就会大乱，我们也就可以顺利征服齐国。如果现在我们不乘胜进军，一旦齐王醒悟过来，改正以前的错误，体恤下属，爱惜民众，那我们再要图谋齐国就不容易了。"于是继续率军深入。

齐国民众果然大乱，齐湣王仓皇出逃，后来被楚国将军淖齿杀死在鼓里。乐毅率军进入齐国的都城临淄，把齐国的金银珠宝以及贵重器皿都运回燕国。燕昭王非常高兴，亲自前往济上犒赏将士，封乐毅为"昌国君"，并让他留下来招降还未投降的城邑。

昼邑的王蠋是位贤人，乐毅于是命令军队环绕昼邑，在三十里外停留。然后派人去请王蠋，王蠋辞谢不去。

燕国的使者威胁说："你不去的话，我们就要屠杀昼邑。"

王蠋说："忠臣不侍二主，烈女不嫁二夫。齐王没有听从我的劝告，所以我隐退到乡下耕田。国家残破，君主流亡，我没有办法挽救，而你们现在又想用武力逼迫我，我宁愿一死，也不愿不忠不义地活着！"于是把绳子挂在树上，套住自己的脖子，然后跳下来拉断颈骨而死。

乐毅整顿军队，禁止抢掠，礼遇民间的贤人，减轻赋税，废除严苛的法令，改善过去的政治，使齐国人民安居乐业。燕军长驱直入，如入无人之境。六个月之内，乐毅攻下齐国七十多座城邑，都改设为郡县以便更好地管理。

完璧归赵

赵惠文王时期,秦国多次派兵攻打赵国。赵国大将廉颇英勇善战,秦国占不到丝毫便宜。

前283年,秦昭襄王得知楚国丢失的和氏璧被赵国得到了,便派使者对赵惠文王说:"秦国愿意用十五座城池换取和氏璧。"

赵王立即把群臣召集在一起商量对策。他们考虑到,如果把和氏璧给了秦国,秦国不守信,只会白白地被骗;要是不给,秦国就找到了攻打赵国的借口。他们讨论了许久也没想出一点办法。后来他们决定先找个使者去秦国周旋,但又没有理想的人选。这时,有人把蔺相如推荐给了赵王。

蔺相如来到秦国,秦昭襄王在别宫接见了他,蔺相如捧着和氏璧恭敬地献给秦王,秦王高兴地接过观赏。随后,秦王递给左右大臣们传看,又传给姬妾和侍者赏玩,大臣们纷纷祝贺秦王得到稀世珍宝。蔺相如在朝堂上等了半天,发觉秦王没有诚意。可是和氏璧已落到别人手中,怎么才能拿回来呢?蔺相如急中生智,对秦昭王说:"这玉璧虽好但仍有个小毛病,让我指给大家看。"秦王信以为真,叫手下把玉璧交给蔺相如,蔺相如捧璧退了几步,身子靠着殿柱,愤怒地对秦王说:"当初大王派使者送国书,愿意以十五座城池换这块玉璧,赵国大臣都认为大王在骗人。我却认为普通百姓交朋友都讲信用,何况秦国这样一个大国呢?赵国诚心实意派我把玉璧送来,大王却态度傲慢,在普通殿堂接见我,这说明大王根

蔺相如

本没有换璧的诚意。现在请按诺言以城换玉璧。如果大王逼迫我，我的脑袋和这块玉璧一起撞碎在这柱子上。"说完，蔺相如抱着玉璧用愤怒的目光斜视着柱子，做出要去撞的样子。秦王唯恐撞碎了玉璧，赶紧劝他不要这样做；并连连表示歉意。他马上命令大臣把地图拿来，让蔺相如看用来换玉璧的十五座城池，蔺相如知道秦王又在使用欺骗手段，也将计就计。他对秦王说："和氏璧是无价之宝，在我出发之前，我国举行隆重仪式，斋戒五天。大王也要斋戒五天，我才敢献上和氏璧。"

秦王于是答应斋戒五日后再举行交换仪式，蔺相如回到住处，叫自己的随从化装成百姓的模样，把和氏璧藏在怀中，从小路偷偷地带回赵国去了。

五天后，秦王在朝廷备了大礼接见赵使蔺相如，蔺相如对秦王说："自穆公以来秦国共传了二十多个君主，但一个讲信用的都没有。我实在怕被骗上当，所以派人把和氏璧先送回赵国了。"秦昭襄王听到这里，十分生气地对蔺相如说："我今天举行这么大的仪式，你竟敢把和氏璧送回去。来呀！把他绑起来。"蔺相如不慌不忙地说："请大王别发怒。天下诸侯都知道秦国是强国，赵国是弱国，自古以来只有强国欺负弱国，而没有弱国欺负强国的道理。如果大王真心想要和氏璧的话，请先交十五座城池给赵国。弱国是不敢背信弃义而得罪大王的。如果杀了我，那么天下人都知道秦国不讲信用。望您仔细地想一下吧！"秦王与大臣们被说得哑口无言。秦王只得在正殿上以欢送赵国特使的礼节把蔺相如送回去。

蔺相如不辱使命，使和氏璧完好无损地回到了赵国，赵惠文王十分高兴，提拔他为上大夫。秦昭襄王本来也没打算以城换璧，这件事也就不了了之。

将相和

蔺相如完璧归赵立了大功，原先瞧不起他的人都对他刮目相看，赵王也任命他为上大夫。

前279年的春天，一直对赵国虎视眈眈的秦王（昭襄王）派使者告知赵王（惠文王），愿意跟赵王在黄河南面的渑池友好相会。赵王不想赴约。廉颇、蔺相如商量说："大王不去，就显示了赵弱而又胆怯。"于是赵王出发赴会，蔺相如陪同。廉颇送到边境，与赵王告别，说："大王的行程，总共不会超过

廉颇负荆请罪

三十天。到三十天不返回，请允许我们拥立太子为王，以打消秦国的政治企图。"赵王应允。

在渑池会上，秦王与赵王饮酒，正喝到兴头上，秦王请赵王鼓瑟，赵王推辞不掉，只好鼓了瑟。蔺相如也请秦王击缶，秦王却不肯。蔺相如说："五步之内，请允许小臣我以颈部的血溅大王！"秦王左右近臣欲杀蔺相如，蔺相如瞪眼怒斥，他们都吓得退缩一旁。秦王很不高兴，只得勉强敲了一下缶。直到饮酒完毕，秦国始终未能占赵国的上风。赵国人也做了充分的准备，秦国不敢轻举妄动。赵王回到国内，任用蔺相如为上卿，地位在廉颇之上。

廉颇认为，他是赵国将军，有攻城野战的功劳。而蔺相如素来地位低贱，仅凭口舌之功竟位居他之上，因此感到羞耻，就扬言说："我见了蔺相如，一定要侮辱他一番！"蔺相如听说了，不肯跟他碰面，每次上朝，常常称病，不想和他争朝列位次的高下；出门时望见廉颇，就指引车队躲避。蔺相如的门客都认为蔺相如胆小怕事，以此为羞耻。蔺相如说："你看廉将军比得上秦王厉害吗？"门客回答说："不如秦王。"蔺相如说："凭秦王那样的淫威，而我在他的朝廷上却敢呵斥他、羞辱他的群臣。我虽然没有什么才能，也不至于惧怕廉将军。我只是认为，强大的秦国之所以不敢对赵国用兵，就是因为有我们两人在的缘故。现在，二虎相斗，势必不能共存。我这样做的目的是把国家的利益放在前面，而把私人的怨恨放在后头啊！"廉颇听了这话，袒露背膀，背着荆条，到蔺相如家谢罪。于是，两人结为生死之交。

田单收复齐城

前284年，乐毅统率燕、秦、韩、赵、魏五国之兵伐齐。

在这次战役中，秦、魏、赵等国各有所获。楚国没有参加合纵攻齐，而是派兵救齐。楚军到了齐国后，被齐王隆重款待。然而楚军乘各国胜利之机把齐王杀死，齐国太子化装成平民，躲到别人家里做仆人方才幸免于难。齐国大臣重新聚合到一起，找到齐王的儿子，拥立他为齐襄王。

再说乐毅率大军攻克齐七十多座城池后，只剩下莒和即墨两座城池，由于齐将坚守，未能攻下。正当齐国处在千钧一发之际，齐国的一位卓越的军事家田单，担负了复国的重任，他设下火牛阵，向燕军展开了猛烈的反攻，在历史上留下了光辉的一页。

田单是齐国田氏王族的远房亲属。当初，燕国军队进攻安平时，临淄管理市政的官佐田单也在安平，他让近房的族人都用铁箍裹住车轴头。到了城池被攻破时，城里的人争先出城逃命，车辆拥挤，都因为车轴头被撞断，车身破裂，被燕军擒获；唯独田单一族人用铁箍裹住车轴头，车子完好，得以幸免，于是他们就投奔尚未沦陷的即墨城。这时齐国的领地差不多都属于燕国了，只有莒、即墨两座城未被攻下，燕将乐毅就合并右军、前军来包围莒，左军、后军来包围即墨。即墨大夫出城与燕军交战，战死。即墨城里的人说："安平一战，田单一族人因为用铁箍裹住车轴头，得以保全，这说明他足智多谋，熟悉兵法。"因此，大家便共同拥立他做守将，来抵挡燕军的侵略。乐毅包围莒和即墨这两座城池，一整年都没有攻破，于是命令部队解围，各自到离城九里处筑堡安营，还发布了一道命令："城中的军民有出城的，不要捕获。生活有困难的还要救济他们，让他们尽快经营自己的产业，这样来安定新归附的人民。"三年过去了，然而即墨和莒仍未攻下。于是，有人在燕昭王面前讲乐毅的坏话："乐毅的智慧和谋略超过常人，当年进攻齐国，毫不费力，就攻占了七十多座城池，现在没有攻下的只有两座城池而已，不是力量不足攻占不了，他三年不去攻打的缘故，是想长久地倚仗燕国的军威来折服齐国人，从而南面称王罢了。现在齐国人已经屈服，乐毅还没有发动叛乱，是由于他的妻小还在燕国本土的缘故。况且，齐国有许多漂亮的女子，乐毅在那儿待的时间长了说不定会忘掉他的妻子。希望国君您好好考虑一下他的事！"昭王为此举办盛大的酒会，把那个进谗言的人叫来当众责备他，说："先王把整个燕国礼让给贤人，当然不是为了多得土地来留传给子孙。但是，遇到接受王位的人（子之）德性差，不能胜任治国的重托，国内的人民便不服从他。齐国不讲道义，乘我国内乱之机，杀害了先王。我现在继位为国君，痛恨齐国入骨，所以广泛地礼遇众臣，又从外面招揽各国的宾客，目的在于报仇雪恨；凡是能成大事的，我都想和他们一起来治理、享有燕国。何况现在乐先生替我打败了齐国，踏平了齐王祖宗的祠庙，报偿了先前的国仇，这样齐国本来就该是乐先生的，而不是燕国应得的。乐先生如果能治理好齐国，和燕国同为诸侯列国，同结欢好，共同抵抗其他诸侯国的侵略，这便是燕国的福分，也是我的愿望。你怎么敢说出这样的坏话！"于是把他杀掉。燕昭王把王后的服装赏赐给乐毅的妻子，把公子的服装赏赐给乐毅的儿子；并将四匹马拉的诸侯王乘坐的大车、随从护送乘坐的一百辆车子，派国相郑重地把乐毅的妻儿送去给乐毅，并且封乐毅为齐王。乐毅诚惶诚恐，不接受，郑重地给燕昭王写了一封书信，发誓至死对燕国不变心。从此，齐国人佩服他的义气，诸侯国敬畏他的诚信，没有人敢再出挑拨离间的阴谋了。

过了一些时候，燕昭王去世了，他的儿子继位为燕惠王。燕惠王做太子的时候，就曾和乐毅有过矛盾。田单听说了这件事，便派人到燕国去施行挑拨离间的计策，造谣说："齐王已经死了，齐国的城池没有被攻下的只有两座罢了。乐毅和燕国的新国君有怨仇，害怕被杀，因而不敢回国，他以征伐齐国为名义，实际上想联合即墨、莒的守军，在齐国南面称王。只是齐国的民众还没有归附，所以乐毅暂时采取缓攻的策略，等待即墨一带的民众归附他。现在齐国人所害怕的，只是燕国改派其他大将来，那么即墨城立刻就会陷落的。"燕惠王本来对乐毅就存有疑心，听了齐国挑拨离间的谣言，便派骑劫去代替乐毅统率部队，而且召乐毅回国。乐毅知道燕惠王派骑劫来代替他不怀好意，于是便投奔赵国去了。燕国的将领士兵，因此而愤恨惋惜，感到不平。

田单命令城中的民众，吃每顿饭前，都必须先把饭菜放在庭院里，祭祀他们的祖先，引来飞鸟盘旋飞舞下城啄食。燕国人远远望见感到很奇怪，田单就当众扬言说："会有神师降临来教导我。"有个士兵走过来说："我可以当这位神师吗？"说完话转身就跑。田单急忙站起身，把他拉回来，请他坐在向东的上座，像对待老师一样侍奉他。这个士兵说："我骗您的呀。"田单说："你别把这件事说穿！"于是真把他当作神师。此后，每次发布号令，一定声称是神师教导的。田单又宣扬说："我最害怕的，是燕国人割掉齐国俘虏的鼻子，作战时把他们赶到队伍的前面，那样即墨城就完了！"燕国人听到田单的这番话，就按照他的话做了。即墨城里的人们一见被俘的人全都给割去鼻子，都万分愤怒，坚决守城，唯恐被俘。田单又派人施行反间计，说"我们怕燕国人挖掘城外的祖坟，那样一来实在使人心寒！"燕国军队果然挖掘尽了城外的坟墓，把尸骨堆起来烧了。齐国人在城头上远远地望见了这一切，全都悲愤得流泪抽泣，纷纷要求出战，斗志十倍于往常。田单知道这时部下都做了死战的准备，可以迎战燕军了，于是就亲自拿着筑墙和掘土的工具，和士卒一道修筑工事；将自己的妻妾也编入部队中；又把食物全部分发给将士。然后，他命令披甲的将士全都埋伏起来，派老弱的兵丁和妇女们登城守卫，并派使者和燕国的军队商约投降；燕国将士高兴得一齐高呼"万岁"。田单又收罗城里民众

驱火牛田单破燕

的黄金，得到几万两，让即墨城里的富豪们偷偷送给燕军将领，说："齐军马上就要投降了，贵军受降后希望不要掳掠我们的家族！"燕军将领非常欣喜，便答应他们的请求。燕国将士的斗志也就渐渐松懈下来。田单又派人在城里收集到一千多头牛，用深红色的薄绢披在牛身上，还在上面画上五彩龙纹，在牛角上绑上锋利的兵器，把沾有油脂的干芦苇缚在牛尾上，点燃它的尾端，事先早在城墙上凿了几十个洞穴，趁黑夜把牛放出去，五千名精壮的士兵跟随在牛群后面出城。那些牛的尾巴烧得疼痛难当，拼命地向前狂奔，冲向燕军。燕国将士大惊失色，火光中隐约看到牛身上都有龙的斑纹，被牛冲撞得不是死就是伤。而且，即墨城里的人也聚众呐喊，紧跟着冲了出来，老弱兵丁全都敲击铜器，发出声响，震天动地。燕军将士惊慌失措，四处逃跑。齐国人杀了燕军主将骑劫，穷追败逃的敌人，一路上经过的城池全都摆脱了燕人的统治，重新成了齐国的城邑。田单的兵力日益增加，乘胜追击；燕军天天逃跑，一直逃到黄河边国界上，这样，齐国的七十多座城池都被田单收复了。田单从莒迎回齐襄王，齐襄王回到临淄后，封田单为安平君。

鸡鸣狗盗

战国时期，赵国的平原君、齐国的孟尝君、魏国的信陵君和楚国的春申君被称为"四公子"，其中孟尝君的名气最大。

孟尝君名田文，是齐国的贵族，对士人一向十分尊重。他继承了父亲的封地薛城，大兴土木，广揽门客。凡是投奔到孟尝君门下的，不管才能大小，他一概收留，吃喝穿戴全包。不光在齐国，在其他各国人们也都知道孟尝君的名字。

秦王为了削弱齐国的势力，就想封孟尝君为相国来收买他。孟尝君欣然前往，并送给秦王一件纯白色的银狐皮袍子作为见面礼。谁知秦国大臣纷纷反对封孟尝君为相国，秦王便将他软禁起来。

孟尝君想要逃出秦国，便请好朋友泾阳君（秦王的弟弟）救他一命。泾阳君无计可施，只好请秦王最宠爱的樊姬多说好话，让秦王放了孟尝君。可是，樊姬说："如果送我一件银狐皮袍子我就为他说情！"

孟尝君

孟尝君发愁了，自己只带了一件银狐皮袍，已经献给了秦王，秦王视为珍宝，锁在内库，派人看管，到哪里再去弄到皮袍呢？正在这时，一个门客自告奋勇说去偷出那件银狐皮袍。孟尝君也想不出更好的办法，就同意了。

半夜时分，身穿夜行衣的门客悄悄直奔库房，突然不小心踢到一个石块，看守被惊醒了，门客忙伏身墙脚，发出一声狗叫。看守这才打着呵欠又睡去了。门客最后顺利地把银狐袍子偷了出来。

樊姬拿到了银狐皮袍，非常高兴，劝说秦王放了孟尝君。孟尝君怕秦王反悔，带着门客连夜逃离秦国。到了函谷关时，已是半夜，城门紧闭。当时规定，只有鸡叫的时候才开城门。大家正一筹莫展时，一个门客突然爬到一块大石头上，直着脖子学起了公鸡叫："喔——喔——喔！"不一会儿，函谷关上及周围村镇的公鸡也都跟着叫了起来。

守关军士揉着惺忪的睡眼开了城门，孟尝君及门客迅速地出城门向关外逃去。

过了一会儿，秦王果然派兵追到了函谷关，可是孟尝君及其门客早已踪影全无了。

范雎睚眦必报

秦昭王时期，范雎是他的重要谋臣，在秦国征服六国的大业中做出了重要贡献。在他发迹之前，曾是魏国大夫须贾的门客，处境一直不好。

一次，须贾带着范雎出使齐国。齐襄王听说范雎挺有才干，就暗地里打发人去见范雎，还送给他百两金子和一些牛羊做见面礼，却被范雎坚决地推辞了。但这件事被须贾知道了，他认为范雎暗中串通齐国，回到魏国以后，就向丞相魏齐告发了范雎。魏齐听了以后，非常生气，下令严刑拷问范雎。结果范雎肋骨被打断几根，门牙也被打掉了。他只好装死，被看守扔到了厕所。

大难不死的范雎化名张禄，逃出魏国，到了秦国。

范雎历尽艰险来到秦国的都城咸阳。当时秦国的实权掌握在宣太后和她的兄弟穰侯魏冉手里。范雎给秦昭王上了道奏章。秦王约定日子，准备在离宫接见他。

走到半道上，范雎瞧见秦王的车马来了，假装不知，大步迎了上去。秦王身边护驾的侍从大声喊道："大王来了。"范雎冷冷地说："什么？秦国还有大王吗？"

范雎又自言自语道："只听说秦国有太后和穰侯，哪儿有什么大王？"这句话正说到了秦王的心坎上。他赶紧把范雎请到宫里，屏退左右，然后和他单独交谈。

秦王跪下请教范雎说："先生要如何教导我呢？"范雎只是"嗯……嗯"了两声。秦王又向范雎求教，可是范雎只是含含糊糊地答应着，一句话也不多说。

死范雎计逃秦国

像这样请了三次，秦王有些着急了，诚恳地说："我请先生来，是真心诚意地向您请教。先生不要有所顾忌，直说便是。"秦王的这番话给范雎吃了颗定心丸，便议论开了。他说："秦国土地多，士兵又都十分勇敢，要想统治诸侯，也不是什么难事。可是十五年来却没有什么成就，这说明一方面丞相没有尽心尽力地去办事，另一方面大王您也有失策的地方啊！"秦王很好奇，问道："我有什么失策的地方呢？"这时范雎发现有人躲在旁边偷听，他不敢提到宫里的事，就谈到了秦国与各诸侯国的关系。

范雎说："齐国与秦国，中间隔着韩国和魏国，且相距甚远。大王要出兵攻打齐国，就算能获胜，也没办法把两国连起来呀，所以我认为大王最好采用远交近攻的策略。"秦王一听，很有兴趣地问："什么是'远交近攻'呀？"范雎解释道："对离我们远的国家，比如齐国，要暂时与他们交好，先攻打与秦国邻近的国家，这样才能扩大秦国的土地。今舍近攻远，不亦谬乎！所以先把韩、魏两国兼并了，消灭齐国的日子也就不远了。"秦王听了，连连点头称是，说："秦国真要能打下六国，统一天下，就多亏先生了。"秦王拜范雎为上卿，并且按照他的谋划，把主要进攻目标定为魏国与韩国。

不久，范雎又对秦王说："现在秦国的朝政掌控在太后和穰侯手中，他们根本没把您放在眼里。现在朝廷官员和您的左右侍从都是丞相穰侯的人，他们又都只为自己打算，丝毫不为您和秦国着想。我真是替您担心啊！"秦王于是下决心废除太后的权力，又收回了穰侯的相印，然后拜范雎为丞相，封他为应侯。

魏王对秦国的虎视眈眈十分害怕。魏国丞相魏齐听说秦国的丞相是魏国人，就派须贾到秦国来求和。范雎听说须贾到了秦国，便换了一身破旧的衣服去见他。须贾一见到范雎，吓了一跳，问："范雎，你真的没有死吗？"范雎说："托您的福，我还活着。"须贾又问："您在秦国，没有游说秦王吗？"须贾边问边探听虚实。范雎当然明白须贾的用意，便回答说："没有。我是从魏国逃命出来的，哪敢再提什么谋略？"须贾见他衣服单薄，人冻得直哆嗦，顿起了怜悯之心，就叫随从拿出一件大袍给他穿上，并且留他一起吃饭。

吃完饭后,须贾又问道:"听说秦王非常重用丞相张禄。我很想见见他,但不知找什么人引见一下好?"范雎说:"我家主人倒是跟他挺熟的,我可以带您去,让他引见您。"须贾高兴地说:"那太好了。只是我的马病了,车轮也坏了,没有马车,叫我怎么出门呢?"范雎说:"这好办。我去为您借辆马车。"

于是范雎就亲自赶车把须贾送进秦国相府。认识范雎的人,都赶忙避开,须贾觉得很奇怪。到了丞相府门口,范雎对须贾说:"您在这里等着我,我先进去通报一声。"须贾在门外等了半天,也不见范雎出来,就问守门的说:"范雎为什么还不出来呢?"那人答道:"这里没有范雎,刚才进去的就是我们的丞相张禄。"须贾这才明白范雎就是张禄,立刻吓出一身冷汗。他跪在地上,爬进了门,一直爬到范雎面前说:"我须贾瞎了眼,对不起丞相,犯了重罪,任由您处置。"范雎说:"你有三条罪状。你诬陷我出卖魏国,这是第一条罪状;当魏齐把我扔在厕所里,侮辱我时,你竟然不制止,这是第二条罪状;你喝醉了酒,还往我身上撒尿,心肠竟是如此狠毒,这是第三条罪状。"说到这里,范雎的语气突然又缓和下来,说:"不过你今天见到我时,给了我这件褂子穿,还留我吃饭,心总算没有坏透。看在这件事的份上,我饶你不死。"范雎于是让须贾离开相府,自己则进宫去请求秦王把须贾驱逐回国。

须贾到范雎那里去辞行。范雎大摆宴席,堂上坐满了被请来的各国使节,又让须贾坐在堂下,在他面前放着喂马的饲料,又命令两个囚徒像喂马一样喂他吃。范雎狠狠地说:"你回去后让魏王赶紧把魏齐的头送来。不然的话,我就要带兵血洗大梁。"须贾回到魏国,把这件事告诉了魏齐。魏齐很害怕,先是逃到赵国,后来魏齐实在走投无路,就自杀了。

发达以后的范雎,仍然不忘羞辱须贾,以泄心头之恨。这就是成语"睚眦必报"的来历。

假张禄廷辱魏使

触龙说赵太后

前265年，秦国进攻赵国，攻取了三座城池。赵王刚即位，便由赵太后执掌政事，向齐国求救。齐国答复："必须以赵公子长安君为人质。"赵太后不肯，齐国也就不发救兵，赵国的大臣一再劝谏太后，太后却对左右宣称："谁要再来说让长安君去做人质，我老婆子一定往他脸上吐口水！"左师触龙求见太后，太后怒气冲冲地等着他进来。触龙一路慢慢走来，道歉说："老臣我的腿脚不灵便，很久没有来看望太后了，又担心太后的身体有什么不舒服，所以还是希望能见到太后。"太后说："老婆子我只能靠人推车来往了。"触龙又问："饭量减少了吗？"太后说："只是喝粥而已。"这时太后脸上的不悦之色稍微缓和了一些。触龙说："我的儿子舒祺，年岁最小，又不大成器，而我老了，私下里最怜爱他，希望能让他补个黑衣卫士的空缺去护卫王宫，我不顾犯死罪的危险冒昧地向您提出请求！"太后说："可以。他多大了？"触龙回答说："十五岁了。虽然还小，我还是希望在自己入土之前把他安排好。"太后问："男子汉大丈夫也知道疼爱小儿子吗？"触龙回答说："比妇人还厉害呢。"太后笑着说："还是妇人厉害！"触龙却说："我私下里觉得太后您疼爱女儿燕后胜过爱小儿子长安君。"太后说："你错了！我疼爱燕后远不如疼爱长安君。"触龙说："父母疼爱子女，就要为他们的将来考虑。您当初送燕后出嫁时，抓住她的脚后跟直掉眼泪。想到她嫁到那么远的燕国，十分悲伤。燕后离去后，您不是不想她。但祭祀的时候就祷告说：'千万别让人送回来！'这难道不是为她做长远考虑，希望她的子孙能在燕国相继为王吗？"太后点头说："是的。"触龙又道："从现在上推到三代以前，赵王的子孙被封侯的，现在还有没有继承人在位的？"太后回答说："没有了。"触龙说："这就是说，近的，灾祸殃及自身；远的，灾祸就殃及子孙了。难道说君王那些封侯的儿子都不成材，只是因为他们地位尊贵而没有军功，俸禄丰厚而没有劳苦？如今您提高长安君的地位，封给他良田美地，又赐给他很多宝器。但您却不让他趁现在为国家立功，一旦您不在世上，长安君靠什么在赵国立足呢？"太后醒悟道："好吧，随你去安排他吧！"于是触龙下令为长安君准备一百辆马车，去齐国做人质。齐国随即发兵，秦国军队便撤退了。

长平之战

赵国的赵奢是战国时期著名的将领，他多次击退了秦国的进攻。赵王觉得赵奢和蔺相如、廉颇一样，都是赵国的栋梁，于是十分器重赵奢，对赵奢那个喜爱读兵书谈打仗的儿子赵括也挺喜欢。赵王以为赵括和他父亲一样精通兵法。

赵括从小就在父亲的指导下学习兵书，谈论起行军打仗来，滔滔不绝，说得头头是道，有时连他父亲都说不过他。赵奢知道自己的儿子只会纸上谈兵，根本不能带兵打仗，临终前对赵括说："你不是当大将的人才，千万不要担任将军的职务。如果你当了大将，将会使我军覆灭，国家和家庭都会蒙上耻辱。"

赵括并没有把父亲的话放在心上，认为父亲一辈子只不过读了《孙子兵法》，而自己年纪轻轻就满腹韬略，当个将军完全可以胜任！后来赵奢死了，赵括眼里就更是谁也看不起，连德高望重的老将廉颇，赵括也觉得不中用了。

前262年，秦国派大将王龁进攻韩国，包围了要地上党，使之成为一座孤城。上党与赵国接壤，韩军的将领和上党太守冯亭不愿投降秦国，索性投降了赵国。因为这样一来，秦军见赵国得了上党，一定去争，赵国和韩国就可以联合起来抗秦了。

此时赵惠文王死了，赵孝成王执政。赵孝成王派人接收了上党，还加封了冯亭，让他继续做上党太守，可冯亭不愿接受赏赐，只是请求赵王马上派兵增援，防止上党陷于秦军之手。

但赵军一直未到。冯亭终于无法抵挡住秦军的进攻，将士和百姓开了城门拼命往赵国跑，一直跑到了赵国的长平关，才遇到廉颇带了二十万人马来救上党，可上党已经丢了，廉颇也很后悔。

白起

前260年，秦国大举进兵赵国。赵王派久经沙场、作战经验丰富的大将廉颇领兵二十万前往抵抗。两军相对峙在长平。

赵兵屡次被秦兵打败，廉颇便下令坚守壁垒，拒不出战。赵王以为廉颇损兵折将后更加胆怯，不敢迎敌，很是恼怒，多次派人斥责他。秦国应侯范雎又派人用千金巨款到赵国施行反间计，说："秦国最害怕的是马服君赵奢的儿子赵括，廉颇好对付，而且他也快投降了！"赵王于是便让赵括代替廉颇为将。蔺相如说："大王因为赵括的名气而使用他，就好像是粘住调音的琴柱再弹琴啊！赵括只知道死读他父亲的兵书，不知道随机应变。"赵王不听。赵括的母亲得知后，急忙上书说赵括不能用，赵王不解。赵括母亲回答说："当年我侍奉赵括的父亲，他做大将时，亲自捧着饭碗去招待的有几十人，他的朋友有几百人。大王及宗室王族给他的赏赐，他全都分发给将士。而且从此便不再管家中的事了。现在赵括一做了大将，就东向高坐，接受拜见，大小军官没人敢抬头正眼看他。大王赐给他的金银绸缎，全被他藏在家中，而且天天忙着察看有什么良田美宅可买的就买下来。大王您以为他像他父亲，其实他们父子俩的用心完全不同。请大王千万不要派他去！"赵王说："老太太你不用管，我已经决定了。"赵括的母亲便说："如果赵括出了差错，请大王不要连累我一起治罪。"赵王同意了。

秦王听说赵括成为大将后，就暗中派武安君白起为上将军，改王龁为副将，在军中下令说："谁敢泄露白起为上将军的消息，一律处死！"赵括到了赵军中，便推翻军中原来所有的规定，调换军官，下令出兵攻打秦军。白起佯装打败退走，预先布置下两支奇兵准备截击。赵括乘胜追击，直达秦军营垒，

败长平白起坑赵卒

结果遭到秦军顽强抵抗，久攻不克。这时，秦军一支两万五千人的奇兵已切断了赵军的后路，另一支五千人的骑兵堵截住赵军返回营垒的通道，赵军被一分为二，粮道也断绝。武安君白起便用精锐轻装的部队打败赵军，赵军只好坚筑营垒等待救兵。秦王听说赵军运粮道已经切断，亲自到河内征发十五岁以上的百姓全部调往长平，阻挡赵国的援兵及运粮。赵军缺乏粮食，向齐国请求接济，遭到拒绝。周子说："赵国对齐国、楚国来说，是一道屏障，就像牙齿上面的嘴唇，

唇亡而齿寒。今天赵国灭亡了，明天就是齐国、楚国。援救赵国这件事，应该像捧着漏瓦灌去浇烧焦了的铁锅那样，是一刻也不能拖延的。何况援救赵国是高尚的道义；抵抗秦军，是显示威名的好事。必须主持正义援救亡国，显示兵威击退强秦。不致力于此事反而爱惜粮食，这就是大错特错了！"齐王仍是不听。九月，赵军已断食四十六天，士兵们都在暗中残杀，互相吞吃。赵括计穷无路，便下令进攻秦军营垒，他派出了四支队伍，轮番进攻，到第五次，仍无法突围。赵括亲自率领精兵上前肉搏，被秦兵射死。赵军于是全线崩溃，四十万赵国士兵全部投降。白起说："当初秦军已攻克上党，上党百姓不愿归秦而去投奔赵国。赵国士兵反复无常，不如杀掉，以绝后患。"于是使用奸计把赵国降兵全部活埋，只放出二百四十个年龄小的士兵回到赵国。此次战斗赵国共损失四十五万士兵，元气大伤。

毛遂自荐

前258年，秦国大败赵国。赵王派平原君赵胜到楚国求救，平原君打算在门下食客中挑选文武双全的二十人，一同前往。但只挑出了十九个，剩下的却挑不出来了。有个叫毛遂的人向平原君自我推荐。平原君说："贤良的人才处在世上，好比把锥子放在口袋里，立即能露出锥尖，如今先生在我赵胜门下已经三年了，我左右的人没有称赞过你，我也没有听说你有什么作为，说明先生没有什么长处，你最好还是留下吧！"毛遂说："我只是今天才请你把我放到口袋中而已！如果早把我放进去，我早就脱颖而出了，岂止是露个锥尖呢！"平原君于是让毛遂一同赴楚去求援兵，其余十九个人都相视嘲笑他。平原君到了楚国，从早上一直谈到中午，楚王仍没有派兵的意思。毛遂于是手按宝剑顺着台阶走上去，对平原君说："联合抗秦的重要性，两句话就可以说清楚、做出决定的！现在从日出说到日中还不能决断，到底是怎么回事？"楚王怒斥毛遂道："还不快滚下去！我在和你的主人说话，你跑上来干什么？"毛遂按剑上前说："大王你之所以斥责我，是仗着楚国人多势众。此刻你我相距十步之内，你就没有任何可以倚仗的东西了！你的性命在我的手中，在我的主人面前，你凭什么呵斥我！而且毛遂听说商朝开国的汤王以七十里的土地而最终称霸天下，周朝创业的周文王仅凭一百里的土地而使诸侯臣服，他们难道是仗着人

毛遂自荐

多势众吗？只不过是顺应了历史的潮流、发奋扬威而已。现在楚国有五千里广的土地，持戟战士一百万，这足以称霸诸侯啊！以楚国的强盛，各国都难以抵挡。白起，不过是个小人物，率领几万军队，兴师动众与楚国作战，却一战便夺去鄢、郢两城，再战便火烧夷陵，三战已将楚国宗庙毁灭，侮辱楚王祖先。连赵国都为之羞愧的啊，而大王却不以为然。联合抗秦，实在是为了楚国，不是为了赵国啊！"

楚王连连点头："你说得太对了，我愿意以全国的力量与你们合作。"毛遂问："联合的事确定了吗？"楚王说："确定了。"毛遂便对楚王左右的随从说："取鸡、狗、马的血来！"毛遂捧着铜盘跪着上前对楚王说："请大王歃血宣誓订立同盟，其次是我主人，再次是我毛遂。"于是在大殿上订立了同盟，毛遂右手持铜盘，左手招呼同行的十九人说："你们也在堂下一起歃血宣誓吧！你们只是陪衬，最终事情还是依靠别人来解决。"平原君订好盟约后回到赵国，叹息说："从今往后，我再也不敢说自己能识别天下的人才了！"于是毛遂被奉为上宾。

信陵君窃符救赵

前257年，长平之战后，秦军大举进攻赵国，不费吹灰之力便包围了赵国的都城邯郸。赵王慌了，眼看国家就要灭亡，急忙派人向各国求救。楚国和魏国也派了兵来帮助邯郸解围，可两路大军走到离邯郸不远的地方，就各自扎下大营，不再往前走了。

原来，秦昭襄王一听说魏国和楚国都来帮着赵国解围，而且带兵的还都是两国有名的将领，魏国是老将晋鄙，楚国是春申君，就立即派人到魏国，威胁魏安釐王说："秦国马上就把赵国全攻下来了，谁敢来救赵国，我回头就接着打谁！难道魏国想出这个头儿吗？"这一招真把魏安釐王吓坏了，他急急忙忙下令，不让晋鄙的队伍再往邯郸方向前进，就地扎营，于是魏军就在邺城这个地方停下来。楚国的春申君见魏国的援军原地不动了，也不想冒冒失失地同秦军交锋，也让队伍停住，驻扎在武关。邯郸城里的赵孝成王干着急，眼看救兵大老远地来了可又指望不上，只好再次派人去求魏王快快进军。魏安釐王也为了难，进兵吧，怕万一秦国灭了赵国再来攻打魏国，把自己的地盘也占了去；不进兵吧，又对不起赵国，只得不退不进地拖时间。魏军到不了邯郸，在魏国有个人跟赵王差不多一样着急，那就是信陵君。

信陵君不单单是魏国的宗室公子，跟赵国还有亲戚关系，信陵君的姐姐嫁给了赵国的平原君。平原君已经给信陵君写了好几封信，他苦苦哀求魏国进军，信上说："我一向佩服公子，跟您做亲戚我十分荣幸。公子一向仗义正直，可现在赵国眼看就要灭亡了，贵国大军就在邺下说什么也不前进了。全城人眼巴巴地盼着援军，您姐姐白天黑夜哭得那么伤心，公子您就算不顾及赵国百姓，不在乎我赵胜，可您连自己的亲姐姐也不管不顾吗？"每次接到平原君的信，信陵君就揪一次心。信陵君还真的不是那种只为自己姐姐着急的人，他向来也看不惯秦国恃强凌弱的霸道，更甭提信陵君魏无忌侠肝义胆给各国留下的美名了。

信陵君无忌仁厚待人，礼贤下士，收养食客达三千人。

魏国有位隐士名叫侯嬴，七十岁了，家中贫穷，在魏国都城大梁北面的夷门看守城门。有一次，无忌摆酒大宴宾客，来客都已经坐好了，无忌又领着车马，空出左边更尊贵的位子，亲自去迎接侯嬴。

侯嬴见到无忌来接他，理了理破旧的衣冠，直接跳上马车坐在无忌左边的座位，也不谦让一下。无忌手持缰绳，态度更加恭敬。

侯嬴又对公子说："我有个朋友在集市卖肉，麻烦车马，改道拜访他一下。"无忌就领着车马去集市。

到了集市，侯嬴下马车去看他的朋友朱亥，故意站了很久，与朋友说话，一边偷偷观察无忌。他看到无忌的脸色没有变化，这才与朋友道别上车，到无忌家里。无忌领着侯嬴到上座就

信陵君

座,还把他介绍给所有的宾客,宾客们都很吃惊。

后来秦国军队包围赵国都城邯郸,无忌屡次请求魏王给晋鄙下令,让他去解救邯郸,还通过宾客、辩士多方向魏王游说,魏王就是不听。

无忌于是通知宾客,集结战车一百多辆,想去邯郸为赵国作战。经过夷门时,看见侯嬴,告诉他自己即将赴难的事,侯嬴说:"公子好自为之,老臣我不能跟从。"

无忌离开后,走了几里,心里闷闷不乐,于是又转回去见侯嬴。侯嬴笑着说:"我就知道公子会回来的。如今公子没有别的办法,所以想去迎战秦军,这就像把肥肉扔到饿虎面前,又能起到什么作用呢?"

无忌拜了两拜,请教计策。侯嬴让无忌屏退左右,说:"我听说晋鄙的兵符在魏王卧室里,而如姬最受宠幸,一定能把它偷来。过去听说公子为如姬报了她的杀父之仇,如姬想报答公子,就算让她死也不会推辞。公子若真向她要求,那就能得到兵符,夺过晋鄙的军队,北面解救赵国,西面打退秦军,这是春秋五霸的功业啊。"无忌按照侯嬴说的去做,果然得到了兵符。

无忌将要出发,侯嬴对他说:"将在外,君令有所不受。如果晋鄙验过兵符,却仍不肯交出军队,还要向魏王请示,那么事情就危险了。我的朋友朱亥,是个武艺高强的人,可以带着他一起去。晋鄙若服从,那就最好;若不服从,可以让朱亥杀他!"于是无忌邀请朱亥一起前往。

到了邺城,晋鄙验过兵符,心里还是怀疑,看着无忌说:"我率领十万大军驻扎在边境,承担着国家的重大使命。如今魏王只派你孤身前来顶替,这是为什么呢?"

于是朱亥就用袖子里藏着的四十斤重的铁锥,杀了晋鄙。无忌收束军队,发布命令说:"父子都在军队里的,父亲回去;兄弟都在军队里的,兄长回去;独生儿子没有兄弟的,回去赡养老人。"最后他选出士兵八万人,率领他们进军邯郸,在邯郸城下大破秦军,保全了赵国。

二周灭亡

信陵君救赵后,楚国公子春申君黄歇还在武关。他听说秦国打了败仗,就带着八万大军回楚国了。

春申君到了郢都，向楚考烈王报告秦国打败仗的消息。楚王叹息着说："赵国的合纵计策实在不错，可惜咱们没有魏国公子那样的大将！"春申君心里不服气地说："赵国公子他们已经公推大王为纵约长，如今秦国打了败仗，威风扫地了，大王这时就该赶紧打发使者去约会各国，再征得周天子的同意，借着他的名义号令诸侯，一同进攻秦国。大王要能这么办，就比齐桓公、晋文公的功业大多了。"楚考烈王经春申君这么一鼓动，又有了当霸主的欲望。他当时就打发使臣到周天子那里去，请周天子下令讨伐秦国。

周赧王虽是天子，真正受他管辖的土地还不如列国里最小的诸侯国。这么小小的地方还分成两半儿：河南巩城一带叫东周，河南王城一带叫西周。这个西周不同于定都关中的西周，而是定都洛邑的东周又分成东周、西周两部分。

周赧王这时正住在西周。恰在这一年，秦国攻占了韩国的阳城和负黍二城。这二城靠近西周。周赧王怕战祸发生在西周国土上，便产生了灭秦之心，于是他接见了楚国的使臣，答应用周天子的名义去约会列国诸侯。

周赧王五十九年（前256年），周赧王派六千人马到伊阙，在那里等候各国的兵马。韩、赵、魏三国跟秦国刚打过仗，元气尚未恢复，没有出兵的力量。齐国跟秦国已经结好，不愿意出兵。只有燕国和楚国派出几队人马，在伊阙驻扎下来。

楚国和燕国的军队等了三个月，也没见别的国家发兵来。这回合纵抗秦的计划又破产了，两国只好退兵。楚国和燕国的兵马一退，秦国就发兵攻打西周，西周抵抗不了，只得投降。周赧王做了俘虏，没过多久就死了。于是，西周便灭亡了。

秦昭襄王灭了西周，通告各国。各国诸侯不敢得罪秦国，争先恐后地打发使臣到咸阳去祝贺。秦昭襄王很得意。这时，丞相范雎坚决请求退休，秦昭襄王只好答应他。

秦昭襄王五十六年（前251年）秋天，秦昭襄王得病死了，太子安国君即位，即秦孝文王。这时，秦孝文王也已经五十三岁了。他即位不久就死了。太子即位，即秦庄襄王。

秦庄襄王重用吕不韦，拜他为丞相，立儿子嬴政为太子。

丞相吕不韦对庄襄王说："近

春申君

来得到报告,都说东周因秦国接连故去了两位君王,料想秦国不得安宁,就打发使者到各国去煽动合纵,趁机抗秦。我想咱们既然把西周灭了,东周就不应当再留着。不如把它也灭了,免得各国诸侯再借这杆破旗来欺压咱们。"

秦庄襄王于是拜吕不韦为大将,发兵十万攻打东周。秦庄襄王元年(前249年),秦国灭了东周。周朝从此灭亡了。

吕不韦居奇货

前361年,秦孝公继秦献公后称王。为了振兴秦国,秦孝公重用商鞅,实行变法,国力逐渐强盛,势力开始向东扩张,拆散六国合纵联盟,一步步成为七国中的头等强国。

到秦昭襄王时,东方六国之中只有赵国可以与秦国抗衡。赵国在名将廉颇的指挥下,两度击败了秦国的进攻。而且,在渑池会上,赵国的蔺相如以其过人的胆略挫败了秦王的外交攻势,迫使秦昭襄王把太子安国君的儿子异人送入赵国做人质,以保证从此秦国不与赵国为敌。实际上,秦国趁机集中力量远交近攻,吞并邻近的国家,扩充自己的势力,从而孤立赵国。

吕不韦

此时,有一个秦国商人吕不韦正在赵国,他手头已经赚下了很多很多的钱,可以说是家有万金了。

这一天,吕不韦在街上遇到了异人。只见异人生得面如敷粉,唇若涂朱,虽然衣冠平常,但丝毫不失贵人之气。吕不韦不禁暗暗称奇。

当时秦国太子的妻子是华阳夫人,她没有生下儿子。这个异人是夏姬所生。异人在赵国做人质期间由于秦国屡次进攻赵国,赵国对异人也不以礼相待。异人以秦昭襄王庶出孙子的身份在诸侯国做人质,在生活上条件并非十分优越。

吕不韦心中想道："这真是一个可以囤积牟利的稀奇之物！"于是他前去拜见异人，游说他说："我能够光大您的门庭！"异人笑着回答说："也是为了光大您的门庭！"吕不韦说："您有所不知，我的门庭只有依靠你的门庭才能光大。"异人心中明白吕不韦话中的用意，就将其引入房中一道坐下，深入交谈。吕不韦说："秦王年岁很大了。太子宠爱华阳夫人，但夫人没生儿子。在你二十多个兄弟当中，子傒有可能继承秦国的基业，还有士仓辅助他。你名次居中不是长子，不会很受宠爱，只能长期在诸侯国做人质。太子即位称王后，你是不可能争取成为继承人的。"异人说："既然如此，那我该怎么办呢？"吕不韦说："其实只有华阳夫人一个人可以确定继承人而已。我吕不韦虽然钱财不多，但请允许我用黄金千斤替你到西边的秦国走一趟，立你为继承人。"异人说："如果你的计划真的实现了，我情愿和你共同分享秦国。"吕不韦于是拿出五百斤黄金送与异人，叫他广为结交宾客以提高名声，又用五百斤黄金购买奇珍异宝、玩赏之物，并把它们带回了秦国。

吕不韦先拜见华阳夫人的姐姐，通过她把奇珍异宝进献给华阳夫人，并借机称赞异人贤能，说异人的宾客遍布天下，在赵国常常日夜流泪哭泣，思念着做太子的父亲和华阳夫人，还特意交代说："异人一直把夫人看作亲生母亲！"华阳夫人听到这话非常高兴。吕不韦趁机又让华阳夫人的姐姐劝华阳夫人说："用美色侍奉人的，一旦年老色衰，宠爱就会减退。现在夫人虽然得宠但没生儿子，如果不趁着容颜美丽的时候，早早地在儿子们中间选一个贤能孝顺的与自己结成母子关系，就会在色衰爱减后，即使想开口说上一句话，也非常困难！现在异人这孩子很贤能，但也知道不会被立为继承人，夫人若能在此时拉他一把，异人就会由无国而变成有国，夫人就会由无子而变为有子，那么终身可受秦王宠爱了。"华阳夫人认为她说得对，便利用机会对安国君说："异人这孩子贤能，各国来往的人都很称赞他。"继而哭着说："我不幸不能生育儿子，希望能够让异人作为儿子使我有个依靠！"安国君答应了这个要求，为华阳夫人刻制玉符，把异人定为了继承人，还给异人送去了许多金钱和礼物，请吕不韦辅助和教导异人。异人

吕不韦巧计归异人

的名声在诸侯国也越来越大了。

吕不韦曾买下了邯郸的一位美女赵姬一块儿住着，直到她怀孕。异人前来陪不韦饮酒，见赵姬貌美，便请求相赠。吕不韦假装发怒，但最后还是把赵姬给了异人，一年后赵姬生下儿子嬴政，异人于是立赵姬为夫人。邯郸被围时，赵国人准备杀掉异人，异人和吕不韦用黄金六百金贿赂看守的人，然后逃回了秦国。异人身着楚国服装去拜见华阳夫人。华阳夫人说："我是楚国人，当然该以你这样的人为儿子。"便把异人的名字更改为"楚"。

华阳夫人平白地得了一双佳儿佳妇，加之赵姬性情乖巧，华阳夫人每天都沉浸在欢乐之中。安国君也听华阳夫人的，于是正式宣布立异人为自己的世子，确定为王位继承人。赵姬又献上有关赵国的军事机密，吕不韦也随同入奉。他是儿子的大恩人，加之善于逢迎，为秦王所重用。异人被立为世子不久，昭襄王就病死了，安国君正式继位，为秦孝文王，这下异人的太子地位更加稳固了。

没多久，秦孝文王也一命呜呼了！

秦孝文王归天，异人则名正言顺地当了秦国的国君，称秦庄襄王，尊母华阳夫人为太后，立子嬴政为太子，晋升吕不韦为相国，并加封文信侯，坐享十万户的俸养。再后来，秦庄襄王在三十六岁那年，便一命归天。十三岁的嬴政当上了秦国的国君，尊赵姬为太后，尊吕不韦为相国，号称仲父，国事全部委托吕不韦。吕不韦所积的"奇货"最终给他带来了名和利。

李牧守边破匈奴

战国末期赵国名将李牧，智勇双全。长期以来，他防守着北疆的代郡和雁门，抵御匈奴入侵。

经历了春秋时的混战，到战国时只剩下齐、楚、燕、韩、赵、魏、秦七个大国。七国之中，有三国与胡人为邻，这就是秦、赵、燕。秦国北边有翟、乌氏等部落，赵国北边有林胡、楼烦等部落，燕国北边有东胡、山戎等部落。为了抵御胡人，秦国在陇西、北地、上郡一线筑了长城；赵国在代郡、阴山之下筑了长城，设置了云中、雁门、代三郡；燕国自造阳到襄平筑了长城，并设置了上谷、渔阳、右北平、辽东郡。

到了战国末期，匈奴部落不断发展壮大，兵强马壮，常到赵国边境上骚扰。因此赵王任命李牧为将领，攻伐燕国，夺取了武遂和方城。李牧是戍边良将，曾经在代郡、雁门郡防备匈奴军队。他根据实际情况，灵活设置官吏，收的租税都收入将军府中，作为士兵的费用，每天都要杀几头牛用来犒飨士兵；他精于骑射，严格执行焚举烽火的制度，多次派人出去刺探敌方的军情，并给士兵们定下军规："匈奴进入境内侵扰时，赶快入堡垒自守。有人敢去捕捉匈奴骑兵的就处斩！"士兵们也都严格遵守。就这样过了几年，人畜都没有伤亡损失。但匈奴人都以为李牧胆怯，不敢与他们打仗，就连李牧手下的士兵也以为自己的将领胆小怕事。赵王责备李牧，可李牧照旧按自己的规定执行。

李牧

赵王发怒，派了别人去守边。一年多的时间，多次出战，不能战胜匈奴军队，人畜多有逃亡损失，边境之上，秩序混乱，生产破坏严重。

赵王又请李牧出任守边将领，李牧以疾病为由闭门不出来接待。赵王强令起用他，李牧说："赵王您一定要任用我为将领，我只能像以前一样，才敢接受您的任命。"赵王答应了李牧的要求。

李牧到了边境，仍用过去的方法。匈奴连年入境没能得到好处，他们总以为李牧胆怯。守边士兵每天都得到赏赐却不用他们去作战，因此都希望出战打击匈奴人，以尽保家卫国之职。李牧便备置战车一千三百乘，马骑一万三千匹，挑选能够擒杀敌将的勇士五万，能够张弓射击的兵士十万，全面进行操练，演习作战；纵放牲畜，人民遍布旷野中。匈奴前来试探进攻，军民便假装失败逃跑，又将几十人舍弃给匈奴。匈奴单于听到这次入侵很是顺利，就大张旗鼓率领部众进攻。李牧布设了奇阵，并放出左、右翼军队攻击匈奴军队，把匈奴人打得大败，杀死匈奴骑兵十余万人。匈奴单于失败，狼狈逃走，十多年不敢靠近赵国的边境。

李斯谏逐客

秦庄襄王去世后，嬴政即位，做了秦王。后来，他统一了全国，做了始皇帝。这不是他一人之力，是在李斯等人的帮助下完成的。

李斯是战国末年楚国上蔡人，年轻时曾在家乡当小吏，怀才不遇。于是，他拜当时的大学者荀卿为师，学习帝王之术，好投到王者门下，出人头地。在荀卿那里，李斯与韩非是同学。

学业完成后，李斯认为只有秦国才是他大展宏图的地方，便决定到秦国去。临行前，他向老师荀卿辞行说："将来，只有秦王才能统一天下。现在，正是去游说的好机会。"

李斯到了秦国，找到相国吕不韦，做了他的门客。在吕不韦的手下，他做事尽心尽力，得到吕不韦的赏识，被推荐为郎官，也就是秦王的侍卫官。从此，他一有机会便向秦王进言，阐述自己的政治见解。

李斯谏逐客

一天，李斯建议秦王吞并东方六国，完成统一大业。他说："以秦国之强，大王之贤，能像扫除尘埃一样消灭诸侯，完成帝业，统一天下。此乃万世难遇之时，若不急行，诸侯复强，相聚合纵，虽有黄帝之贤，也不能吞并六国了。"秦王听了李斯的卓越见解，拍手称快，立即任命他为长史。

始皇帝十年（前237年）冬季，十月，文信侯吕不韦被罢免相国之职，离开京城，到他的封国河南洛阳。秦国的王族大臣们建议说："各诸侯国到秦国来谋职做官的人，大都是为他们的君主来游说离间的，请大王将他们一律驱逐出境。"于是，秦王下令在全国实行大搜索，驱逐外来人。客卿楚国人李斯也在被逐之列。他在路上，上书秦王说："从前穆公招纳贤才，在西戎找到由余，在东方宛城得到百里奚，在宋国迎来了蹇叔，在晋国寻到丕豹和公孙支。因此秦国得以兼并二十个小国，称霸西戎。孝公任用商鞅实行变法，使各国都归附服从，至今天下大治，国势强盛。惠王采纳张仪的策略，拆散六国的合纵，使它们为秦国效力。秦昭王得到范雎的辅佐，加强了王室的权力，遏制了贵族的势力。这四位君王都是依靠客卿而建功立业的。如此看来，客卿有什么地方辜负了秦王呢？美色、音乐、宝珠、美玉都不产在秦国，可大王使用、享受的却很多。但取用人才偏不是这样，不问可不可用，不论是非曲直，凡非秦国人就一概不用，凡是客卿就一律驱逐。这是只看重女色、音乐、宝珠、美玉等，而轻视人才啊。我听说泰山不拒绝细小的泥土，故能成就其巍峨；河海不择细流，故能成就其宽深；圣贤的君王不抛弃民众，故能明示他的恩德。这便是三皇五帝所以能无敌于天下的原因。现在您抛弃那些非秦国籍的平民百姓，使他们去资助敌国，辞退那些外来的宾客，令他们去为诸侯效力，这就等于把武器借给入侵者，把粮草送给盗匪了。"秦王看了李斯的谏书，恍然大悟，下令召回李斯，恢复他的官职，并撤销逐客令。

秦王终于采用了李斯的计策，暗中派遣能言善辩的人携带金珠宝玉去游说东方各国君主。各国名士凡是可以用钱财贿赂的，便出重金收买而结交他们；凡是不肯受贿赂的，便持利剑刺杀他们，实现挑拨离间各国君主与臣民关系的策略，然后派良将率兵攻打各国。最后，秦国终于兼并了天下。

荆轲刺秦王

燕国的太子丹听说卫人荆轲是一个人才，于是带了丰厚的礼物，态度谦恭地拜访他。见面后，太子丹对荆轲说："如今秦军已经俘虏了韩王，又兴兵往南攻打楚国，往北逼近赵国。如果赵国不能抵挡秦军，那么战祸一定会蔓延到燕国。燕国弱小，屡次受到战争骚扰，哪里能够抵挡秦军呢？而各诸侯国都向秦国屈服，不敢联盟抗秦。

"以我个人的愚见，若真能得到一位天下难得的勇士，让他出使秦国，乘机劫持秦王,逼秦王把侵占的土地归还各诸侯国,就像当年曹沫劫持齐桓公,逼迫齐桓公归还鲁国的失地一样,就最好不过了。万一不成功,也可以乘机把秦王杀了。

"秦国的大将都领兵在外,国内若发生变故,君臣之间就会互相猜疑;乘这个机会,各诸侯结成抗秦联盟,就一定能打败秦国。希望您多加考虑一下!"荆轲答应了他。

等到王翦攻灭赵国的消息传来,太子丹很害怕,想让荆轲立刻动身。荆轲说:"我如今就算去了,没有能够取信于人的东西,就没办法亲近秦王。如果能够得到樊於期的头颅,再加上燕国督亢的地图,秦王一定高兴而接见我,我才有机会报答太子。"

太子丹说:"樊将军走投无路来投奔我,我不忍心杀他。"

荆轲于是私下见樊於期,说:"秦王对待将军您,可以说是非常残忍,父母宗族都被杀害!现在听说他以黄金千金、封地万户来悬赏您的头颅,您有何打算呢?"

樊於期长叹一声,流着泪说:"有什么办法吗?"

荆轲说:"希望能得到您的头颅,用来献给秦王,秦王一定高兴而接见我,我左手拉他的袖子,右手捅他的胸口,那样一来,您的大仇也报了,燕国受欺凌的耻辱也洗除了。"

樊於期说:"这正是我日夜想做而做不到的事啊!"于是自杀而亡。

太子丹事先已经求得天下少有的锋利匕首,让工匠用毒药浸泡,用人做试验,见血封喉,没有不立刻死去的。于是打点行装让荆轲出发,派燕国勇士秦舞阳做他的副手,以使者的身份进入秦国。

太子丹

荆轲

前227年,荆轲到达咸阳,通过秦王的宠臣蒙嘉,用谦卑的言辞求见秦王。秦王非常高兴,穿上朝服,召集群臣布置九宾大礼接见荆轲。

荆轲捧着地图进献秦王,并为秦王打开图卷。图卷完全展开的时候,匕首就露了出来,于是荆轲拉住秦王的袖子,拿起匕首刺他。匕首还没刺到,秦王已经受惊站起来,扯断了袖子。荆轲立刻去追秦王,秦王仓促之间拔不出剑,只好绕着柱子躲闪。

这时群臣都惊呆了,事情发生得太突然,他们都失去了常态。秦国法律规定,群臣在大殿之上不准携带任何兵器,所以大家只好一起徒手上前扑打荆轲,并且喊:"大王背剑!"秦王把剑推到背后,才拔出剑砍断了荆轲的左腿。

荆轲已经残废了,就拿匕首向秦王掷去,但被铜柱挡住。结果,荆轲被分尸示众。

不久,秦国攻打燕国,燕国大败。

献地图荆轲闹秦庭

秦王政灭六国

秦王政消灭了嫪毐和吕不韦两大势力,掌握了秦国的政权,秦国成为七国中最强大的国家。其所统治的地方,不仅包括西半部的大半个中国,还深入到中原地区。秦国有能力兼并六国了。

前230年,秦王政开始向东方六国展开大规模的进攻。很快,弱小的韩国就被灭了。

第二年,他又派出老将王翦率领几十万大军去进攻赵国。赵王派大将李牧

秦始皇

率军抵抗，李牧是一个富有经验的老将，曾多次打败秦军的进攻。他团结将士，严加防守，拒不出战，一时之间两军相持不下，赵王迁却听信了内奸郭开的"李牧蓄谋造反"的诬告，杀了李牧，改派赵葱做大将。秦军打败赵军，邯郸失守。

赵王迁只好向秦国投降。他的儿子嘉带领几百人逃到代郡，自立为代王。紧接着，王翦又率大军北上去攻打燕国。燕国的太子丹派荆轲去刺杀秦王，没有成功。前226年，王翦大败燕军，攻破了燕国的都城蓟。燕王喜只好将都城迁到辽东去。

秦国攻打楚国，秦王政错用了年轻而又轻敌的将领李信。秦军大败，秦王亲自去请老将王翦出马。秦王政到了频阳，见到王翦，引咎自责，恳请王翦率兵出征。王翦带领六十万大军出征，秦王政亲自在水边设宴为王翦饯行。

王翦进军到楚国边境，楚国调动了全国的军队来抵御。但是秦军只和楚军遥遥对峙，深沟高垒，并不出战。楚军屡次挑战，秦军却坚守不出，养精蓄锐，以待战机。楚军锐气渐消，全线东撤。王翦抓住这个战机，在一个晚上，突然发布命令向楚军出击。结果楚军措手不及，四处逃散。王翦乘胜追击，杀死了楚将项燕。前223年，王翦率军攻占了楚国都城，灭了楚国。

与此同时，秦王政陆续派兵攻打魏国和燕国。前225年，王翦的儿子王贲领兵攻破魏都大梁，灭了魏国。前222年，王贲又率军远征辽东，俘虏了燕王喜。接着，又回师攻代，俘虏了代王嘉。至此，燕、赵两国也彻底灭亡了。

最后，只剩下齐国。齐国本来比较强大，可齐王听信了已被秦国收买了的内奸后胜的话，丝毫不做防备。秦兼并了五国之后，齐王才急忙派兵去防守西部边界，可是已经来不及了，前221年，王贲率军进入齐国的都城临淄，齐国没有任何抵抗，就向秦军投降了。

秦王政先后兼并了韩、魏、燕、赵、楚、齐等六国，统一了全国，建立了中国历史上第一个统一的多民族的中央集权制国家。

焚书坑儒

战国时代虽战争频繁,生灵涂炭,但思想、文化可谓是百花齐放,先后出现了众多的学术流派,如儒家、法家、道家、墨家、名家、阴阳家、纵横家、兵家、农家、杂家等所谓的"九流十家"。形成了中国历史上百家争鸣的局面,从而极大地推动了学术思想的繁荣昌盛,迎来了我国古代学术发展的黄金时代。

秦统一以后,伴随着中央集权的建立,必须要有一个统一的思想来维持封建专制国家的统治。

不过,秦始皇并没有一开始就对文化思想领域采取残酷的手段。从前221年政权建立到焚书坑儒(前213年)八年间,秦朝廷征聘了七十多位老学者和二千多名学生,授以他们博士、诸生之职,让他们专门搜集整理全天下的古典文献,并且对他们关怀备至,礼遇有加,还奖励那些对秦政权有利的书籍。但是,这些旧时代的文人、学者满脑子都是孔孟之道、复古思想。这对蔑视儒家、推崇法家思想的秦始皇而言是不能容忍的。

前213年,秦始皇在咸阳举行宴会。一个叫周青臣的大臣乘机向秦始皇敬酒说:"如今普天之下,凡是日月光辉照得到的地方,莫不是陛下的恩德照耀之处。陛下以郡县制代替分封制,真是千古奇创。"秦始皇听到他的话,高兴地哈哈大笑。

博士淳于越看不惯这个人溜须拍马,便向秦始皇敬酒,大谈商周时代的繁荣之景,驳斥今日的郡县制不如分封制更有利于统治。秦始皇听后,心里很不高兴,但是仍面带微笑地说:"大家对淳于越先生的发言有何看法?"大臣李斯发言说:"一个时代有一个时代的精神。前人的治国方针是对的,但现在的政策未必是错的,祖宗之法并不是一成不变的。今日陛下要创的是千秋万代之伟业,岂是你们这帮书呆子所能理解的?"李斯这番话无疑是捅了马蜂窝,淳于越带领着七十名博士纷纷还击,双方你问我答,你说我辩,最终演变成一场大的论战。秦始皇刚开始还听得津津有味,不知不觉时间已过半夜,他们的争论还没有停止的迹象。有些博士已经是"口不择言"了,他们开始对秦始皇自认为是功盖三皇的创举大肆批判。秦始皇到后来越听越不耐烦,而这帮儒士怎么也没

焚书坑儒

想到他们的言论会给神州大地带来一场空前绝后的浩劫。

前213年,丞相李斯上书说:"从前各诸侯相争,都争相招揽士人。现在天下平定,法令统一,士人应该学习熟悉法令。如果还让这些儒生继续以古代的学问来批评当今社会、惑乱百姓,那么势必会造成党派林立,君主威信降低,统治不稳定的局面。

"我请求命令史官,把史书中凡不是秦国撰写的全部烧掉。只要不是博士官所掌管,天下收藏的《诗》《书》、诸子百家的言论著作,都交给郡守和郡尉集中烧毁。有敢谈论《诗》《书》的,处死;用古代的理论批评当今社会的,族诛;官吏知情而不举报的,与犯者同罪;命令下达三十天,还敢私藏以上书籍的,在脸上刺字,罚去做苦工。医药、卜筮、种树等方面的书不烧。"秦始皇下令照办。

次年,侯生、卢生又讥讽议论秦始皇,因为害怕罪责难免,于是逃走了。

秦始皇听说后,非常生气,于是让御史去调查,看是否还有其他儒生依然在宣扬孔孟之道。他下令除秦国的历史书籍以外,其他史书及《诗》《书》百家语之类全部烧毁。除博士官掌管的图书和农书医书及求神问卜之书外,各地一切藏书全部交到当地官府烧毁。命令下达后三十天之内不烧者,判刑服劳役。下令今后还有人敢议论《诗》《书》的,判死刑。以古非今者全族处死。官吏知道而不揭发者治以同罪。

李斯的一个建议,就使秦帝国统治所及之处,点燃了焚书之火。不到三十天,秦以前的古典文献,皆化为灰烬,中国古代思想文化遭到了前所未有的摧残。这就是历史上有名的"焚书"事件。

在秦始皇采取愚蠢的焚书措施后仅一年,又发生了更大的惨剧。因为书虽然焚了,但人的思想无法焚掉,在朝臣之中,还有部分怀有复古思想的旧贵族掌管着文化事业,秦始皇认为对这些人必须加以清除。他找了个借口,捉住了一些读书的儒生,要问他们的罪。读书人相互揭发,结果有四百六十余人被判了死刑,都在咸阳被坑杀。这就是历史上所谓的"坑儒"事件。

秦始皇采取极其残暴的方式"焚书""坑儒",希望以此达到思想上的高度统一,这充分体现了封建统治阶级专政的残酷。焚书结束了自春秋战国以来百家争鸣所形成的文化繁荣局面，使文化宝库遭受了巨大的灾难。坑儒则沉重地打击了儒家学派及广大的知识分子，使法家学说成为统治全国的准则。

赵高指鹿为马杀二世

秦二世时期，宦官赵高做了丞相之后，想独揽朝廷大权，又怕大臣们不服，便设置了一个圈套考验大臣，他把一头鹿献给秦二世说："这是马。"二世说："这明明是一只鹿。"并问身边的侍臣们，侍臣有的默不作声，有的说是马，有的说是鹿。赵高便暗地里使那些说是鹿的人身陷刑狱。从此以后，大臣们都畏惧赵高，再没有人敢议论他的过错。

赵高一直认为关东的农民起义军不足为惧。直到项羽俘虏了王离等人，秦军屡败之时，局势已不可收拾。关东各地，大都群起反叛秦朝统治，响应诸侯军队。诸侯都率领自己的军队向西进攻。秦二世三年（前207年）八月，沛公刘邦率领几万人马攻进了武关。在这样的境况下，赵高怕秦二世发怒诛杀自己，便推托有病，不朝见秦二世。

秦二世夜里做梦，梦见白虎咬死了自己车乘的左边骖马，觉得很奇怪，便去询问占梦的官吏。占梦官占卜后说："泾水作祟。"秦二世便在望夷宫斋

指鹿为马

戒，祭祀泾水神灵，并派使者以反贼之事问赵高失职之罪。赵高知道后，便暗中与任咸阳令的女婿阎乐及弟弟赵成谋划说："皇上不听从规劝，现在战事危急，就想加罪于我。我想另立皇上，拥立子婴为皇帝。"于是使郎中令做内应，以宫中藏有反贼为由，命阎乐带领士兵进宫搜查反贼。阎乐率领士兵一千多人来到望夷宫，杀死了门卫，直入宫内，一边前进一边向郎官及宦者射箭。郎中令与阎乐一起攻到殿内，用箭射二世所坐的帷帐。二世大怒，召唤身边侍卫，侍卫惊慌混乱不肯搏斗。

阎乐上前来到秦二世身边，指斥他说："你骄横妄为，诛杀无辜的人；大逆不道，天下的人都反叛你，你必须自己作出抉择。"秦二世说："能够见丞相一面吗？"阎乐说："不能见丞相。"秦二世又说："我希望能得到一郡的地方改称为王。"阎乐不答应他。秦二世又说："希望做个有万户食邑的侯。"阎乐又不答应。秦二世说："希望与妻子一起降为平民百姓，如同诸侯公子一样。"阎乐说："我受丞相的命令，为天下人诛杀你，你就是说得再多，我也不敢回报给丞相。"阎乐于是指挥士兵进入殿内，秦二世便自杀而亡。阎乐返回后报告赵高，赵高便召集所有大臣和公子，将诛杀秦二世的情况告诉他们："秦原来是王国，始皇成为天下君主，所以称为帝。现在六国又自己建立国家，秦地方更小，仍然称'帝'不合适。应该像以前一样称为王，就合适了。"于是立子婴为秦王，将秦二世以百姓的身份埋葬了。

九月，赵高令秦王子婴实行斋戒，到宗庙行礼，接受传国的玉玺。子婴与他的两个儿子谋议说："丞相赵高杀了秦二世，怕臣子们诛杀他，便假意立我为王。他现在要我去宗庙，是想在宗庙杀死我。我推托有病不去，他一定会亲自到这里来，他来，我们就杀了他。"赵高几次派人来请子婴，子婴都不去。赵高果然亲自来到斋宫，子婴就在斋宫里杀了赵高，把赵高三族诛杀示众。

陈胜、吴广起义

陈胜、吴广起义是中国历史上第一次大规模的农民起义。秦始皇为了抵抗匈奴，建造长城，征集了民夫几十万；为了开发南方，动员了军民三十万。他又用七十万囚犯，动工建造一座巨大豪华的阿房宫。前210年，秦始皇出巡东方

大泽乡起义

到沙丘突然病死。赵高伪造秦始皇的遗诏，逼死长子扶苏，立秦始皇的小儿子胡亥为帝，这就是秦二世。秦二世是个昏庸而残暴的皇帝。他从各地征调了几十万囚犯和民夫大规模修造秦始皇的陵墓。这座坟很大，大量的铜熔化了灌下去铸地基，上面盖了石室、墓道和墓穴。秦二世又叫工匠在大坟里挖成江河湖海的样子，灌上了水银，然后把秦始皇葬在那里。据说，为了防备将来有人盗坟，秦二世还叫工匠在墓穴里装了杀人的机关，最后竟残忍地把造坟的工匠埋在墓道里。

大坟还没完工，二世和赵高又继续建造阿房宫。那时候，全国人口不过两千万，可前前后后被征发去筑长城、守岭南、修阿房宫、造大坟的合起来有两三百万人，耗费了不知多少人力财力，百姓怨声载道。

老百姓的徭役赋税负担更为沉重，刑法愈加苛毒。当时受刑的人随处都是，每天处死的人能堆成堆。广大劳动人民在饥饿与死亡线上挣扎。

前209年秋季，七月，阳城人陈胜、阳夏人吴广在蕲县聚众起兵。当时，秦王朝征召贫苦百姓到渔阳屯戍守边，九百人在途中驻扎在大泽乡。陈胜、吴广为屯长。恰巧天降大雨，道路不通，估计已不能按期到达渔阳。按秦朝法律，延误戍期，一律当斩。陈胜、吴广便趁着天下百姓忍无可忍的时候，杀掉押送他们的将尉，招集戍卒号令说："你们都已经延误了戍期，当被斩首。即使不被杀，在外边戍守边防死去的也要占十之六七。况且壮士不死则已，要死就为图大事而死！王侯将相难道天生就高人一等吗？"众人全都响应。陈胜、吴广便诈称秦公子扶苏、楚将项燕之名，培土筑坛，宣布誓约，号称"大楚"。陈胜自立为将军，吴广为都尉。起义军随即攻陷大泽乡，招收义军，攻打蕲县。夺取蕲县后，即令符离人葛婴率军攻掠蕲县以东，相继攻陷了铚、酂、苦、柘、谯等县。

·053·

义军沿路招收人马，等到达陈县时，已经有战车六七百辆，骑兵千余，步兵数万人。当攻打陈县县城时，县令、县尉都不在，只有留守的郡丞在谯楼下的城门中抵抗义军，郡丞被打死。陈胜于是领兵入城占据了陈地。

当初，大梁人张耳、陈馀结为同生共死的朋友。秦国灭魏国时，听说这两个人是魏国的名士，便悬重赏征求他们。张耳、陈馀便改名换姓，都去了陈县，充任里门看守来糊口。管理里巷的小吏曾经因陈馀出了小过失而鞭笞他，陈馀想要奋起抗争，张耳踩他的脚暗示他接受鞭笞。待那小吏离开后，张耳将陈馀拉到桑树下，数落他说："当初我是怎么对你说的？现在遇到一点小的侮辱，就要和一个小吏拼命吗？"陈馀为此十分惭愧。陈胜率起义军进入陈县后，张耳、陈馀便前往陈胜的驻地求见。陈胜一向听说他俩很贤能，故而大喜过望。恰逢陈县中有声望的地方人士和乡官请求立陈胜为楚王，陈胜就拿这件事来询问张耳、陈馀的意见，二人回答说："秦王朝暴乱无道，兼并别人的国家，残害百姓；而今您冒万死的危险起兵反抗的目的，就是要为天下百姓除害呀。现在您才到达陈县就要称王，是向天下人暴露您的私心。因此希望您不要称王，而是尽快率军向西，派人去扶植六国国君的后裔，替自己培植党羽，以此为秦王朝增树敌人。秦的敌人多了，精力就必然分散；联合的国家多了，兵力就必然强大。这样一来，在野外军队不必交锋，县城没有兵力为秦守城，铲除残暴的秦政权，占据咸阳，以号令各诸侯国。灭亡的诸侯国得到复兴，您施德政使他们服从，您的帝王大业就完成了！如今只在一个陈县就称王，恐怕会使天下人丧失斗志呀。"陈胜不听从这一意见，自立为楚王，号称"张楚"。

那时各郡县的百姓苦于秦法的严酷苛刻，因此争相诛杀当地长官，响应陈胜。秦王的谒者从东方归来，把反叛的情况奏报秦二世。秦二世勃然大怒，将谒者交给司法官吏治罪。于是以后回来的使者，当秦二世向他们询问情况时便回答说："不过是一些鸡鸣狗盗之徒，郡守、郡尉正在追捕他们，现在已经全部抓获，不值得担忧。"秦二世听了很高兴。

巨鹿之战

秦二世二年（前208年），秦将王离兵围巨鹿，一直围了一年多。巨鹿城内粮食耗尽，士兵人数不足，张耳多次派人请陈馀前来援救。陈馀由于自身也兵

破釜沉舟

力不足，估计不能战胜秦军，便没有去解围。

　　这样过了几个月，张耳大怒，埋怨陈馀，派张黡、陈泽前去责问陈馀："当初我和你为生死之交，现在赵王和我身陷险境，性命不保，而你手握几万人马，却不肯前来援救，当年所说的话今日终成一纸空言，什么同生共死都是骗我等老实人的诡计！如果信守前言，为何不跟我们一起与秦军决一死战？况且还有保全的机会。"

　　陈馀说："我估计前往巨鹿终究不能拯救赵军，只会白白牺牲所有的将士。而且我陈馀之所以不与你一起赴死，是想保存力量，留下机会为赵王和你报仇。现在一定要共同赴死，就像把肉块丢给饿虎一样，没有任何的好处可言。"

　　张黡、陈泽请求陈馀出兵一起死战，陈馀于是让张黡、陈泽先带领五千人马去试着进攻秦军。结果一交战陈馀的五千人全部战死。这时，齐国的军队、燕国的军队都来援救赵国。张耳的儿子张敖通过收编北面代地的士兵，得到一万多人，也已赶了过来。但是，所有人马到来之后，都立营下寨，固守不动，丝毫没有出兵的迹象。这时，项羽已经杀了不肯出兵救赵的楚国上将军宋义，威名震动楚国。他派遣当阳君、蒲将军带领军队两万人，渡河去救巨鹿。交战之后，他们取得了一些小的胜利，并切断了王离部队运粮的甬道，使王离的部队因补给中断而缺粮。

　　陈馀再次向项羽请求增援，于是项羽率领全部人马前去救援。军队渡河以后，项羽下令把所有的船只凿沉，把做饭用的锅盆全部砸烂，把营房全部烧掉，每人只带三天干粮，以此向全军将士表示必死的决心。楚军一到巨鹿，就包围了王离，与秦军交战，楚军将士英勇无敌，拼死奋战，经过九次交锋，大败秦军。章邯领兵退却。诸侯的援军这时才敢前进攻击秦军，杀死苏角，俘获王离，涉间不肯投降，自焚而死。

此战之中，楚军之强为各路诸侯军之冠。楚军攻打秦军的时候，各诸侯军的将领都在自家的营垒上观战。楚军战士无不以一当十，喊杀声震天动地，各诸侯军将士看得无不心怀畏惧。打败秦军以后，项羽召见各路诸侯军将领，这些将领进入辕门的时候，无一不是跪着前行，谁也不敢仰视。项羽从此成为诸侯军的上将军，各路诸侯都服从他指挥。

鸿门宴

巨鹿大战之后，项羽接受了章邯的投降，想趁着秦国的混乱，赶快打到咸阳去。但由于降军中的将士多是关中人，他们的妻儿老小都在关中，所以情绪不是很好，对打回咸阳多有议论。项羽知道后，竟在一夜之间，将这二十万的降军给坑杀了。因此，项羽的残暴闻名于世。

项羽继续向西进攻，一路之上，非常顺畅，到了函谷关，却见关门紧锁，上面还有士兵防守，而且还打的是楚军的旗号，只是旗上却是"刘"字。项羽一猜便知是刘邦的部队，便让他们开关。谁知守军却不放行，项羽一怒之下，便命英布率兵攻关，自己在后面监督，退后的立即斩首。英布等率兵猛攻，沿着关口架起云梯，冒险往上登。守关士兵不过数千人，哪里抵得住项羽的大军？不到一天，英布就攻破了函谷关，项羽率军接着往前走，一直到了鸿门才驻扎下来，距离霸上仅四十里。

十二月，项羽的军队到达戏水边。这时，有人密告项羽说沛公刘邦打算在关中称王，项羽便决定派兵去攻打刘邦。这时，项羽有四十万军队，号称百万，驻在新丰鸿门；沛公十万军队，号称二十万，驻军霸上。

范增劝项羽说："沛公在山东的时候，贪财好色；如今进了关，财物也不要了，美女也不爱了，此人的志向不小啊！我叫人望过他的云气，都是龙虎之形，形成五彩，这是天子的云气啊。要赶快进攻，不要失掉良机！"

项羽的叔父项伯，素来同张良关系好。他连夜直奔沛公营地，私下见了张良，想要张良同自己一道离开，免得和刘邦一起送命。张良说："沛公现在有了危难的事，我出走离去，是不义啊。"张良便将所有情况告诉沛公，沛公大惊。张良说："沛公您认为咱们的军队能抵挡住项羽吗？"沛公默不作声，然

鸿门宴

后说："当然不如项羽了,但是该怎么办呢？"张良说："请前去告诉项伯,说沛公是不敢背叛项羽的。"沛公说："你是怎么同项伯有交情的呢？"张良说："在秦朝的时候他同我结交,他曾经杀了人,我救了他的命。现在事情危急,所以特意来告诉我。"沛公说："你与他谁年龄大？"张良说："他比我年长。"沛公说："你招呼他进来,我要像侍奉兄长那样接待他。"项伯来见沛公,沛公捧着酒向项伯问好,并与项伯结为儿女亲家,说："我进入关内,丝毫都不敢私占,登记好了官民的户籍,封存好官府的府库,为的是等待将军的到来。之所以派遣将领把守函谷关,是为了防备其他盗贼出入及意外的事故。希望项伯您代我向将军解释,我不敢背信弃义。"项伯答应了,对沛公说："明天不可不早些亲自来向项王致意。"沛公说："是。"项伯又连夜回去,将沛公的话转告了项羽,并说："沛公不先攻破关中,你能入关吗？现在人家有大功而你去攻打他,这是不义啊！不如好好地对待他。"项羽答应了。

第二天一大早,沛公带领随从的一百多人马来到鸿门拜见项羽,向项羽道歉说："我与将军您协力攻打秦军,将军转战黄河以北,我征战黄河以南；但我自己没有想到能先进关攻破秦国,得以在这里重见将军。现有小人挑拨,使将军与我之间有了误会。"项羽说："这是沛公左司马曹无伤讲的,不然我又怎么会误会你呢？"遂留沛公在自己的帐中宴饮。范增多次使眼色暗示项羽杀掉刘邦,而项羽却不理睬,无奈之下范增只好起身,找来项庄说："君王为人下不了狠心,你进去到席前敬酒,敬完酒,便请求表演舞剑助兴,趁机将沛公杀死。否则,你们这些人将来都会被他俘虏！"项庄随即进帐敬酒。敬酒完毕,说："军中没有什么可以娱乐的,请让我舞剑来助兴吧。"项羽说："好。"项庄拔剑起舞。项伯也拔出剑起舞,并且常常以身体去掩护沛公,使项庄没有机会刺杀沛公。

张良见状赶紧到军营门口去见樊哙,告诉樊哙沛公性命危在旦夕。樊哙听后立即带剑持盾闯进军门。军门的卫士阻止他不让进去,樊哙把盾牌横着一撞,卫士跌倒在地。樊哙立刻冲进项羽的营帐,瞪着眼睛怒视项羽,头发直竖起来,眼眶都要裂开了。项羽按住剑说:"你是做什么的?"张良说:"是沛公随车的卫士樊哙。"项羽说:"是位壮士!赐他一杯酒!"但拿给他的是一斗酒。樊哙俯地拜谢,而后起身站着,一口气把酒喝完。项羽说:"赏他一条猪腿!"可是拿给他的是一条生猪腿。樊哙把盾牌放在地上,把猪腿放在盾牌上,拔出剑切割猪腿肉吃。项羽说:"壮士还能饮酒吗?"樊哙说:"我死都不怕,一杯酒还值得推辞吗?楚怀王同将领们约定:'谁先攻破秦国进入咸阳的,就在那里称王。'现在沛公先攻破秦国,进入咸阳,东西未取分毫,静等将军您的到来。如此劳苦功高,将军您不赏赐,反而还听信小人之言怀疑他,这岂是大丈夫所为?"项羽一时无话回答,说:"坐下!"樊哙挨着张良坐下。

坐了一会儿,沛公借起身上厕所之机招樊哙出去,樊哙劝沛公快快离开,沛公同意。鸿门距离霸上四十里,沛公便弃置车骑不用,独自骑马脱身而逃;樊哙、夏侯婴等四人手持刀剑、盾牌步行,从骊山脚下经过芷阳,抄小道赶回霸上。沛公留下张良让他去辞谢项羽,并让他把白璧献给项羽,把玉斗送给亚父范增。沛公对张良说:"从这条道路到我们军中,不过二十里而已。估计我已经回到了军中,你便可进去辞谢。"沛公离开鸿门,从小路回到了军中,张良这时才进帐向项羽辞谢说:"沛公不胜酒力,不能亲自来告辞了,他让小臣张良奉上白璧一双,拜献给将军您;玉斗一双,拜送给亚父。"项羽接受了白璧,放在座位上。亚父接受了玉斗,放在地上,拔出剑来将它击碎,说:"唉!这小子不值得同他谋划!夺取天下的人,一定是沛公啊!我们这些人迟早都要被他俘虏!"沛公回到军中,立刻诛杀了曹无伤。

韩信拜将

淮阴人韩信,家境贫寒,也没有什么德行,不能被推选为官府吏员,又不能做买卖营生,常跟别人白吃白喝,人们大都讨厌他。韩信在城下河边钓鱼,有位漂洗衣物的老大娘——漂母看到韩信挨饿,拿些饭给他吃。韩信很高兴,对漂母说:"我将来一定重重报答老大娘。"漂母生气地说:"大丈夫尚不能自己养活自己,我可怜你才给你点吃的,哪里还指望你报答呢!"淮阴屠户中有个小伙子侮辱韩信，说："你虽然身材高大，好带刀剑，可是内心却胆怯懦弱！"这个小伙子当众侮辱韩信说："韩信，你不怕死，就用剑刺我；怕死，就从我裤裆底下爬过去！"韩信仔细看了看他，匍匐在地，从他裤裆底下爬了过去。人们都耻笑韩信，认为他怯懦。

后来项梁率兵渡过淮水，韩信提着剑投奔了他，在项梁部下，未有名气。项梁败亡后他又归属项羽，项羽用其为郎中。韩信屡次向项羽献策，项羽却不采纳。汉王刘邦入蜀后，韩信投奔了汉军，只是当了小官。后来他犯罪应当被斩首，同他一起的十三个人都被斩

漂母赠食

了，轮到韩信时，他抬头观看，恰巧看到了滕公夏侯婴，就说道："主上不打算得天下吗？为什么要杀壮士？"滕公觉得他的话很奇怪，又见他相貌堂堂，就释放了他，与之交谈大为喜悦，就报告了汉王。汉王任命韩信为治粟都尉，也没有特别看重他。

韩信屡次跟萧何谈话，萧何也认为他是个有奇特才能的人。汉王到了南郑，诸将和士兵都悲歌思乡，想回东方，很多人半道逃亡。韩信估计萧何等人已多次向汉王推荐自己，但汉王并不重用自己，也跟着逃亡。萧何得知韩信逃亡，来不及禀告，就亲自去追赶。有人向汉王报告说："丞相萧何逃跑了。"汉王十分恼火，如同失去左臂右膀一样惊慌失措。过了一两天，萧何来见汉王。汉王既怒又喜，对萧何说："你也逃亡，为什么呢？"萧何回答："我是不敢逃亡的，我去追回逃亡者罢了。"汉王问："你所追回的是谁？"萧何回答："韩信。"汉王又道："诸将逃亡的有数十人，你谁也不追，追什么韩信，撒谎！"萧何说："诸将是容易得到的人，至于像韩信这样的人，是国家奇士，无与伦比。大王您若想长时间在汉中为王，就没有用韩信的必要；要想夺取天下，则除了韩信，没有可以跟您商量大事的人！只看大王怎样决策了！"汉王说："我也想回东方啊，怎能郁郁不乐长久地闷在这里？"萧何说："能重用韩信，韩信就会留下；不能重用韩信，他终归是要逃走的呀！"汉王说："为了您，我用他为将。"萧何说："即使为将，韩信也不会留下。"汉王说："用他为大将。"萧何说："太好了。"于是，汉王要招韩信来任命他为大将。萧何说："大王平素傲慢无礼，如今要任命大将，如同呼唤小孩子一样，

这正是韩信离去的原因。大王要任命他,就应选择吉祥的日子进行斋戒、设置坛台,举行完备的礼仪,那样才行!"刘邦答应了,并一一照办。

此后,身居大将军之职的韩信,率领千军万马驰骋疆场,为汉朝的建立立下了不朽的功勋。

垓下悲歌

陈胜、吴广在大泽乡起义后,各地英豪也纷纷起兵,反抗秦王朝的统治。经过几年的混战之后,只剩下了两支起义军。一个是项羽,他在全国各地转战,节节胜利,称自己的王朝为"西楚",自封为"霸王",定都彭城。另一个是刘邦,他被项羽封为"汉王"。两人争夺天下有许多不同之处。正是这些不同最终导致两人截然相反的命运:一个君临天下,一个兵败自刎。

首先,项羽没有政治头脑,这跟他卓越的军事才能形成了强烈的对比。在用武力统一中国的同时,他自己又把秩序重新搞乱。

项羽虽军事力量强大,却不善管理,军纪散漫。入关以后,烧杀抢掠,所到之处无不一片狼藉,故而项羽大失民心。而刘邦却"约法三章",得到关中

楚汉相争

人民的支持，在群众中树立了不可动摇的威信。

项羽不善用人。他刚愎自用，失信于人。韩信、陈平原来都是他的部下，因无法得到重用才投奔刘邦，成为刘邦击败他的重要谋臣武将。其亚父范增，智慧超群，又对项羽忠贞不贰，但项羽对他却心怀疑虑，最终将他驱逐回乡。从此项羽陷入孤立无援的境地。而刘邦有三个股肱大臣：萧何使后方社会保持安定繁荣，兵员源源不断。张良神机妙算，能料敌于千里之外。还有韩信，他是一个比项羽更高明的军事天才，他在短短的数年之中，消灭了黄河以北所有的新兴王国和地方割据势力。

项羽还不肯采用部下的意见，在军事上犯下很多错误，贻误了不少战机。最大的失误是"鸿门宴"中放走了刘邦。

项羽最严重的一个错误是胡乱封王。随着他西征的联军，差不多都是各个新兴王国派出的军队。项羽便将这些西征的将军封为国王，反而把他们的上司驱逐到别的地方去。这无疑又引起了新一轮的混战。

前206年，刘邦第一个起兵反抗项羽。楚汉相争，血流成河。项羽百战百胜，刘邦百战百败。但项羽却始终捉不到刘邦军队的主力，他派人到刘邦那里，要求决战，刘邦笑曰："请你回去禀报项羽，我宁愿斗智，而不愿斗力。"

前203年，刘邦向项羽提议谈判，他信誓旦旦地说："如果刘邦负约，是刘邦背信，自为天下所不容。"项羽于是和刘邦协商，决定平分天下，以鸿沟为界，鸿沟以东归项羽，鸿沟以西归刘邦。九月，项羽带兵向东返回故里。

谁知以鸿沟为界的盟约墨迹未干，刘邦就变卦，并下令追击项羽的部队。项羽气得暴跳如雷，马上猛烈还击，把刘邦的军队再一次打得抱头鼠窜。

然而韩信的大军及时赶到，他布置了层层兵力将项羽紧紧围在垓下。项羽

四面楚歌

多次突围,都没有成功。

十二月,项羽兵到垓下,与汉军交战未能取胜,退入营垒。项羽在夜里听到四面都有汉军在唱楚歌,大惊道:"难道汉军已经完全占领了楚地?何以汉军中楚人有这么多啊!"于是在帐中一边喝酒,一边慷慨悲歌。左右的人看了都感动得泣不成声。紧接着项羽跨上他那匹名叫乌骓的骏马,带领着跟随他的八百多名壮士,趁着夜色突破重围,朝南方奔驰而去。天亮后,汉军才发现,灌婴带领五千骑兵追击。项羽渡过河,跟着他的骑兵只剩下一百多人。到达阴陵时他们迷了路,问一个耕田的,耕田的骗他们说:"向左。"他们向左走,陷进了大泽里,因此被汉军追赶上。

项羽只好带了兵马向东走,走到东城,只剩下二十八骑,而汉骑追赶的有几千人。项羽自知不能脱身,对将士说:"我起兵到现在,有八年了,身经七十余战,未曾败北,终于称霸天下。但现在竟然受困于此,一场恶战在所难免,我愿为诸君痛快地打一仗,一定做到突破包围、斩杀敌将、砍倒敌旗,取得这三项胜利,好让诸君知道,是天要亡我,不是仗打得不行啊!"于是分骑士为四队,面对四方。当时汉军将他们包围了好几重。项羽便命骑兵从四方冲击,约定在山的东面分三处集合,便大声呼号着飞驰而下。这时候,汉郎中骑杨喜追赶项羽,项羽瞪起眼睛大喝一声,杨喜人马都受惊,后退了好几里。项羽和他的骑士分成三处,汉军不知道项羽在哪处,就分军为三,再次包围上来。项羽纵马奔驰,斩杀汉军一名都尉,杀了几十人,再次汇合他的骑兵,只损失了两人。项羽向骑兵们问道:"怎么样?"骑兵们都拜伏道:"大王神勇!"

项羽想要东渡乌江,乌江的亭长把船靠到岸边等待着,对项羽说:"江东虽然小,地盘也有千里见方,人口几十万,也足以称王了。望大王赶快渡江!现在只有臣有船,汉军到了,他们没法渡过。"项羽笑道:"这是天要亡我,我渡过去干什么?况且我项籍和江东子弟八千人渡江向西,现在没有一个人回来;即使江东父老爱怜我,拥我为王,我又有什么面目见他们?即使他们不说,我项籍难道不自愧于心吗?"于是把所乘的乌骓马赠给了亭长,下令将士们都下马步行,持短兵器与汉军作战。单是项羽所杀的汉军就有数百人,他身上也受了多处伤。看到汉骑司马吕马童，说："你不是我当年的朋友吗？"马童面对项羽，指给中郎骑王翳看："这就是项王啊！"项羽说："刘邦要用千金买我的头，还给一万户的封邑，我就来成全你吧！"于是自刎而死。

刘邦谈得天下

前202年，刘邦打败了项羽，建立了汉朝。这是我国历史上继秦朝以后第二个统一的国家，史称西汉。

一次，刘邦带着大臣们在洛阳南宫摆下了酒宴，大家一起谈天说地，好不热闹。刘邦问大臣们："大家琢磨个事，怎么想就怎么说，别瞒我，评评我到底是靠什么得到这江山？项羽又是因为什么当不上这真龙天子？"

刘邦的话音刚落，两个大臣就站起来，一个叫高起，一个叫王陵，两人恭恭敬敬地说："皇上您调兵遣将，打下地盘就来封给有功的将军，和将军们一块儿分享打了胜仗的成果，这么一来，大家感谢您，更肯为您出力；而项羽呢，有功的人他不封赏，有本事的人和像范增那样忠心耿耿的人，他还信不过。这就是您得了天下而项羽失天下的原因。"

刘邦听完他们的话，捻着胡子，笑着点点头，说："你们讲得不错，但是只说对了一方面，还有更要紧的一方面，如果比在中军帐里出谋划策，我比不上张良；如果比治理国家、安定百姓以及办发军饷、筹备粮食、发布命令这些事，我又不及萧何；带着大军打仗，一打就赢，攻地盘没有拿不下来的，我更比不了韩信。他们三个人都是世间少有的奇才啊！好就好在叫我全赶上了，他们肯为我办事，这才是我得天下的保证。而项羽有了能人也不会使用，陈平、韩信开始都是他的人；有一个范增帮助项羽，可项羽还怀疑范增，把范增气死了。这就是我打败项羽的原因。用人是关键啊！"

汉高帝

在场的大臣听刘邦讲得头头是

道，没有不心服口服的。

后来，该论功行赏了。不论是跟着刘邦起兵的，还是后来投奔过来的文臣武将，都成了西汉的开国功臣，全封了王侯。萧何得到的赏赐最多，那些拼死拼活、打仗卖命的将军们可有些不服气，纷纷嚷道："我们这些人，在前方真刀真枪地玩命，算得上身经百战，少说也打过几十场仗，一不留神就丢脑袋，像这样战功累累却比不上萧何一个文人吗？他萧何有什么汗马功劳？不过是在大营里耍耍笔杆子，写几篇文章贴出去，难道他的功劳比我们大？"

刘邦指着吵吵闹闹的将军们，说道："你们都知道打猎是怎么回事吗？打猎时，跑在最前头追捕野兽，那是猎狗的事；而控制着猎狗，让它这样那样行动的，是人。人是下命令的，狗不过是执行罢了。现在呀，你们这些人征战沙场，算得上是有功的狗了；可要说到萧何，他是帮我发布命令、指挥你们的，他可是有功的人啊！"

武将们一听自己被比成狗，心里挺不高兴，可细一寻思，又觉得有道理：自己也就是有把子力气，要没有人家萧何，有力气也没有地方使呀。这么一想，还都觉得皇上蛮公平的，就都不闹了。接下来，刘邦又好好地谢过张良、陈平等一群谋士，把他们都封了侯。

刘邦被困白登山

前200年冬天，刘邦亲率大军打败韩王信，韩王信逃奔匈奴。后来，白土人王黄又立赵王的后代赵利为王，并收编了韩王信溃败的士兵，与韩王信以及匈奴人一起策划进攻汉军。匈奴派左、右贤王率领骑兵一万多人，与王黄等人驻扎在广武以南，出击晋阳。汉军迎战，大获全胜。

当时刘邦在晋阳，听说冒顿在代谷，就派人去侦察情况，以便准备去攻打他。谁知冒顿竟把他的精锐士兵、肥牛壮马都藏了起来。结果刘邦派出去的十多批使者都回来报告说："匈奴只剩些残兵瘦马，可以攻打。"刘邦又派刘敬去侦察，结果刘敬还没返回，汉军就出动全部兵力往北追击匈奴，并且已越过了句注山。

刘敬回来，向刘邦报告说："两国交战，应该显示自己的优势。如今我到匈奴去，只看到瘦弱的牲畜和老弱的士兵，这一定是匈奴故意显示自己的弱小,然后埋伏奇兵以赢得战争的胜利。我认为匈奴不可以攻打。"刘邦听后,大骂刘敬破坏军心,便将刘敬关押起来。

刘邦先行抵达平城,大军还未全部到来。冒顿派出精锐骑兵四十万,将刘邦围困在了白登山,长达七天之久,汉军内外联络中断,不能够救援补给。刘邦于是采纳了陈平的计策,贿赂了冒顿的阏氏。

阏氏就对冒顿说:"两位君主不应当彼相迫害。如今就算夺取了汉朝的土地,单于您终究也不能住在那里。况且汉朝的君主也有神灵保佑,希望您明察!"而此时,本已与冒顿约好一起攻打汉军的王黄、赵利又迟迟不发兵过来,冒顿便心生猜忌,怀疑他们与汉军勾结,因此包围圈也就不再如以前那般牢不可破。

汉军本来就做好了随时突围的准备,那天又正值大雾弥漫,陈平就请求刘邦命令士兵们用强弩搭上两支箭,箭头朝外,从包围圈打开的一角直接冲出去。

刘邦突围之后,走至平城,汉军的主力部队也已赶到,匈奴的骑兵于是解除包围离去。汉军也收兵回师,让樊哙留下来平定代地。

刘邦回到广武,赦免了刘敬,说:"我不听你的话,以致在平城受困。我已经把先前的十多批使者都杀掉了!"于是封给刘敬二千户的食邑,赐爵关内侯,封为建信侯。

刘邦南归,经过曲逆县,说:"好壮观的县城啊!我走遍天下,只见过洛阳和这一个而已。"他改封陈平为曲逆侯,将全县民户赐给陈平当食邑。陈平跟随刘邦南征北战,一共六次献上奇谋妙计,每次都增加封邑。

白马之盟

楚汉相争的时候,刘邦除重用张良、萧何和韩信外,也得到了张耳、黥布、臧荼等人的大力协助。项羽实行割地分封时,这些人都被封为王,张耳是常山王,黥布是九江王,臧荼是燕王,他们的地位和汉王刘邦的地位是平等的。项羽性情粗暴,不断排挤他们,刘邦把他们都一一拉拢了过来。

刘邦做了汉朝皇帝,封这些有功之臣为王。韩信在楚汉战争未结束的时候封的是齐王,这时便改封为楚王;彭越被封为梁王。

汉兴三杰

汉高帝封这些异姓的功臣为王，实是出于无奈的。他深知这些王很有能耐，害怕他们势力强大，会推翻他的统治。所以在封王后不久，他就用各种借口杀戮功臣，一个一个地除掉这些异姓王。

汉高帝借口燕王臧荼谋反，亲自带兵征讨，俘虏了臧荼，改封自己的好朋友卢绾做燕王。第二年，他听说韩信收留了曾是项羽帐下的钟离昧时，怀疑韩信有谋反的意图，便想除掉韩信。另一方面，他又害怕自己不敌韩信，于是他用了个计谋，假装要去楚国的云梦泽游玩，带着自己亲信的部队来到韩信的封地，准备找机会发动突然袭击。结果，韩信果然上当了。

刘邦一个一个地除掉了异姓王，在他有生之年，先后把分封的七个异姓王消灭了六个。空出来的王位，改让自己的兄弟子侄去接替。为了巩固自己的统治地位，他只相信亲人，不再相信那些为他立过汗马功劳的异姓王了。

汉高帝在活着的时候不但亲手铲除异姓王，而且在临死之前还郑重其事地立下遗嘱，规定不许封异姓人为王。这是当年他在征讨淮南王黥布的时候吃了苦头后才决定的。

他费了九牛二虎之力，才打败了黥布，平定了那次叛乱。但汉高帝也被黥布军队的乱箭射伤，从此一病不起。

第二年，命在旦夕，他就带着文武大臣到太庙里去宣誓，立下了不许封异姓人为王的遗嘱。汉高帝主持了杀白马宣誓的仪式，他举起一杯血酒起誓：从今以后，凡不是刘姓的人，一概不许封王；没有功劳的人，一概不许封侯；谁违反这个盟约，天下人就共同讨伐他。

汉高帝起誓完毕，把马血酒洒一半在地上，剩下的一半仰头喝了下去。在场的人都照着他的样子发誓永不违反这个盟约。

汉高帝杀马宣誓，是为了防止异姓王抢夺刘家天下才想出来的所谓长久计策。可是吕雉，他的妻子，却是第一个违反这个盟约的人。

萧曹两相国

萧何和曹参都是一开始跟随汉高帝刘邦起兵的开国功臣。然而在功成分封的时候,曹参却被列于萧何之后,两个人的关系也自此开始疏远。但是,萧何却没有把这些不快放在心上,因此在汉惠帝即位后,萧何便向惠帝举荐曹参,说曹参也是位治国良才,汉惠帝便让曹参去齐国做相国。

曹参到齐国后,立即把当地德高望重的长者和一批有才识的知识分子找来,虚心地向他们请教如何才能将齐地治理好。没想到他们各有各的说法,各有各的意见,一时之间,众说纷纭,这让曹参很难做出决断。

正当他犹豫不决的时候,有人告诉他,住在胶西的盖公,很有治国的才能。曹参听说后,立即派人带着厚礼,恭敬地把盖公请来。盖公来了以后,曹参亲自拜见,向盖公请教治世安民之道。盖公看曹参一片真心,就向他建议当前治理齐国应该采取道家"无为而治"的方法。

盖公对曹参说:"只要官员们能够做到公正廉洁,不扰民,不滋事,那么老百姓自然生活就安定了。百姓安定后,生产力才能发展,社会才能安定,国家才能太平。"曹参听了他的话后非常高兴,并把自己的房间让出来请盖公住,以便随时向他请教治国之策。

汉惠帝即位第二年,萧何病危,他再次举荐曹参来接替自己的丞相职位。曹参到了朝廷之后,仍采取的是"无为而治"的治国方针。

有些大臣看曹参这种无所作为的样子,有点着急,都想帮帮他,给他出点主意。但是他们一到曹参家里,曹参就请他们喝酒,要是有人在他跟前提起朝廷大事,他便把话岔开,最后客人总是喝得醉醺醺的回去,什么也没有说。汉惠帝看到曹参这副无心国事的样子,也看不起他,认为他没有什么才能。

曹参的儿子曹窋,在皇宫里侍候汉惠帝。汉惠帝嘱咐他说:"你回家的时候,找个机会问问你父亲:'天下初定,新皇又刚即位,百废待兴,可您身为相国,却天天喝酒,不管事,这么下去,怎么能够治理好天下呢?'看你父亲怎么说。"

曹窋回家去的时候,就照汉惠帝的话一五一十地跟曹参说了。曹参一听,就上火了,他骂着说:"你个毛孩子懂得什么,国家大事什么时候轮到你来指手画脚?"说着,竟叫仆人拿板子来,把曹窋打了一顿。

曹窋莫名其妙地受了责打，非常委屈，回宫的时候当然向汉惠帝诉说了。汉惠帝也很不高兴。于是，他问曹参为什么这样做。曹参答道："请问陛下，您与先帝相比，谁更英明？"汉惠帝回答："我当然不如先帝。"曹参又问："那我与萧何相比较，您看谁贤能？"汉惠帝说："你似乎不如萧相国。"曹参说："是呀！您不如先帝，我不如萧何，先帝和萧何制定的法令规章，我们只要继续推行，不是很好吗？"汉惠帝这才明白曹参整日饮酒的用意，对他的做法也很赞赏。

当时人们编了首歌谣称赞萧何和曹参："萧何为法，天衣无缝；曹参代之，守而勿失。载其清净，民以宁一。"历史上便将萧何制法、曹参守之这件事称为"萧规曹随"。

曹参没有在接任萧何的职务之后把前任的规章制度全部推翻，然后自己再重新搞一套以显示自己比前任强，而是把前任的政策继续延续下去，因为前任的政策事实证明不错。可见曹参不仅是个勇猛的战将，更是一个明是非、知大体的政治家。

吕后分封诸吕

汉惠帝七年（前188年）八月十二日，汉惠帝刘盈在未央宫驾崩。而太子却是抱养来的。汉惠帝下葬以后，太子继位为帝；因为年龄幼小，由吕太后代为执政。

汉高后元年（前187年），吕太后想要册封外戚吕家的人为诸侯王。右丞相王陵提到汉高帝刘邦曾经杀白马歃血盟誓，不是刘氏而称王的，天下人可以一起消灭他；反对封吕家的人为王。

太后不高兴，左丞相陈平、太尉周勃却认为汉高帝平定天下，分封刘氏子弟为王；现在太后临朝，分封吕氏为王，没有什么不可以的。太后很高兴，就宣布退朝。

退朝后，王陵责备陈平、周勃。陈平、周勃解释说是为了将来保全社稷，确保刘氏子孙拥有天下。

十一月，太后任命王陵为太傅，剥夺了他右丞相的实权。王陵于是告病回家。

太后追尊她的父亲临泗侯吕公为宣王，追尊哥哥周吕令武侯吕泽为悼武王，想逐渐分封吕家的人为王。

太后先封名义上是汉惠帝儿子的刘强为淮阳王，刘不疑为恒山王；又派大谒者张释委婉地劝说大臣。于是，大臣就奏请太后封悼武王吕泽的长子郦侯吕产为吕王，划出齐国的济南郡，立为吕国。

到了汉高后七年（前181年），吕家的人被封王的越来越多，姓吕的人逐渐把持了朝政。朱虚侯刘章对刘氏子弟得不到有实权的职位非常不满。

他曾进宫侍奉太后宴饮，太后让他为监酒官，刘章自己请求按军法监酒。喝得差不多时，刘章请求为大家唱一首《耕田歌》，太后答应了。刘章就唱道："深耕埋种，秧苗疏松；不是同种，锄头挖走。"太后沉默不语。

过了一会儿，吕家人里有一个人喝醉了，离席逃酒，刘章追上去，拔出剑斩杀了他，回来报告太后说："有一人逃酒，我按军法将他处斩！"太后和身边的人都非常吃惊，但因为已经同意他按军法监酒，也没有办法治他的罪，于是结束宴会。

从此之后，吕家的人都很害怕刘章，朝廷大臣也依附于他，刘氏宗室的势力因此得到增强。

陈平担心吕家的人，自己的力量又不足以制约他们，更担心大祸落到自己头上。

陈平采纳陆贾的计策，用五百斤黄金为周勃祝寿，举办丰盛的宴席；周勃也以与此差不多的礼节回敬他。从此两人紧密团结，吕氏篡国的阴谋越来越难以得逞。

次年七月，吕太后病重，就任命赵王吕禄为上将军，率领北军；吕王吕产率领南军。太后告诫吕产、吕禄要牢牢掌握军队，守住皇宫，不要送丧，以免离开重地后被人制住。三十日，太后去世，留下遗诏：大赦天下，让吕王吕产当相国，让吕禄的女儿当皇后。

周勃平诸吕

吕后执政的时候，大肆分封吕姓亲族为王，在她死后，这些吕姓王个个摩拳擦掌，准备谋反。吕禄的女儿是朱虚侯的妻室，因此朱虚侯得知了吕氏家族的阴谋，他连夜通知他的哥哥齐王刘襄，要他带兵西进，由他自己和东牟侯刘兴居做内应，来诛灭诸吕，立齐王为皇帝。齐王和他的舅父驷钧、郎中令祝午、中尉魏勃暗地里图谋发兵。可是齐国国相召平却不同意，并且还用兵包围了齐国王宫。为了取得兵符，魏勃骗召平说他也不支持齐王起兵，召平相信了，便将兵符交给了魏勃。魏勃一调兵就包围了国相府，召平被迫自杀。于是齐王便以驷钧为相，魏勃为将军，祝午为内史，征发了国中的全部军队。

紧接着，齐王派祝午以"自己年轻经验不足，希望琅邪王和他一起代理齐国"为由骗了琅邪王，控制了琅邪的军队。琅邪王发现自己上当，就劝齐王说："大王，您是高帝的嫡长孙，继承大统理所当然。但现在各大臣们都犹豫不知立谁为帝，请大王同意我去关中为您游说，以我在刘氏族中的辈分，定不成问题。"齐王同意了。派车送走琅邪王之后，他就发兵向西进攻济南；同时给各诸侯王写了书信，条陈诸吕的罪状，说明发兵诛杀他们的缘由。

吕产等人听到齐王发兵西进的消息后，就派遣颍阴侯灌婴带兵去迎击他们。灌婴到达荥阳，思忖自己如果迎击刘氏，吕氏谋权之事便会一发不可收拾。于是便留守荥阳，派使者通知齐王及诸侯并同他们联合，等待时机，一旦吕氏变乱，就共同来诛灭他们。齐王得到这个通知后，就回兵齐国西界等待消息。

吕禄、吕产想发动叛乱，却又内怕绛侯周勃、朱虚侯刘章等人，外怕齐国、楚国的军队；还担心灌婴带兵在外会背叛他们，所以一直犹豫不决。

这时，济川王刘太、淮阳王刘武、常山王刘朝以及鲁王张偃年纪都太小，没有到各自的封国，都居住在首都长安；赵王吕禄、梁王吕产分别带兵驻扎在南、北二军；这些人都是吕氏一伙的。

太尉绛侯周勃没有掌握调兵遣将的大权。曲周侯郦商的儿子郦寄和吕禄交情很好。绛侯就和丞相陈平谋划，让郦寄去诓劝吕禄，说："高帝与吕后一起平定天下，封刘氏王九个，吕氏王三个，这已是大家都承认的事实。现在太后刚去世，皇帝年纪又小，而您身佩赵王印绶，不去封国驻守封地，却带重兵留在京城，这难免被大臣们怀疑。您为什么不同大臣们订立盟约而赴封国呢？这样一来，齐国就会罢兵，朝廷得以稳定，您也可以平安无事地当个千里王，这是万世长远的利益。"吕禄相信并同意郦寄的话，打算把兵权交给太尉周勃；并派人将自己的打算报告吕氏集团的人，有的以为合适，有的以为不合适，计议不定，犹豫不决。

当时，平阳侯曹窋代理御史大夫，九月的一天早上，曹窋去见相国吕产议事，正巧碰到郎中令贾寿从齐国回来，他听见贾寿对吕产说："大王您没有早早去封国，现在想走也走不成了。"并且还把灌婴联合齐、楚，准备诛灭吕姓的来龙去脉全部向吕产做了汇报，并且敦促吕产迅速入宫拥兵自卫。曹窋听到后，赶忙把这件事报告给丞相陈平、太尉周勃。

太尉想进入北军但是进不去。襄平侯纪通保管符节，于是派使者手拿符节假传命令，接纳太尉入北军。太尉又让郦寄和典客刘揭先去劝说吕禄："皇帝已派太尉控制了北军，您还是赶快交了军印，火速离开吧！再迟恐怕来不及了。"吕禄对郦寄深信不疑，就按他说的办了，然后匆匆离去。太尉拿着军印控制了北军。但是南军还掌握在吕氏手中。丞相陈平便召朱虚侯刘章来协助太尉；太尉命令朱虚侯监管军门，又命令平阳侯曹窋告诉掌管未央宫的卫尉："不要让相国吕产进入宫殿门！"

吕产却并不知道已经发生了这么大的变故，还在积极地策划叛乱，等他到了宫殿门，进不去，急得在殿门前来回徘徊。平阳侯担心打起来胜不了吕产，赶紧派人快马报告太尉。太尉便拨了一千人马给朱虚侯，让他带着这些人先保卫皇帝的安全。朱虚侯来到未央宫门，看到吕产在宫廷中。这时，已是傍晚时分，朱虚侯便率领士兵攻击吕产，没想到吕产的兵马不堪一击，顿时四下逃散开去。朱虚侯追赶吕产，把吕产杀死在郎中令官府的厕所中。朱虚侯杀了吕产之后，皇帝命令谒者拿符节来慰劳朱虚侯。朱虚侯便登上谒者的车辆，和他同车，凭借谒者手中的符节，在宫廷禁地驰走无阻，斩了长乐宫的卫尉吕更始。他从长乐宫回来，驰车到北军向太尉汇报，太尉起身拜迎表示祝贺。朱虚侯说："心腹之患独有吕产。现在已经把他杀了，天下平定了！"太尉下令将吕氏一门，满门抄斩。九月十八日，捕杀吕禄、棒杀吕嬃；太尉等又派人诛杀燕王吕通，废除张偃鲁王的封号。九月十八日，改封济川王刘太为梁王。同时，派朱虚侯刘章把诛灭诸吕的经过通报齐王，命令他退兵。

灌婴这时在荥阳，听说齐王发兵西进这件事是魏勃教的，便派使者把魏勃召来，责问他。魏勃吓得两腿直发抖，恐慌得像不能说话似的。灌婴仔细看着他说："人家说魏勃是勇士，原来不过是个轻举妄动的平庸人罢了，能成什么大器呢！"于是，就罢免了魏勃的官职，之后也从荥阳收兵回到京城长安。

贾谊上疏论"积贮"

汉文帝前二年（前178年），贾谊向皇上进言："《管子》说：'仓库充实，才知道礼节；衣食充足，才知道荣辱。'人民的衣食不足，而能天下大治，从古到今，还没听说过。古代的人说：'一男不耕田，说不定就有人挨饿，一女不织布，说不定就有人受寒。'万物生长要有一定的时间，若使用起来没有限度，那么，物资必然匮乏。古代的贤哲治理天下，非常细致，非常周到，故而积蓄足够使用。现在，背弃本业而从事末业的人太多了，这是对国家的重大伤害。过度奢侈的风气，天天在增长，这是国家的大祸害。这种危害，公然横行，没有人禁止。上天授予的君权将要倾覆，没有人能够挽救。从事生产的人甚少，而浪费的人甚多，天下财富，怎能不枯竭！汉朝建立，将近四十年了，公家和私人的积蓄甚少，使人痛心。天不及时下雨，百姓就会焦虑不安。年景不好，庄稼无收，只得卖爵卖子，皇帝已经听说了，哪有天下如此危急，而处于高位的人却不震惊的呢！""世上有丰收、歉收，是大自然的正常现象，夏禹和商汤也经历过。万一不幸有方圆二三千里地的旱情，政府拿什么去救济人们？突然边境告急，要出动数十万乃至百万大军，政府怎么供应军粮？

汉文帝

兵事和旱情交集，天下必将陷于大乱。有勇有力的人聚集徒众、横行抢掠；老弱之人，交换子女而食。行政命令，不能贯彻执行。远方能争夺政权的人，争先恐后地崛起。这时，才害怕而图谋挽救，哪还来得及呢？所以，积贮是天下的大事啊！假如粮食多而资财有余，做什么不能成功？攻则能克，守则能固，战则能胜，敌国可怀柔，远处可安抚，招请谁能不来呢？如今，驱使百姓回到农田，全部从事本业，使天下之人各食其力，让工商业者和游食之民，改为从事农耕，则积蓄充足而人民安居乐业。这样，才可以使天下富足而平安，何必只是惴惴不安呢！我为陛下感到惋惜！"皇上被贾谊的言论所感动，春季正月十五日，下诏开藉田，皇上亲自耕作为天下民众做出了榜样。

九月，汉文帝下诏说："农业，是天下的根本，老百姓依靠它而生存。可是有些人不去从事根本，而去追逐工商之类的末业，以致生计维艰。朕深为忧虑，所以现在亲率群臣耕种，以劝勉百姓务农；并免除今年全国农家一半的赋税。"

张释之公平断案

张释之，是汉文帝时的廷尉。他不畏权势，依法办事，公平断案，被后人所称颂。

他在担任公车令的时候，太子和梁王兄弟两人同坐一辆车入朝，到了司马门。司马门是宫廷的外门。当时有禁令，凡是出入殿门和司马门的都得下车步行，违反规定的，罚金四两。公车令是掌管廷殿和司马门的，因为太子等人没有下车，张释之毫不客气地追了上去，禁止他们前进，同时把此事告到皇帝那里。薄太后责问汉文帝，汉文帝取下皇冠向母后承认自己管教不严。薄太后于是派使者拿了诏令去赦免太子和梁王，他们才进入了殿门。

张释之担任廷尉以后，曾碰上两个棘手的案件。这两个案件都与汉文帝有关。

有一天，汉文帝外出，走到中渭桥，突然有一个人从桥下走出来，正碰上汉文帝坐的车子，使马受惊。汉文帝很生气，派随从的骑兵侍卫把那个人捉住，交给廷尉衙门办理。

张释之受理了这个案件，就进行审问。那人自称从长安来，走到这里的时候，听到禁止路人通行的传呼，说是车驾将至，于是躲在桥下；等了很久以为皇上已经过去了，便从桥下出来，却恰巧碰上皇上坐的车子，惊吓了驾车的马。廷尉问得口供，根据罪行，依法处以罚金四两。

张释之把这个判决上报给汉文帝，汉文帝很不满意，认为判处罚金的处分太轻。

张释之却坚持要公平执行法律，为天下大小官吏示范。如果一旦有了偏私和不公平，那其他大小官吏在执行法律的时候，都可以任意处罚了。这样的话，百姓就会受难。"

文帝听了，赞同他的做法。

又有一次，有一个人偷了汉高帝庙中神座前供设的玉环。破案后，汉文帝怒不可遏，立即命令将这个小偷交给廷尉判罪。张释之依照法律规定，援引盗取宗庙内供应物件的罪名，上奏汉文帝，说这个人应当判死刑。

汉文帝看了判决书，大发脾气，认为应该定族诛之罪。

张释之摘下头上的乌纱帽，磕头请罪，他认为依法处断，这样已到最高限度了。即使罪名相当的，也要看危害的程度来分别轻重。如果处罚不分轻重，就失去了衡量的标准了。

文帝与太后谈到这件事，他们认为廷尉的判决是正确的，同意他执行原来的决定。

张释之由于能够公平断案，执法不阿，获得人们的交口称赞。

晁错主张劝农贵粟

前157年，汉景帝刘启即位。汉景帝登基后就委派晁错为内史，负责管理京城。晁错办事一心一意，竭尽忠诚，不久，就被提升为御史大夫。晁错在文帝时期就已经是重要大臣，经常向汉文帝提出建议，主张劝农贵粟。

晁错曾向文帝进言说："在圣明的君主统治下，人民不挨饿受冻，并不是君主耕田供给他们食物、织布给他们穿，而是替百姓开辟了生财之道。所以尧时有九年的水灾，汤时有七年的旱灾，而国家没有抛尸荒野的，这是因为积蓄较多而且准备充足。而今四海统一，土地之多，人口之众，不亚于汤、禹之时，加之好几年没有水旱的灾害，可是国家的积蓄仍很少，是什么原因呢？这是由于土地还未完全开发和利用，民力并未完全投入；生产谷类的土地还没有全部开垦，山林水泽的宝藏没有全部发掘，四方游民没有全部回乡务农。寒冷时需要衣服，不会奢求既轻又暖；饥饿时需要食物，不会奢求美味可口；一旦饥寒交迫，就顾不上廉耻，此乃人之常情。一日不吃两餐饭就会挨饿，一年到头不缝制衣服就会挨冻。腹中饥饿得不到食物，肌肤受冻得不到衣服，即使慈爱的父亲也无法保全儿子，国君又有什么办法保护他的百姓呢？贤明的君主知道这个道理,所以引导百姓从事农桑,减少赋税,增加储蓄,使仓库充实,防备水旱,这样才能巩固对百姓的统治。百姓,是君主统治的对象;百姓追求财利,跟水往低处流一样,是不选择方向的。

"当务之急,是鼓励百姓务农。要想使百姓务农,在于注重粮食;注重粮食的办法是把粮食作为赏罚百姓的依据。现在诏令天下人向朝廷进献粮食,凡是进献的人可以封给爵位,也可以免罪。这样,富人有爵位,农

汉景帝

民有钱财,粮食不至于被囤积。能够缴纳粮食而得到爵位的,粮食都有盈余;收取余粮来供朝廷使用,那贫苦百姓的赋税就可以减少,这就是所谓减少富人财物、补充穷人不足,政令一出、百姓就得利的办法。现在规定百姓献出可供战车用的马一匹,可免三人兵役;车辆马匹,是天下军事装备,所以可免兵役。神农制定的法度说:'石头城墙高十仞,护城河宽百步,穿甲衣的士卒百万,若没有粮食,就守不住城。'由此看来,粮食对君主的用处最大,也是政治的根本要务。现在百姓进献粮食封至五大夫以上的爵位,只免除一人的兵役,这和呈献车马的人所享受的待遇相差太远了。爵位,是国君所专有的,可以随口封爵无穷无尽;粮食由百姓所种植,生长于土地而不会缺乏。得到高爵和免除刑罚,是人们的强烈愿望。对那些进献粮食给边境的天下百姓封爵、免罪,那么不到三年,边塞的粮食一定会多起来。"

汉文帝采纳了晁错的建议,下令百姓献粮给边塞,封爵的等级以献粮食的多少而定。晁错又上奏说:"陛下让天下人进献粮食给边塞,以授予爵位,这是很大的恩德。但臣私下担心守边士兵用不了那么多粮食,需大量疏散压在边塞的粮食。边境粮食足够支持五年时,可以令百姓把粮食输送到郡县;郡县的粮食足够使用一年时,可以随时豁免,不收农民的田租。这样,陛下的恩德雨露泽润天下万民,百姓越发勤快耕种,天下就会安乐富有了。"

文帝又采纳了这项建议,下诏说:"引导百姓的途径,在于让他们从事农桑。朕亲自率领天下百姓从事农耕,到现在已经十年,可还有很多荒地没有开垦,一年收成不好,百姓就面有饥色;这是从事农耕的人还少,而官吏也未尽到职责。朕屡次颁发诏书,劝告百姓种植桑树,可功效不佳,这是官吏未切实执行朕的诏令,劝导百姓不力。况且农民生活艰苦而官吏却毫不关心,怎么劝勉百姓呢!免除农民今年一半的田赋。"

七国之乱

汉初七十年，社会经济逐渐从凋敝走向恢复和发展，中央集权逐步战胜地方割据。高帝刘邦统治时期，为巩固刘氏天下，大肆铲除异姓王，又大封同姓王。当时，同姓王国辖地共达三十九郡，而中央直辖的土地只有十五郡，其中还夹杂了不少列侯的封国和公主的"汤沐邑"。王国"大者跨州兼郡，连城数十"，又经过几十年的休养生息，王国的经济力量发展快速。

吕后统治时期，大封诸吕为王、侯。吕后死，刘氏诸王与西汉大臣合力消灭了诸吕的势力，拥立刘恒为帝，是为汉文帝，同姓王的势力得到快速的发展。他们拥兵自重，专制一方，成为统一的隐患。贾谊在《治安策》中陈诉当时中央和王国形势说"天下之势，方病大瘇，一胫之大几如腰，一指之大几如股"，而且"病非徒瘇也，又苦蹠盭"。这就是说"亲者或亡分地以安天下，疏者或制大权以逼天子"。贾谊认为："欲天下之治安，莫若众建诸侯而少其力。力少则易使以义，国小则亡邪心。"贾谊的建议，在当时没有引起汉文帝的重视。但是贾谊死后四年，即文帝十六年（前164年），汉文帝分齐国之地为六国，分淮南国之地为三国，实际上就是贾谊"众建诸侯"之议的实现。

继贾谊之后，晁错屡次向文帝建议削夺诸王的封土。汉景帝时，吴国跋扈，晁错又上《削藩策》。他说诸王"削之亦反，不削亦反。削之，其反亟，祸小；不削之，其反迟，祸大"。景帝三年（前154年），汉景帝用晁错之策，削楚王东海郡，削赵王常山郡，削胶西王六县，以次削夺，将及吴国。吴王刘濞就联合其他六国，向中央政权发难，这就是七国之乱。

刘濞是刘邦的哥哥刘喜之子，在高帝十一年（前196年）被封为吴王，是王国中的第二大国。刘濞利用本国丰富的自然资源，冶铜、铸钱、煮盐，大力发展自己的势力，他招天下亡命之徒，窝藏天下逃犯，同时还用减免赋税等方法笼络人心，使本国的经济实力和政治实力日益壮大。汉文帝时，刘濞就已开始对皇帝不服，并在王国内准备谋反，到汉景帝接受晁错建议、开始削藩之时，刘濞眼见其所属的会稽和豫章保不住了，便带头以"诛晁错、清君侧"为名发动叛乱，参与叛乱的有胶西王刘印、楚王刘戊、赵王刘遂、济南王刘辟光、菑川王刘贤、胶东王刘雄渠等。

七国叛乱发生后,汉景帝斩杀晁错,又任命周亚夫为太尉,率大军迎击叛军。七国叛军不堪一击,仅三个月就兵败如山倒,吴王刘濞在逃跑途中被人所杀,其余诸王或自杀,或被诛。

七国之乱,体现了汉中央集权和地方割据势力之间不可调和的矛盾。七国之乱的平定也是地方割据势力所遭到的一次毁灭性的打击。七国之乱平定后,景帝把这些诸侯王国分割成几个小国。同时规定诸侯王不得亲自治国,剥夺了诸侯王的一切军政权力,削减王国的官属。从此中央集权走向巩固,国家更加统一。

朱买臣发迹

会稽太守朱买臣没有做官以前,家里很穷,却非常喜欢读书,家里的事也很少过问,为此妻子和他没少吵架。有一次,他挑柴去卖,一边走路,一边口中还念念有词。妻子觉得让别人听见难为情就不让他念,没想到他还越念越来劲,妻子一怒之下便说不跟他过了。

朱买臣嬉皮笑脸地对妻子说:"我五十三岁时一定能富贵,如今都已经四十多岁了,再过不了几年,我一定能补偿你这么多年来的辛劳。"

妻子生气地说:"像你这样,我不会饿死就已经是烧高香了,还提什么富贵?"

朱买臣只好听任妻子离去。

后来有一次,前妻碰见了朱买臣,看他又冷又饿,感到很心酸,就叫住他,给他食物吃。

过了几年,朱买臣跟着郡里的官吏到长安办事,碰到了在朝廷做官的同乡严助,严助就向汉武帝说了朱买臣如何有才华。汉武帝召见朱买臣时,朱买臣出口成章,为汉武帝讲

朱买臣负薪读书

《春秋》，讲《楚辞》，汉武帝听后认为这个人确实很有学问，就任命他为中大夫。

后来东越发生变乱，朱买臣为刘彻出谋献策，认为东越王从前驻守在泉州的山上，一个人把守险要之地，一千人也攻不上去。听说现在他已经向南迁移到离山五百里的沼泽地带，如果发兵走水路，直接占领泉州的山峰，再向南进军，就可以消灭东越。刘彻采纳了他的建议，任命朱买臣为会稽太守，诏令他回郡里准备船只、粮草、兵器，等到出征的诏书一到，就向东越进军。

刘彻还对朱买臣说："人当大官了，富贵了就应该回乡看看，何况你此时已是会稽太守。"朱买臣叩头谢恩。

朱买臣回到会稽郡后，穿上过去的旧衣服，怀里揣着太守的印绶，步行到了官邸。会稽郡的一群官吏正在喝酒，还当他是原来的那个穷书生，没人理他。朱买臣便与以前熟识的看门人一起吃了饭。酒足饭饱之后，他才亮出拴着太守印的绶带。看门人感到奇怪，凑上前去，从朱买臣的破衣服里拉出绶带，看到绶带上拴的竟然是会稽太守的大印。看门人大惊，连忙去告诉那群官吏，那些人本来就喝醉了，此时更是不会相信，看门人便强拉他们来看。看过了真正的太守印之后，在座的人都大惊失色，赶忙禀告守丞，并规规矩矩地排好队列，拜见新太守。朱买臣不慌不忙地接受了他们的拜见。

过了一会儿，长安驿站的官吏乘着四匹马驾的车来接朱买臣，于是朱买臣坐着马车走了。

会稽郡的官员听说新太守就要到了，派百姓出来修整道路，县里的官吏也一起出来迎送，前呼后拥，路上挤了一百多辆车。车队进入朱买臣的故乡时，朱买臣看到他的前妻和丈夫也在修路，就停下车，命令后面的车载上他们夫妻俩，到了太守的官邸，把他们安置在太守府里，招待他们吃喝。

朱买臣的前妻心里很不是滋味，过了一个月，她就上吊自杀了。朱买臣便给了前妻的丈夫一些钱，让他好好地把妻子安葬了。后来，他又一一报答了以前那些对他有帮助、有恩惠的人。

飞将军李广

前144年夏天，匈奴大举进攻上郡，李广率大军前去抵挡，汉景帝派来一个亲信宦官跟从李广率兵出击。这个宦官不知天高地厚，这天竟然带着几十名随从在戈壁滩上纵马飞驰。他们看到远处有三名匈奴骑兵,宦官仗着人多,冲过去想杀掉这三人,哪知这三人是匈奴的射雕能手,开弓便射,宦官的几十名随从几乎被杀个干净。

　　李广一听大怒,带了一百名骑兵追上去,追了好几十里路,追上了那三个匈奴兵。李广连射两箭,射死两人,剩下的一个被俘。汉军士兵七手八脚地将俘虏捆到马上,正要返回,突然遇到数千匈奴骑兵,他们看见李广一行,以为是汉军诱敌的骑兵,都很惊慌,上山列阵。

　　李广的百余骑兵也很害怕,想驰马退走。李广说:"我们离汉军数十里远,现在这样以百骑逃走,匈奴会追上射死我们。现在我们停留下来,匈奴一定认为我们是大军的诱兵,一定不敢攻击我们。"李广命令所有骑兵说:"前进!"到了离匈奴阵地约二里地时他们停下,李广下令说:"都下马解鞍!"骑兵们说:"敌人众多而且靠近我们,情况紧急,怎么办?"李广说:"敌军认为我们会逃走,但我们解下马鞍表示不逃跑,他们会更相信我们是诱敌的骑兵。"于是匈奴骑兵就不敢攻击了。有位骑白马的匈奴将领出阵,监护他们的军队。李广上马,和十余骑飞奔过去,射杀白马将领后返回,又解下马鞍,令士兵们都放开战马卧地休息。这时正好已是黄昏,匈奴军始终感到奇怪,不敢攻击。半夜时,匈奴兵以为附近有埋伏的汉军,准备利用夜晚袭击,就都引兵离开了。天亮之后,李广才回到大军的驻地。

　　前133年,汉朝在马邑附近设下三十多万伏兵,准备将匈奴军队的主力一举歼灭。哪知,匈奴单于识破了埋伏,连忙领兵撤退。当时李广以骁骑将军的身份率军追出雁门关,没想到遇上匈奴大军,由于力量悬殊,李广兵败被俘。

　　匈奴单于早知道李广是个将才,命令一定要活捉他。李广浑身是伤,匈奴兵捉住他后,以为他无法骑马,便在两匹马之间拉了一张网,让李广躺在上面。李广一动不动地假装已经死了,趁匈奴人不注意,忽然抢马夺箭逃走。几百名匈奴骑兵一窝蜂追来,李广用抢来的弓箭,将追在前面的匈奴人射死,使他们不敢靠得太近。他一直向南跑了几十里路,才收拢了不少汉军败兵,然后率领他们返回汉朝境内。

　　李广因这次战败而丢官变为平民。几年后,李广又当上了右北平太守,匈奴人听说李广又来了,互相奔

李广

走惊呼："大汉飞将军到了！"便逃之夭夭。几年过去了，一直平安无事，匈奴不敢入侵右北平。一天，李广出去打猎，忽然看见远处的草丛中有只老虎卧着，说时迟那时快，李广拔箭就射，一箭射中，老虎仍然躺着不动。李广走上前一看，原来是一块大石头，再仔细一看，那支箭已射入石头中间。随从的将士们见此情景都惊呆了，个个佩服李广的射技。

李广出生入死，征战一生，令匈奴军闻风丧胆，他的名字后来成了英勇善战的良将的象征。

周亚夫获罪含冤死

汉文帝后元六年（前158年）冬，匈奴派兵侵略上郡、云中等地，一路屠杀掳掠甚众，烽火直抵甘泉、长安。汉文帝任命河内太守周亚夫为将军，驻守细柳；宗正刘礼为将军，驻守霸上；祝兹侯徐厉为将军，驻守棘门，以防备胡人侵袭。

周亚夫

为了鼓舞士气，汉文帝亲自到各营慰劳将士。到霸上和棘门军营时，汉文帝的车驾直接驰入营区，将军以下官兵列队迎送。到了细柳军营时，只见将士们身穿铠甲，兵器锋利，箭上弦，弓满张。汉文帝的先导部队到达，却被挡在军营外不让进去。先导官员说："天子驾到！"军门都尉说："将军有令：'军中只听将军的号令，不听天子诏令。'"过了一会儿，汉文帝到了，也不准进。于是汉文帝就派人拿着符节下诏给将军说："我要进入军营慰劳军士。"周亚夫下令打开营门，营门军士对文帝车骑说："将军有令，军营中不可以策马奔驰。"于是文帝就拉着缰绳徐徐行进。到了营房，周亚夫手持兵器拱手为礼说："身穿铠甲的武士不便跪拜，请允许以军礼参见。"文帝十分感动。离开之后，汉文帝感慨说："这才是真正的将军！也只有这样的人，才是守疆固国的大将。"一个多月后，汉兵到了边境，匈奴的军队也撤离边塞，汉军随即班师。汉文帝任命周亚夫为中尉。

后来，汉景帝即位。前150年，已是太尉的周亚夫被任命为丞相。汉景帝因周亚夫极力反对他废太子之事，因此疏远周亚夫。而梁孝王每次上朝，又常向太后说周亚夫的坏话。窦太后说："皇后的哥哥王信可以封侯。"汉景帝就和周亚夫商议此事。周亚夫说："高祖皇帝有约：'不是姓刘的不可封王，没有立功的不可封侯。'现在王信虽是皇后的哥哥，但没有功劳，如果封他为侯，便是毁弃前言。"汉景帝只好把这事放下了。后来匈奴王徐庐等六人归降，汉景帝想封他们为侯，以激励更多的人归降。丞相周亚夫说："他们背叛自己的君主投降陛下，陛下封他们为侯，那么怎么责备不守臣节的臣子呢？"汉景帝这次没有听从周亚夫的劝说，坚持封徐庐等人为列侯。周亚夫因此托病请求免职。前147年九月，周亚夫被免去丞相一职。

前143年，汉景帝在宫中召见周亚夫，赐给他食物。周亚夫一看，只有一大块肉放在盘中，不但没有切开，也没有准备筷子，便心中不快，回头要准备宴席的人拿双筷子。汉景帝看着他，笑着说："这难道还不满意吗？"周亚夫脱帽跪下谢罪，汉景帝说："起来！"周亚夫就快步出宫。景帝目送他离开，说："看他闷闷不乐的样子，不可以做幼主的臣子。"

不久，周亚夫的儿子替父亲置办殉葬品，购买了盔甲、盾牌各五百具，这属私自购买官家器物，结果被好事之人利用，告发到官府。周亚夫被召到廷尉处受审，廷尉责问他："你为什么谋反？"周亚夫说："我所买的东西是随葬用品，怎么能说是谋反呢？"廷尉说："你即使活着不在地上谋反，死后也要在地下谋反！"并且逼供越来越残酷。周亚夫于是绝食五天，吐血而死。

司马相如谏猎

汉武帝建元三年（前138年），汉武帝开始改换装束暗中离宫外出，向北走到池阳县，向西走到黄山宫，向南到长杨宫打猎，向东去宜春宫游乐。武帝与能骑马射箭的左右亲随相约在殿门前集会，他经常在夜里出宫，自称平阳侯；黎明时，到达终南山脚下，射杀鹿、野猪、狐狸、野兔等动物，策马践踏农田

汉武帝

庄稼，百姓都大声怒骂。杜县的县令想要抓捕这批人，这批人拿出了天子专用的物品为证，才得以脱身。又有一次，汉武帝等人曾在夜里到达柏谷，去旅店投宿，向旅店的主人要酒，主人说："没有酒，只有尿！"而且还怀疑汉武帝一行人是强盗，就召集了一些青年后生准备收拾他们。店主的妻子见到汉武帝的体态容貌，觉得不同寻常，就劝阻丈夫说："来客不是普通人，而且他们已有准备，千万不要加害他们。"丈夫不听她的劝告，她就让丈夫喝酒，等他喝醉了之后就把他捆绑起来。召集来的青年后生都走了，店主的妻子就杀鸡做饭招待客人。第二天，汉武帝返回宫中，召见那位妇人，赏赐千金，任命她的丈夫为羽林郎。后来，汉武帝就为外出巡游设立了秘密的更衣休息的地方，从宣曲宫向南共设了十二处，夜间投宿在长杨宫、五柞宫等宫殿。

汉武帝因为外出游玩打猎道路遥远，身体劳累，又给百姓带来祸患，就派太中大夫吾丘寿王把阿城以南、宜春以西这一区域的土地及其价格统计登记，准备把它修建成上林苑，连接到终南山。汉武帝又下诏命令中尉、左右内史，上报所属各县的荒田数量，准备给杜县的百姓作为补偿。吾丘寿王办理完毕回来报告，汉武帝很高兴，连声称赞。当时，东方朔正在汉武帝身边，提出批评意见说："终南山是国家的天然屏障。汉朝建国，离开了三河之地，在霸水之西，泾河、渭河之南建立都城，这就是所谓天下像大海一般富饶的陆上之地，秦王朝凭借它降服西戎，兼并崤山以东的地区。这一带的山中出产玉、石、金、银、铜、铁、优质木材，各种手工业用它们做原料，百姓靠它们维持生活。又盛产稻、梨、栗、桑、麻、竹箭等物品，土地适宜种植姜和芋头，水中有许多青蛙和鱼类，贫穷的人可以人人温饱、家家富足，不必担忧受饥寒之苦；所以丰、镐之间，可称肥沃之地，每亩土地价值一斤黄金。现在将这片土地划为上林苑，断绝了池沼湖泽的财利来源，夺取了百姓的肥沃土地，对上减少了国家财政费用的来源，对下破坏了农桑生产，这是不应该这样做的第一个理由。荆棘之林得以蔓延，扩大狐兔活动的范围，增大虎狼活动的空间，破坏百姓的坟墓，拆除百姓的房屋，会导致年幼者思念故土，年老者伤心流泪，这是不能这样做的第二点理由。驱逐百姓修建上林苑，在四周筑起围墙，策马东西奔驰，驭车南北飞跑，地上又有深沟大渠。一时之乐，可能会导致无防备的灾祸，这是不能这样做的第三点理由。商纣王在宫中设置九市而导致诸侯反叛，楚灵王建造章华台导致楚国百姓离散，秦始皇兴造阿房宫而天下大乱。我这个地位卑贱的愚臣，冒犯陛下，罪该万死！"汉武帝封东方朔为太中大夫、给事中，赐黄金一百斤，然而还是兴建了上林苑，按吾丘寿王所奏报的办了。

  皇上喜欢亲自猎杀熊、野猪，飞驰追逐野兽。司马相如上疏劝告说："臣听说万物中有类别相同而能力不一样的，所以论力气大家都称赞乌获，论说话迅速就称庆忌，论勇气就称赞孟贲、夏育。依微臣的愚见，人如果真有这种不同，野兽也一样会有。现在陛下喜欢攀登险要的地区，射杀凶猛野兽，如果突然间遇到俊逸超群的野兽，或在不能预料的地方受到惊吓，冲撞了陛下那些正在飞驰的属车，那时候车子来不及掉转，陛下或侍卫来不及施展巧妙的技巧加以回避，那么就是拥有和乌获、逢蒙一样的技巧，也不可能使用出来。一切枯朽腐烂的树枝，都变成和陛下为难的东西了。这种情形就像胡、越在陛下乘坐车的毂下反叛，而羌、夷接着在后车横木上挑衅一样，怎不危险呢？纵使天子有万全的准备，不会有灾患，但这些危险的事情本来就不是天子所应该接近的。而且把道路清除好再走，又在路中间驰马，仍然会有御马之具断绝这样的危险发生；何况在茂密的杂草中狩猎，在丘陵地区奔驰，眼前有猎杀野兽的快乐，内心没有防变的谨慎，这种祸害是不难发生的。放弃万乘天子的尊贵地位，不去做安全快乐的事情，偏偏要进出那万有一失的地方作为娱乐，臣私下以为陛下这种做法不足取。贤明的人在祸害还没发生时，就已经远远看清楚了，而有智慧的人在危险还没有出现前就知道躲避，这是因为灾祸大多隐藏在细微不为人所见的地方，而在一般人疏忽之时发作出来。所以俗谚说：'家里累积有千金的家财，要特别谨慎不坐在堂边，因为担心瓦片掉落堂下。'这句话虽然很普通，含义却很深远。"皇上听了之后，对司马相如大加称赞。

大破匈奴

  匈奴是我国北方一个古老的少数民族，生活在阴山、贺兰山以北的蒙古高原上，一直以来过着游牧生活，统领匈奴的头儿叫"单于"。匈奴人生性好斗，加上长期的游牧生活，个个身体强悍，又练得了一身好功夫，因此便常常借着自身的优势到中原的边境上进行掠夺。从战国时开始，侵扰得更是频繁，即使各国在边境上修筑了长城也无济于事。到了西汉，匈奴的势力已跨过阴山，打到了河北、山西一带。每次匈奴兵一来，边境地区就遭殃，他们抢走财物、人口，老百姓叫苦不迭。

汉高帝刘邦在位时曾亲率大军攻打匈奴，却被匈奴围困在白登山七天七夜。自此，汉政府再也没有实力去攻打匈奴，只能采取"和亲"的政策暂缓一下紧张的局势，但边患还是相当严重。

经过了文、景两帝的安定局面之后，国家府库充盈，兵精粮足。到汉武帝执政时，西汉政府已经具备了反击匈奴的实力。前133年，汉武帝决定攻打匈奴。决定之后，汉武帝便开始整顿军务，操练士兵，经过精心的准备，终于有了一支能与匈奴兵抗衡的精锐大军。派谁去带领这支大军呢？汉武帝想到了卫青。

卫青是汉武帝宠爱的卫妃的弟弟，他不但武艺高强，而且熟读兵书，是个有勇有谋的将才。因为出身贫寒，毫无纨绔子弟的恶习。因此，即使做了车骑将军，卫青仍然十分谦逊，对王公贵族士大夫彬彬有礼，对士兵也十分体贴爱护。汉武帝就决定让卫青做主将，北上抗击匈奴。

前129年，匈奴骑兵犯上谷、渔阳。汉武帝派大军沿黄河西进，对占据河套及其以南地区的匈奴进行突袭，结果大获全胜，收复了被匈奴占据多年的河南地，并且在此设置朔方、五原两郡，并筑朔方城，移内地民众十多万在朔方屯田戍边。汉军收复河南地，抽掉了匈奴进犯中原的跳板，解除了其对长安的威胁，并为汉军建立了一个战略进攻的基地。为了奖励卫青，汉武帝封他为关内侯。

匈奴人不甘心失去河南地这一战略要地，数次出兵袭扰朔方，企图夺回河南地。汉武帝于是决定由卫青再次率军进行反击。匈奴人自恃强大，放松警惕，没料到卫青会急行军，对其进行夜袭。这一次汉军又大获全胜，战果比上次攻取河南地之役更加辉煌。

钳徒论相

汉军兴高采烈地班师回朝。汉武帝派人拿着大将军印来到军营，拜卫青为大将军。又过了两个月，汉武帝加封卫青土地和户口，还把卫青的三个儿子都封了列侯。卫青只接受了大将军的称号，别的都拒绝了，并说自己的儿子没有什么战功；要赏赐，也应是赏那些出生入死的将士。汉武帝听了卫青的话，就把卫青手下的七个将军都封了列侯。卫青的威望更高了，不少人投到卫青的军队里，其中，就有卫青的外甥，十八岁的霍去病。

霍去病的父亲是平阳县的一个衙役，被分在平阳公主家里当差，他母亲是平阳公主的一个使唤丫头。可谓是出身贫寒之家，但他人穷志不穷，从小勤奋地练习骑马射箭等各种武艺，希望有朝一日到战场上去杀敌立功，保家卫国。十六七岁的时候，他就已被汉武帝看中，做了汉武帝的高级侍卫。十八岁那年，即前123年，卫青奉命出征匈奴，汉武帝把霍去病拨给卫青指挥，并且赏给霍去病"票姚校尉"的官衔，叫他带领八百名最为精锐的骑兵去作战。

渡河受降·霍去病

匈奴听到汉军大批人马来进攻，立即往后逃走。卫青派四路人马分头去追击匈奴部队主力，自己坐镇大营，等候消息。到了晚上，四路兵马都回来了，却没有找到匈奴主力，可以说是无功而返。眼见天色已黑，却不见霍去病及八百将士回来。卫青在大营正等得着急，只见霍去病提了一个人头回来，后面的兵士还押了两个俘虏。经过审问，才知道这两个俘虏，一个是单于的叔叔，一个是单于的相国，那个被霍去病杀了的还是单于爷爷一辈的王。

经过这一战，霍去病名扬全军。这事传到汉武帝那里，汉武帝嘉奖霍去病说："真是勇冠三军啊！"就封霍去病做了冠军侯。从此，霍去病的名声越来越响亮，就连匈奴人也知道了汉军里有个少年将军非常厉害。慢慢地，霍去病的军功超过了卫青。汉武帝看卫青稳重，有威望；霍去病勇敢，会打仗，就派两人共同带兵，先后几次出塞抗敌。

汉朝为了打通西域边防，巩固西部边防，决定展开河西之役。为此，他们组织强大的骑兵部队，委派青年将领霍去病讨伐河西匈奴。

前121年，霍去病率领精锐骑兵一万多人，从陇西出发，去夺取河西走廊。由于霍去病指挥灵活，大军又作战英勇，他们很快越过了燕支山，在皋兰山与匈奴骑兵展开决战时，斩杀匈奴折兰、卢侯二王，生擒浑邪王子及众多官军。匈奴人自此闻霍去病之名而心惊胆战。

这年夏天，霍去病率领的部队和公孙敖率领的部队配合作战。由于公孙敖的部队在沙漠中迷失了方向，霍去病只好采用孤军深入、直捣敌军后方的冒险战术，结果擒获了匈奴的五王、王母、单于阏氏、王子、相国、将军，其他的匈奴官员更是不计其数。自此，霍去病的威望进一步提高，和大将军卫青齐名了。河西之战，打通了汉通西域的道路，实现了"断匈奴右臂"的战略目标。

经过漠南、河西两大战役的打击，匈奴势力遭到了重创，汉军已完全占有了这场旷日持久的反击战争的主动权。然而匈奴军队却是贼心不死，还敢南下侵袭，他们采纳了汉军降将赵信的建议，准备引诱汉军主力至沙漠以北地区，寻机加以歼灭。为了彻底击溃匈奴主力，汉武帝集中全国的财力、物力，准备发动对匈奴的第三次战役。前119年春，汉武帝召集诸将开会，确定了因势利导、乘敌不备、集中兵力、深入漠北、寻歼匈奴军队主力的具体作战方针。

汉武帝组织两个大的作战集团，共十万精锐骑兵，分别由大将军卫青、骠骑将军霍去病统率。另外还让十四万匹战马随行，以备换用，派了十万辎重兵转运粮草，保证了主力军的物资供应。卫青、霍去病受命后，分别从定襄和代郡出发，沿东西两路北进，决心在漠北与匈奴进行会战。匈奴人为了以逸待劳，遂将主力兵又向漠北迁移，准备以精锐之师全歼汉军疲惫之师。

卫青得知匈奴单于的战略意图，即采取直扑敌方本部战略，并让李广率部队从东面策应。两军交战之时，大风骤起，黄沙扑面，匈奴单于见汉军个个拼死奋战，自知无法取胜，遂带百骑逃跑。匈奴军没了主帅便成了乌合之众，不堪一击。卫青一直打到赵信城才返回。

在另一个方向，霍去病穿过大漠，与匈奴另一部接战，尽歼其精锐，匈奴王本人及其将领逃走，霍去病乘胜追杀，一直追至瀚海才班师。漠北之役是汉匈间规模最大、战场距中原最远，也是最艰巨的一次战役。在这场战役中，汉军虽然付出了很大代价，但共歼匈奴九万余人，严重地削弱了匈奴的势力。从此，匈奴再也无力大举南下。汉武帝反击匈奴之战至此取得了决定性的胜利。

汉武帝反击匈奴之战，从根本上摧毁了匈奴赖以发动骚扰战争的军事实力，使匈奴再也无力对汉王朝构成巨大的军事威胁。

张骞通西域

汉武帝为消除匈奴带来的祸患，曾详细询问过投降过来的匈奴人有关匈奴和外国关系的问题。归降朝廷的匈奴人说："原来在敦煌和祁连山之间，居住着一个强国月氏，匈奴冒顿单于攻破并杀了月氏国王，把他的头骨做成了饮酒的器皿。其余的月氏部众逃到远方，极其怨恨匈奴。最好的办法莫过于联合月氏共同进攻匈奴。"汉武帝就招募能出使月氏的人。汉中人张骞以郎官的身份应募，从陇西郡出发，直接进入匈奴的腹地，结果被匈奴单于抓住了，将他拘留匈奴十余年。张骞找个机会逃了出来，继续向西方走去，过了数十日，到了大宛国。大宛国早就听说汉国富有，想通使结好，却没有实现，见到张骞后非常高兴，为他安排了向导和翻译，直达康居国，再转送到大月氏国。大月氏原来的太子做了国王，攻下了大夏国并在此安居下来，当地土地肥沃富饶，很少有外敌入侵，早就已经不再打算向匈奴复仇了。张骞滞留了一年多，终究不知道月氏国打的什么主意，就往回走，他沿着南山走，想通过羌人的居住地返归，又被匈奴人捉住了，拘留了一年多。当时正逢伊稚斜驱逐前单于的太子於单，匈奴国内混乱，张骞就和堂邑氏的奴隶甘父逃脱归来。武帝任命张骞为太中大夫，甘父为奉使君。张骞当初出发时的一百多人，往返历时十三年后，只有他们二人得以回国。

浑邪王归降汉朝以后，汉军将匈奴势力驱逐到大漠以北，自盐泽往东广大地区已没有匈奴人的踪影，前往西域的道路通行无阻。于是张骞建议说："乌孙王昆莫本来是匈奴的藩属，后来兵力渐强，不肯再受匈奴的统治，匈奴派兵征服却反为其所败。如今匈奴人刚刚受到我朝的沉重打击，而原来浑邪的地盘又空无一人，蛮夷之族本来就依恋故地，何况又贪图我朝的财物。如果我们用丰厚的礼物拉拢乌孙，招他们东迁到过去浑邪的地盘上居住，与我国结为友好邻邦，势必可使他们听从我朝的调遣，这就等于断了匈奴的右臂一般。与乌孙结盟之后，其西部的大夏等国也都有可能成为我朝的藩属。"汉武帝认为有理，便任命张骞为中郎将，让他率领三百人，每人马二匹，带上数万头牛羊和价值数千万钱的黄金、绸缎等物前往乌孙，又指定手持天子符节的副使多个，沿途如有通往别国的道路，即派一个副使前往。

张骞到达乌孙后，乌孙王昆莫接见张骞，态度不但十分傲慢。张骞转达汉武帝的旨意说："如果乌孙能够向东返回故土，那么我大汉将把公主许配给乌孙国王做夫人，两国结为兄弟之邦，共同抵抗匈奴，那将很容易击破匈奴。"但是，乌孙因距汉朝太远，不知汉朝是大是小；且长期以来一直是匈奴的藩属，与匈奴相距又近，朝中大臣全都畏惧匈奴，不愿东迁。张骞在乌孙待了很久，因一直没有得到满意的答复，便分别向大宛、康居、大月氏、大夏、安息、身毒、于寘及附近各国派出副使联络。乌孙派翻译、向导送张骞回国，又派数十人携数十匹马随张骞赴汉朝报谢，顺便了解汉朝的大小强弱。这一年，张骞回到长安，汉武帝任命他为大行。一年多以后，张骞派去出使大夏等国的副使大部分都与该国使臣一同回来。如此，也打开了西域各国与汉朝的联系通道。

苏武牧羊

在漠北之役后，匈奴人再也无力南下了。为了表示友好，他们有时候还会派使者到汉朝来访问，汉朝也会派使者去回访，还送一些中原地方的土特产。可是匈奴单于还是死性不改，经常扣留汉朝派去的使者。汉朝为了报复，也扣留匈奴派来的使者。日子一久，双方互相扣留使者的事就有十多起了。

前100年，匈奴又一次派使者来到长安，并且还带来了单于的求和书，说是愿意放回以前扣留的汉使。武帝看过求和书后，觉得匈奴单于还懂道理，决定与匈奴友好相处。朝廷就派中郎将苏武为正使、副中郎将张胜为副使，带着助手常惠和一百多名士兵，以及许多金银绸缎等礼物，护送以前扣留下来的全部匈奴使者，出使匈奴。

苏武到了匈奴，把匈奴使者交还给了匈奴单于，并且送上汉朝皇帝的礼物。匈奴单于见汉朝送来很多礼物，反而傲慢起来。苏武为了维护双方的友好，尽量耐着性子跟单于打交道，准备完成任务后，快点返回汉朝。

正在苏武准备回汉朝的时候，发生了一件意外的事情。原来，早在苏武出使匈奴之前，汉朝使者卫律投降了匈奴，并且死心塌地地为匈奴单于出谋划策。卫律的部下有个叫虞常的人，是个忠于汉朝的血性汉子。苏武出使匈奴，虞常高兴极了。他本来就与苏武的副使张胜关系很好，因此就暗地里和张胜商量说："卫律这个卖国贼，干尽了坏事。我决定暗地里除掉他。"张胜很赞成虞常的打算，并资助了他一些财物。但由于虞常处事不谨慎，计划泄露，虞常被匈奴单于逮捕，并交给卫律审问。

事情败露后，张胜只好把事情的来龙去脉告诉了苏武。苏武说："事情已经到了这般地步，你才告诉我，我是汉朝使者，一旦被匈奴人审问，便会使大汉朝受侮辱，还不如趁早自杀为好。"说着，就拔出刀来要自杀。张胜和随员常惠眼快，夺去他手里的刀，把他劝住了。

重刑之下，虞常只承认跟张胜是朋友，拼死也不承认跟他同谋。

第二天，卫律又提审虞常和张胜，叫苏武去旁听。在审问的过程中，卫律当场把虞常杀死，以此来威胁苏武。张胜害怕了，便供出了事情的始末。于是，卫律又劝苏武投降，他举着宝剑对着苏武说："你不投降，我就杀了你!"苏武面不改色地迎上去说:"你胆敢杀了我,汉朝定会荡平匈奴,你会死无葬身之地。"卫律看苏武那样镇定,知道用武吓不倒他,只好向匈奴单于报告。匈奴单于听说苏武这样坚定,就更希望他投降,便让卫律再去劝苏武投降。

苏武牧羊

苏武指着卫律的鼻子怒骂,骂他卑鄙无耻、投敌叛国、认贼作父。

卫律碰了一鼻子灰,只好向匈奴单于报告。匈奴单于更想降服苏武,既然软的不行就来硬的,他把苏武下了地窖,不给他食物和水,想用长期折磨的办法,逼他屈服。这时候正是入冬天气,外面下着鹅毛大雪。苏武渴了,就捧一把雪止渴;饿了,就扯一些皮带、羊皮充饥。

过了几天,匈奴单于见折磨他也没用,便把他放出来,说要封他为王,苏武说什么也不答应。单于只好又把他送到北海边去放羊,还说:"等公羊生了小羊,就放你回去。"公羊怎么能生小羊?这无疑是说要将苏武终身监禁了。

苏武到了北海边,这里冰天雪地,什么也没有,和他做伴的只有那一群公羊和那根代表汉朝的旌节。苏武拿着那根旌节从不离手,连晚上睡觉也搂在怀里,他总想着有一天,拿着旌节回到自己的国家。

为了生存下去,为了在有生之年回到自己的故国,苏武经常取野鼠洞里的草籽来充饥。岁月悠悠,北海的风雪染白了他的须发,却磨灭不了他铁一般的意志。苏武在北海一待就是十九个年头。

汉武帝死后,汉昭帝即位,匈奴又跟汉朝进行和议。这时汉朝要求放回苏武等被匈奴扣押的汉朝使者。可是,匈奴人却骗汉朝说苏武已死了。与苏武一同出使的助手常惠被匈奴单于流放到别处,现在也活着,他收买了匈奴兵,终于得到了一个与汉使见面的机会。常惠告诉使者苏武还活着,并出了一个主意,让汉使救苏武。

第二天,汉使去见匈奴单于,提出放苏武回朝的要求。匈奴单于说:"我早说过,苏武已经死了。"汉使脸色一沉道:"我看你们根本没有诚意和汉朝结为友好之邦,苏武根本就没有死。我们皇上有一次在上林苑里射猎,射下一只大雁,那大雁脚上系有一封信,说苏武就在北海牧羊。"匈奴单于听使者这么一说,大感吃惊,他还以为苏武的精神感动了天地,就派人将苏武从北海接回。汉昭帝始元六年（前81年），苏武、常惠等九人才回到久别的首都长安。苏武出使的时候，还是个四十岁左右的壮年汉子，如今却已是个须发全白的老人了。他坚强不屈、不怕磨难、永不失节的非凡事迹，轰动了朝野上下。不论是做官的，还是普通老百姓，一提起苏武的名字，没有一个不钦佩的。

武帝杀妃立太子

  在皇位继承问题上，燕王刘旦认为按照长幼次序，自己应该被立为太子，就上书请求回京伺候皇帝。汉武帝很生气，把刘旦派来的使者杀了。后来刘旦又私藏逃犯，被武帝下令削去燕国封地中的良乡、安次、文安三个县。刘旦从此被日渐疏远。

  刘旦聪明博学，有口才，他的弟弟广陵王刘胥勇武有力，但二人的举止都不合法度，经常犯错，在太子之位上武帝都把他们排除了。

  钩弋夫人生的皇子刘弗陵，当时只有几岁，却长得高大强壮，又很聪明，汉武帝很疼爱他，想立他为太子，但因为他年纪太小，母亲也太年轻，所以一直犹豫不决。

  汉武帝想选择合适的大臣辅佐刘弗陵，考察群臣觉得只有奉车都尉、光禄大夫霍光为人忠厚，可以当此重任。汉武帝于是让黄门官画了一幅周公背周成王接受诸侯拜的图赐给霍光。

  几天后，汉武帝借故谴责钩弋夫人，钩弋夫人摘下首饰，叩头请求宽恕。汉武帝最后还狠心把她送进掖庭监狱，最后又将她处死。

  不久，汉武帝在无事之时，问周围的人："外面的人都怎么说？"

  被问的人回答说："人们都说：'要立她儿子为太子，为什么还要杀他的母亲呢？'"

  汉武帝说："是啊，你们这些庸人是不会明白的。自古以来，国家之所以会乱，都是因为国君年纪小，而母亲正在壮年。女人单独主持朝政，就会荒淫妄为，而且无法禁止。你们没听说过吕后吗？所以不能不先除掉她。"

  汉武帝后元二年（前87年），汉武帝病重，霍光流泪问道："如有不测，谁可继立？"汉武帝说："你还没理解以前给你的那张图画的意思吗？要立少子，你就像周公一样来辅佐他。"霍光叩头推让着说："我比不上金日䃅啊！"金日䃅也说："我是一个外人，不如霍光。而且这样会让匈奴轻视汉朝啊！"不久，武帝下诏书立年仅八岁的弗陵为皇太子。次日，任命霍光为大司马、大将军，金日䃅为车骑将军，太仆上官桀为左将军，拜受遗命，辅佐少主，又任命搜粟都尉桑弘羊为御史大夫，他们都在皇帝卧房的床前拜受遗命。霍光侍奉汉武帝出入宫廷二十多年，出外陪同乘车，入宫则随侍左右，从未出过一丝一毫的差错。他为人沉静，每次出入宫廷、上下殿门，行止都有一定的地方，郎官、仆射曾暗中观察、默记，发现竟尺寸不差。金日䃅在武帝身边，几十年来眼睛从不看不该看的东西；赐给他宫女，也不敢亲近；武帝想将他女儿纳入后宫，他也不同意，武帝对此十分惊奇。金日䃅的长子是武帝宫中的弄儿，武帝非常喜爱他。后来他长大了，举止不再检点。一次他在殿下和宫女调情，正好被金日䃅看见，金日䃅憎恨他的淫乱行为，就把他杀了。汉武帝听说后十分生气。金日䃅叩头请罪，详细陈述了杀死儿子的缘由。汉武帝深感悲哀，为此流下眼泪，此后对金日䃅更加敬重。上官桀最初是因勇力过人而得到武帝赏识的，任未央宫厩令。汉武帝曾身体不适，后来痊愈，看见宫中马匹瘦弱了很多，汉武帝发怒说："你是不是认为我不会再见到马了！"要把他交给法吏治罪。上官桀叩头说："我听说陛下圣体欠安，日夜惶恐忧虑，心思实不在马上。"话没说完，眼泪就流了下来。汉武帝认为他爱自己，因此对他更加亲近，任命他为侍中，逐渐又把他升为太仆。这三个人都是武帝平时最信任的，所以特别选出他们，授以后事。十四日，汉武帝驾崩于五柞宫，在未央宫前殿入殓。太子刘弗陵继承皇位，是为汉昭帝。

司马迁写《史记》

司马迁出生于汉景帝中元五年（前145年）。父亲司马谈是一个历史学家，在朝廷里担任太史令。司马谈希望儿子能够继承自己的事业，所以从小就对司马迁进行严格的教育。十岁时，司马迁就随父亲到了长安，开始学习《尚书》《春秋左传》《国语》等历史书，在历史和文学两方面打下了坚实的基础。

司马迁二十岁时，在父亲的支持下，开始到全国各地游历。往南，他到过长江流域和淮河流域，最远到过会稽。往北，他越过燕山，到过长城。当年，

司马迁

夏禹曾在会稽召开部落酋长大会，会稽有禹穴古迹，司马迁特地到禹穴进行了实地考察。在庐山，司马迁探访了"禹导九江"等遗迹。他爬上虞舜南巡时到过的九嶷山，眺望三湘的秀丽景色，并在湘水中泛舟。他还去过屈原的流放地，在汨罗江畔凭吊。在齐鲁大地，司马迁实地考察了孔子、孟子当年给学生讲学的旧址，参观了孔子的庙堂、车服、礼器。在中原，司马迁参观了楚汉相争的古战场。

总之，凡是古代历史记载或传说中出名的地方，司马迁经过时都要亲自去考察，走访当地的老年人。他听说战国时秦国蜀郡太守李冰修建了都江堰，能防洪和灌溉，就爬上岷山眺望，还到都江堰上亲自勘察。他听说秦始皇灭亡魏国的时候，曾经引黄河水淹灌魏国都城大梁，就特地跑到大梁，观察了城墙上当年被水淹过的痕迹，向老年人询问水淹大梁的惨状。

这些游历和考察之后，司马迁开阔了眼界，增长了见识。两年后，司马迁接替父亲做了太史令。这时，他有机会接触朝廷里的各种文书档案，并且在皇家图书馆里读到了许多珍贵的书籍，知识更加丰富，材料也更齐全了。

司马谈生前曾编写一部历史书，刚搜集了一些材料，写了几篇，还没有写完。临死前，父亲拉着司马迁的手再三嘱咐让他完成自己未能完成的事业。司马迁流着眼泪，连连点头，接受了父亲的嘱托。司马迁整理好材料，开始编写他父亲没有写完的历史书——《史记》。

司马迁四十八岁那年，正当他专心致志地撰写《史记》时，一件不幸的事情突然降临到他的头上。司马迁有个朋友叫李陵，武帝很赏识他，派他去征讨入境骚扰的匈奴军队。由于后援部队耽误了日期，致使李陵孤军深入，被匈奴包围。李陵率军奋战，以一当十，力尽被擒。当时有人传说李陵投降匈奴了，汉武帝一怒之下杀了他的全家。李陵听到这个消息，就真的投降了匈奴。司马迁很了解李陵，在传言纷纷之际曾上书替李陵辩解。后来，李陵真的投降了，汉武帝大怒，给司马迁处以腐刑。腐刑是使人丧失生殖能力的酷刑，虽然不至于危及生命，却让人蒙受极大的耻辱。司马迁在人格上受到了沉重的打击，内心极其悲痛。他几次想自杀，可是又想到父亲的遗愿还没有实现，便不甘心就这样死去。他决定活下去，把《史记》写完。从此，司马迁利用已经搜集到的材料，夜以继日地发愤著书。经过四年的艰苦努力，在五十三岁那年，他终于写出了我国继《春秋》以来第二部不朽的历史巨著。《史记》全书共一百三十篇，五十二万六千五百字。书中记载了黄帝直至汉武帝之间的三千多年的历史。其中包括本纪十二篇，记载帝王的事迹；表十篇，用列表的方式记载大事和重要人物，补充本纪；书八篇，记载重要的典章制度、天文现象、政治设施和社会经济；世家三十篇，记载诸侯王和孔子、陈胜等特殊重要人物；列传七十篇，记载重要人物、少数民族和邻国的历史。

《史记》以其优美的文字、丰富的内容、珍贵的史料享有"千古之至文"的美誉。

霍光辅政

前87年，汉武帝病逝。年仅八岁的汉昭帝即位。按照汉武帝死前的嘱咐，由大将军霍光来辅助幼主。

霍光掌握了朝廷大权，帮助汉昭帝继续采取休养生息的政策，减轻税收，减少劳役，把国家大事管理得井井有条。霍光也成了朝中几个大臣的眼中钉。

左将军上官桀想把他六岁的孙女，嫁给汉昭帝做皇后，遭到霍光反对。后来，上官桀靠汉昭帝的姐姐盖长公主的帮助，让孙女当上了皇后。上官桀和他的儿子上官安想封盖长公主的一个身边人做侯，霍光没有答应。上官桀父子、盖长公主都把霍光看作眼中钉，他们勾结了燕王刘旦，想方设法要陷害霍光。

汉昭帝十六岁那年，有一次，霍光检阅御林军（皇帝的禁卫军），还把一名校尉调到他的大将军府里。上官桀他们就抓住这两件事，假造了一封燕王的奏章，派一个心腹冒充燕王的使者，送给汉昭帝。

那封信检举大将军霍光检阅御林军的时候，坐的车马跟皇上坐的一样。他还自作主张，调用校尉，这里面一定有阴谋，请求调回燕王。汉昭帝接到那份奏章，看了又看，把它搁在一边。汉昭帝吩咐内侍召霍光进来。霍光一进去，就摘下帽子，伏在地上请罪。

汉昭帝安慰他不必担心，因为大将军检阅御林军是在长安附近，调用校尉还是最近的事，一共不到十天。燕王远在北方，不可能知道这些事。就算知道了，马上写奏章送来，还来不及赶到这儿。再说，大将军如果真的要叛乱，也用不着靠调一个校尉，很明显有人想陷害霍光。

霍光

霍光和别的大臣听了，都佩服少年汉昭帝的聪明。汉昭帝追查这件事遭到上官桀阻拦，汉昭帝开始怀疑起上官桀这一伙人。

上官桀等人密谋由盖长公主出面，请霍光喝酒。他们布置好埋伏，准备在霍光赴宴的时候刺死他，又派人通知燕王刘旦到京师来。上官桀还打算在杀了霍光之后再废去昭帝，自己称帝。没想到秘密泄露，让霍光知道了。霍光连忙报告汉昭帝。汉昭帝命令丞相田千秋火速发兵，把上官桀一伙统统逮起来处死。

前74年，年仅二十一岁的汉昭帝得病去世，没有继承人。霍光听了别人的意见，把汉武帝的一个孙子、昌邑王刘贺立为皇帝。刘贺只知道吃喝玩乐，即位才二十七天，就做了许多不该做的事，把皇宫闹得乌烟瘴气。

霍光和大臣们一商量，联名上书，请皇太后下诏，废了刘贺，另立汉武帝的曾孙刘询为帝，这就是汉宣帝。

霍光长期把持朝政，渐渐形成自己的势力。霍氏家族独断专行，骄横无比。这时，有一个叫徐福的茂陵人就预言：霍氏一定会灭亡的。奢侈无度，就会傲慢不逊；傲慢不逊，就会冒犯主上；冒犯主上，就是大逆不道；这个样子又居人之上，一定会惹得天怒人怨。霍氏家族长期把持朝政，为非作歹，怨恨他们的人太多了。天下之人都怨恨他们，而他们又做出大逆不道的事，肯定会灭亡。

为此，徐福专门上书朝廷想办法约束霍氏家族，不要让他们发展到灭亡的地步。一连三次上书，朝廷都没有理会徐福。

前66年，霍氏家族谋反被朝廷灭族，一些曾经告发过霍氏的人都受到了封赏，而徐福却没有受到丝毫赏赐。有人对此鸣不平，就上书汉宣帝讲了一个故事：有一位客人到主人家拜访，看见主人家的烟囱是直的，旁边又堆着柴火，就建议主人把烟囱改成弯的，还要把柴火搬远点，避免发生火灾，但主人没有理会。此后不久果然发生火灾，邻居齐心协力把火扑灭。主人杀牛摆酒，感谢邻居。在救火中烧伤的被请到上座，其余的人就按出力大小依次就座，却没有请那位建议他改烟囱、移柴火的人。实际上那位提建议的人应该被奉为上宾。与此相同的道理，茂陵人徐福曾经多次上书，说霍氏会作乱，应当预先防范。如果建议被采纳，就不需要划出土地分封列侯；臣下也不会谋反，遭受被诛灭的大祸。所以说徐福才最应该被奖励。

汉宣帝看到这份奏折后,深明其意,就下旨将十匹绸缎赏赐给徐福,后来又任命徐福做了郎官。

汉宣帝励精图治

在民间长大的汉宣帝刘询,登上皇位后深知下层民众的艰难。霍光死后,他开始亲自主持朝政,励精图治,每隔五天就要亲自听取群臣对朝政事务的意见。因此从丞相以下,都要各依自己的职位,上奏所掌理的事宜,陈述见解,以此来考察他们的功德才能。侍中、尚书中有功者,给予升职;有特殊善行的,从优封赏,并延及子孙。对朝政各项大事的决策周密详备,君臣上下关系和睦,没有人敷衍塞责、应付了事。当任命刺史、郡守、封国丞相时,宣帝总是亲自召见询问,了解他们的抱负和打算,再在事后考察他们的所作所为,来证实他们的言论。对于言行不一致,一定要将原因弄清楚。汉宣帝认为郡太守是治理民众的关键,常常更换他们则容易引起治下民众的不安;民众知道他们的郡太守将长期在任,便不敢存有欺罔蒙蔽的侥幸心理,这样才能使他们服从教化,各安本分。所以凡食禄两千石的官员有了治理成效时,汉宣帝总是颁布诏书去勉励他们,提升他们的品位俸禄,赏赐给他们黄金,有的甚至封为关内侯;如果公卿位缺,就从所嘉勉的食禄两千石的官员中,依次选用。在汉朝,此时的优秀官吏为最多,世人称这时为汉室中兴。

汉宣帝

汉宣帝元康二年(前64年)五月,汉宣帝下诏说:"刑狱,关系到万民的性命。能做到使世上的人不抱怨,判死刑的人不怨恨,这才是精通法律的官吏。现在的情形却不是这样。有的官吏用心巧诈,玩弄法令,根据自己的需要,随意解释条文,判案轻重不公,上奏也不如实,即使天子都不知道其中真相，民众还有什么依靠呢？所以两千石官员要分别督察自己的属下，上面的人都不准任命。还有的官吏擅自征发徭役，装饰宾馆驿站，大摆酒宴，招待过往使者和官员，超越职权，违反规定，谋取名誉，这就如同站在薄冰上等待太阳出来，难道还不危险吗？如今全国疾病和瘟疫流行，朕深为同情，因此，免除各郡国中受灾严重地区的赋税。"

霍氏专权覆灭

霍光死后，汉宣帝亲掌朝政，命御史大夫魏相任给事中，并开始削夺霍氏的权力。霍显及霍禹、霍山、霍云看到自己的权力日益削弱，常常相对哭泣埋怨。霍山说："如今丞相执政，受到朝廷的信任，不仅改变大将军定下的法令，还检举揭发大将军的过失。还有，那些儒生都出身贫贱，远离家乡，客居京城，饥寒交迫，专爱胡说，不知避讳，大将军先前很痛恨这些人。现在皇上却喜欢和这些人谈论事情，不管什么人都可以上奏，议论国事，纷纷指责我们霍家。曾有人上奏，说我们兄弟骄横霸道，言辞十分激烈；我把这封奏章压下，没有转呈。后来，上书者越来越狡猾，都改成写秘密奏章，由中书令直接收取进呈，不再通过尚书，我更加不被信任。民间传言的霍氏毒死许皇后是真的吗？"霍显十分焦急恐惧，只得将实情告诉霍禹、霍山、霍云。他们听后非常吃惊，这才明白了皇上将霍家女婿都贬斥放逐在外的缘故。他们害怕事发受到严惩，于是开始密谋对策。

霍云的舅舅李竟有一位要好的朋友叫张赦，看见霍云家的人惶惶不安，建议李竟杀掉掌权的丞相魏相和平恩侯许广汉，但这件事被长安男子张章告发，案子交给廷尉和执金吾处理，逮捕了张赦等人。后来汉宣帝下诏，停止收捕。霍山等人更加惊恐，商议说："这是皇上看在太后的面子上，不愿深究。可是整我们的迹象已经显露，时间一久，还是会发生的；一旦发生，那就要灭族，不如我们先下手。"于是就让霍家女儿各自回家告知自己的丈夫，他们都说："大祸一来，我们谁也躲不过。"正好这时李竟因被指控结交诸侯王而被治罪，在供词中牵涉到了霍氏，汉宣帝就下诏将霍云、霍山免职。

霍禹、霍山等人家中多次出现妖怪，全家人都很忧虑。于是便密谋让上官太后为博平君王媪设宴，召丞相魏相和平恩侯许广汉等以下的大臣来作陪，然后派范明友和邓广汉假借太后的命令，将他们杀死，再趁机废掉皇帝，改立霍禹为帝。但这一阴谋被人发觉，七月，霍云、霍山、范明友自杀；霍显、霍禹、邓广汉等人被捕，霍禹被处腰折，霍显及霍氏兄弟姐妹都被判以当众处死；因与霍家有牵连而被满门抄斩的共有几十家。八月初一，皇后霍成君被废，移居到昭台宫。十二年后，又将霍皇后迁往云林馆，霍皇后不久便自杀身亡。

赵广汉任京兆尹

汉宣帝本始三年，赵广汉由颍川太守调任京兆尹。在颍川，地方上有势力的人往往互相勾结，结党营私，并逐渐习以成风。那里有姓原和姓褚的两大家族，他们横行霸道，无法无天，连门客也敢触犯国家的法令，去做小偷和强盗，残害人民。前任太守中没有一个能捉拿和制裁他们。赵广汉上任后，用几个月的时间摸清了其中的情况，将原、褚二大家族中的首恶分子逮捕法办。这使郡中为非作歹的人大为震惊，社会治安也因此大大地好转了。在这以前，颍川郡的土豪劣绅往往跟大户人家相互结为婚姻，官吏也顺应当地的风俗，串通一气，拉帮结派，互相包庇。广汉对此深以为患，于是勉励手下的一些官吏，其中能为广汉办事的，要他们接受群众中相互控告的诉辞，进行查问和审讯，一旦确定罪名，就照王朝的法令惩罚不法之人。广汉为了能更广泛地了解情况，便设立了检举箱，箱子是因地制宜的：有的是瓦器，有的是竹筒。这样便于官吏和人民投放检举信，让他们相互揭发。在这种情况下，犯罪分子相互埋怨或责备。那些为非作歹的同伙因此被拆散了，盗贼也不敢出来作案了。连匈奴都深知赵广汉的大名。因此，汉宣帝把他调到长安，叫他担任京兆尹。赵广汉对待下面的官吏，非常热情、周到，办起事情来往往推选工作成绩良好的人，作出成绩后把功劳也归之于下面的人。他这种做法是出于自己最大的诚意，所以在他手下工作的人都愿意为他出力，在万分紧急的情况下，甚至不惜牺牲自己的生命。赵广汉很聪明，对部下的能力都知道得一清二楚。有的人不肯认真工作，赵广汉就逮捕他们，让他们无处可逃。经过审讯，罪名马上定下来，他们立即服罪。赵广汉特别擅长获取犯罪作案的真实情况，使罪犯无法抵赖。乡里极其微细的奸谋他都能知道。有一次，长安城里有几个年轻人集合在隐僻小巷的空屋内，商量共同去绑架人。他们的讨论还没有结束，赵广汉就已派官吏去捉拿他们了,审讯后,他们都承认有罪。赵广汉还善于发现奸人,揭露隐私,如同神灵一样。在长安地方,政治清平,下级官吏和人民群众称赞赵广汉的声音比比皆是。人们认为从汉朝建立以来,治理京兆的官员,没有能比得上赵广汉的。

赵广汉对世代为吏的子孙特别喜欢使用,这些由他新提拔的年轻人,做事专心卖力,身体强壮,朝气蓬勃,富有进取心;看到要办的事情快得像急风刮起一样,丝毫没有退避的。他很果断且敢冒风险,没有人敢为难他,但这也给他带来了祸患。

汉宣帝元康元年,赵广汉因为过去有私人的怨仇,借故把一个叫荣畜的男子杀了。有人就为此事写检举信控告他。这件事情就落在丞相、御史那里进行查问落实。

赵广汉怀疑丞相夫人无理杀死了身旁侍候的婢女,想用这件事来威胁丞相,哪里知道丞相对杀死荣畜的案件更加紧追查了。

赵广汉于是亲自带领官吏和士兵闯入丞相府,命令丞相的夫人跪在庭下听候审讯。最后赵广汉又带走了丞相府的十多名男女奴婢。丞相只好写报告向汉宣帝陈述。这件事情就放到廷尉那里去处理。事实上,丞相因为那个亲近的侍女有过失,才亲自去谴责和敲打她。后来她从里面走出来,在另一间房子里自杀的,并不像赵广汉所说的那样。因此,汉宣帝就厌恶赵广汉,下命令把他抓进廷尉管辖的监狱。官吏和人民听到这个消息后,有好几万人守候在皇帝的望楼下面,忍不住流泪哭泣,并且这样说:"臣民活着对天子没有什么好处,情愿代替赵京兆死去,使他能够继续管理和保护老百姓!"赵广汉最终还是被腰斩处死。赵广汉任京兆尹,廉洁奉公,判案公正,深受百姓爱戴,人们用歌谣颂扬他。

昭君出塞

前38年,汉元帝下诏征集天下美女补充后宫,从全国各地挑选入宫的美女数以千计,王昭君便是其中的一个。由于皇帝无法一一面见,于是让画工各画肖像一幅呈奉给他看。众美女为了赢得皇帝宠爱,无不动用各种渠道贿赂画工,唯独王昭君家境贫寒,无力贿赂;且她自恃艳冠群芳,不屑于舞弊。画工毛延寿心中不满,不但把她画得十分平庸,而且还在她的面颊上点了一颗大大

昭君出塞

的黑痣，结果可想而知。五年过去了，她仍是个小宫女。

这期间，王昭君除了担负一些宫中的事务之外，有很多的余暇来读书写字，唱歌跳舞，研习音律与绘画。然而午夜梦回，仍是倍感凄清与孤寂。不免感叹自己的青春年华在这暗无天日的后宫中一点点流逝。

前33年，南匈奴的呼韩邪单于表示愿意臣服汉朝，并携带大批皮毛及骏马作为贡品来到长安。汉元帝大为高兴，像招待贵宾一样招待他，亲自到长安郊外去迎接他，为他举行了盛大的宴会。席中呼韩邪提出"愿意当大汉朝的女婿"的请求，汉元帝很高兴，兴之所至，他下旨让后宫的美女前来侍酒。

宫女们一队队进入，呼韩邪发现了置身于众宫女之中的王昭君，并为其美艳所震惊。他立即向汉元帝提出："愿为天朝之婿，不一定硬要公主，就在这些美女中选一名也行。"汉元帝一听，更是欢喜，便随口答应了。呼韩邪便指着王昭君道："就是她！"汉元帝顺着他的手看去，但见眼前的这位宫女光彩夺目，明艳照人，不禁有后悔之意。

临行之日，王昭君戎装打扮，妩媚中更见英爽之气，面向未央宫拜别了天子，带着一种异样的感情，看了长安最后一眼，怀抱着琵琶上马而去。匈奴人和朝廷派出的护卫队，浩浩荡荡地经过长安大街，沿途万人空巷，争睹王昭君的风采；眼看一个汉家的姑娘离开繁华的京城，前往荒凉的胡地，无不为之嗟叹不已。

后来呼韩邪单于上书说："甘愿保卫东从上谷、西到敦煌的边塞，世代相传，以至永远。请撤销边塞防务，让吏卒复员，使天子的子民得以休息。"汉元帝和众大臣商议撤防一事，郎中侯应因明察戍边事宜，又对匈奴人了如指掌，坚决认为不可答应。并且还向汉元帝写了一份分析鞭辟入里的奏折，从地理环境、历史渊源、胡人品性、边境纠纷、礼仪教化、固守边防、防止内乱等十个方面陈述了不可撤防的理由。汉元帝看后，也觉得侯应说得很有道理，便下诏书说："不要再讨论罢撤边塞防务的事了。"又派车骑将军许嘉向单于传达口谕，说："呼韩邪单于上书，请求撤除北方边塞防务和屯戍的官兵，子孙世世代代保卫边塞。单于一向仰慕礼义，能够为中原的子民着想，深感欣慰；世世代代和平相处，这也是我的希望，对您的做法我很赞赏。但中国四方边境都有边塞亭障，并非唯独防备塞外，同时也是为了防止国内的奸邪之人，肆虐放纵，出塞寇掠为害。所以，宣明法度使众人之心专一。敬知单于之意，我决不怀疑。为了使单于对我们不撤除边防之举不发生误解，特派许嘉向单于解释。"单于道谢说："我愚昧，不懂得国家大计，承蒙天子派大臣告知，恩德甚厚！"

当初，伊秩訾曾为呼韩邪出谋划策，使其归汉，但有人进谗言，说伊秩訾自矜有功，而心常怏怏不满，呼韩邪单就对他产生疑忌。伊秩訾惧怕被诛，率领部众千人归顺了汉朝。汉朝封他为关内侯，食邑三百户，令其依匈奴王号佩印信绶带。后来呼韩邪单于来汉朝朝见时，与伊秩訾见面，道歉并致谢说："大王为我谋划，恩德甚厚，匈奴至今享有安宁，这是大王的功劳所致。而我却怀疑大王，使大王含冤被迫离开匈奴，背离故土，这都是我的过错。现在，我想报告天子，请大王重归王庭。"伊秩訾说："单于遵从上天的旨意，自己归附于汉，这是单于英明，天子佑护，怎能说得力于我？我既已降汉，大汉天子待我不薄，我若重归匈奴，是为二心。我愿为单于充使留侍于汉，不敢听命重归匈奴！"单于一再请求，不得应允，只好归去。

单于给王昭君的封号为宁胡阏氏，王昭君生一男孩伊屠智牙师，被封为右日逐王。王昭君到了匈奴，积极参与匈奴的政治活动，对于匈奴与汉朝的友好关系，着实产生了不少沟通与调和的作用。

陈汤料军如神

汉成帝刘骜刚登上皇位不久，丞相匡衡就对陈汤再次弹劾，声称校尉陈汤，以两千石官员的身份出使西域，专门负责西域蛮夷事务，但他不能持身以正做部下的表率，反而盗取所没收的康居国的财物，并对下属官员说此事发生在外域不会受到追究。此事虽发生在大赦之前，但他已不适宜再担任官职。陈汤因此被免除了官职。

后来，陈汤又上奏说康居王所送来的人质并非康居王的王子。但经调查证明，是真王子，陈汤被捕入狱，被判了死刑。太中大夫谷永上奏为陈汤辩护说："我听说楚国有贤能的大夫得臣，所以晋文公才坐不安席；赵国有廉颇、马服君赵奢，致使强大的秦国不敢进犯赵国西界的井陉关；在汉朝建立之初，由于有汉景帝时的雁门郡太守郅都，汉文帝时的云中太守魏尚，匈奴不敢南近雁门、云中。由这些例证看来，不能不慎重对待国家的武将。自古以来，君王听到战鼓的声音时，会想到在战场上冲锋陷阵的将领和统帅。我看到关内侯陈汤，以斩杀郅支单于而名扬西域，自汉朝开国以来，这样的功勋是所有在疆域之外作战的将领中从未有过的！现在，陈汤被告不实，长期囚禁监狱，历时这么久，案子迟迟不审决，那些执法的官吏，是想判他死刑的。以前白起当秦国的大将，率军伐楚，攻陷了楚国首都郢都；北击赵国，坑杀赵括降卒四十万，后来却仅为了一点细小的过失，就被处死。秦国人民都哀怜他，无不为他的死而流泪。如今陈汤亲执武器，席卷了康居国，喋血万里之外，扫荡了郅支单于，胜利而归，把战果呈献皇家祖先祭庙，禀告上帝，所有战士，无不思慕。他不过是因为论事得罪，罪行也并不严重。《周书》说：'记住他人的功劳，忘却他人的过失，这样的人才适宜为人民的国君。'就是犬马对人们有辛劳，死后人们尚不忍舍弃，而要加以埋葬作为回报，何况是国家的大功臣呢？只怕陛下忽视了战鼓的声音，用对待平庸之臣的态度来看待陈汤，把他判为死刑，使百姓心里再怀秦国人民的那种遗憾。这绝不是勉励报国忠臣的办法啊！"天子看完奏章后随即下令释放陈汤，但削夺他的爵位，把他降为普通兵士。

正好这时乌孙国的军队包围了西域都护段会宗，紧急文书迅速送到了朝廷，请求准许调发西域没有城郭的国家以及在敦煌的士兵前来营救。丞相王商、大将军王凤和其他官员，商议了几天，都想不出解决的办法，后来王凤建议说："陈汤这个人很有智谋，并且熟悉西域各国的事务，可以询问他应该怎么做。"

皇上便在未央的宣室中召见了他。陈汤在攻击郅支单于时偶染了风寒，两臂疼痛不得屈伸，入见时，皇上令他不必行拜见礼，拿了段会宗的奏章给他看。陈汤说："臣认为这绝对没什么可担忧的。"皇上说："怎么说呢？"陈汤说："五个胡兵，才能抵挡得住一个汉兵，因为他们刀剑不够灵巧，不够锋利，弓箭也很迟钝。现在听说胡人已经学到了一些汉朝兵器的巧妙，改进了不少，但是仍须三个才能抵得我们一个。《兵法》中说：'驻军守城的人，只要一半的兵力，便可以抵挡得住攻城的敌人加倍的兵力。也就是说，敌人要加倍于我们的兵力，才可以与我们为敌。'现在包围会宗的敌军，绝对无法胜过会宗的守军，请陛下不必担心！而且部队轻装行军才可日行五十里，重装行军日行最多三十里，会宗想要调派西域各国以及敦煌的士兵前往解围，那要经过一段时间才能到达，这就是所谓用为报仇的军队，并不是用来救助急难的呀！"皇上说："那怎么办？这个围一定可以解得掉吗？预料要多久才能解围呢？"陈汤知道乌孙的士兵是一群乌合之众，不能久攻，凭借经验来说，不过几天而已，就回答说："已经解围了！"他弯着手指头计算一下日子，又说："不超过五天，一定会传来解围的喜讯。"过了四天，果然送来了军书，说是已经解围了。大将军王凤就奏请天子任命陈汤为大将军府的从事中郎，掌参谋议，负责裁决一切有关幕府的事情。

赵飞燕得宠

大汉的国势从汉成帝开始，便渐渐衰落下来。

汉成帝刚即位时，一直非常宠爱班婕妤。这个女子不但人长得很美，而且还非常有才华，每当汉成帝有什么不当之处时，她总能够适当地规劝。因此，太后也很喜欢她。

班婕妤

有一次，汉成帝微服出行，来到阳阿公主家。公主家的舞女赵飞燕姿色艳丽、楚楚动人，汉成帝就把她带进宫中，并让她日夜侍奉自己。后来，赵飞燕的妹妹也被召进宫，姐妹俩宛如出水芙蓉，看见的人无不目瞪口呆。

汉成帝将赵飞燕姐妹俩都封为婕妤，对她们宠爱有加，因此便与许皇后和班婕妤慢慢地疏远了。赵飞燕为保住自己的地位，就向汉成帝说，许皇后与班婕妤串通一气，用妖术诅咒后宫得宠的美人，甚至连主上也不放过。汉成帝相信了赵飞燕的话，将许皇后废了并打入冷宫，并且令许氏家人迁出长安回原籍。

接着，汉成帝又派人审讯班婕妤。班婕妤据理力争说："死生有命，富贵在天。我克己修身都没能享福,要是走歪门邪道,必有恶报。如果鬼神有知,绝不会听信小人的胡言;如果鬼神无知,向鬼神诅咒别人又起什么作用?用妖术诅咒的事,我是绝不会做的。"

汉成帝觉得她说得有道理,就赦免了她。经历了这么多事,班婕妤也已对汉成帝心灰意懒,便请求到长信宫侍奉王太后。汉成帝答应了她的请求。

从此之后,汉成帝就只知道沉湎于酒色,整日整夜地与赵氏姐妹在后宫作乐,并且对她们越来越迷恋,越来越宠爱,还想封赵飞燕为皇后,但王太后因她出身卑贱,坚决不同意。当时,王太后的外甥在朝中任侍中之职,汉成帝便让他帮自己去劝说王太后。一年后,王太后才默许了此事。汉成帝还把赵飞燕的父亲封为成阳侯。

谏议大夫刘辅听说封后的事后,无比愤慨,便冒死上书说:"陛下纵情声色,迷恋歌女,还想让这样的女子做国母,既不畏于天,又不愧于人,真是糊涂啊!俗话说:'腐木不可以为柱,人婢不可以为主。'上天和百姓都不赞成的事情,必然是有祸无福。这种路人皆知的道理,朝廷大臣竟无人敢说一句话。臣为此感到痛心,不敢不冒死进谏。"

汉成帝读了奏章,气得暴跳如雷,立即派侍御史逮捕刘辅,并将他关进监狱。不久,汉成帝正式册封赵飞燕为皇后。可是没过几年,汉成帝却移情别恋,另觅新欢,新宠便是赵飞燕的妹妹赵合德,成帝封其为昭仪,对赵飞燕就像对当年的班婕妤一样。

赵飞燕为了保住皇后之位,便想生个儿子,因此经常与侍郎、宫奴私通。宫中不时有风言风语传到成帝的耳中,汉成帝对此起了疑心。为了掩饰姐姐的丑行,赵昭仪经常在汉成帝面前哭哭啼啼地说:"我姐姐性格刚烈,如果被人诬陷,我们赵家就要绝种了。"成帝信以为真,凡是揭露赵飞燕奸情的人,都

被他处死。从那以后，赵飞燕更加肆无忌惮，然而她却始终没有生育。

由于汉成帝昏聩无能，迷恋赵飞燕姐妹，终日沉湎于酒色，又听信谗言，残害大臣，汉王朝的基业也开始动摇了。

董贤受宠

汉哀帝时，驸马都尉侍中董贤深得汉哀帝宠信，他们出则同车，入则相随，连睡觉也在一起。有一次白天小憩，董贤压住了汉哀帝的袖子，哀帝想起身，怕把董贤惊醒，便拿剪刀剪了自己的袖子才起来。

哀帝对董贤的宠爱已经到了无以复加的地步，不但将董贤的妻子接进宫里住，而且还把董贤的妹妹封为昭仪，把董贤的父亲封为关内侯。哀帝还为董贤在北宫门外建了府第，其豪华的程度不亚于皇宫，工程浩大，精巧至极。赏赐的东西都是上品，皇家秘器、珍珠宝玉不计其数。有的甚至比自己的还要好。

汉哀帝不仅管了董贤的身前事，就连其身后事也想到了。他命令工匠在自己的陵墓旁边为董贤修筑陵墓，里面设有别室，还用结实的柏木做题凑。陵墓外面修筑巡查警卫的道路，围墙有几里长。外面也修饰得富丽堂皇。

尚书仆射郑崇因为董贤受宠过度，向汉哀帝进谏，因此得罪了汉哀帝，汉哀帝心里对郑崇很不满。尚书令赵昌一向与郑崇不合，就趁机在汉哀帝面前诬陷郑崇。哀帝听信小人之言，将郑崇下狱，重刑之下，郑崇含恨死在狱中。

汉哀帝想给董贤等人封侯，担心丞相王嘉反对，就先派孔乡侯傅晏把诏书拿给丞相、御史看。王嘉与御史大夫贾延呈上密封的奏章劝阻，汉哀帝不得已，只好暂且作罢。

元寿元年（前2年），汉哀帝假托傅太后遗诏，请太皇太后给丞相、御史下诏，要给董贤增加采邑两千户，赐给他孔乡侯、汝昌侯、阳新侯的封国。王嘉把诏书封起来退回去，并上密奏进谏。哀帝发怒，竟借故降罪王嘉，还将其处死。

后来汉哀帝任命董贤为大司马、卫将军。当时董贤才二十二岁。董贤虽然身为三公，但仍然经常跟在皇帝身旁侍奉，管理尚书事务，群臣都要通过董贤上奏。

汉哀帝因为董贤的父亲卫尉董恭不应处在卿的官位，就升他为光禄大夫，俸禄中两千石。董贤的弟弟董宽信，接替董贤原来的驸马都尉之职。董氏的亲属都做了侍中诸曹，定期朝见皇帝，受到的宠爱胜过他人。

丞相孔光任御史大夫的时候，董贤的父亲董恭任御史，侍奉孔光。后来董贤做了大司马，与孔光并列为三公。汉哀帝故意让董贤以私人身份去拜访孔光。

孔光一向恭谨小心，知道皇上想让董贤受到尊崇。听说董贤要来，孔光穿上正式的官服，出门等候。看见董贤的车队，就赶紧迎了过去，并毕恭毕敬地搀着董贤下了车。汉哀帝知道之后，非常满意。

后来，汉哀帝在麒麟殿设宴，与董贤父子及其亲属饮酒，侍中、中常侍在旁边侍候。哀帝微有醉意，从容地看着董贤，笑着说："我想要效法尧、舜两位大帝，实施禅让制，你觉得怎么样？"

董贤

王闳说："天下是高皇帝的天下，不是陛下的！陛下承继宗庙，应该世世代代传下去。帝位至关重要，天子不能开玩笑！"汉哀帝没有说话，很不高兴，其他人都很惶恐。

次年六月，汉哀帝在未央宫驾崩。太皇太后便立即驾临未央宫，收取了玉玺、印绶。太后在东厢召见大司马董贤，询问他如何安排丧事。董贤心里害怕，不能回答，脱下官帽谢罪。

太后说："新都侯王莽，以前曾经任大司马，安排过先帝的丧事，熟悉以前的规矩，我就让他来辅佐你。"董贤叩头应允。

太后派使者骑马召见王莽，并诏令尚书：所有征调军队的符节、百官奏事、中黄门和期门武士等，都由王莽管理。

王莽按照太后的旨意，命令尚书弹劾董贤，说他在汉哀帝病重的时候，不亲自侍奉汤药，禁止董贤入宫。董贤惶恐，只能跪到宫门外，叩头谢罪。

二十七日，王莽派谒者拿着太后诏书，在宫门口罢免了董贤，说："董贤年轻，没有经验，任大司马不合众意。收回大司马印绶，免去官职，返回宅第。"当天，董贤与妻子一起自杀。

王莽称帝

前1年，汉哀帝突然驾崩，汉平帝即位。太皇太后重新起用新都侯王莽，让他辅佐大司马董贤办理丧事。王莽接旨后，按太皇太后的意思积极怂恿尚书弹劾董贤，随即太后下召罢免了董贤，逼得董贤自杀。

为找到接任大司马的人选，太皇太后命朝中大臣来推举合适的人选。由于王莽从前当过大司马，加上名声又好，所以满朝文武都极力举荐王莽。当时朝中只有前将军何武、左将军公孙禄两人，认为王莽城府极深、野心很大，不可担任此等要职。最后太皇太后还是决定任命王莽为大司马，主管尚书事务。当时汉平帝只有九岁，因年纪小，便由太皇太后临朝听政。名义上太皇太后说了算，实际上是王莽把持朝中大权。

王莽当上大司马后，就利用外戚的权力，在宫廷内外结党营私，排除异己。他一边拉拢朝中重臣，一边打击异己势力。因为当时的大司徒孔光是著名的儒家学者，先后辅佐过三位君主，在朝中地位极高，他就极力结交讨好孔光，并举荐孔光的女婿担任侍中、奉车都尉一职。而曾反对他担任大司马一职的何武、公孙禄两人都被免去官职。

王莽

从此以后，凡是依附顺从王莽的人就会平步青云，高官厚禄；反之，那些与王莽作对的人就会大祸临头，家破人亡。在王莽的一手栽培下，王舜、王邑、甄邯、刘秀等一批人便结成团体依附于王莽，把持着朝廷的司法、行政、军事等大权。

王莽不愧是一代枭雄，他谨慎严肃，处事圆滑，在朝中议事时从不直接言明，只要向党羽稍微暗示一下，众党羽就会按照他的意思奏事。当党羽按他的意思奏事时，王莽却假装推辞。就这样，王莽上瞒下骗取得朝中同僚的信任。

大司空彭宣因为看不惯王莽这种人前一套人后一套的虚伪面目，就以年老体衰、经常生病为由辞去官职，告老回乡。眼看王莽的权势日益强盛，大司徒孔光很是忧惧，不知该怎么办，于是上书告老还乡。王莽乘机对太后说，皇帝年纪还小，应该给他设师傅，调任孔光为皇帝的太傅，位居四辅，兼任给事中，负责宫里的护卫、供养，兼管宫中官署门户，负责皇帝日常衣食起居。

1年，有些吹捧王莽的人都说王莽是安定汉朝的大功臣，建议太皇太后下诏为王莽封侯。其实这又是王莽的党羽所为，于是太皇太后就任命王莽为太傅，参与四辅之事，封号"安汉公"，并加封采邑两万八千户。王莽又是假意再三推让，最后拒绝了封地，只接受了封号。

随着太皇太后年岁日高，逐渐也不怎么过问政事，因此王莽的野心也逐渐地膨胀起来。他暗示同党向太皇太后上书说：过去的规矩是按照官吏的功绩，逐级提升到两千石；各州刺史所推荐的才能突出的官吏，很多都不称职，应该让他们去谒见安汉公；另外，太皇太后年老，不合适再亲自过问这些小事了。在众公卿的逼迫下，太皇太后只得下诏规定，从今以后只有封爵的事才禀告自己，其他事务全都由王莽和四辅决定。新任命的州牧、两千石官员，直接由安汉公王莽负责考核。这样等于让王莽公开地培养自己的势力。

于是，王莽挨个接见了那些官吏，对他们施以恩德，赠送厚礼，极力拉拢。对那些不迎合自己的人，他极力压制打击。为了使自己的地位更加牢靠，他还把自己的女儿立为皇后，这样，他就成了国丈。他估量自己的基础已经巩固，便自封为"宰衡太傅大司马"，造明堂，设九锡，可以说他实际上已经和皇帝一样了。

5年，王莽毒死平帝，立了一个年仅两岁的宗室子弟孺子婴为皇太子，王莽由"宰衡"进一步成为"假皇帝"。

8年，王莽逼宫迫使太皇太后交出玉玺，正式即位称帝，改国号为"新"，结束了西汉的统治。

绿林赤眉起义

王莽称帝之后，对人民进行了疯狂的搜刮，加上一连串的天灾，逼得农民走投无路，纷纷起义。东方和南方都有大批的农民起来反抗官兵。

17年，南方荆州闹饥荒，老百姓连野菜都吃光了。百姓无法生存只得四处流浪，新市的王匡、王凤兄弟两人不忍见百姓们流离失所，就把饥民组织起来起义，由于王莽政权实在不得人心，因此就连不少逃亡的犯人也来投奔他们。王匡他们占领了绿林山作为根据地，攻占附近的乡村。几个月工夫，这支起义军就发展到七八千人。

21年，王莽派了两万官兵去围剿绿林军，结果被绿林军打得大败而逃。绿林军趁势攻下了几座县城，打开监狱，放出囚犯；把官家粮仓里的粮食，一部分分给当地穷人，一部分搬到绿林山。投奔绿林山的穷人越来越多，起义军增加到五万多人。

可是正当起义军迅速壮大的时候，绿林山上却发生了疫病，五万人差不多死了一半。还有一半只好离开绿林山，后来分为三路人马——新市兵、平林兵和下江兵。这三路人马各自占领一块地盘，经过一段时间的调整之后，绿林大军的队伍又强大起来了。

与此同时，在南方的绿林大军发展起来的过程中，东方的起义军也壮大起来。琅琊海曲有个姓吕的老大娘，逐渐发展成一个一万多人的队伍，史称吕母起义。

这时候，另一个起义军领袖樊崇，带领几百个人占领了泰山。由于吕母死了，她手下的人都投奔了樊崇起义军。樊崇的起义军保持着穷苦农民的淳朴作风，很讲纪律，规定谁杀死老百姓就要被处死，谁伤害老百姓就要受处罚。所以，百姓很拥护他们。他们在青州和徐州之间来往打击官府、地主。

22年，王莽派太师王匡（和绿林军中的王匡是两个人）和将军廉丹率领十万大军去镇压樊崇起义军。樊崇为了避免起义士兵跟王莽的士兵混淆，便叫部下都在自己的眉毛上涂上红颜色，作为识别的记号。这样，樊崇的起义军得了一个别名，叫"赤眉军"。

王莽的军队被赤眉军打得无力还手，太师王匡被樊崇扎了一枪，将军廉丹在乱军之中也被杀了。赤眉军越打越强，发展到了十多万人。

绿林、赤眉两支起义大军大败王莽军的消息在全国一传开，各地农民也纷纷起来响应。黄河两岸的大平原上大大小小的起义军有几十路。有一批没落贵族和地主、豪强也乘机起兵，反对王莽。

这时南阳郡春陵乡的豪强刘縯、刘秀兄弟两人，也发动族人和宾客七八千人在春陵乡起兵，并和绿林军三路人马联合起来，接连打败了几名王莽的大将，声势逐渐壮大起来了。

绿林军的几支队伍缺乏统一的指挥，作战时难免混乱，因此大家便决定要选一个有威望的刘姓人作为首领。春陵兵想推刘縯，可是新市和平林兵的将领怕刘縯势力太大，一定要立一个破落的贵族刘玄做皇帝。刘縯虽然不同意，但众意难违。

23年，绿林军各路将士正式拜刘玄做皇帝，恢复汉朝国号，年号"更始"，所以刘玄又称更始帝。更始帝拜王匡、王凤为上公，刘縯为大司徒，刘秀为太常偏将军，其他将领也各有各的封号。从那时候起，绿林军又称为汉军。

王莽见农民起义军已经成为燎原之势，于是，在忐忑不安中准备和起义军决一死战。

昆阳之战

更始元年（23年），王莽派司空王邑、司徒王寻领兵攻打崤山以东的义军。

义军的将领们看到王寻、王邑的兵力强盛，便全部退守在昆阳城中，一时没了主意。

刘秀对他们说："现在城里兵力粮草都很少，城外敌军又很强大，合力抵抗，也许还能建功立业；如果解散的话，一定没有办法保全。何况刘縯的部队正在进攻宛城，不能赶来援救，如果昆阳被敌军占领，只要一天的时间，我们的各路军队就全完了。此时只有齐心协力、奋勇抗敌，才能取胜。"

众将士哪里还有心思听刘秀劝说，一个个都想着赶快回家去才好。

就在这时，前去侦察的骑兵回来报告说："敌军将要抵达城北，军阵长达几百里，看不到它的尾巴。"

将领们只好又找刘秀为他们出谋划策。

这时城中只有八九千人，刘秀让王凤和廷尉大将军王常守卫昆阳，自己连夜带领五威将军李轶等十三人，骑马从昆阳城的南门出去招集士兵。当时到达昆阳城下的王莽军队将近十万人。

王寻、王邑部署军队包围昆阳城。严尤建议王邑放弃昆阳，攻刘玄驻守的宛城，并说："只要宛城一破，昆阳必然失守！"然而王邑却独断专行，不听他人建议，将昆阳重重包围，并扎了上百个军营，战鼓声几十里外都能听到。王莽军挖掘地道，用冲车撞击城门；又用许多弓弩向城内乱射，箭如雨下，城里的人为了躲避，都背着门板出外打水。

王凤等人乞求投降，王寻、王邑等人没有接受，他们自以为很快就能成功，一点也不担心军事上会出其他漏洞。

严尤进谏说："兵法上说'围城要留缺口'，只有让敌人出来，才能威吓围攻宛城的绿林军。"王邑没有听从他的建议。

刘秀到了郾城和定陵，调遣了全部的军队，并且告诉士兵："只要打败了王莽军，就会有享不尽的荣华富贵。"

六月初一，刘秀与各营人马一起出发，他亲自率领步兵、骑兵一千多人作为先锋，在距离王莽大军四五里远的地方布下军阵。

王寻、王邑派出几千人与他交战。刘秀带兵首先冲上去，斩杀了王莽军几十人。将领们个个精神振奋，都纷纷上阵协助刘秀。

刘秀又向前进军，王寻、王邑的部队节节败退。起义军势不可当，越战越勇，个个以一当十，好不威猛。刘秀带领三千人的敢死队从城西的河岸边攻击王莽军的主将营帐。

王寻、王邑轻视起义军，亲自率领一万多人巡视军阵，命令各营没有自己的命令不许出兵，遂单独与起义军交战。结果被刘秀打败，而大部队又不敢擅自上前援救，军阵顿时一片混乱，起义军趁势将敌军打败，杀死了王寻。

昆阳城里的起义军也敲响战鼓，大喊着冲杀出来，里应外合，呼声震天动地。

王莽军争相后退逃跑，被杀死的、踩死的人不计其数，尸体接连到了一百多里。正好又响起惊雷、刮起大风，屋瓦被刮得乱飞，大雨倾盆，滍水暴涨，虎豹都吓得发抖，掉进水里淹死的士兵成千上万，河水都被堵塞，不能流动。

王邑、严尤、陈茂等人骑马踏着死人渡过滍水逃走。起义军缴获了大量的军用物资，更加强大。自此一战，王莽军实力大减。

王莽军的士兵各自逃散，回到家乡，只有王邑和他带领的几千名长安勇士回到洛阳。消息传至关中大地，一时间豪杰纷纷起来响应，杀掉当地的州郡长官，自称将军，改用更始年号，等待诏令。不到一个月，义军遍及天下。

刘秀称帝

更始二年（24年），刘玄派使者封刘秀为萧王，命令所有军队一律复员，让有功的将领都到长安觐见。

当时刘秀住在邯郸的赵王宫殿，耿弇进殿，来见刘秀说："官兵死伤太多，请允许我回上谷补充兵力。"

刘秀说："王莽已经被消灭，黄河以北也已平定，还招集兵马干什么？"

耿弇说:"王莽虽然被打败,天下的战争却刚刚开始。现在朝廷派使者来,让我们将所有的士兵复员,这怎么可能?各地的义军共有几十支,每支人数都几十万,刘玄根本就不可能应付,我估计他这皇帝宝座也坐不了几天了。"

刘秀说:"你再说如此大逆不道的话,我就杀了你!"

耿弇说:"大王怜爱厚遇,待我如同父子,所以我才敢说真心话。"

汉光武帝

耿弇见刘秀不语,便继续说:"百姓被王莽害得好苦,才起兵造反推崇刘氏;现在刘玄做皇帝,这还没几天,便已经放纵众国亲在朝中肆意妄为,而军队之中又无法纪,士兵也是对百姓肆意抢掠。因此,民心已经大失。而将军您的功业名望传布天下,以大义相征伐,只要传递檄文就可以平定天下。天下应该由您所得,不要让其他人占有!"

刘秀接受了耿弇的建议,以河北还没有平定为理由,没有接受征召,这一行为标志着刘秀开始叛离刘玄。

汉建武元年(25年),刘秀率军北征,朱鲔乘机进攻刘秀后方的温县,被刘秀的将领击败,一直被追到洛阳。刘秀收到战报,将领们进帐祝贺,乘机请刘秀称帝。

将军南阳人马武首先说:"大王您谦恭退让,国家的宗庙社稷该怎么办呢?您应当先即帝位,再讨论征伐。现在大家的名分都还没确立,奔走攻击,到底谁是贼呢?"刘秀以天下未定为由拒不接受众将的意见。

刘秀率领军队返回蓟县,又派吴汉率领耿弇、景丹等十三位将军,追击尤来等贼军,斩首一万三千多人,追击到浚靡县才返回。

刘秀回到中山县,将领们又一次要求他称帝,他又拒绝了。进军到南平棘,将领们再次坚决请求,他还是不答应。

这时,耿弇进言说:"天下的士大夫抛弃亲人,背井离乡,追随大王,他们无非是想成为一代保家卫国的开国功臣。现在您拖延时间,违背大家的意愿,不确定尊号,恐怕士大夫们会失望,就想回归家乡。众人离散,就很难再聚集了。"

耿弇的话非常恳切,刘秀听了十分感动,说:"我会考虑的。"

军队到达鄗县,刘秀召见冯异,询问各地的情况。冯异说:"刘玄一定会失败,平定天下的大任在您身上,您应当听从大家的建议。"

正好儒生强华从关中拿着《赤伏符》来见刘秀,强华将符交予刘秀后说:"符有言:'刘秀发兵捕不道,四夷云集龙斗野,四七之际火为主。'汉属火德，也就是汉当复兴的意思。"于是群臣再次奏请。

六月二十二日，刘秀在鄗县南边即皇帝位，更改年号，大赦天下。

宋弘做大司空

刘秀即光武帝，为了巩固天下，他颁布了一系列深得民心的政策。在整顿官吏上，刘秀任用了一大批德高望重的名臣担任重要职务，宋弘就是其中之一。

宋弘曾在西汉哀帝、平帝时做过侍中，因不去逢迎王莽而辞官回家。刘秀称帝之后又把宋弘请到朝廷里，让他担任大司空，负责监察和执法。

宋弘为官兢兢业业，一丝不苟，无论是任选官员的公职，还是立身行事，都是百官之表率。宋弘曾把沛国人桓谭推荐给刘秀，虽然桓谭在王莽朝廷做过官，但刘秀还是任命桓谭为议郎，并让他参与朝廷政令的制定工作。

刘秀听说桓谭是沛国郡有名的琴师，精通音律，而且知道桓谭专会演奏那些音调复杂的曲子，别人很难与其相比，因此，刘秀就将桓潭召进宫为自己弹奏。

宋弘知道这件事之后很是生气，几次想进宫去劝谏刘秀，可又觉得不妥。后来，宋弘就派人专门守候在皇宫门口，命令其只要见桓谭从宫里出来，便叫人来通知。

终于有一次，桓谭从宫里出来了，宋弘就穿戴好公服，端端正正坐在大司空府堂上，派人将桓谭叫来。

桓谭起初不知道有什么事，高高兴兴地来了，可一进府门，迎面看见宋弘一脸严肃的表情，不禁吃了一惊。

宋弘毫不客气地问桓谭："你是能自己把错儿改了呢，还是让我依据国法检举你呢？"桓谭明白宋弘是指弹琴这件事，只好磕头谢罪，承认自己没有尽到应尽的责任。宋弘把桓谭教训了一通，见他真的悔过了，才让他回去，桓谭满脸惭愧地走了。

过了几天，刘秀摆宴席招待群臣，席上又命令桓谭弹奏几曲助兴，这下桓谭可犯难了：皇帝金口已开，怎么敢不弹？可是看看坐在对面的宋弘，又不由得怯怕。正在他犹豫不决时，刘秀开口问他怎么不开始，桓谭张口不知说什么好。正在这时，倒是宋弘站起来，只见他把乌纱帽摘了托在手里，躬身对着汉光武帝说："我没能尽到我应尽的职责。我向陛下推荐桓谭，是希望他利用自己的才能来帮您治理好国家，而他却让您喜欢上了凡俗的音乐，这是我的过错。"

刘秀立刻明白了，宋弘借批评桓谭实际上是在批评自己，也很不好意思，表情由奇怪变成惭愧，就当着满朝大臣的面，向宋弘表示了歉意。宋弘呢，也不因此而骄横自满，还是保持克己奉公的本色。刘秀觉得自己真没用错人，便给宋弘说起媒来了。

原来，刘秀的姐姐湖阳公主死了丈夫，很多人都想攀上这一门皇亲。有一次，刘秀就跟湖阳公主一起聊天，聊着聊着就谈论起朝中的大臣来。刘秀想偷偷从言谈中探知她对谁有意。公主说："大司空宋公的威仪容貌和道德气度，别人没有能赶得上的，真是个人才啊！"刘秀心想：我也是这个意思。

于是刘秀就派人去请宋弘来，又让湖阳公主坐在屏风后面，一面听听宋弘的心思，一面再好好端详宋弘一番。刘秀对宋弘说："地位高了，交际圈就变了，朋友也就换了；钱多了，老婆是不是也该换换了？这大概合乎人情吧。"宋弘摇摇头，回答道："我听说过：贫困时的友情不能忘，朋友不能丢，一块吃过苦的老婆不能休，这才是人的情理。"

刘秀回过头来，对坐在屏风后的湖阳公主说："这事成不了了。"

马援择君

建武四年（28年），隗嚣派马援到成都去观察公孙述的情况。

马援和公孙述不仅为同乡，而且为好友，所以马援以为到了之后，公孙述一定会像过去那样和他握手言欢。没想到公孙述在宫殿台阶下安排了许多卫兵，戒备森严，然后请马援进去。见面行礼后，公孙述就让马援出宫，去客舍休息。

公孙述让人给马援做了礼服，又让他在宗庙与百官相见。公孙述使用天子的仪仗，开道戒严，然后他登上御车，屈身进入宗庙。祭祀时，所用的物品和百官队列都十分盛大。

公孙述准备让马援做大将军。马援的宾客都愿意留下来，马援对他们说："天下胜负未定，公孙述不懂得礼贤下士，招纳人才共商大事，反而注重烦琐的小节，就像一个木偶人，这不是长久留住贤士的办法。"于是向公孙述告辞。

回去后，马援建议隗嚣结交东面的刘秀。

隗嚣于是派马援带着给刘秀的书信到洛阳去，马援等了很久才由中黄门接

马援

引入内。刘秀在宣德殿南面的廊屋下,只戴着头巾,坐在那里,笑着迎接马援。

刘秀对马援说:"你在两个皇帝之间游历,今天见到你,让我觉得很惭愧。"

马援叩头辞谢,说:"如今的天下,不但君主选择臣子,臣子也选择君主。我和公孙述是同乡而且关系很好。前些日子我到成都,公孙述让武士手持剑戟立在台阶旁,然后接见了我。我如今远道而来,您怎么不加防备而随便地接见我?"

刘秀笑着说:"您不是刺客,只是个说客而已。"

马援说:"天下混乱,反复不定,盗用帝王称号的人,不计其数。今天我见到您的宽宏大度,您如同高帝一样,是真正的天子。"

董宣不畏豪强

东汉光武帝刘秀统一全国后,为了使经济尽快繁荣起来,百姓早日安居乐业,便在全国实行休养生息的政策。但在那时,地方上的豪强还是很多,他们买卖人口,兼并土地,势力强大没人敢管。可是有一个人却例外,他严格执法,不畏权势,一切都按律法办,这便是董宣。

董宣,字少平,陈留人。他自从当官以来,由于铁面无私,严格执法,因此接连被提升,一直做了北海国相。上任后,他任命当地大族公孙丹为副手,辅佐他处理一些日常事务。

公孙丹要新建一座住宅,便找来一风水先生看吉凶。占卜的人围着他的房子转了一圈,脸色阴沉地说:"这个宅子不适合居住,要是搬进去,您家一定会有祸事。"

公孙丹一听着了急,便问道:"有没有化解的办法呢?"

占卜的人沉思一会儿，摇摇头说："恐怕不好办。"

公孙丹认为是需要他花钱，便爽快地说："有什么要求，您直说就行了！"

谁知这人竟告诉他，需要一个死人尸体，先在宅子里停几天消灾，然后才能搬进去住。

公孙丹鬼迷心窍，凭着有钱有势，竟然大白天杀了个过路的行人，把尸体搬进新宅，企图借此消除灾祸。

被杀的那个人的家人，哭哭啼啼找到董宣，要他抓捕凶手，替他们申冤。董宣调查一番后，立即逮捕了公孙丹父子，并杀了他们。谁知，公孙家族却集合了三十多人，拿着兵器，气势汹汹地到北海相府闹事。

董宣担心把这些人放了之后，他们还会闹事，大白天的连人都敢杀，还有什么事做不出来，便命令下属水丘岑将他们全部给杀了。

这个案件惊动了朝廷，董宣由于杀人太多，被传唤到京师受审，水丘岑也被牵连了进来。

经过两番审讯，董宣被判处死刑，关在大牢里。在死囚牢里，董宣还像往常那样，泰然自若地从早到晚诵读诗文，毫无畏惧之色。

到了处决的那一天，以前曾做过他下属的官吏给他送来了饭食，谁知董宣怒气冲冲地说："我一生从不受人好处，何必临死时败坏我的名节呢？"说完，一口东西也没吃，就登上刑车被押走了。

就在刀起的一刹那，汉光武帝派人骑着快马，赶到刑场，赦免了董宣。董宣对派来的使者说："杀人之事是我的命令，即使有罪，也应该由我来负责，与水丘岑无关，请您告诉皇上杀我抵罪，放了他吧！"

汉光武帝了解了事情的真相后，认为董宣严格执法但用刑过重，就将董宣贬为怀县县令，同时赦免了水丘岑。

董宣严格执法，不是只针对一般的违法者，有时碰到势力强大的人犯了罪，他也一样毫不留情。

汉光武帝的姐姐湖阳公主，是个出名的地方豪强。有一次，她府里一个奴仆在外面杀了人，躲进公主府，不敢出来。可是湖阳公主为了显示自己的权势，仗着自己是皇帝的亲姐姐，没人敢拿她怎样，竟让这个杀人犯陪她正大光明地上街。

谁知董宣却不买她的账，天天坐在她经常路过的地方等候。有一天，终于等到了，他便直接叫公主将人犯交给他带回治罪。

湖阳公主大怒，大声斥责董宣，说他太无礼了。

董宣不仅没被公主的气势吓倒，反而拿出宝剑，往地上一划，大声地责备公主，并且命令手下人把那个杀人犯强拉下车来，宣布了他的罪状，当场就杀了。

湖阳公主跑到光武帝那里，向他哭诉这件事。汉光武帝一听也很生气，立刻传董宣进宫，准备替姐姐出气。

董宣到了宫里，向汉光武帝叩了头后，说："在打死我之前，请允许我说一句话！"

汉光武帝生气地说："你还有什么话好说！"

董宣抬起头回答道："皇上凭着崇高的德行，恢复了汉朝的天下，如今却纵容手下杀人，这样还怎么治理好汉氏江山？用不着打死我，我自己死！"说完就用头狠狠地向附近的柱子上撞，一下子血流满面。

汉光武帝哪知董宣如此强硬，便急忙令左右拉住董宣，只说是让董宣给湖阳公主磕个头就算没事了。可董宣就是不肯磕这个头，汉光武帝为董宣不畏强权的精神所感动，就把他放走了。

后来，汉光武帝赏赐了董宣三十万钱，董宣却一分不留地全部分给了县里的衙役属吏们。从此，董宣更加严厉地打击那些为非作歹的人，一些人对他又怕又敬。

老百姓欢快地唱道："因为有个董少平，不闻击鼓叫冤声。"他们称他是"强项令"（硬脖子的县令），没有一个不佩服他的勇气。

董宣死的时候，光武帝派人到他家中吊唁，只见董宣的尸体只裹着一层破布，连个棺材都没有。汉光武帝听到使者的回话，十分伤感地说："董宣死后，我才真正知道他是如此廉洁啊。"命人以古代大夫的礼节安葬了他，并任命董宣的儿子做了郎中。

举案齐眉

东汉时期的梁鸿是一位名士，他不贪恋富贵，与妻子相敬如宾、举案齐眉的故事广为流传，成为夫妻恩爱的楷模。

梁鸿，字伯鸾，扶风人，幼年丧父，家境贫寒。后来他到太学学习，博览群书，融会贯通。学成之后，在上林苑中喂猪。

有一次他不小心失火，火势波及别的人家。梁鸿就主动上门赔偿。然而，他把自己所有的猪都赔给了对方，那家的主人还认为不够。梁鸿说："我再也没有其他财物了。我愿意做工抵债。"主人答应了。于是梁鸿就在他家做工。他从早到晚，毫不懈怠。邻居的几位老者看到这种情况，深感梁鸿是个不一般的人，就一起去责备那家的主人，认为他做得太过分了，并且称赞梁鸿是位长者。那家主人也开始敬重梁鸿，并且把那些猪全都还给了他。梁鸿不要，离开上林苑便回归乡里。

许多人都很敬重梁鸿的人品，争着把自己的女儿嫁给他，梁鸿一个一个地都回绝了，一直没有娶妻。

同县孟家有一个女儿，身体肥胖，容貌丑陋，面色黝黑，可是力气很大，能把石臼举起来。由于她过于挑剔，三十岁了还没选好配偶。

父母问她："你到底要嫁给什么样的人呢？"

孟女回答说："我要嫁给德行文才像梁伯鸾那样的人。"这话传到梁鸿的耳朵里，他立刻下聘礼，求娶孟女为妻。

梁鸿

孟女自然十分高兴，让家里人准备陪嫁，都是布衣、麻鞋等普通衣服和耕种、纺织的种种工具。等到出嫁那天，她才盛装打扮走进梁家。

婚后七天，梁鸿不和孟氏讲话。孟氏感到奇怪，又感到委屈，就跪在床下说："妾听说夫子重气节操守，曾经回绝过许多女子的求婚。妾也是婚事屡遭挫折，几个男子提亲都没有答应。如今被夫子选中，却不知什么地方有所得罪？"

梁鸿说："我所求的妻子是穿粗布衣服、能吃苦的人，这样的人才能和我一起隐居山林之中。现在你身上穿着精美的丝绸衣服，脸上浓施粉黛，这种样子正是我不愿看到的，所以感到失望。"

孟氏说："妾只是试探一下夫子的好恶，观察一下夫子的志向。既然如此，妾当换装。其实，妾早就准备好了隐居的服装。"于是，她把头发梳成椎髻，穿上粗布衣服，开始操持家务。

梁鸿一看，颇为高兴，称赞道："这才真正是梁鸿的妻子，是能侍奉我、与我白头偕老的人。"说罢，他给妻子取名叫孟光，字德曜。

过了一段时间，孟光对梁鸿说："过去时常听夫子讲想隐居山林以躲避祸害，现在怎么也不提此事了？莫非是想低头俯就、入世为官吗？"

梁鸿说："你说得不错，我梁鸿怎能入世为官呢！"

夫妻一起进入霸陵山隐居，耕田纺织，读书弹琴，日子过得闲适而有情趣。梁鸿在隐居期间，仰慕前代高士，为商山四皓以来的二十四人作颂。

后来，梁鸿又东出函谷关，过京都洛阳，他目睹宫苑的盛大和百姓的困苦，深有所感，作《五噫之歌》：

陟彼北邙兮，噫！

顾览帝京兮，噫！

宫室崔嵬兮，噫！

人之劬劳兮，噫！

辽辽未央兮，噫！

汉章帝听说这首诗之后，认为这是在发牢骚，抨击朝廷，很不高兴，下令捉拿梁鸿。可是梁鸿夫妻避开了。为减少麻烦，梁鸿更名改姓，和妻儿居住在齐鲁地区。不久，他们又避居吴地，投奔一个富庶之家，过着男耕女织的生活。每当梁鸿回家时，孟光总是托着放有饭菜的盘子，托得跟眉毛齐平，恭敬地送到梁鸿面前，以示对丈夫的尊敬，而梁鸿也很有礼貌地用双手去接。他们夫妻相互敬爱的故事被传为佳话。成语"举案齐眉"即由此而来，意指夫妻恩爱，相敬如宾。

耿弇大破张步

汉建武五年（29年），汉光武帝刘秀命令建威大将军耿弇前去讨伐张步。耿弇先在外围扫荡，平定了济南郡，然后逐渐威胁张步的腹地。

当时，张步以剧县作为都城，派他的弟弟张蓝率领精兵万人在西安县驻守，各郡太守集合一万多人守卫临菑，两地相距四十里。

耿弇把军队开到位于西安和临菑之间的画中驻扎。耿弇看到西安城虽然很小，却很坚固，张蓝的守军也很精锐；临菑虽然名为大城，但实际上却很容易攻取。于是他向军队传令，五天后，准备攻打西安。张蓝探得消息开始日夜准备。

到了预定的日期，半夜的时候，耿弇命令各将领部队在睡觉的地方吃饭。到了天亮，军队开到临菑城。

护军荀梁等认为攻打西安较为稳妥，临菑定不能救援；而攻打临菑，西安可能会求援。

耿弇说："不对！西安听说我们要去进攻，日夜戒备，正担心自己的安全，哪有工夫援救别人？临菑没有想到我们会去进攻，一定会惊慌失措。我用一天的时间，就一定能攻破。攻下临菑，西安就孤立了，和剧县的交通也被断绝，防守军队一定会弃城逃跑。这就是所谓的'击一而得二'。

"如果先攻打西安，不可能很快攻下，军队在坚固的城池下驻扎，伤亡一定会很多。就算攻破，张蓝也会率领军队逃回临菑，和那里的守军会合，探知我们的虚实。我们深入敌人腹地，后面的补给接济不上，一个月之内，便会兵困马乏，仗肯定不能打了。"

于是耿弇派军队进攻临菑，只用了半天时间，就将它攻下，军队进去占据了该城。耿弇下令，不许军队抢掠，要等张步来了以后才掠夺财物，以激怒张步。张蓝听到临菑被敌军攻克，赶紧率军逃回到了剧县。

耿弇

张步听说临菑被攻下，大笑说："当初尤来、大肜有十多万人，我照样攻进他们的营垒，将他们打败。如今耿弇的军队比他们人少，又疲惫不堪，有什么可怕的？"于是联合三个弟弟张蓝、张弘、张寿以及前大肜军首领重异等人的军队，号称二十万，抵达临菑城东，准备进攻耿弇。

耿弇向刘秀报告，说："我占据临菑，深挖战壕，高筑城墙。张步从剧县进攻，军队疲惫不堪。他要进军，我就引诱他进攻；他要撤退，我就追击。我依靠自己的营垒作战，比敌军精锐百倍，以逸待劳，以实攻虚，十天之内，就能斩获张步的脑袋。"

耿弇率军出营，与张步的军队相遇在菑水边。骑兵突击队想要进攻，耿弇害怕挫了敌军的锐气，让张步不敢再前进，就率军回到临菑城，在城内驻扎，他派都尉刘歆、泰山太守陈俊分别在城下布阵。耿弇故意表现自己的软弱，来助长对方的气焰。张步见耿弇软弱，气势大盛，率军赶到城下与刘歆等人交战。

耿弇登上原齐国宫殿残存的高台，观察刘歆等人同张步交战的情况。时机一到，他就亲自率领精锐部队在东城下从侧面攻击张步，大败敌军。耿弇的大腿被流箭所伤，耿弇用刀斩断箭杆，身边的人竟没有一个人知道。天黑后，收兵回营。

第二天早晨，耿弇又率军出营交战。此时，刘秀在鲁城，听说耿弇被张步攻击，亲自率领军队前去援救，但还没有抵达。

陈俊对耿弇说："剧县敌兵士气旺盛，我们可以暂时关闭营门，休养士兵，等待皇上的到来。"

耿弇说："皇上就要到来，身为臣子的应当杀牛备酒，招待百官，难道要把贼寇留给皇上吗？"于是率军与敌军大战，自早晨一直打到晚上，敌军大败，死伤无数，水沟里面都堆满了尸体。

耿弇料到张步失利后会撤退，预先在左右两翼设下了埋伏。深夜，张步果然率领军队撤退。埋伏的士兵发起进攻，一直追到巨昧河边，前后八九十里的路上留了一地的死尸。耿弇缴获张步的辎重几千车。张步逃回剧县，兄弟各自带兵撤回。

过了几天，刘秀抵达临菑，亲自犒劳军队，大宴群臣。

刘秀对耿弇说："从前，韩信攻破历下，开创了大业的基础。今天将军攻破祝阿，建功立业。两次战役都发生在齐国的西部边界，你们二人的功劳也足以相比。但韩信进攻的是已降之国，将军却面临强敌，孤军奋战。功业之大当胜于韩信。

"从前郦食其被田横烹杀，等到田横投降刘邦时，刘邦曾经下诏，让卫尉郦商不要报仇。张步以前也杀了伏隆，现在他若前来归顺，我也会下诏，消解大司徒伏湛的怨恨。这也是很相似的事情。

"以前在南阳的时候，将军你订下这个重大的策略。我总觉得计划庞大，难以成功。但现在证明，有志者事竟成啊！"

耿弇与刘秀进入剧县，张步被迫逃往平寿县，苏茂率一万大军前来支援张步。

苏茂责备张步说："凭借南阳的军队精锐，延岑那么善战，却被耿弇打败。大王为什么还要前去进攻耿弇的阵地呢？您既然征召我来，就不能再等等吗？"

张步说："实在是惭愧，没有什么可说的。"

刘秀派使者告诉张步、苏茂，能诛杀对方并投降的，封侯。于是张步杀死苏茂，到耿弇的军营门口，脱去上衣，袒露臂膀，向东汉投降。刘秀依据承诺，封他为安丘侯，让他们一家在洛阳居住。

投笔从戎

班超是书香世家，父兄皆为史学大家；妹妹叫作班昭，也才华横溢，"三从四德"就是班昭提出的。

62年，班固任校书郎，被征召到京城洛阳，班超和母亲随同去了洛阳。因为家里很穷，班超就以替官府抄写文书谋生。虽然班超从小就养成了吃苦耐劳的品德，但是他受不了这种琐碎平庸的工作。

有一天，他听说匈奴又来入侵，一时激愤，扔掉了手中的毛笔，说："大丈夫当仿效张骞，立功异域，怎么能在笔砚间消磨岁月！"不久，班超便真的去参军了。"投笔从戎"的成语便来源于此。

班超投笔从戎

匈奴是我国古代一个地处漠北之地的游牧民族，战国时期史籍中称之为"胡"。由于地理和气候所限，当地居民经常变换驻地，没有修城筑房的习惯。由于居无定所，又无文字，因此国家的治理靠言语号令，法制简单，人们各安其职。由于他们剽悍善战，自战国以来，就是中原诸国的劲敌。尽管赵武灵王胡服骑射，中原各国竞相效仿，骑兵代替了战车，国家军事力量有所加强。但仍然抵御不了匈奴的侵扰，于是赵、燕、秦各国相继修筑长城，以防边患。秦始皇统一后，曾派蒙恬率大军三十万收复了匈奴占据的河套以南的"河南地"等，又在当地设置郡县，屯军戍守，将原燕、赵、秦等国的长城修缮补筑连接起来，再向东西延伸，使之成为一道西起临洮、东至今山海关的万里长城，迫使匈奴头曼单于向北逃窜，长达十余年不敢南下入侵。蒙恬死后，又爆发了陈胜、吴广起义，接着刘邦、项羽征战，中原一片混乱，头曼单于乘机重新回到了黄河以南一带。此后，匈奴就成了汉朝挥之不去的边境威胁。与匈奴作战，汉武帝曾夺回许多可以耕种的"河南地"，又连通西域等地方，匈奴军队备受打击。

73年，东汉大将军窦固为了抵抗匈奴，想采用汉武帝的办法，派人联络西域各国，共同对付匈奴。由于班超作战勇敢，屡立战功，窦固非常赏识他，就把出使西域的重任交给了班超。

班超带领三十六名随从先到了鄯善。鄯善本是一个小国，已归附匈奴，但匈奴人总盘剥他们，鄯善王很不满意。但是这几十年来，汉朝无法顾及西域那边，鄯善便只好勉强听从匈奴人的命令，这次看到汉朝派使者前来，便殷勤招待。

然而几天后，班超发现鄯善王的态度忽然冷淡下来，他怀疑是匈奴使者来了。于是他巧妙地问接待人员："你们把匈奴使臣安置在什么地方？"

鄯善王接见匈奴使者是瞒着班超的，但班超却通过这样询问鄯善王的接待人员了解到了匈奴的详细情况。班超当机立断，把那个仆人扣留起来，立刻召集众随从，说："匈奴使者刚到，鄯善王就怠慢我们。如果他把我们捆送到匈奴去，我们不就成了狼的美食，哪还有命在！现在大家说怎么办？"大家表示愿意听从班超指挥。班超就说："不入虎穴，焉得虎子！现在只有乘夜突然火攻匈奴使臣的营帐将其消灭，鄯善王才会臣服。"

夜深人静，狂风怒吼。班超率领随从手持兵器去袭击匈奴。班超在上风口放火，火苗刚一烧着帐篷，营帐后的伏兵随即敲鼓呐喊，班超带领其他伏兵手持短刀冲进营帐，匈奴使者还没弄明白怎么回事呢，就被班超一刀杀死，其他的人不是被杀死，就是被烧死。

天刚亮，班超便回到自己营中，请鄯善王过来，鄯善王看到匈奴使者已被杀，连忙表示愿意归附汉朝。

班超回来上奏，窦固大喜，向皇帝奏明班超的功劳，皇帝也很高兴，就升他为军司马，派他再次出使西域。经过班超的努力，于寘、龟兹、疏勒等西域各国纷纷归顺东汉，因为西汉灭亡而中断的丝绸之路重新开通，西域和东汉的经济文化往来得到了加强。

95年，班超因平定西域有功，被封为定远侯。此后，人们便称他为"班定远"。

马太后拒封外戚

汉章帝打算对各位舅父进行封赏，但马太后没有批准。适逢天旱，上书的人说是因为未封外戚的缘故，于是有关部门奏请依照旧制赐封。马太后下诏说："那些上书建议封外戚的人，都是献媚想谋求好处罢了。从前，王氏家族一日之内有五人一起封侯，及时雨却没有应验而降。外戚富贵过盛，很少不倾覆的，所以先帝对他的舅父慎重安排，不放在朝廷要位，还说：'我的儿子不应与先帝的儿子等同。'如今有关部门为什么要将马氏同阴氏相比呢！况且卫尉阴兴，受到天下人的称赞，宫中的使者到他家，他连鞋都来不及穿，便急忙出迎，如同蘧伯玉一样恭敬有礼；新阳侯阴就，虽然性格刚强，略失规矩，然而胸有谋略，发表议论，朝中无人能与他相比；原鹿贞侯阴识，勇猛诚信。这三个人都是天下出类拔萃之臣，马氏难道比得上吗？我没有才能，日夜因恐惧而不安，总怕有损先后订立的法则。即便是细小的过失，我也不肯放过，日夜不停地检讨。然而我的亲属仍然不断犯法，丧葬时兴筑高坟，又不能及时察觉错误，这说明没人听我的话，我受到了蒙蔽。

"我母仪天下，身穿粗丝之服，不求饮食香甜，左右随从之人只穿普通帛布的衣服，不使用熏香饰物，就是要为下面的人做出表率。无奈娘家人只是说我喜欢节俭而已。前些时候,我经过濯龙门,看见那些到我娘家问候拜访的人,车如流水,马如游龙,奴仆身穿绿色臂衣,衣领、衣袖雪白。环视我的车夫,比他们差得远了。我对娘家人并不发怒谴责只是减少他们每年的费用,希望能使他们内心生愧。然而他们丝毫没有觉悟,依旧放任。了解臣的,莫过于君,何况是我的亲属呢?我难道可以上负先帝的旨意,下损先人的德行,重蹈前朝外戚败亡的覆辙吗?"她对赐封一事坚决抵制。

汉章帝

汉章帝再次请求道:"自从汉朝建立,舅家封侯,犹如皇子为王,乃是定制。太后固然心存谦让,却为何偏偏使我不能赐恩给三位舅父!而且卫尉马廖年老,城门校尉马防、越骑校尉马光身患大病,如果有意外发生,我将终身遗憾。应当趁着吉时赐封,不可延迟。"

太后回答说:"我反复考虑此事,希望能对国家和马氏双方有益,不能只想博取谦让的名声,而让皇帝蒙受不施恩于外戚的怨恨。从前窦太后要封王皇后的哥哥,丞相周亚夫进言:'高帝有规定,无军功者不得封侯。'如今马氏没有为国立功,怎能与阴氏、郭氏那些中兴时候的皇后相比呢!我曾观察那些富贵之家,官位爵位重叠,如同一年之中再次结果的树木,它的根基必受损伤,况且人们所以愿封为侯,不过是希望上能祭祀祖先、下能求得衣食温饱罢了。如今马氏的祭祀由太官恩赐,衣食则享受御府的供给,这难道还不够,而定要拥有一县的封邑吗?我意已决,你不要再说了!

"儿女孝顺,最好是使父母平安。如今不断发生灾异,谷物价格上涨数倍,我日夜忧愁惶恐,坐卧不安,而皇帝却打算先为外戚赐封,违背慈母的拳拳之心!我平素刚强性急,有胸闷之症,不可以不顺气。儿子未成年,要听从父母的教导;成年以后,则要按自己的意愿行事。我想,你是皇帝,当然是君主。但你尚未超过三年的服丧期,又事关我的家族,故此专断裁决。如果阴阳之气调和,边境安宁无事,然后你便可以按照自己的意愿行事,我就不再干预政事了。"汉章帝这才放弃了这一打算。

太后又下诏给三辅地区官员:"马氏家族及其亲戚,如有因请托郡县官府,干预扰乱地方行政的,应依法处置、上报。"马太后的母亲下葬时堆坟稍高,马太后即刻让人将坟降低。马氏亲属和亲戚中,有谦恭和善的,马太后便以温言好语相待,赏赐财物和官职。如果有人犯了小的错误,马太后便显出严肃的神色并加以谴责。对于那些车马衣服华美、不遵守法律制度的家属和亲戚,马太后就将他们从皇亲名册中删掉,遣送回乡。广平王刘羡、巨鹿王刘恭和乐成王刘党,车马朴素无华,没有金银饰物。汉章帝将此情况报告了太后,太后便赏赐他们每人五百万钱。于是内外亲属全都接受太后的教导和影响,一致崇尚谦逊朴素。外戚各家惶恐不安,超过了明帝永平时期。马太后曾设立织室,在濯龙园中种桑养蚕,多次前往查看,把这当成一项娱乐。她经常和章帝一起谈论国家大事,教授年幼的皇子读儒家经书,讲述平生经历,每天都平安和睦。

马廖担心马太后倡导节俭之事难以持久,上书劝太后完成德政。他说:"从前元帝取消服官,成帝穿用洗过的衣袍,哀帝撤除乐府,而奢侈之风不息,其根本原因,就在于百姓跟随朝廷所行,而不听信朝廷所言。改变政风、民风,一定要从根本着手。古书上说:'吴王好剑客,百姓多伤疤;楚王好细腰,宫中多饿死。'长安有谚语说:'城中喜爱高发髻,乡下的发髻高一尺;城中喜爱宽眉毛,乡下的眉毛半前额;城中喜爱大衣袖,乡下的衣袖用了整匹帛。'这些都是事实。前些时候,朝廷颁布制度后没有多久,便有些推行不下去了,虽然这或许是由于官吏不遵奉法令,但实际上是由于京城率先怠慢。如今陛下安于俭朴的生活,是出自神圣的天性,假如能将此坚持到底,那么天下人都要称颂,美好的名声将传遍天地,都可以同神灵相通,何况是推行法令呢!"太后深以为是,也就采纳了。

杨震拒收贿赂

汉安帝时的杨震以清廉著称。由于父亲早亡,他自幼与母亲相依为命,读书很刻苦。尽管家里很穷,可杨震不在乎,只要有书读,就是最快活的事了。慢慢地,杨震在老家关西一带就出了名,因为杨震字伯起,四方的读书人就称他"关西孔子杨伯起",以知识渊博有眼光而著称。

杨震虽然学识丰富,但并不以此来谋官,而是一心在家乡教书。教书二十多年,他的学生有做了大官的,可杨震还是老样子。

后来,州郡里的官员要请杨震到衙门里任职,杨震也给推辞了。有人议论说:杨震已经上了年纪,就算想出来做官,也太晚了。听了这些议论,杨震更安心当教书先生了。杨震的名声逐渐传到京城。大将军邓骘正大权在握,想召集各地名人贤士到朝廷里来，做他的属下。邓骘早就听说了杨震是个品德高尚又有满肚子学问的老先生，就诚心诚意地到杨震家里，请杨震出来做官。人们见杨震能攀上邓骘这么有权势的大官和皇亲，都羡慕得不得了。五十多岁的杨震惧怕邓骘的权势，只好答应。

杨震

杨震知识丰富而又有正气，深受当地老百姓的爱戴。一次，朝廷把杨震从荆州刺史的任上调到东莱当太守。在去东莱的路上，杨震路过东莱郡下属的昌邑县，天已经黑了，杨震就在一座古庙里借宿休息。

杨震正要睡觉，家人进来禀告说昌邑的县令来看杨震了。杨震觉得挺奇怪，县令如何得知自己在这里？他让家人请县令进来，一见面才知道，原来这昌邑县的县令是自己过去推荐过的，叫王密。王密说是来拜见老师的。杨震也挺高兴，就和王密聊天，闲谈了半天。

王密要起身告辞了，便从怀里掏出一个沉甸甸的包裹，里面是黄澄澄的十斤金子。杨震还没开口，王密抢先说道："我知道老大人一生清廉，没什么积蓄，特意准备了这些金子，一是尽我敬师之道，二是感激您当日的举荐，三是求您今后多关照关照我。这钱是我的积蓄，您就收下吧。"

杨震连忙摆手并严肃地说："作为老朋友，我是了解你的，可你不了解我，这是怎么回事呢？"王密生怕杨震接着就开口拒绝，忙补上一句："现在夜深人静，在这儿也没人知道这事。"

杨震认真地说："怎么说没人知道呢？天知道，地知道，我知道，你知道，这还不够吗？我不能收啊！"杨震这一番话使王密无话可说，他包起金子，面红耳赤地离去了。

杨震任东莱太守时深得上面官吏和老百姓的一致赞赏，没过多久，杨震又调往涿郡做太守去了。在东莱的时候，杨震对那个大半夜来给自己送金子的王密一视同仁，既没因他是自己的老相识而照顾他，也没因他想贿赂自己就看不起他。一切皆秉公处理，王密更加佩服杨震。

杨震即使做官也和教书时一样，一直两袖清风，绝不拿一点来路不正的钱财。杨震全家，连小孙子也不例外，常常吃便宜的素菜，从不铺张，每次出门都是步行。有人劝杨震至少该为子孙后代置办点家业。杨震照样谢绝了，他说："让后代人说他们自己是清官的子孙，这就是最丰厚的产业了。"

虞诩巧计破羌

元初二年（115年），汉朝派兵攻打羌人的零昌政权时，受将军杜季贡所阻败而回。朝廷任命任尚为中郎将，驻防三辅地区。

怀县县令虞诩建议任尚说："兵法上说，弱的不进攻强的，跑的不追逐飞的。这是自然不过的道理。现在羌兵都是骑兵，一天可行几百里，来的时候像疾风骤雨，去的时候像离弦之箭，我军用步兵追赶，怎么能够追得上呢？尽管有二十多万步兵也是无济于事的。

"所以我建议您解散各郡的士兵，让每个人出几千钱，合二十人的钱买一匹马，可以建立一支一万人的骑兵队伍。用一万骑兵追击几千敌寇，羌人就会被打败了。这样既对百姓有利，也对战事有帮助，一定可以成功的！"

任尚就根据虞诩的建议上奏，朝廷采纳了，后来任尚就靠骑兵在丁奚城打败了杜季贡。邓太后听说虞诩有将帅的才干，就任命他为武都太守。

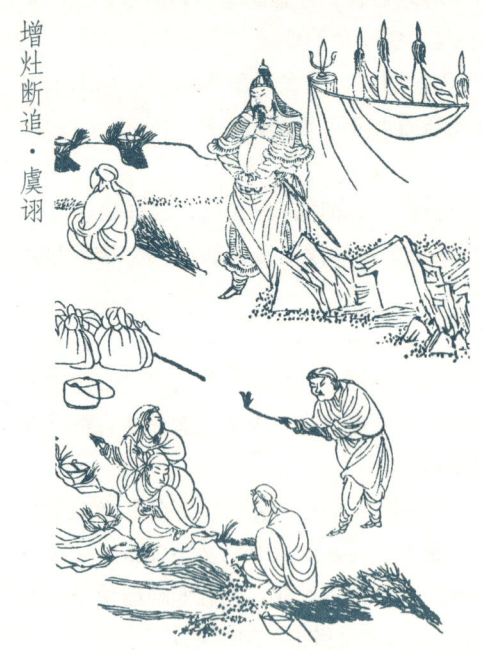

增灶断追·虞诩

在陈仓崤谷，有几万人拦截虞诩。虞诩知道后，立刻下令，让部队停止前进，说："我已上书请求支援，等援兵到了再出发。"羌军听说后，就分头到附近的县里抢掠。

虞诩趁羌军兵力分散，日夜兼程，前进了一百多里。他让官兵每人造两个灶，每天增加一倍。结果羌军不敢逼近。

有人问他说："以前孙膑减少灶的数量，您却增加。兵法上说每天行军不要超过三十里，才能保持体力，以防不测，您现在每天行军将近二百里。这是为什么？"

虞诩说："敌军兵力强盛，我军士兵人少，走慢了容易被追上；快速行军，对方就无法得知我军的底细。敌军看到我们的灶数日益增多，一定会以为各郡的部队已经前来接应。敌军认为我们兵力增强，行动迅速，必定不敢追赶。孙膑是故意示弱，我现在是有意示强，这是形势不同的缘故。"

虞诩到达武都郡以后，兵力不足三千人。羌军有一万多人，已经围攻赤亭几十天了。虞诩命令士兵不许用强弩，只许用小弩。羌人以为汉军的弓弩力量不大，射不到自己，就集中兵力猛攻。虞诩命令每二十张强弩集中射一个敌人，每次一起发射，目标都被射中。羌军十分恐慌，急忙后退。虞诩趁机出城交战，消灭了很多敌人。

第二天，他集合全部士兵，让他们先从东门出城，再从北门进城，然后更换衣服，往返好几次。羌人不知道城里到底有多少汉军，更加害怕不安。

虞诩料到羌军会撤退，就派五百多人在河道水浅的地方埋伏，挡住羌军的退路。羌军果然撤退，突然遭到汉军的袭击，大败而逃，死伤无数。虞诩查看地形，修建营垒一百八十处；又招回流亡的百姓，赈济贫民，开通水路运输。

虞诩刚到武都郡的时候，谷价每石一千钱，盐价每石八千钱，仅存人家一万三千户。在任三年，米价每石八十钱，盐价每石四百钱，居民增加到四万多户。从此，武都郡平安无战事，百姓也安居乐业。

虞诩弹劾宦官

虞诩当上司隶校尉数月之后，就连续弹劾太傅冯石与太尉刘熹，太傅与太尉丢官后，虞诩又弹劾中常侍程璜、陈秉、孟生、李闰等，百官怨声载道。

三公上奏，弹劾虞诩，说："虞诩在盛夏农忙时节，拘禁了很多无辜的人，官吏百姓都深受其害。"

虞诩也向顺帝上奏，为自己辩解，说："法令，是风俗的堤防；刑罚，是管理百姓的缰绳。现在的官府，州推脱给郡，郡推脱给县，互相推卸责任，百姓怨恨却没有办法。现在官场的风气，做官只是应付差事，以苟安为能，以尽忠为愚。我清查的案件中，罪过都很多，三公害怕被举报，所以事先诬陷我。我要像史鱼一样，冒死向皇上进谏！"

顺帝看了虞诩的奏章，就没有怪罪他。

中常侍张防利用权力，收受贿赂。虞诩多次弹劾他，都被搁置而不得上报。虞诩很生气，就把自己关到廷尉的监狱里，上奏汉顺帝，说："以前安帝任用樊丰，废黜皇室正统，几乎毁灭社稷。现在张防又玩弄权术，亡国的灾祸就要降临。我不能容忍和张防一同在朝廷里,谨将自己关押,让陛下知道,以免像太尉杨震那样,因谗言而死!"

汉顺帝看了奏章,由于张防在顺帝面前哭诉,所以顺帝把虞诩送到左校去做苦役。浮阳侯孙程与祝阿张贤要求见顺帝。

孙程说:"陛下当初与我们起事的时候,常常痛恨奸臣,知道他们会倾覆社稷。现在即位了,自己却也这样做,还怎能责备先帝呢?司隶校尉虞诩为陛下尽忠,却被囚禁起来。中常侍张防贪赃枉法,罪证确凿,反而留下来陷害忠臣。现在客星停留在羽林,这是宫中有奸臣的征兆,应该立刻逮捕张防,关进监狱,以应天象的警告。"

张防当时正站在顺帝背后,孙程大声呵斥说:"奸臣张防,为什么不下殿?"张防不得已,只好急急忙忙退入东厢房。

孙程又说:"陛下,请立刻下令逮捕张防,不要让他去向您的奶妈求情。"

汉顺帝犹豫不决,问诸尚书的意见,尚书贾朗秦与张防交情不错,他说虞诩有罪。

汉顺帝对孙程说:"你们先出去,朕考虑一下!"

虞诩的儿子虞颛和门生一百多人,举着旗帜,等候中常侍高梵的车子,叩头叩得流血,申诉虞诩冤枉。高梵入宫报告了汉顺帝。

汉顺帝终于醒悟过来,把虞诩放了出来,给张防定了罪,放逐到边疆。对尚书贾朗等六人,也判了死刑或免官。

孙程又上书陈述虞诩的功绩,言辞直率激烈。汉顺帝任命虞诩为议郎。几天后,升为尚书仆射。

张纲检举外戚

汉安元年(142年),朝廷派遣侍中河内人杜乔、周举,代理光禄大夫周栩、冯羡,魏郡人栾巴、张纲、郭遵、刘班,分别到各州郡去表彰与举荐贤良忠诚的人;对有贪污罪过的刺史、郡太守等食俸二千石以上的官吏,将其罪行由驿站传达进奏;县级以下官员,可以直接收捕审判。

杜乔等人接受命令前往各部,张纲独自把车轮埋在洛阳驿站,说:"豺狼当道,何必只查狐狸!"于是上书弹劾:"大将军梁冀、河南尹梁不疑凭借外戚关系,蒙受恩德,占据主宰的地位,却贪婪放肆,恣情纵欲,谨列出其目无君王、贪赃枉法的十五件大事，这些都是做臣子的人所痛恨的！"奏章呈上，京城震动。当时梁皇后正受宠爱，梁氏亲戚充满朝廷，皇帝虽然知道张纲的言辞正直，却不能采用。

杜乔到了兖州，上表推荐泰山太守李固的政绩为天下第一，皇帝征召李固为将作大匠。八位使臣所弹劾进奏的，多是梁冀和宦官的亲朋党羽。皇帝和宦官互相拜托救助，使弹劾的事情被搁置。廷尉吴雄、将作大匠李固也上言："八位使臣所指控的官员，应当赶快从重处罚。"皇帝命令有关部门考查其罪行。

梁冀为此事一直想加害张纲。当时广陵乱民张婴骚扰扬州、徐州长达十几年，郡守不能平定，梁冀就派张纲为广陵太守。

几位前任太守大多要求增派军队，张纲却只乘一辆车子到任。一到职，他就直接前往张婴的军门。

张婴大惊，赶快逃走，关闭营门。张纲在门外遣散随从人员，只留下十几个亲信，用书信通知张婴，请求相见。张婴见到张纲确有诚意，就出来拜见。张纲请张婴坐上座，解释说："过去郡长贪污暴虐，才使你们怀愤，聚众起兵。郡守确有罪责，但你们这样做也不合情理。现在，皇帝仁厚圣明，想用恩德招抚你们，所以派太守来，想给你们加官晋爵、提高俸禄，而不施以刑罚。如果听到这些道理还不降服，天子一旦震怒，集合荆、扬、兖、豫的大军会讨，你们将身首异处，断子绝孙。二者的利害关系你一定考虑清楚！"

张婴听了，流着泪说："我们这些无知的乡民，自己不能上通朝廷，受不了冤枉迫害，于是就聚集在一起，苟且偷生。自知如同釜中的游鱼，日子不会长久，只是获得片刻的喘息而已。今日听到太守的开导，正是我们重获新生的时辰！"于是告辞回营。

次日，张婴率领一万多部众，带着妻子，把手臂反绑在背后前来投降。张纲一人乘车进入张婴军营，与众人见面，遣散部属，亲自为他们选择住宅和耕地；有子弟想做官的，都招来任命。于是南方州郡全部平定。

朝廷评论功绩，应当封赏张纲，梁冀从中阻挠。张纲在广陵郡任职一年后，去世。张婴等五百多人为他制丧服，办丧事，背土堆坟。皇帝又任命他的儿子张续为郎中，并赐钱一百万。

桓帝诛杀梁冀

汉桓帝时，外戚大将军梁冀把持朝政近二十年，致使朝政混乱，许多大臣对此十分不满。

郎中邓香是和熹皇后邓绥的侄子，他的妻子宣生下女儿邓猛。邓香去世，宣改嫁梁冀妻子孙寿的舅父梁纪。孙寿因为邓猛生得美丽，就把她送进掖庭，被封为贵人。梁冀想认她做自己的女儿，改姓梁，又害怕邓猛的姊夫、议郎邴尊从中反对，就派人刺杀了邴尊。

后来，梁冀又想将邓猛的母亲宣杀死。宣家和中常侍袁赦是邻居，梁冀派的刺客爬到袁赦家的屋顶上，准备潜入宣家的时候，被袁赦发现并通知了宣家。

宣家急忙入宫向汉桓帝报告，桓帝怒不可遏。他趁着上厕所，单独叫上小黄门史唐衡跟随，向他询问自己身边谁和皇后家的人不合。

唐衡回答说："中常侍单超、小黄门史左悺和梁不疑有仇。中常侍徐璜、黄门令具瑗私下里经常抱怨，说外戚们骄横放纵，只是不敢当众言明。"

汉桓帝召单超、左悺入内室，对他们说："梁将军兄弟专权，胁迫朝廷内外，公卿以下都得顺从他们的意思。现在，我想诛杀他们，你们二位的意见如何？"

单超等人表示早有诛杀奸贼之心，无奈力量微弱，又不知陛下的意思。

汉桓帝说："奸臣挟持国家，应当定罪，有什么可犹豫的？"于是召来徐璜、具瑗，五个人一起定下计划。桓帝咬破单超的手臂，歃血为盟。

单超等人说："陛下今天已经下定决心，就不要再提起，以免引起怀疑。"

梁冀果然怀疑单超等人，派中黄门张恽到宫里住，以防意外。具瑗命令官吏以"擅自入宫，图谋不轨"为由，逮捕了张恽。

桓帝到前殿召集各尚书，发动此事，派尚书令尹勋手持符节，统率丞、郎以下的官员，全都拿着兵器，守卫省阁，收取所有符节，送进内宫。

具瑗率领左右御厩的骑士、虎贲和羽林的卫士、都侯所属的剑戟士共一千多人，与司隶校尉张彪一起包围梁冀的官邸。光禄勋袁盱，手持符节，收缴了梁冀的大将军印绶，改封他为比景都乡侯。

梁冀和他的妻子孙寿都自杀了。各地的梁氏和孙氏宗族全被逮捕下狱。不分男女老幼，全都押到街市斩首，尸体暴露街头。又诛杀了几十个受牵连的公卿、列校、刺史、两千石俸禄的官员。

太尉胡广、司徒韩缜、司空孙郎依附梁冀，没有去保卫宫廷而留在长寿亭，被免去官职，贬为庶民。梁冀以前的属吏和宾客被罢黜三百多人，整个朝廷为之一空。

由于此事发生得很突然，公卿等朝廷大臣都失去常态，官府和街市里动荡不安。几天后，局势才稍稍安定，百姓互相庆贺，拍手称快。

党锢之祸

东汉末年,外戚与宦官交替把持朝政,皇帝形同虚设。他们大肆搜刮民脂民膏,巧取豪夺;同时又把持官吏选拔大权,滥用亲朋,颠倒是非,混淆黑白,堵塞了一大批有学识的知识分子的仕途。

政治的黑暗,社会的动荡,国家命运和个人前途的渺茫,促使一部分官僚和知识分子对时政提出议论和尖锐的批评,逐渐形成了所谓的"清议",这种"清议"发展到后来,便酿成了党锢之祸。

宦官主持朝政,有气节的士大夫必然退归故里,这是中国历史上的一个规律。早在顺帝时,士大夫就曾避祸深山。到桓帝时,政治更加黑暗,更多的知识分子逃入乡下或山林。表面看起来是与世无争,而透过其表象则可以清楚地看出他们对外戚宦官当权的强烈不满。所以,当朝廷到深山中征请他们入朝做官、替宦官政治歌功颂德时,他们宁死也不肯去。

与避居深山者相对应的,是居于太学(汉代最高学府)的年轻气盛的青年学生。东汉桓帝年间,太学里有三万多学生,郭泰和颍川人贾彪是他们的领袖,与李膺、陈蕃、王畅互相推崇。太学中有歌谣说:"天下模楷,李元礼;不畏强御,陈仲举;天下俊秀,王叔茂。"于是京师内外形成风气,竞相崇尚褒贬善恶,自公卿以下,没人不怕他们的贬议,接踵登门趋附。

河南人张成精通风水之术,预测朝廷该颁布赦令,于是教儿子杀人。司隶校尉李膺督促手下逮捕了张成父子,不久遇赦获免。李膺愤恨至极,还是把张成父子杀了。

张成向来以占卜术勾结宦官,皇帝也时常叫张成占卜。宦官怂恿张成的弟子牢修上书,告发"李膺等人蓄养太学生和游士,结交各郡的生员,

李膺

互相标榜，结成群党，诽谤朝廷，败坏风俗"。

皇帝因而大怒，下诏各郡逮捕党人，公布于天下，使人们都痛恨他们。

公文过三府，太尉陈蕃拒绝签署，说："这次所要逮捕的人都是海内有声誉且忧国的忠臣，即使他们的十世孙有罪，也应该宽赦，怎么能够没搞清罪名就收捕拷打！"始终不肯颁发诏令。

皇帝更加发怒，将李膺等人关进了黄门北寺狱，案子涉及太仆颍川人杜密、御史中丞陈翔以及陈寔、范滂等二百多人。有的逃匿搜捕不到，就悬赏捉拿，官府派出使者四处搜寻。

陈寔说："我不下狱，众人就会无所依恃。"于是自己请求下狱。范滂到了狱中，管监狱的官吏说："凡是坐牢的，都要先祭皋陶。"

范滂说："皋陶是古代的耿直之臣，要是知道我无罪，就会在天帝面前为我说理；如果我犯了罪，祭祀他又有什么好处！"众人因此都不祭祀皋陶。

陈蕃又上书极力规劝，皇帝避忌他言辞激切，就借口说陈蕃推荐的人不称职，下诏免了他的官。

当初，李膺虽然被禁锢，但天下士大夫都推崇他的行为。想追随李膺的人，唯恐不被接纳，就为他们取雅号：称窦武、陈蕃、刘淑为三君，"君"的意思是一代宗师；称李膺、荀翌、杜密、王畅、刘祐、魏朗、赵典、朱寓为八俊，"俊"的意思是人中英杰；称郭泰、范滂、尹勋、巴肃以及南阳人宗慈、陈留人夏馥、汝南人蔡衍、泰山人关陟为八顾，"顾"的意思是以德行引导别人；称张俭、翟超、岑晊、苑康及山阳人刘表、汝南人陈翔、鲁国人孔昱、山阳人檀敷为八及，"及"的意思是引导别人追求宗师；又称度尚和东平人张邈、王孝，东郡人刘儒、泰山人胡母班、陈留人秦周、鲁国人蕃向、东莱人王章为八厨，"厨"的意思是说能施财救人。后来，陈蕃、窦武掌权，又举用了李膺等人；当陈蕃、窦武被杀，李膺等人就被废黜了。

宦官非常仇恨李膺等人，每次下诏书都重申对党人的禁锢。侯览对张俭特别怨恨，侯览的同乡人朱并一向奸邪，被张俭斥逐，就逢迎侯览的意旨，上书诬告张俭与同乡二十四人互相称号，结成同党，企图危害国家，而以张俭为首。下诏抹掉告发人的姓名，公布奏书，逮捕张俭等人。

冬，十月，大长秋曹节唆使有关官员上奏："互相勾结的党人有前司空虞放和李膺、杜密、朱寓、荀翌、翟超、刘儒、范滂等人，请下诏交州郡考讯治罪。"

这时皇帝才十四岁，问曹节等人："什么叫钩党？"

曹节回答："钩党就是勾结在一起的党人。"

皇帝问："党人有什么罪非杀不可？"

曹节回答："他们相互勾结，图谋不轨。"

皇帝问："图谋不轨又想怎么样？"

曹节回答："要夺权窃国。"皇帝这才批准了奏章。

有人对李膺说："你可以逃走。"李膺说："行事不畏难，有罪不逃刑，这是臣子的节操。我已经六十岁了，生死自有天命，能够逃到什么地方！"于是自投狱中，被拷打而死；而他的门生和旧属都被禁锢。

侍御史蜀郡人景毅的儿子景顾是李膺的学生，禁锢的名册上没有他，因而没有受牵连，景毅感慨地说："本认为李膺是个贤才，才教我儿子拜他为师，怎么能够因为名册上脱漏了名字而苟且偷安！"于是上书检举自己，被免官回乡。

汝南的督邮吴导接受诏书逮捕范滂，到了征羌，他抱着诏书把自己关在馆舍里，趴在床上哭泣，县令都不知如何是好。

范滂知道了说："必定是为了我的事。"就自投监狱。

县令郭揖大吃一惊，跑出来，解下印绶，拉着范滂要一起逃亡，说："天下大得很，您为什么一定留在这里？"

范滂说："滂死了灾祸就会收场，怎敢来连累您，又让老母流离失所呢？"

他的母亲前来和他诀别，范滂告诉母亲说："仲博孝顺，会很好地供养大人。滂则跟从龙舒君归黄泉，存亡可各得其所。希望大人忍心割断恩爱，不要再多哀伤！"（仲博是范滂的弟弟。龙舒君是范滂的父亲范显，曾为龙舒侯。）

他的母亲回应说："你如今能够和李膺、杜密齐名，死了又有什么遗憾！既有了好名声，又想要高年长寿，两者能兼得吗？"范滂跪着领受教诲，再拜告辞。看了他的儿子说："我想要使你为恶，但恶不可为；使你为善，则我本不为恶。"过路的人听了，无不流下眼泪。

当时党人被处死的有一百多人，妻儿都被流放到边远地区。天下豪杰以及研习儒学有德行道义的，宦官统统指为党人；有怨嫌的，乘机相互陷害，甚至由于睚眦之恨，也都滥入党人之中。州郡地方官秉承旨意，有些和党人毫无交往牵连的人，也都遭受陷害，这些人被处死、流放、禁锢不用的又有六七百。

郭泰听到党人相继惨死的消息，暗中悲恸，说："《诗经》上说：'人之云亡，邦国殄瘁。'（人才逃亡，国家危殆）汉室就快要灭亡了，只是不知道'瞻乌爰止，于谁之屋'（乌鸦飞翔，停到谁家）。"郭泰虽然也喜爱评议人物，但从不危言耸听，所以才能身处乱世，却没有招致灾祸。

张俭在逃亡中十分困窘，看到人家的大门就要求进去住宿，人们知道他的声名操行，无不肃然起敬，宁愿遭受破家之祸也要收容。

孔融

后来他辗转流亡到东莱郡，住在李笃家里。外黄令毛钦带着兵刃来到李笃家，李笃请毛钦坐下来，说："张俭负罪逃亡，我怎能窝藏他？如果确实在这里，此人是名士，明廷抓他难道合适吗？"

毛钦就起来拍着李笃说："蘧伯玉不愿自己一个人做君子，足下怎能独擅仁义呢！"

李笃说："现在我想把仁义分让出来，明廷就带走一半吧！"

毛钦叹息而去，李笃引导张俭经由北海戏子然家，遂进入渔阳到达塞外。他所经之处，被诛杀的人有好几十个，牵连而被收捕的遍布天下，宗族、亲戚全都遭诛灭，郡、县因之残破。

张俭和鲁国的孔褒是旧交，他逃亡到孔褒那里，没有碰上孔褒。

孔褒的弟弟是孔融，才十六岁，就把张俭隐藏起来。后来事情泄露出去，张俭脱身逃亡，鲁国的国相收捕孔褒、孔融送进监狱，不知道该治谁的罪。

孔融说："把张俭留藏在家里的是我孔融，该治我的罪。"

孔褒说："他是来求我的，不能算作弟弟的过错。"

官吏问他们的母亲，母亲说："家里的事由长辈作主，应由我担当罪名。"家门中的人互相争着赴死，郡、县定不下主意，就上报朝廷请求评议，诏书最终治孔褒的罪。

到党禁解除，张俭才回到故乡，后来做了卫尉，死在任上，享年八十四岁。

夏馥听到张俭逃亡的事情，感叹地说："灾祸是由自己招来的，白白地牵连良善无辜，一人逃命，祸及万家，这样活下来也没有意思！"于是自己剪掉胡须改变容貌，到林虑山里，隐姓埋名，当了一名冶炼佣工，整日在烟炭中干活，形容憔悴，这样过了两三年，人们都不知道他是谁。

夏馥的弟弟夏静载着缣帛追到夏馥要给他，夏馥不接受，说："老弟怎么把祸害载来给我呢！"党禁还未解除，夏馥就去世了。

经过这两次"党锢之祸"，朝廷里比较正直的官员遭到沉重打击，宦官势力更加猖獗，知识分子不敢说半句真话，全国陷入一片黑暗和混乱之中。

黄巾起义

东汉末年，政治黑暗，官僚腐败，皇帝无能，只知道吃喝玩乐。库房里的钱不够用了，他们为了搜刮钱财，想了个办法——张贴榜文，标出买官的价格，有钱的人可以公开来买官职，买爵位。郡太守定价二千万，县令定价四百万；一时付不出钱的可以暂时赊欠，等他上任以后加倍付款。那些花钱买官的官吏，一上任当然更加起劲地搜刮民脂民膏。百姓处于水深火热之中，日子很苦，可偏在此时，洪水、干旱、蝗虫、冰雹等天灾接二连三，大片田地荒芜，粮食减产，老百姓忍饥挨饿，到处流亡。被逼到死亡线上的老百姓忍无可忍，于是纷纷揭竿而起，杀死贪官污吏，惩罚地主豪强。

184年，一场波及全国的大规模起义爆发了。张角是起义的领袖，他是河北巨鹿人，颇懂医术，给穷人看病，一律免费，因此受到了穷人的拥护。在行医过程中，他深刻体会到农民深受地主豪强的压迫和天灾的折磨，强烈希望有一个太平世界，好安安稳稳地过日子。于是，他利用自己所知道的道教理论，创立了一个名叫"太平道"的宗教，劝说大家只要加入太平道，推翻东汉统治，人民的生活就会幸福，老百姓都相信他。一时间，加入太平道的人很多。张角又派他的弟弟张宝、张梁和其他弟子周游各地，一面治病，一面传道。

十多年过去了，太平道已经发展成为家喻户晓的组织了，各地的教徒共有几十万人。为了加强组织领导，张角把这几十万农民都组织起来，分为三十六方，大方一万多人，小方六七千人，每方都推举一个首领，叫作渠帅，由张角统一指挥。他们秘密约定三十六方于"甲子"年（184年）三月初五在京城和全国同时起义，口号是："苍天当死，黄天当立；岁在甲子，天下大吉。""苍天"就是指东汉王朝，"黄天"就是指太平道。起义军还暗地里在洛阳的寺庙与官衙的门上，用白粉写上"甲子"两字作为标记，充当起义的暗号。

可是，在距离起义时间还有一个多月的紧要关头，起义军内部有个叛徒，向官府告了密。朝廷立刻在洛阳进行搜捕。张角的得力助手负责联络的渠帅马元义以及与太平道有关联的一千多人被杀。

鉴于形势突然变化，张角当机立断，决定提前一个月起义。张角自称天公将军，张宝为地公将军，张梁为人公将军。三十六方的起义农民，一接到张角的命令，同时起义。由于所有起义的农民头上都裹着黄巾，作为标志，因此他们被称作"黄巾军"。各地起义军攻打郡县，火烧官府，打开监狱，释放囚犯，没收官家的财物，开放粮仓，惩办官吏、地主豪强。

十日之内，各地起义纷纷爆发，各郡告急文书纷至沓来。汉灵帝慌忙召集大臣，拜外戚何进为大将军，同时派出大批人马，由皇甫嵩、朱儁、卢植率领，分两路去镇压黄巾军。但是，各地起义军好像大河决了口子一样，官府哪能抵挡得了？大将军何进赶忙建议汉灵帝下一道圣旨，命令各州郡自己招募人马，建立地方武装，一起对付黄巾军。

在东汉朝廷和各地地主豪强的联合镇压下，黄巾军虽然英勇无畏地坚持了九个月的战斗，但是，起义军的主力最终还是失败了。黄巾军领袖张角不久病死了，张梁与张宝也先后在战斗中牺牲了。黄巾起义彻底失败了，但轰轰烈烈的起义沉重地打击了东汉王朝，使它陷入苟延残喘的境地，加速了它的灭亡。

董卓洗劫洛阳

黄巾起义失败后，东汉王朝已处在风雨飘摇之中，皇帝的命令一出京城就成了一张废纸，没有人愿意真心听从朝廷的调遣。西凉刺史董卓，与当地羌族人关系融洽。董卓生性残暴，由于在镇压黄巾军起义过程中立有战功，所以成了割据西北的地方军阀。他向往着京城中的荣华富贵，但苦于没有机会。

一天董卓正在军营中饮酒作乐，忽然接到从京城来的一封信，原来是大将军何进的亲笔信。何进是当朝何太后的亲戚，他和掌权的宦官们矛盾很深，想让董卓率兵入京除掉宦官，以达到借刀杀人的目的。董卓想进京却无机会，这个消息正合其意，于是他马上率领三千人马，奔赴洛阳。

董卓

不料何进的行动被他的对手宦官们得知，于是，他们先发制人，假造了一封何太后的书信，请何进进宫饮宴。何进信以为真，一进宫门就被几十名事先埋伏好的士兵砍倒在地。何进的部下袁绍得知何进被杀，率兵冲入皇宫，将杀害何进的宦官全部处死，算是替何进报了仇。这时，朝廷大乱，相互杀戮，皇帝被吓得胆战心惊，躲在深宫里不敢出来。

189年，董卓带兵入京勤王，三千精锐气势汹汹赶到了洛阳。为了虚张声势，他要了一个花招：白天他率着军队耀武扬威地进城，晚上趁着别人睡觉的时候，他把城里的军队偷偷地运出去，第二天，再耀武扬威地进城。如此几日，给人一种错觉，好像董卓有几十万军队开进了洛阳。朝廷百官不知董卓有多少兵力，被他给唬住了，纷纷投靠董卓，于是董卓大权独揽，竟产生了另立新帝的想法。

他找来了袁绍商量这件事，袁绍在朝中

也很有权力，他的很多亲戚朋友都身居要职，董卓对他也是畏惧三分。

见了袁绍，董卓先是试探着说："我觉得当今皇帝没什么能力，我想立他的弟弟陈留王刘协为新皇帝，你看怎么样？"

袁绍明白董卓的心意，很是气愤，回答说："现在的皇帝并没有什么过错，您刚进洛阳就要把他废掉，我想大臣和老百姓是不会服气的。"

董卓不耐烦了："我让谁活，谁就能活；我让谁死，谁就得死。"他摸着自己的宝剑威胁袁绍："您是不是怀疑我的剑不够锋利？"袁绍针锋相对，愤慨地说："您的剑锋利，我的剑更锋利！"两人的会谈不欢而散。

袁绍连夜与袁术等人率军逃离洛阳，袁绍的离去让董卓更加肆无忌惮。次日，他就废少帝为弘农王，立陈留王刘协为汉献帝。

董卓自封为相国，他本来就凶狠残暴，这下手里有了生杀大权就更加横行霸道起来。有一次，洛阳城外举办庙会，四乡八镇的男女老少都来赶集，车水马龙非常热闹。董卓派大军而至，斩杀参加庙会的老百姓，抢掠妇女和财物，并把人头系在车驾上，夸口自己的军队多么英勇，打了一个大胜仗归来。

董卓的残暴激起了天下人的公愤。逃出洛阳的袁绍兄弟联络各地的将领，组成一支讨伐董卓的联军，他们推举袁绍为首领，有几十万人马，浩浩荡荡向洛阳进军。

董卓手下有个大将叫吕布，非常英勇，阻挡住了联军的进攻，但董卓觉得还是有些不放心，他想把都城从洛阳迁到长安，以避免被联军围攻。190年二月，董卓强迫汉献帝及朝臣迁都长安。董卓烧毁洛阳的宫庙、官府，二百余里尽成废墟，而且还抢夺富人财富，强迫数万百姓西迁。

很多老百姓不愿意离开洛阳，董卓就命令军队像押送犯人一样强迫他们前往长安，并将他们的家夷为平地，让他们无家可归没有退路。洛阳千年古都顿时火焰冲天，成了一片瓦砾，老百姓的哭声昼夜不息。

迁都长安之后，董卓仍牢牢控制着大权，他自认为有恩于皇帝，毫不羞耻地让皇帝称自己为"尚父"，朝中的大臣没有一个敢于起来反抗他。袁绍率领的各路联军，表面虽然强大，但各路诸侯心存私念，谁也不肯真正地去和董卓的军队交战空耗实力。等到军队的粮食吃光了，大家再也没有心思讨伐董卓，就自动解散了。董卓从此更加飞扬跋扈，以为天下没有人再敢与他为敌。

董卓为了巩固其统治，在长安附近为自己建了一座新城，称作郿坞，城墙十分坚固，城中贮存了几十年都吃不完的粮食，还有不计其数的黄金白银。董卓得意扬扬地声称："如果我做了皇帝，凭此可以雄踞天下；若做不成，守着这座城足以安度晚年。"董卓废掉五铢钱，重新铸小钱，把洛阳和长安的铜人、铜马、钟吕全都拿来铸币，导致物价飞涨，黎民百姓备受其苦。加上兵祸连年，二三年间，关中人烟稀少，田地荒芜，繁华的西京也成了"白骨露于野，千里无鸡鸣"的荒凉之地。

袁绍豪夺冀州

东汉末年，群雄并起，各路诸侯组成联军共讨董卓，袁绍为联军盟主，冀州刺史韩馥守邺城，负责粮草供应。

因为豪杰们大多拥戴袁绍，韩馥心里嫉妒他，就私下减少对袁绍的军粮供应，想让他的士兵离散。恰好韩馥的部将麴义叛变，韩馥前去讨伐，反而被麴义打败了。袁绍就趁势与麴义联合。

袁绍的门客逢纪对袁绍说："将军要做大事，要自己独占州郡方好。靠别人拨发粮草，这样是无法保全自己的。"逢纪劝他夺取冀州。

袁绍说："冀州兵力强盛，我的士兵又饥饿又疲倦。如果失败了，就没有立足之地了。"

袁绍

逢纪说："韩馥是一个庸才，您可以暗中联合公孙瓒，让他攻打冀州。趁韩馥惊慌恐惧，我们就派有口才的使者去为他分析利弊。韩馥迫于突然发生的危机，一定愿意把冀州让给您。"

袁绍很赞同他的说法，就与公孙瓒领军到达冀州，对外声称攻击董卓，暗地里却袭击韩馥。韩馥败在公孙瓒手下。

适逢董卓进入函谷关，袁绍就退兵返回延津，派外甥高幹与辛评、荀谌、郭图等人去劝说韩馥："公孙瓒统率燕、代两地的军队乘胜南下，各郡纷纷响应，势头锐不可当。袁绍又率军东进，意图不明，我们都为将军担心。"

韩馥很害怕，问他们说："既然这样，该怎么办呢？"

荀谌说："您认为自己的宽厚仁义，在让天下豪杰归附方面，与袁绍相比怎么样？"

韩馥说："比不上他。"

荀谌又问："那么，在临危决断，智勇方面，与袁绍相比呢？"

韩馥说："比不上。"

荀谌说："袁绍是一世豪杰，将军在各个方面都不如他，却一直在他之上，他一定不肯屈居将军之下。冀州是物产丰富的地区，如果他与公孙瓒合力夺取冀州，将军立刻就会陷入危亡的困境。袁绍是将军的旧交，又曾经与您结盟，一起讨伐董卓。如今之计，应让给袁绍冀州之地，他必定会深感你的厚恩，公孙瓒也无力与袁绍争夺。这样，将军又有让贤的美名，而自身又能比泰山还要安稳。"韩馥生性怯懦，就同意了他们的计策。

韩馥的长史耿武、别驾闵纯、治中李历得知后，劝谏说："冀州有数万正规军，储存的粮食足够支撑十年。袁绍只是一支孤军，没有自己的地盘，仰仗我们的鼻息，就像怀里的婴儿，不给他奶吃，立刻就会饿死。为什么要把冀州让给他呢？"

韩馥说："我本来是袁家的老部下，而且我的才能也不如袁绍，所以让给他。衡量自己的德行，让给更加贤能的人，是古人称赞的行为，你们为什么要反对呢？"

在这之前，韩馥曾派从事赵浮、程涣率领一万名弓箭手驻守孟津；他们听到这个消息后，率军迅速赶回冀州。当时袁绍驻扎在朝歌清水口，赵浮等人从后面赶上来，有战船几百艘，士兵一万余人，军容严整，在夜里经过袁绍的军营。袁绍很是厌恶。

赵浮等赶到冀州，对韩馥说："袁绍军中没有一斗粮食，士兵将要溃散，虽然近来有张杨、于扶罗等归附于他，但也不见得肯为他效力，袁绍不是我们的对手。我们这几个小从事，愿率领现有的部队抵御他；不出十天，他们一定会土崩瓦解。将军您只需打开房门安心睡觉，没有什么可担心的，也没有什么可害怕的！"

韩馥不听，执意让出冀州，于是他搬出府署，住在赵忠的房里，并派人把印绶送给袁绍。

袁绍快要到达邺城，韩馥手下的十名从事争相离开韩馥，只有耿武、闵纯挥刀阻拦，但也无济于事，只得作罢。袁绍就将耿武、闵纯二人处死。

袁绍兼任冀州牧，借皇帝的名义任命韩馥为奋威将军，但既不给他士兵，也不让他有官属。袁绍又任命广平人沮授为奋武将军，派他监管所有将领，对他十分宠信。对于魏郡人审配、巨鹿人田丰这些不被韩馥重用的谋士，袁绍都委以要职，任命田丰为别驾，审配为治中，他们与许攸、逢纪、荀谌一起成为了袁绍的主要幕僚。

袁绍任命河内人朱汉为都官从事。朱汉曾经受韩馥侮辱，又想迎合袁绍的心意，就擅自发兵包围了韩馥的住宅，拔出兵器走进屋去。韩馥跑上了楼。朱汉捉到韩馥的大儿子，打断了他的双脚。袁绍听说后，立即逮捕朱汉，将他处死。

韩馥惊魂未定，想去投奔陈留太守陈邈。后来袁绍密派使者与张邈私议事情。使者在张邈耳边说话，韩馥当时在旁边，就以为是在打自己的主意。过了一会儿，他起身去厕所，用裁书的刀自杀了。

王允计除董卓

董卓野心勃勃，一心想控制东汉政权，当他看到反对他的人各打自己的算盘时，胆子就大了起来，在长安自称太师，要汉献帝尊称他为"尚父"。他还把他的弟弟、侄儿都封为将军、校尉，连他刚生下的娃娃也封为侯。

吕布

为了供自己享乐，他在离长安二百多里的地方，建筑了一个城堡，称作郿坞。他把城墙修得又高又厚，把从百姓那里搜刮得来的金银财宝和粮食都贮藏在那里，单是粮食，就足够三十年吃的。郿坞建成之后，董卓十分得意地对人说："大事成了，天下就是我的；即使不成功，我就在这里安安稳稳度晚年，谁也别想打进来。"

早在洛阳之时，董卓就杀了一批对自己不满的官员；到了长安以后，他更加专横跋扈。文武官员说话一不小心，触犯了他，就会丢掉脑袋。为此许多大臣都很担心，暗暗地想除掉董卓。

董卓手下有一个心腹，名叫吕布，以勇猛闻名天下。吕布的力气特别大，射箭骑马的武艺十分高强。他本来是并州刺史丁原的部下。董卓进洛阳的时候，丁原正带兵驻守洛阳。董卓派人用大批财物去拉拢吕布，要吕布杀死丁原。吕布被董卓收买，杀了丁原而投靠了董卓。

董卓把吕布收作干儿子，叫吕布随身保护他。他走到哪里，吕布就跟到哪儿。人们害怕吕布的勇猛，就不好对董卓下手。

司徒王允决心除掉董卓。他知道要除掉董卓，先要拉拢他身边的吕布。他就常常请吕布到他家里，一起喝酒聊天。日子久了，两人也无话不谈，王允也从中知道了许多秘密。

原来，吕布跟董卓虽说是父子关系，但是董卓性格暴躁，稍不如他的意，就向吕布发火。有一次，两人言语不和，董卓将身边的铁戟投向吕布，幸亏吕布眼明手快，身子一侧，躲过了飞来的戟，没有被刺着。

最后，还是吕布赔礼之后董卓才宽恕了他。但是，吕布心里很不痛快，他把这件事告诉了王允。王允听了挺高兴，就把自己想杀董卓的打算也告诉了吕布，并请吕布作为内应。

吕布听后，还有些犹豫。王允又说你们虽说是父子，但没有一点血缘关系，而且没有亲情，这还有什么犹豫的。

吕布听了，觉得王允说得有道理，就答应跟王允一起干。

192年，刚刚病愈的汉献帝在未央宫会见大臣。董卓从郿坞到长安去。为了提防别人暗算，他在朝服里面穿上铁甲。在乘车进宫的大路两旁，卫兵密密麻麻排成一条夹道。他还叫吕布带着长矛在他身后保卫着。经过这样安排，他认为万无一失了。

此时的王允和吕布计议已定。吕布约了几个心腹勇士扮作卫士混在队伍里，专门在宫门口守着。董卓一进宫门，就有人拿起戟向董卓的胸口刺去，但因戟扎在董卓胸前铁甲上而没有刺死。

董卓用胳膊一挡，被戟刺伤了手臂。他忍着痛跳下车，叫着说："吕布在哪儿？"

吕布从车后站出来，高声宣布说："奉皇上诏书，讨伐贼臣董卓！"

董卓见他的干儿子背叛了他，就骂着说："狗奴才，你敢……"

他的话还没说完，吕布已经举起长矛，一下子戳穿了董卓的喉咙。兵士们拥了上去，把董卓的头砍了下来。

吕布从怀里拿出诏书向大家宣布："皇上有令，只杀董卓，别的人一概不究。"

董卓的将士们听了，都高兴地呼喊万岁。

受尽了董卓残酷压迫的长安城百姓，听到除了奸贼，成群结队跑到大街上唱着、跳着。许多人还把自己家里的衣服首饰变卖了，换了酒肉享用以示庆贺。

曹操迎汉献帝

建安元年（196年），曹操谋划将天子接到自己的统治中心许县。众人认为："山东还未安定，韩暹、杨奉自恃有功，骄横跋扈，不能很快降服。"荀彧说："从前晋文公接周襄王而诸侯服从，汉高帝为义帝服丧而使天下诚心归附。自从天子流亡在外，将军最先提倡举义兵，只因山东战乱，无法远赴迎驾。如今天子旋踵回返，洛阳已成废墟，忠义之士有保存根本的愿望，黎民大众有感怀故旧的悲伤。顺从人民的愿望而迎回主上，这是最合时宜的行动。大公无私使天下人归顺，这是最正确的策略。匡扶大义来招纳俊才，这是最大的德行。四方虽然有叛逆的贼臣，但他们却毫无作为。韩暹、杨奉，也没有什么可担心的！如果不赶快决定，让豪杰们捷足先登，将后悔莫及。"于是曹操派扬武中郎将曹洪率兵向西迎接天子，董承等据险对抗，曹洪不能西进。

议郎董昭认为杨奉的兵马虽强但无外援，就用曹操的名义给杨奉写信说："我与将军相互倾慕，只听到名声，便推心置腹。如今，将军在艰难之中救出天子，护送他回到旧都洛阳，卫护辅佐的功勋盖世无双，是何等的伟业！现在，各地不法之徒祸乱中原，天下不宁，君主的平安至关重要，事情主要靠辅佐大臣。所有的贤明之士必须一齐努力，才能肃清君王道路上的障碍，这绝不是一个人的力量所能办得到的。心脏、胸腹与四肢，缺一也不能被称为完整。将军应当在朝廷主持事务，我则作为外援。如今我有粮草，将军有兵马，互通有无，足以相辅相成，我们生死与共，祸福同当。"

杨奉接到信后十分高兴，对其他将领说："兖州的军队，近在许县，有兵有粮，朝廷正可以倚靠他们。"于是诸将联名上表推荐曹操担任镇东将军，并承袭他父亲曹嵩的爵位费亭侯。

韩暹矜夸有功，专权恣肆，董承很忧虑，暗中让曹操带兵去了洛阳。到了以后，就述说韩暹、张杨的罪过。韩暹怕被诛，一个人骑着马逃奔杨奉。皇帝认为韩暹、张杨有保护车驾的功劳，诏令一切不要追究。十八日，派曹操领司隶校尉、录尚书事。曹操于是将尚书冯硕等三人斩首，这是讨伐有罪的人；封卫将军董承等十三人为列侯，这是赏赐有功的人；追赠射声校尉沮俊做弘农太守，这是表扬为守节而死的人。

曹操向董昭询问下一步的策略。董昭说："将军兴起义兵，讨伐暴乱，入京朝见天子,辅佐王室,这是春秋时期五霸的功业。现在洛阳的各位将领,各有打算,不一定全都服从将军。如今留在洛阳控制朝政,有许多不利因素,只有请天子移驾到许县这个办法最好。但是天子在外流离多时,刚回到旧都城,远近都盼望迅速获得安定,如今再要移驾,是不符合民心的。要想功业不寻常,就要做出不寻常的事情。"

曹操

曹操认为杨奉军队战斗力强且离自己很近,常为此而担心。董昭说:"杨奉缺少党羽,内心想和我们结交,你做镇东将军、袭封费亭侯的事情,都是杨奉所决定的,应该时时派遣使者厚送礼物答谢他,以安定他的心。并对他说:'京都没有粮食,想要天子的车驾暂时到鲁阳,鲁阳接近许昌,转运粮食比较容易,可以没有匮乏的忧虑。'杨奉有勇无谋,必定不会怀疑,使臣往来这段时间,足以决定大计。"

曹操立即派使者去见杨奉。二十七日,天子车驾向东,遂把都城迁到许昌。不久,天子到曹操的军营,并加封曹操为大将军,封武平侯,并开始在许昌设立宗庙。

白门楼吕布丧命

吕布再次和袁术和好后,立刻派他的中郎将高顺以及北地太守张辽攻击刘备。曹操被高顺等打败。秋,九月,高顺等攻占沛城,将刘备的妻儿俘虏,刘备独自逃走。

曹操决定亲自攻打吕布。到出征时,臧霸、孙观、吴敦、尹礼都归属吕布。曹操和刘备在梁地会合,一起驻军彭城。陈宫对吕布说:"应当出兵迎击,以逸待劳,战无不胜。"

吕布说:"不如等他们来,进逼泗水。"冬季十月,曹操血洗彭城。广陵太守陈登率郡中军队为曹操先锋,进军下邳。在多次交锋中,吕布屡屡战败,只好退守城池,不再出兵。

曹操给吕布写了一封劝降信,信中陈明了利害,吕布恐惧,打算投降。陈宫说:"曹操的军队远来,势不能停留过久。将军如果率领步、骑兵屯驻城外,由我率领剩下的军队在内守城,如果曹军进攻将军,我就领兵攻击他们的后背;如果曹军攻城,则将军在外援救。用不了一个月,曹军粮食吃光,我们就可以破敌。"吕布同意,打算留陈宫与高顺守城,自己率骑兵截断曹军的粮道。

吕布的妻子对吕布说:"陈宫与高顺一向不和,将军一出城,陈宫与高顺必然不能同心协力地守城。万一出现什么问题,将军要在哪里立足?而且曹操对待陈宫犹如父母对待怀抱中的幼儿,陈宫还舍弃曹操来投靠我们;你待陈宫并未超过曹操,把全城交给他,离别妻儿家小,孤军远出。如果一旦有变,我难道能再做你的妻子吗?"

吕布就打消那个计划,偷偷派遣部下官员许汜、王楷向袁术求救。

袁术说:"失败是应该的,何必找我?"许汜、王楷说:"您现在不救吕布,是自取灭亡。吕布一败,您也就要败了。"袁术于是整顿动员军队,声援吕布。吕布用丝绸裹住女儿身体,绑到马上,乘夜亲自送女儿出城,不料与曹操守军相遇,曹军弓弩齐发,吕布不能通过,只得又退回城中。

曹操久围下邳城而不能攻克,就想撤军回师。荀攸、郭嘉说:"吕布有勇无谋,现在连战连败,锐气已衰。三军完全要看主将的情况,主将锐气一衰,则三军斗志全消。陈宫虽有智谋,但机变不够。现在应该乘吕布锐气未复、陈宫智谋未定的时机,发动猛攻,定能消灭吕布。"于是,曹军开凿沟渠,引沂水、泗水来灌城。

又过了一个月,吕布更加困窘,登上城头对曹军士兵说:"你们不要这样逼迫我,我要向明公投降。"陈宫说:"曹操不过是个逆贼,怎么配称明公!如果我们投降,性命必定难保!"

吕布部将侯成的名马失而复得,众将领合伙送礼向侯成祝贺,侯成分出一份酒肉先呈献吕布,吕布生气地说:"我下令禁酒,而你们却酿酒,是想乘饮酒共谋我吗?"侯成又气又怕。十二月二十四日,侯成、宋宪和魏续等将领一道抓住陈宫、高顺,率领部下投降。吕布和部下登上白门

白门楼吕布殒命

楼。曹操的士兵围攻得很急，吕布命左右砍他的头去见曹操，吕布的士兵不忍心，于是下楼归降。

吕布见到曹操说："今天以后，天下就定了。"曹操不解，问其何故。

吕布说："你所忧虑的不过是我吕布罢了，现在我已经投降了。如果我吕布率领骑兵，天下是不难平定的。"回头他又对刘备说："玄德，您成为座上的客人，而我成为阶下的俘虏，绳子捆得我很紧，您就不替我讲一句话吗？"

曹操说："捆虎不得不紧。"说完，就命令放松捆绑吕布的绳索。

刘备说："不行，你没有看到吕布以前侍奉丁建阳、董太师的事吗？"曹操微微地点点头。

吕布瞪着刘备说："最不可信的就是你这大耳贼！"

曹操对陈宫说："你平生自以为有智有谋，现在究竟怎么样？"

陈宫指着吕布说："现在如此都是他不听我的话的缘故。如我的意见被采用，也未必被捉。"

曹操说："你的老母亲怎么办？"

陈宫说："我听说用孝道治理天下的人不杀人的双亲，我老母亲的生死在你，不在我。"

曹操说："你的妻子儿女怎么办？"

陈宫说："我听说施仁政于天下的人，不断绝人的后代，妻子儿女的生死在你，不在我。"曹操没有再说话。

陈宫请求受刑，头也不回地走了出去，曹操为他流泪，把他同吕布、高顺一起绞死，将他们的首级送到许县的街市上示众。曹操找来陈宫的母亲，赡养终生，把陈宫的女儿嫁出，并照顾陈宫的全家，远远胜于当初跟随曹操之时。

官渡之战

自董卓被诛杀后，各路军阀割据一方，攻城略地，不断扩充自己的实力。

在地方军阀的连年征战中，袁绍、曹操两大集团逐步发展壮大起来。

袁绍的兵力在当时远远胜过曹操，他决心同曹操一决雌雄。199年六月，袁绍挑选精兵七十万，战马万匹，企图南下进攻许昌，曹操的部将多认为袁军来势凶猛，无法抵挡。

但曹操却根据对袁绍的了解，认为袁绍志大才疏、胆略不足、刻薄寡恩、刚愎自用，兵多而指挥不明，将骄而政令不一，于是决定以所能集中的数万兵力抗击袁绍的进攻。为争取战略上的主动，他派精兵牵制袁绍，防止袁军从东面袭击许昌；曹操率兵进据冀州黎阳，同时以主力在官渡一带筑垒固守，以阻挡袁绍从正面进攻。曹操所采取的战略方针是集中兵力，坚守要隘，重点设防，以逸待劳，后发制人。

田丰劝袁绍按兵不动，袁绍拒绝并把田丰关入大狱，还向各州郡发布檄文，准备大举进攻曹操。200年二月，进军黎阳。

袁绍派遣他的大将颜良，进攻东郡太守刘延所在的白马。沮授说："颜良性情急躁，心胸狭隘，虽然骁勇，不可独当重任。"袁绍不听他的话。

夏季四月，曹操北进援救刘延。荀攸说："现今我们兵少，难以取胜，必须分散敌人的攻势才行。曹公到达延津，摆出将要兵渡黄河抄后路的势头，袁绍必然西上应战。然后，您却轻兵突袭白马，攻其不备，则颜良必可俘获。"曹操听从了他的主张。

袁绍得知曹兵北渡黄河，当即分兵西上阻截迎击。曹操就率军日夜兼程急扑白马。尚有十余里路，颜良发觉，大吃一惊，忙来迎战。关羽远远望见颜良的麾盖，奋勇当先，于万军中斩下颜良首级，解了白马之围。

袁绍听说大将颜良被杀，进攻白马的袁军全被消灭，气得直跺脚。为了给颜良报仇，他派大将文丑带领五六千骑兵渡河追击曹操。

这时，曹操已从白马撤军，在地势险要的延津南的山坡下，埋下伏兵，袁绍大将文丑率兵而至，伏兵尽出，文丑也被斩于马下，曹军将士带着胜利品回到官渡大营。

劫乌巢孟德烧粮

袁绍进军到阳武，沮授劝袁绍说："我们北边的军队，人数虽多，但战斗力不如南边曹操的军队。南边的军队粮草少，物资储备不如北军。南军利于急战，北军利在相持。应该旷日持久，拖而不战。"袁绍没有采纳他的意见。

八月，袁绍稍稍推进，依傍沙堆筑营，东西连绵数十里。曹操也分营与袁军遥相对峙。

袁绍看到曹军守住营垒，就吩咐兵士在曹营外面堆起土山，筑起高台，士兵们在高台上居高临下向曹营射箭。

曹军只得用盾牌遮住身子，在军

营里走动。曹操跟谋士们一商量，设计了一种霹雳车。兵士们扳动机钮，把十几斤重的石头发出去，击毁了袁军的高台，许多袁军士兵被打得头破血流。

一计不成，袁绍又命士兵夜里偷挖地道，准备从地道里偷袭曹营。曹操发现后，命士兵于营前深挖壕沟，又破了袁绍的计策。

就这样，双方在官渡相持了一个多月。日子一久，曹军粮食越来越少，士兵疲劳不堪，后方也不稳固。

这时候，袁绍方面的军粮却源源不断地运来。曹操有点支持不住，几乎失去坚守的信心。他写信到许都告诉谋士荀彧，准备退兵。荀彧回信，劝曹操无论如何也要坚持下去。

曹操于是加强守卫，坚守危局。

许攸建议袁绍说："曹操兵少，但出动全部兵力与我军相抗。许昌剩余的守卫兵力，势必孤弱。如果派遣几支轻装部队，星夜前往突袭，必能攻陷许昌。许昌攻下，就迎接天子，用以讨伐曹操。曹操必可擒获。即使曹军尚未溃散，也会首尾不能兼顾，疲于奔命。最后击破他就是必然的了。"

袁绍不听，说："我要首先捉住曹操。"适逢许攸家人犯法被审配逮捕收监。许攸大怒，遂投奔曹操。

曹操得知许攸来降，来不及穿鞋，光着脚出来迎接，鼓掌大笑，说："子卿（许攸的字）远道而来，我的大事必然成功！"

入座后，许攸问曹操说："袁军强盛，怎样对付？现在还有多少粮食？"曹操说："还可维持一年。"许攸说："没有的事，重新说吧！"又回答："可维持半年。"许攸说："您不想消灭袁绍的军队吗？为什么不说实话呢？"曹操说："刚才的话，是和您开玩笑，其实粮食只可用一个月，怎么办呢？"许攸说："您一支孤军，独守阵地，外无救兵，粮食已无，这是危急之日。袁绍的辎重车队一万多辆，屯在故市、乌巢，守卫的士兵没有严密的戒备，如能用轻装精兵发动突袭，出乎其意外，突然而至，将其积聚的粮食烧掉，不出三天，袁绍的军队就会自行溃败。"曹操大喜，遂于夜间亲率骑兵突袭乌巢。

袁绍得知曹操突袭淳于琼，对儿子袁谭说："曹操即使攻破淳于琼，我攻拔了他的大营，他也就没有退路了。"于是派部将高览、张郃等进攻曹操的大营。

张郃说："曹操率精兵前去，必能攻破淳于琼。淳于琼等被消灭，事情就全完了。请先去救援淳于琼。"郭图却固执地请求进攻曹操大营。张郃说："曹操的营垒牢固，必然难以攻破。如果淳于琼等被擒，我们全都要当俘虏。"袁绍只派轻装骑兵去援救淳于琼，而以主力部队进攻曹操大营，但未能攻下。

袁绍的骑兵到达乌巢。曹操左右有人说："敌人的骑兵已靠近了，请分出兵力对付他们。"曹操发怒说："贼兵到了背后，再报告！"士兵们都奋勇搏斗，遂大破淳于琼部，将淳于琼等斩首，将粮谷全部焚毁，杀死袁兵千余人，全割下鼻子，牛马割下嘴唇和舌头，让袁绍的军队观看。

袁军将士大为惊恐。郭图对自己计策的失败心中惭愧羞怒，又向袁绍说张郃的坏话："我军失败，张郃暗暗高兴。"张郃既愤恨又惧怕，遂与高览焚烧了进攻器械，到曹营投降。

于是，袁绍的军队惊恐混乱，大败溃退。袁绍率八百骑兵逃脱，曹操杀尽袁绍残部约七万余人，并把袁绍营中珍宝尽收。

曹操又花了七年工夫，扫平了袁绍的残余势力，统一了北方。官渡之战就这样以曹操胜袁绍败而结束了。

孙氏称霸江东

汉灵帝熹平三年（174年），孙策生于富春。他的父亲孙坚，本为袁绍部下，后因战功被封为破虏将军、豫州太守。一次，孙坚替袁术攻打荆州，被荆州刺史、刘表的部将黄祖射死在岘山上。十八岁的孙策只好投奔袁术。

孙策投靠袁术不久，扬州刺史刘繇以优势兵力侵占孙策舅舅吴景掌管的丹阳，孙策向袁术请令借一支兵马讨伐刘繇。袁术觉得刘繇损害了他在江东的利益，正好利用孙策去打击刘繇，便借了一千人马给孙策。

孙策进军江东，沿途不断招兵买马，同时又得到好友周瑜的援助，补充了粮食和其他物资，孙策的兵力更强大了。

不久，孙策将刘繇赶走并将江东一大块地盘控制在自己手中。孙策治军极严，对百姓秋毫无犯，不许虐待俘虏。因此，他深得江东民心。大军所到之处，百姓争相以酒肉犒劳。十来天工夫，就有两万多人来投奔孙策。于是，孙策乘胜攻下吴郡，占领会稽和其他四个郡，自任会稽太守。从此，他和袁术断绝关系，开始在江东称霸。孙策开始想与曹操争夺地盘。吴郡太守许贡暗中派人去向曹操报信，送信人却被孙策的士兵截获。孙策接到报告，把许贡骗来杀了。许贡的家属仆人慌忙逃跑，决心要替许贡报仇。

建安五年（200年）的一天，孙策带了一些士兵在丹阳郊外打猎，他纵马追一只鹿到树林深处时，见有三个人持枪带弓等在那里。孙策正要盘问他们，其中一个人已经举枪刺来，孙策赶忙挥剑抵挡，将那人砍倒。另一个人趁孙策不备，一箭射中了他的面颊。那人大声喊道："我们是为主人许贡报仇的。"孙策的士兵闻声赶到，杀死刺客，并把孙策送回会稽养伤。

刺客的箭头上涂过毒药，孙策的伤势越来越重。他知道自己活不成了，就把弟弟孙权、长史张昭叫来，嘱托后事。

孙策对弟弟说："我死之后，江东就由你来执掌。你要常常想到父兄创业的艰难，要依靠张昭、周瑜，任用有才能的人。不要屈从强暴，一定要保住江东。"说完，孙策把印绶挂在孙权的脖子上。

孙策转过头来紧紧握住张昭的手说："眼下天下大乱，我们江东人才济济，又有长江天险，进可争霸天下，是大有可为的。希望你尽力辅佐我弟弟！"说完，二十七岁的孙策便气绝身亡。

孙权

孙策死后，年仅十九岁的孙权在张昭的协助下，开始执掌军政大权。

孙权是孙坚的次子，因出生时两目炯炯有神、方面大口而受孙坚的疼爱。孙权自幼就随父兄转战南北，见多识广。他特别喜欢读书，不仅读了儒家经典，还读了许多史书和兵书。

几天后，周瑜从巴丘赶回吴郡辅佐孙权。当时，周瑜担任中护军、江夏太守，掌握着兵权。

孙权见周瑜时，周瑜说："张昭有见识，能担当重任。我能力差，恐怕有负重托。我愿意推荐一个人来帮助你。"

孙权问道："推荐谁啊？"周瑜回答说："临淮东城的鲁肃很有军事才能。这人现在曲阿，可以马上把他请来。"

孙权听了非常高兴，就让周瑜把鲁肃请来，留在自己身边出谋划策。

当时，江东初定，政局不稳，人心浮动。许多人对孙权的能力表示怀疑。不久，庐江太守李术公开反叛。孙权迅速调动军队，一举消灭了李术，把李术部下三万多人全部置于自己的控制之下。孙权的气魄、胆略，使大家都对他另眼相看。这样，江东的局势便稳定下来了。

汉献帝建安七年（202年），曹操派遣使者到江东，要孙权送一个儿子到许昌去做人质，以表示忠于汉朝。

孙权召集文武官员商议这件事，长史张昭害怕曹军压境，建议答应请求。周瑜反对说："我们不能长他人的志气，灭自己的威风。如果我们送去人质，我们称霸江东的大业也就断送了。现在，我们占有江东六郡，物产丰富，兵精粮足，人心归附，将士卖命，为什么要给曹操送人质呢？"孙权同意周瑜的看法，断然拒绝了曹操的要求。

在文臣武将的辅佐下，孙权用心管理政事、军事。由孙策开创的霸业，也逐渐地得以巩固、壮大。

刘备三顾茅庐

诸葛亮，字孔明，东汉琅邪郡阳都人。他是三国时期蜀汉王朝的丞相，也是我国历史上卓越的政治家和军事家。

诸葛亮生于181年。他的父亲，任兖州泰山郡的郡守。叔父诸葛玄颇有才华，广交贤士，与世族豪强交好。诸葛亮在叔父影响下，奋发上进。

诸葛亮少年时期，正值东汉国运黯然的末年。宦官争权夺利，豪强鱼肉百姓。在这种官逼民反的情况下，爆发了黄巾起义。世族豪强乘机割据一方，称王称霸。诸葛玄凭借和袁术、刘表的交情，得以出任豫章郡太守。诸葛亮随同叔父南下，以避战乱。但诸葛玄并未如愿当上太守，他忧郁成疾，197年病死。

此时，诸葛亮尚且年少，年方十七岁，他在襄阳城外的隆中山村隐居。诸葛亮在这个山村里，勤耕苦读，花开花落，十易寒暑。在这艰苦的十年里，他熟读《孙子兵法》，探索诸子百家思想，将治乱兴衰、天文地理谙熟于胸。每当月白风清、夜深人静之际，他则盘足抚琴，高歌《梁父吟》，抒发忧国忧民、统一天下的凌云壮志。在隐居的十年里，诸葛亮还经常去寻师访友，观察社会民情。

他先后结识了徐元直、石广元、孟公威、崔州平等名士。他们常常聚会，纵谈古今。诸葛亮取长补短，集思广益。与此同时，他还结识了荆州知名人士庞德公、司马徽。庞德公学识渊博，颇有远见卓识。诸葛亮对庞德公深为敬重。庞德公对诸葛亮也非常赏识，尤其是庞德公的侄子庞统与诸葛亮志同道合，相交甚厚。庞德公对这两位出类拔萃的青年百般爱护，大加鼓励，说他们发迹之日，必定如龙飞凤舞。因此，诸葛亮被称为为"卧龙"，庞统被称为"凤雏"。

207年，刘备寄居在新野小城，身边非常缺乏人才，求贤若渴。

刘备久仰司马徽的大名，于是前往拜见。司马徽正在弹琴，他对刘备说："卧龙、凤雏是天下奇才，请到一个，便能安邦定国。"

刘备大喜，忙追问："卧龙、凤雏人在哪里？"司马徽却笑而不语。

当夜，刘备宿于草堂。深更之时，有个叫元直的人来访，刘备疑为卧龙、凤雏，为谨慎起见，没有相见。待天明后，元直不禁失望至极，只好败兴而去。

一天，刘备在新野街上行走，见一人一路唱着歌，说自己虽有本领，却未遇明主。刘备以为是遇到了卧龙、凤雏，忙上前追问。那人说他叫单福，特来投奔刘备。刘备听了，非常高兴。请他到县衙内相谈。两人谈得十分投机，刘备佩服单福的才能，便拜他为军师，每日操练兵马。

不久，曹操探知单福在帮助刘备。程昱说："单福真名叫徐庶。"便派人将徐庶的母亲骗到许昌，然后叫徐母写信，要她让儿子投奔曹营。

刘备三顾茅庐

徐母深明大义，非但不写信召徐庶，还痛骂曹操。程昱以徐母笔迹、口吻仿造家书，召徐庶来曹营。徐庶接信后，与刘备在长亭设筵相别。

徐庶的马转了两个弯，进入了一片树林，刘备说："我恨不得砍尽那些树！因为它挡住了我的视线，使我望不见军师！"

刘备正呆呆地望着，忽见徐庶又拍马而归，刘备大喜，以为徐庶回心转意了。谁知不是，原来徐庶回来是向刘备推荐诸葛亮的，他说："卧龙就是诸葛亮，就在南阳，将军愿不愿意见他？"

刘备说："好，你把他带来。"徐庶说："此人只能去拜会，不能召见。"说完，扬长而去。刘备终于知道了卧龙是谁，心中大喜，决定马上去拜访诸葛亮。

建安十二年（207年），刘备同关羽、张飞携礼品前往隆中拜访诸葛亮。那里山峦起伏，道路崎岖，仿佛一条静卧的苍龙。

刘备三人行到一个山冈下，见苍翠之中隐现几间草屋。刘备对关羽、张飞说："一定是这里了。"说着，三人在草屋前下马，刘备亲自上前去敲门。一个小童打开门，出来问道："你们找谁？"刘备客客气气地说："请告诉卧龙先生，刘备前来拜见！"小童说："先生不在家，早晨出门去了。"刘备问道："先生到哪里去？"小童说："不知道上哪儿去了，可能找朋友一块儿读书去了。"张飞见刘备还要再问，便不耐烦地说："既然不在家，我们就回去吧。"关羽也在一旁说："我们先回去，以后派人打听好了再来。"刘备只得对小童说："等先生回来后，请你告诉他，说刘备特地前来拜访了。"说完，

定三分隆中决策

失望地离开了卧龙岗。

几日后，刘备听闻诸葛亮返家，便又携关、张二人赶赴隆中。此时，天寒地冻，半路上天降大雪。张飞欲返回新野，刘备坚持要去以示诚意，张飞只得依他。他们好不容易到了卧龙岗，一打听，才知道孔明已经在头一天和朋友出去了，又未见到。

过了些天，刘备选了一个吉日，准备第三次去请诸葛亮。这次，连关羽也有些不高兴了。刘备说："你知道周文王访贤遇姜尚的故事吗？周文王敬重姜尚，姜尚一心辅佐周文王和周武王，他们君臣齐心，上下合力，终于完成了大业。咱们应该效法古人啊。"说完，就带着关羽、张飞出发了。

三人来到卧龙岗，得知诸葛亮在午休，刘备便命令关、张于门外等候，而自己则恭敬地站在草堂台阶上静候。

过了好一会儿，诸葛亮才醒。小童禀报说："刘将军已经来了一会儿。"诸葛亮连忙起身，把刘备迎到屋里，谈论起天下大事来。

刘备对诸葛亮说道："汉朝颓败，奸臣窃权。我不自量力，想向天下展示大义，但智谋短浅，遂遭挫败，直到现在，一事无成。然而志向依然，并不灰心。先生认为该怎么办呢？"

诸葛亮说："现今曹操已拥有百万大军，挟持天子以号令天下，实在难以与他争高低。孙权在江东已有三代基业，兵多将广，地势险要。对他只可交朋友互相援助，不能当敌人算计他。荆州北面据有汉水、沔水做屏障，南面直到南海尽头，富于财利，东方连接吴郡，西方通往巴郡、蜀郡。这是大有可为的地区，而当地主人（指刘表）不能守护。这大概是上天用来资助将军您的吧！益州边塞险要，土地肥沃，一望千里，是'天府之国'。刘璋暗弱无能，张鲁对此地觊觎已久。此地百姓富裕，财力充实，但刘璋不知道珍惜爱护。有智慧和才能的人，希望投靠英明的首领。将军是皇室之后，仁义广传名震天下。若能跨有荆州、益州，据守险要地形，安抚团结戎、越等少数民族，与孙权缔结盟好，对内修明政治，对外静观时局变化，以等待时机。这样，将军的霸业定可成功，汉室兴复指日可待。"

刘备兴奋地说："太好了！"于是，与诸葛亮的情谊日益密切。关羽、张飞不高兴，刘备解释说："我得到孔明先生辅佐，似鱼得水。你们勿要多言。"关羽、张飞这才罢休。

赤壁之战

200年，曹操统一北方后，积极准备南侵以完成统一大业。当时南方主要有两个割据势力是曹操统一天下的障碍：一是江东孙权，兵精粮足，君臣一心，内部团结，加之长江天险，因此江东成为曹操统一天下的主要障碍；二是荆州刘表，荆州地区是战略的关键，这里土地肥美，物资充沛，刘表年老多病，处事懦弱，依附刘表的刘备志向远大，又有谋臣猛将，刘备是曹操统一天下的另一个障碍。

208年7月，曹操率军南下，他的第一个战略目标是荆州。荆州历来是兵家必争之地，如果占据了它，既能够控制今湖北、湖南地区，又可以顺江东下，从侧面打击东吴；向西进军则可以夺取富饶的益州。就在战争一触即发的紧要关头，刘表于8月因病一命呜呼。接替他的次子刘琮更不争气，他让曹操的军威吓破了胆，未做任何抵抗，就将荆州拱手献出。曹操兵不血刃，完成了南下战略的第一步。

当初，鲁肃听说刘表死了，便对孙权说道："荆州和我们接壤，地理形势险要坚固，土地肥沃广阔，物资殷实富足，如果咱们占有它，就有了创建帝王大业的资本。现在刘表刚死，两个儿子不和。军队里的将领们，有的拥护这个，有的拥护那个。刘备是当今豪杰，和曹操有矛盾，寄居在刘表那里，刘表顾忌他的才能，不能重用他。如果刘备和荆州方面同心协力，上下团结一致，那么就应该安抚他们，和他们结成友好同盟；如果他们人心不齐，应该另做打算，以便成就我们的大业。我请求能够奉您的命令去吊慰刘表的两个儿子，并慰劳他们军中其他掌权的人，以及劝说刘备让他抚慰刘表方面的人士，同心同德，共同对付曹操，刘备一定很高兴，并且会听从我们的意见。这件事如果办妥，那么天下大局便可以确定了；如果不赶快派人前往荆州，恐怕就要被曹操占先。"孙权立即派鲁肃前往荆州。

鲁肃到了荆州后，劝刘备不要去投奔苍梧太守，应该与东吴结交，这正合诸葛亮与刘备的战略规划。两方一拍即合，刘备决定采用鲁肃的计策进驻樊口。

曹操从江陵顺着大江向下游东进。诸葛亮对刘备说："形势很紧急了，请派我去向孙将军求救。"诸葛亮就和鲁肃一起去见孙权。

诸葛亮在柴桑谒见了孙权，劝说孙权道："现在天下大乱，将军在江东起兵，刘豫州在汉南集结部队，一齐跟曹操争夺天下。现在曹操已没有大的祸患，平定北方，又攻克了荆州，威震天下。刘备失去地盘，被逼得没有施展本领的地方，所以才逃到这里。希望将军估计一下自己的实力，应怎样来应付这种情况。如果您能凭借吴、越地方的力量来和曹操对抗，不如早点和他断绝关系；如果您觉得不能和曹操对抗，为什么不放下武器、收拾铠甲向曹操投降称臣？现在将军表面上假托服从曹操的名义，而内心又揣着迟疑不决的主意，事情已经十分紧急，然而您却不能当机立断，大祸临头也就没有几天了。"

孙权说："倘若如您所说，刘豫州为什么不向曹操投降称臣呢？"

诸葛亮说："田横不过是齐国一个普通的勇士，尚且宁死不受屈辱，何况刘豫州乃皇家后代，才能盖世无双，众多士人爱戴拥护他，好像水流归向大海一般。如果大业不能成功，那也是天意，怎么能再做曹操的下属呢？"

孙权勃然大怒，说："我不能拿整个东吴的土地、十万人的军队，去受别人管束。我的主意打定了！除了刘豫州，没有人可以来抵挡曹操的；然而，刘豫州刚吃败仗不久，怎么能对付得了这种强大的攻势呢？"

诸葛亮说："刘豫州的部队虽然在长坂坡打了败仗，如今归队的战士加上关羽统率的水军，精兵还有一万人，刘琦在江夏的战士也不少于一万人。而曹操的军队远道而来，疲惫不堪。听说为了追赶刘豫州，他的轻骑竟一天一夜连赶三百多里路。这就是通常说的'强弓发射的利箭，力量已尽时，连一层鲁国的薄绢也射不穿'的那种情况啊。所以《兵法》中忌讳这样做，说这样'一定会使冒进的大将受挫折'。何况北方人不习惯水上作战；而且，荆州的百姓归附曹操，是迫于武力的威胁罢了，并不是心悦诚服。现在将军果真能够派一员虎将统领几万军队，和刘豫州共同规划、同心协力，势必能打败曹操。只要此战把曹军打败，曹操一定退回北方，荆州、东吴势力一大，三分天下的局面就形成了。成功和失败的关键，只在今天！"孙权听了十分高兴，便和他的部下共同商讨这件事。

这时，曹操派人给孙权送来一封信，信上写道："近来我奉朝廷的命令讨伐有罪的人，大军南进，刘琮束手投降。现在训练了士兵八十万之多，正要和将军共同在东吴会猎。"

孙权把这封信拿给部下看，所有人都吓得变了脸色。长史张昭等人说："曹操挟天子以令诸侯，现在又攻占荆州与我们共有长江天险。双方力量悬殊，不如投降曹操。"只有鲁肃一个人默不作声。

孙权起身上厕所，鲁肃追上去，在檐下赶上他，孙权知道他的来意，拉着鲁肃的手说："你想说什么？"

鲁肃说："刚才我听了大家的议论，觉得都是贻误将军，实在不值得和他们商讨国家大事。至于我鲁肃，可以投降曹操，而像将军您却不可以。这话怎么说呢？如果我投降曹操，曹操会把我送还乡里，品评我的名位，还可以当个州郡的下级官吏,乘坐牛车,带几个随从,和士大夫们往来,积累资历逐渐升官,我仍旧可以做到州郡一级的长官。将军您一旦投降了曹操,将会得到一个什么样的结局呢?希望您早定战略大计,不要听信那些人的意见!"

孙权叹息道:"大家发表的意见,很使我失望。现在您阐述的战略大计,正和我的想法相同。"

周瑜在鄱阳被召回,周瑜建议孙权不要怕曹操,称曹操假托汉相,实为汉贼,并分析了敌我力量对比,认为曹操虚张声势,有名无实,而且尽是疲惫的士兵,不服南方水土,于是主动请求率军击退曹操。孙权信心大增,拔刀斩断几案

火烧赤壁

一角道:"今后谁再敢说投降,同此几案相同。"于是各自散去。

当天晚上,周瑜又见孙权,给孙权打气,并一再强调曹军不足虑,有精兵五万足以打败对方。孙权甚慰,于是派周瑜、程普做左右都督,率军与刘备共同迎敌;派鲁肃做赞军校尉,协助谋划。

刘备驻扎在樊口,每天派巡逻的官吏在江边探望,等候孙权军队的到来。官吏远远望见周瑜的来船,便飞马赶回营地禀告刘备,刘备马上派人前去慰劳他们。周瑜说:"有军务在身,不便委托他人代行职务;倘若刘豫州能屈尊前来,那正是我所希望的。"

刘备便乘坐单船前来会见周瑜,他说:"现在咱们抗拒曹操,这是一个十分正确的决策。不知您的战斗部队有多少人?"周瑜道:"三万人。"刘备说:"可惜太少。"周瑜又说:"这完全够用,豫州您只管看我打败曹军。"刘备想邀请鲁肃等人来一起会面交谈,周瑜说:"鲁肃等也有军务在身,不便委托他人代理;假如您想会会子敬,可以另外去看他。"刘备深感惭愧,又十分高兴。

孙刘联军向前推进,在赤壁与曹军相遇。

此时,曹军中疾病流行,曹操首战失利,只好退守长江北岸。周瑜等人驻扎在南岸,周瑜部下的将领黄盖提议道:"目前敌众我寡,很难和他们长久相持。曹军正好把战船连接在一起,船头、船尾相接,可采用火攻迫使他们溃逃。"

周瑜赞同这一计策,就调集战艇、战舰十艘,装载干芦荻、枯柴草,里

边灌了油，用布包裹起来，上面竖立起黄盖的军旗，还准备了轻便快艇，拴在大船尾部。黄盖先派人给曹操送信，假称准备去投降。到了约定投降的那天，东南风刮得很急，黄盖派那十艘舰艇驶在最前面，到了江中升起帆来，其余的船只按次序一起前进。曹军中的将士都出营站着观看，指着来船说黄盖来投降了。距离北岸曹军还有二里多远，前头的十艘船同时点火，风势猛，火势大，船像箭一般飞驰，把北岸曹军的船只全都烧尽，火势还蔓延到岸上的兵营。一会儿工夫，火焰浓烟满天，曹军人马烧死的、淹死的不计其数。周瑜率兵乘胜追击，曹军彻底崩溃，刘备、周瑜水陆并进，一直追到南郡，曹操留下曹仁、徐晃防守江陵，乐进防守襄阳，自己向北撤退了。

这场大战至此以孙权、刘备方面大获全胜而宣告结束。

赤壁之战对当时历史的发展具有深远的影响。它使曹操在很长时间里不再有南下的力量；孙权在江南的地位得到了进一步的巩固；刘备乘机取得荆州，并向益州发展势力。三国鼎立的局面初步形成。

神医华佗

许昌通往谯县的官道上，一匹小毛驴欢快地跑着，驴背上的人身穿粗布长衫，斜挎着药囊，面容清瘦却目光炯炯，他就是名扬四海的神医华佗。

以前，曹操把华佗留在身边给自己治头疼病，曹操患此病很严重，发作时，头痛欲裂。华佗采用针灸的方法给曹操治疗，曹操的病就好了。所以曹操离不开华佗，让他整天住在丞相府里，哪儿也不准去。自从曹操打败了袁绍，统一了北方之后，他就成了当时最有权力的人，他的话比皇帝的圣旨还厉害，谁也不敢违背。但华佗天生热爱自由，喜欢游览名山大川，让他整天住在丞相府里真受不了。况且，他更愿意给穷苦人看病，他们缺衣少食，有病没钱医治，他们才真正需要他的神奇医术。这次他谎称要回家去采集一些药材，曹操很不情愿地准了他的假，但严令他办完事后，必须马上返回许昌。

小毛驴尾巴一甩一甩的，仿佛知道主人的心事，有时还仰起头来愉快地叫两声。家乡快要到了，华佗非常激动，他回忆起大半生的行医经历：小时候的他喜欢看医书，经常按书上的图谱去山里采药，自己尝试药的味道。他经常以自己的身体做针灸实验。华佗逐渐掌握了药的配制方法和针灸的技术，找他看病的人越来越多。

曾经有两个人一起来找华佗，他们病的症状一模一样，华佗仔细地询问了他们的病情，结果一个开了泻药，一个开了补药。两个人很纳闷，问他为什么病情相同，而开的药却完全不一样。华佗向他们耐心解释，说他们的病只是表面上一样，实际上是两种病。两个人半信半疑，拿了药回去吃了，果然都好了。

还有一个人的妻子病了，肚子疼，华佗号了脉之后，说她肚子里有个胎儿，那人强调说，胎儿已经产过了。华佗说："根据我的判断，肚子里还有一个胎儿。"那人不信，过了些日子，他妻子的肚子疼得更厉害了，就又请来了华佗。华佗说："你妻子原来怀的是双胞胎，只生下来

华佗

一个，还有一个胎儿留在了肚子里。"华佗为她开了药，又给她进行了几次针灸，果然那人的妻子产下了一个死去的婴儿，她的病也随之痊愈了。

还有一次，有个太守得了病，关节总疼，不能走路，于是派人请来华佗。华佗看了病情以为不需用药，只要病人发怒冲开经脉，就会自动痊愈。于是华佗故意向他要了很多的钱，也不去看病，只是在他家里吃吃喝喝，根本不提治病的事。过了几天，华佗还悄悄地逃跑了，他给太守留下一封信，信上恶毒地说："你有病活该！完全是自作自受！"太守看了信气得暴跳如雷，立刻吐了几口黑血，从床上一跃而起，他刚想下命令捉拿华佗，突然发现自己能走路了，头也不疼了，原来他的病已经好了。他这才知道了华佗的用意，心里非常感激他。

华佗还研制了一种麻醉剂叫"麻沸散"。有一个病人肚子里的脾脏已经腐烂了，需要切除。华佗就把"麻沸散"掺在酒里给病人灌下去，不一会儿，病人就昏昏入睡，人事不知。华佗用手术刀划开了病人的肚子，切除了已腐烂的脾脏，然后用线将伤口缝好。病人醒来后休养了几天，身体就好了。

回想起自己救死扶伤的事迹，华佗欣慰地笑了。这时已到了华佗家的村口，他的妻子和邻居们都欢呼着出来迎接他。华佗也很高兴，一一回应亲戚朋友们的问候。

华佗在家里过着自由自在的生活，天天为远近的穷苦人治病，根本不想再回许昌。曹操一再派人来催促，华佗称家中有事，就是不回去。加上曹操的头

疼病时不时地发作，耽误了很多军机大事。为此，曹操非常生气，便派使者去华佗家，并嘱咐使者如果华佗家真有事，就送些钱财给他表示慰问；如果查明他是在骗人，就把他抓回来。

一伙差役突然闯进华佗的家里，抓他回许昌，华佗知道祸事来了，他与乡亲们道别后，收拾好行装要走，只是还有一本书没写完。书里总结了他一生治病的经验，他要利用最后的一点时间把他写完。

华佗被关进了许昌的监狱，很多人劝曹操不要杀华佗，因为他可以挽救无数人的生命。曹操当初也是很爱惜人才的，可自从曹操统一北方之后，他越发骄傲自大，听不进别人的劝告。华佗竟敢违背他的命令，这是他绝对不能容忍的。华佗在狱中坚持写完了自己的书，当他得知自己将被处死时，不免感到有些遗憾。遗憾的不是自己的死，而是这本书没有传人，于是他找来监狱看守，对他说："我要死了，我写的这本书是我一生行医经验的总结，只要有人好好阅读，就可以将我的医术传播后世。"

监狱看守因为怕曹操知道后会怪罪自己，所以他没敢答应。

华佗被处死后，曹操的头疼病越来越厉害，没有了华佗当然也就没有人能给他医治，以致他一病不起。

华佗死后，他的弟子继续行医，但没有一个人能比得上华佗。吴普是华佗的一个弟子，华佗生前曾传给他一套体操，叫"五禽戏"，就是模仿虎、鹿、熊、猿、鸟五种动物跳跃的姿态，活动四肢，每天练一次。吴普活到了九十多岁，头发还是黑的，没有脱落一颗牙齿。他从心里感激他的老师华佗。

曹植七步成诗

曹操的儿子曹植，文才出众，天赋极高，他是"建安七子"之一，颇负盛名。

曹操因为曹植有才华，所以很喜欢他，准备让他将来继承自己的事业。曹丕也想当太子，但不受宠，所以他想尽办法讨曹操的欢心。一次曹操出征，儿子们为他送行，曹植触景生情，一蹴而就，写成了一篇歌颂曹操功德的文章，洋洋洒洒。曹丕没有这个本事，他不写文章也不说什么歌功颂德的话，只是站在旁边默不作声地流眼泪。

曹操问他为什么难过，曹丕吞吞吐吐地说："您要打仗去了，我不能在身边照顾您,心里很悲伤。"听了这话,曹操很感动,觉得比起曹植来,曹丕更加忠厚诚实。

还有一次,曹操想试一试曹植的能力,准备派他出征。曹丕知道后,便带酒来把曹植灌醉了。等曹操的使者传达命令的时候,曹植已经躺在床上醉成了一摊泥,任凭旁人怎么拉扯喊叫都不能把他叫醒。因为这件事,曹操对曹植很失望,觉得他生活不检点,容易喝酒误事,从此对曹植不再那么宠爱了。曹丕继续火上浇油,暗地里散播谣言,声称曹植很多文章都是别人代写的。

曹植自己也是不拘小节,随心所欲。一次,他正在王宫游玩,后来觉得玩得太爽,便打开宫门大呼小叫地跑到大街上,结果违反了宫中禁令,曹操对此颇为不满。加上曹丕花钱买通了曹操身边的人,他们总是为曹丕说好话,终于让曹操下定决心立曹丕为太子。曹丕凭着自己的诡诈战胜了才华出众、天真任性的曹植。

220年,曹操死后,曹丕继位。曹丕并没有饶恕曹植。他召曹植前来为曹操奔丧,曹植正和手下人高歌狂饮,对于曹丕的传唤,不加理睬。曹丕非常恼怒,就派卫士拿着锁链,冲入曹植家中,不由分说,把他捆绑起来,带到曹丕的宫殿上。曹丕想除掉曹植,斩草除根。这事不料被他母亲知道了,她哭哭啼啼跑到大殿上,说:"曹植是你的亲兄弟,纵然有些过错,也不应该处死他。"

曹丕不敢违抗母命,但不杀曹植总担心会留后患,杀曹植又没有合适的理由。猛然间,他想起了一个好办法。他把曹植叫到面前,当着文武官员的面,训斥他:"你犯了死罪,但我不忍心骨肉相残,让旁人笑话。可如果轻易地饶了你,人家会说我有意袒护你。这样吧,都说你能出口成章,我想这不过是谣传,今天就试一试,我命令你在七步之内作一首诗歌,主题是写你我兄弟关系,但不能提到兄弟二字。如果做得出,就免你一死;如写不出来,就别怪我无情了。"

曹植

曹植慢慢站起身,文武官员都为曹植担心,七步之内写一首诗,的确难以做到。曹植看了看高坐在王位上的哥哥,想着我和你本是亲兄弟,为了争夺王位,你竟要置我于死地。他迈开步子,每走一步就高声诵读一句,七步还没有走完,诗已写成:

煮豆燃豆萁,豆在釜中泣。

本是同根生，相煎何太急？

在场的人无不为曹植敏捷的才思深深地折服，曹丕也惭愧地低下了头。凭借自己真实的才华，曹植被赦免了，回到了自己的封地。

曹丕不甘心只当个王，他还想着称帝。于是他派手下人，向汉献帝说明了自己的意思。建安二十五年（220年）十月，汉献帝下旨将皇位禅让给曹丕，曹丕还假意推脱。汉献帝连下了三道旨，曹丕才答应接受皇位，改元黄初，称魏文帝。至此东汉王朝宣告结束。

曹操平定关中

汉建安十六年（211年）三月，钟繇奉曹操旨意出兵讨伐张鲁，曹操命令征西护军夏侯渊等人，率领大军从河东出发，与钟繇会合。

仓曹属高柔劝曹操说："大军西进，韩遂、马超会怀疑我们是去袭击他们，一定会互相煽动。应当先安抚三辅地区，平定了三辅，只要往各地区发发檄文，汉中就会自然平定。"曹操不听。

关中的将领果然起了疑心，马超、韩遂、侯选、程银、杨秋、李堪、张横、梁兴、成宜、马玩等十支部队起兵反叛，共十万人马一起据守潼关。

曹操派安西将军曹仁统帅各将领抵抗，让他们坚守营寨，不要出战。命令曹丕留下驻守邺城，让奋武将军程昱协助曹丕处理军务；任命门下督徐宣为左护军，在邺城统率各部；任命乐安人国渊为丞相府的居府长史，负责留守事务。

七月，曹操亲自率领大军，进攻马超等人。

这时谋士纷纷建议："函谷关以西的士兵擅长使用长矛，如果前锋部队不是精锐的，是抵挡不住的。"

曹操说："战事的主动权在我，不在敌人。他们虽然善用长矛，我会让他们的长矛无法刺杀。"

八月，曹操到达潼关，与马超等人隔着关安营扎寨。曹操急着控制局势，暗中派遣徐晃、朱灵率领步兵、骑兵四千人渡过蒲阪口，在黄河北岸扎营。

闰八月，曹操让大军从潼关向北渡过黄河，曹操与虎贲武士一百多人留在南岸断后。这时马超率领步兵、骑兵一万多人前来进攻，许褚急忙扶曹操上船，撑船的人被流箭射中死了，许褚左手举起马鞍为曹操抵挡乱箭，右手撑船。校尉丁斐把曹军携带的牛马放出来引诱敌人，马超的军队大乱，士兵都争着去抢牛马，曹操才得以渡过黄河。

曹操大军从蒲阪渡过西河，沿河开凿甬道，逐渐向南推进。马超等人退守渭口，也就是渭水流进黄河的入口。曹操设下许多疑兵，暗中却用船载着士兵进入渭水，修筑浮桥，然后乘夜另派士兵到渭水南岸扎下营垒。马超等人连夜进攻，被埋伏的士兵打败。

马超等人到渭南驻军，派使者求和，说愿意割让黄河以西的土地。曹操不答应。

九月，曹操军队全部渡过渭水。马超等人屡次挑战，曹操都不与他们交战；他们又以割让土地，送儿子做人质来求和，贾诩认为可以假装答应。曹操问他下一步怎么办，贾诩说："离间他们。"曹操点头称是。

曹操与韩遂以前有过交情，韩遂请求与曹操相见，曹操就答应了。他们骑着马聊天，聊了很久，并不讨论正事，只说些在京城的旧友往事，高兴时拍手欢笑，并引来了许多胡人观看。

会面结束后，马超等人问韩遂："你们说了些什么？"韩遂说："没说什么。"马超等人对韩遂起了疑心。有一天，曹操给韩遂写了一封信，信中圈改涂抹了很多，弄得就像是韩遂涂改过一样，马超等因此更加怀疑韩遂。

曹操与马超等约定日期交战。曹操先派小部队与马超等交战良久后，才派精锐骑兵夹击，结果斩杀了成宜、李堪等，大获全胜。韩遂、马超逃奔凉州，杨秋逃奔安定。

将领们问曹操说："当初，敌军据守潼关，渭水以北的道路都没有设防。但您为什么不从黄河以东进攻冯翊，反而在潼关附近驻扎，过了好久才北渡黄河呢？"

曹操说："敌军据守潼关，如果我军进入河东，敌军就会据守各处渡口，我们就无法渡过西河了。我故意集中大部队开往潼关，敌军也就在那儿集中防守，西河的戒备松散，所以徐晃、朱灵两位将军能够轻易夺取西河。然后我再率领大军北渡黄河，敌军无法与我争夺西河，因为已经有两位将军在那里驻军了。

"我连接车辆，打下木栅，开凿甬道往南推进，既是为了安全，也是向敌军示弱。渡过渭水后修筑营垒，敌人挑战而坚守不出，是让敌军骄傲自满，因此敌军没有修筑营垒，而只是请求割地。我答应他们，是为了使他们自以为安全而不加防备。同时，我们养精蓄锐，一旦进攻，就迅雷不及掩耳。用兵之道，变幻莫测，不能拘泥于一种方法。"

不久，关中各将领纷纷领兵投降曹操。十月，曹操平定杨秋，十二月班师回朝。自此，曹操平定了关中地区。

刘备平定蜀中

汉建安十七年（212年），刘璋让刘备率军进攻张鲁，刘备暂时将军队驻扎在葭萌关。

庞统向刘备建议说："秘密挑选精兵，日夜兼程，直接袭击成都，必然可以一举平定，这是上策。

"杨怀、高沛都是刘璋手下的名将，各自统领强大的军队，据守各个关隘。听说他们曾多次劝刘璋把将军您遣回荆州。将军不如派人去告诉他们，说荆州情况紧急，您准备回去援助，并让人整理行装，做出要回去的样子。这两个人既佩服将军的英名，又欣喜将军离去，估计一定会只带很少的人来见将军。趁机抓住他们，吞并他们的部队，再进军成都，这是中策。

刘备

"退回白帝城，联合荆州的力量，再慢慢想办法，这是下策。但若在这儿犹豫不决而无所作为的话，一定会陷入困境。"刘备同意采用庞统的中策。

后来曹操进攻孙权，孙权要求刘备派军队援救。刘备给刘璋写信，说明自己必须回军援救孙权，并请求刘璋补充他一万兵力和物资粮草。

刘璋只答应给他四千士兵，其余的要求都只落实一半。刘备为此十分生气。

刘备一走，张松写信给刘备和法正说："大事即将成功，为什么丢下这儿离开呢？"

张松的哥哥、广汉太守张肃知道张松的计谋后，害怕会连累自己，就向刘璋告发了张松。

刘璋知道后，就杀了张松。刘璋又向驻守各关口和要塞的将领发送檄文，命令他们都不要再与刘备往来。

刘备非常生气，召见刘璋手下的白水军督杨怀、高沛，责备他们对客人无礼，还斩杀了这两个人。然后率领军队进驻关头，吞并了杨怀、高沛的部队。又继续进军，占领涪城。

次年，益州从事郑度听说刘备起兵，建议刘璋把巴西与梓潼的百姓全都驱赶到内水、涪水以西，把巴西与梓潼仓库中的粮食物资和田野里的庄稼全部烧掉。然后修筑营垒，深挖战壕，以逸待劳等候他们到来。

刘备听说后，十分担心，向法正询问对策。法正说："刘璋肯定不会采纳郑度的计策，您不必担心。"

刘璋果然对部下说："我听说抵抗敌人是为了让百姓安居乐业，从没听说迁移百姓躲避敌人的。"遂不采用郑度的计策。

刘璋派手下的将领刘璝、泠苞、张任、邓贤、吴懿等人抵挡刘备，结果都被击败，退守绵竹，吴懿向刘备投降。刘璋又派护军李严、费观统领驻守绵竹的军队，李严、费观也率领部下向刘备投降。

刘璝、张任与刘璋的儿子刘循一起撤退，在洛城驻守。刘备进军，包围了洛城。张任率领军队出城，在雁桥与刘备大军交战，结果大败，张任战死。

汉建安十九年（214年），刘备围攻洛城近一年时间仍没有攻下。在此期间，庞统不幸被流箭射中而死。

法正写信给刘璋，分析当时的形势，向他劝降，说："左将军刘备起兵以来，对您仍有旧情，实际上没有恶意。我认为您可以考虑其他的选择，以保全您的家产。"刘璋没有回信。

刘备终于攻破了洛城，接着就包围成都。诸葛亮、张飞、赵云也率领军队前来会合。

不久，原先张鲁手下的大将马超也投靠了刘备，刘备更是如虎添翼。

刘备包围成都几十天，派从事中郎简雍进城劝降刘璋。这时成都城中还有精兵三万，粮草还可以支持一年，官吏和百姓都愿意抵抗到底。

刘璋说："我们父子统领益州二十多年，没有对百姓施加什么恩德。百姓苦战三年，曝尸荒野，都是因为我刘璋，我怎么能安心呢？"于是下令打开城门，和简雍共乘一辆马车，出城投降，部下无不伤心流泪。刘备将刘璋及其家属妥善安置。

刘备进入成都，设酒宴犒劳士兵们。他下令取出城中库存的金银，分别赏赐给将士们，谷粮布帛归还其主。刘备兼任益州牧，任命军师中郎将诸葛亮为益州太守。然后封官拜将，建立了地方政权。

东吴名将吕蒙

　　东吴名将吕蒙，少年时家境贫困，没有条件读书。但他作战英勇，屡立战功。

　　吕蒙有一次跟随姐夫邓当攻打山越，他虽然年轻，却勇气可嘉，把敌军冲乱了阵脚。于是，他们趁机发动攻势，把山越人打得一败涂地。这件事后，有人把吕蒙勇战山越人的情况报告了孙策，孙策十分赏识吕蒙的勇敢。

　　孙权继位后，就提升吕蒙做平北都尉。建安十三年（208年），吕蒙受孙权之命，攻打黄祖，以报黄祖杀害孙坚之仇。黄祖派部将陈就迎战。陈就用绳索把战船连在一起，屯在江口。孙权的兵船刚一靠近，陈就命令士兵射箭，打退了东吴军队的进攻。

　　吕蒙善于总结失败的经验，想出了一个方法，他选派一百多条小船，让士兵全副武装，冒着箭雨去砍断战船的绳索。自己带领士兵从后面掩杀过来。陈就见东吴军队攻势凶猛，就弃船上岸。吕蒙紧追不放，追到跟前，手起刀落，砍死了陈就。东吴军队乘胜攻破城池，孙权部将一箭射死了仓皇逃跑的黄祖。孙权父仇得报，班师回东吴后，吕蒙遂升为横野中郎将。

　　吕蒙从小没有机会读书，识字不多。他带兵镇守一方，每每向孙权报告军情时，只能口传，不能书写，很不方便。

　　一天，孙权对吕蒙和蒋钦说："你们从十五六岁开始，一年到头打仗，没有时间读书，现在做了将军，就得多读些书呀。"吕蒙说："军务实在太忙，哪里顾得上读书？"孙权说："我不是要你做一个博古通今的大学问家，只要

吕蒙

你粗略地多看看书，多了解一些事情，能够拿历史作为借鉴就行了。你说忙不过来，难道还有我忙吗？我常常抽空读书，觉得读书有许多好处。"孙权还用汉光武帝刘秀在军事紧张的时候仍然手不释卷的故事鼓励吕蒙好好读书。

在孙权的启发和鼓励下，吕蒙开始发奋读书。他读《孙子兵法》《六韬》，也读《左传》《论语》等。一有时间，吕蒙就手不释卷地读书，后来竟达到了博览群书的境界。

鲁肃做都督的时候，仍然以老眼光来看待吕蒙，以为吕蒙只是一个文化水平不高的武将。有一次，鲁肃路过吕蒙的驻防地区，同吕蒙谈话。吕蒙问鲁肃："您肩负重任，对于相邻的守将关羽，做了哪些防止突然袭击的部署？"鲁肃说："这个，我还没考虑过！"吕蒙就向鲁肃陈述了吴、蜀的形势，提了五点建议。鲁肃听后，非常钦佩吕蒙的真知灼见，觉得吕蒙已是文武双全的大将。鲁肃走到吕蒙跟前，拍拍吕蒙的后背说："真是聪明一世，糊涂一时，吕兄进展如斯，我还蒙在鼓里，先前总以为你只有勇武。不想，听君一席话，茅塞顿开，原来吕兄也是满腹经纶之人，可笑愚弟走了眼。"

吕蒙一笑说："士别三日，理当另眼相看。况且你我之别，远非三日，如何知我有多大变化。今日一叙，老弟你可不能再用老眼光来看我了。"

从此以后，鲁肃与吕蒙交情日深，成了非常好的朋友。不久，吕蒙接替鲁肃统领东吴的军队，名垂青史。

张辽勇守合肥

汉建安二十年（215年）八月，孙权率领十万大军围攻合肥。张辽、李典、乐进率领七千人奉曹操之命驻守合肥。

早在曹操前去征讨张鲁时，留下一份指示信给合肥护军薛悌，并在信封边上写着："敌人到了，再打开看。"孙权大军到达后，薛悌等人打开信封，信中说："如果孙权来了，张、李二位将军出城迎战，乐将军守城，护军不得参战。"

将军们因为现在寡不敌众，都对曹操的指示表示怀疑。张辽说："魏公远征在外，等他的救兵赶到，敌人一定已经把我们攻破了。所以才指示我们趁敌人还未形成合围时，出去给他们一记迎头痛击，来打击敌军的锐气，安定我军

张辽

军心，然后才能够守住城池。"

乐进等人都不答话。张辽气愤地说："成败的关键，就在此一战了。诸君若还有疑问，我张辽将独自出战，与敌军一决胜负！"

李典向来与张辽不和，这时却慨然地说："这是国家大事，就看你怎么决定了，我是不会因为私人的恩怨而损害大事的！请让我跟你一起出战。"

于是张辽连夜募求八百敢死队员，然后杀牛设宴鼓励他们，让他们吃饱准备出征。

第二天清晨，张辽身穿铠甲，手持长戟，身先士卒，冲入敌阵，杀死几十人，砍下敌军两员大将的首级，然后大声叫着自己的名字，冲破敌军防线，一直杀到孙权的大旗之下。孙权大惊，不知所措，逃到一座土丘上，用长戟保护自己。

张辽大声斥骂让孙权下来单挑，孙权不敢动。看到张辽所带的人马并不多，孙权就集聚自己部下将张辽团团围住。张辽急忙突破包围，带领手下几十人冲了出来。剩下的人高声呼喊："将军要抛弃我们吗？"张辽又上前突入重围，把剩下的人也带了出来。

这一仗，从清晨一直持续到中午，直到东吴的士兵都失去了斗志，张辽才率军回城，然后部署城防，整修工事，城内的人心全都安定下来。

孙权攻打合肥十多天也没有攻下，就撤军返回。张辽得知这一消息后，便率领步兵、骑兵突然杀到。甘宁与吕蒙等人奋力抵挡。凌统率领亲兵保护孙权冲出包围，自己又杀进去与张辽奋战，身边的将士全部战死了，他自己也受了伤，估计孙权已经脱离危险，他才退了回去。

孙权骑着骏马，来到逍遥津桥上。桥南的木板已经撤去，没有桥板的地方有一丈多宽。孙权马后的部下，让孙权抓紧马鞍，放松缰绳，用马鞭狠命抽打，加快马的速度，马终于飞跃过桥。贺齐率领三千人在逍遥津南岸迎接，孙权这才逃脱出来。

关羽失荆州

汉建安二十四年（219年）七月，蜀汉将军关羽进攻驻守樊城的曹仁。不久，关羽利用连降大雨之机，大败于禁、庞德大军。于禁等人走投无路，于是向关羽投降。庞德经过苦战被擒，最终被关羽杀死。

关羽得到于禁等人的士兵几万人，粮食供应不上，就擅自取走了孙权湘关粮仓的存粮。孙权听到这个消息，就派遣军队进攻关羽。

孙权以吕蒙为统帅，孙皎为后援，率兵准备夺取荆州。曹操此时也派出了徐晃前去援救曹仁。

徐晃在离关羽的包围圈三丈远的地方，通过挖地道和射箭书等方式通知曹仁，双方多次互通消息。

孙权写信给曹操，要求他讨伐关羽，为朝廷效力，并请求不要泄露这个消息，以防关羽有所防备。

曹操询问群臣，群臣都说应当为他保密。董昭却认为保守秘密而不泄露，正让孙权得志，这不是上策。再说，被围困的将士不知道有救兵，看着城中粮食就快吃完，估计难以坚守，一定会惊慌不安；万一生出投降的想法，那我们的损失就大了，所以还是透露出去的好。况且关羽为人强悍，自恃江陵、公安两座城池防守坚固，一定不会立即退兵。

曹操认为董昭的话有理，于是立即让徐晃将孙权的书信用箭射入被围的城中，以及关羽的军营。城里的将士得到书信后，士气大涨；而关羽果然犹豫不决，也没有撤兵。

关羽在围头和四冢都派出军队驻扎，徐晃就扬言要进攻围头，实际上却秘密攻打四冢。关羽见四冢危急，

关羽

亲自率领步兵、骑兵五千人出战，结果遭到了徐晃的迎头痛击，狼狈逃回大营，徐晃率军趁势攻占了关羽大营，关羽只好撤除包围圈，率军退走，但仍留下舰船控制着沔水，去襄阳的水路因此隔绝不通。

吕蒙到达寻阳，把他的精锐士兵藏在普通的船中，化装成商人，日夜兼程进军。他又将关羽设置在江边据点里的侦察人员全都捉了起来，所以关羽对吕蒙的行动一无所知。

吕蒙又利用糜芳、傅士仁对关羽的不满，写信将其劝降并得到了南郡。关羽得知后，急忙下令向南撤军。

关羽南撤后，曹仁召集将领们商议，大家都认为应该乘胜追击将关羽擒获，唯独赵俨持反对态度。曹操得知关羽败逃，唯恐将领们追击他，果然迅速给曹仁下达指令，和赵俨的说法一样。

关羽多次派使者与吕蒙联系，吕蒙每次都厚待关羽的使者，允许他们在城中各处游览，还向关羽部下各家亲属表示慰问。

使者返回后，关羽部属私下向他们询问家中情况，尽知家中平安，待遇超过以前，因此关羽的将士都无心再战了。

关羽自知势单力孤，陷入绝境，便向西退守麦城。孙权派人诱降，关羽假装投降，把假人立在城墙上，然后弃城逃走，士兵们也全都逃散，只有十几名骑兵跟随他。

此时的孙权已在关羽的去路上设下了伏兵，当关羽和儿子关平逃到章乡时，被潘璋手下的马忠擒获，最终关羽和关平被吴军杀害。

从此，孙权占领了整个荆州地区。

曹丕继位

魏黄初元年（220年）正月二十三日，曹操去世。

当时太子曹丕正在邺城，驻守洛阳的军队发生骚动。大臣们想暂时不公布曹操去世的消息，但遭到谏议大夫贾逵的强烈反对，才把丧事公布。

还有人建议把各个城池的守将都换上曹操嫡系的谯县人和沛国人，魏郡太守反对道："现在不论远近，归于一统，人人都愿意为国效忠，为什么一定要任用谯县、沛国的人，而使原来那些守将的感情受到伤害呢！"撤换的事情才被阻止。

青州籍的原黄巾军士兵擅自击鼓，互相招呼离去，大家都认为应该阻止，如果有人不服从命令，就应当派兵讨伐。贾逵再次反对并写了一篇很长的文告，命令青州兵所到之处的地方官府为他们提供饮食。

鄢陵侯曹彰从长安赶来，向贾逵询问曹操的玺绶在什么地方。贾逵严肃地对他说："国家已经确立了正式的继承者，先王的玺绶不是君侯您应该打听的。"

噩耗传到邺城，太子曹丕放声痛哭，不能自已。中庶子司马孚劝谏说："先王驾崩，天下大事都依赖殿下做主；应当上为宗庙祭祀的延续着

曹丕

想，下为天下百姓的生计考虑，怎么能像普通人行孝一样只知道哭呢？"太子又哭了很久，才将哭声止住。

这时曹操的死讯才被群臣所知，于是大家聚在一起痛哭，连上朝的行列也无法保持。司马孚在朝中大喊："现在君王去世，天下震动，应当尽早拜立新君，以稳定全国局势。你们就只知道哭吗！"于是下令让群臣退朝，设置宫廷的警卫，料理丧事。

群臣认为太子即位应该等待皇帝的诏令。尚书陈矫说："大王在外地去世，全国上下惶恐不安，太子应当节哀，继承王位，以符合天下人的期待。况且先王宠爱的其他儿子也在一边等待机会，万一发生变故，那么国家就危险了。"于是立即在一天之内安排官员备好了一切礼仪，一天之内全部准备齐全。

第二天早晨，太子以王后的名义即位，大赦天下。汉朝皇帝也很快派遣御史大夫华歆带着诏书，授给曹丕丞相官印、魏王玺绶，并兼任冀州牧。

火烧连营

魏黄初三年（222年），为了给关羽报仇，刘备从秭归出兵，进攻孙吴。汉中从事黄权进谏说："吴人剽悍善战，而我们的水军顺江而下，前进容易，撤退困难。我请求充当先锋，向敌人发动进攻，陛下您应该在后方坐镇。"刘备没有听从，反而任命黄权为镇北将军，让他统领长江以北各路蜀军；自己则率领军队，从长江以南翻山越岭，驻扎在夷道县。

东吴的将领都想迎击蜀军。陆逊说："刘备率领大军沿长江东下，锐气正盛，而且凭据高山，扼守险要，很难一下子攻取；即使攻击成功，也很难把他们完全打败。如果进攻失利，将会损害我们的整体布局，绝不是小小的失误。现在只需暂且鼓励将士，运用各种谋略，等待形势的变化。如果这一带是平原旷野，我们还要为互相之间的袭击追逐操心。现在他们沿着山岭行军，我们再慢慢加以利用就可以了。"将领们都认为陆逊惧怕刘备，心里很不满意。

陆逊

蜀军从巫峡建平直到夷陵附近共修筑了几十座营寨，以冯习为总指挥，张南为前军指挥，从正月一直对峙到六月还没能够决战。

刘备命令吴班率领几千人在平地扎营，吴军将帅都要求出击，陆逊却再次加以拒绝。

闰六月，陆逊要向蜀军发动进攻，部下将领都认为现在刘备已经占领了各个要害，攻击他一定会失败的。

陆逊说："刘备是个狡猾的家伙，经验又很丰富，他的军队刚刚集结的时候，考虑问题一定非常周详深入，不是我们发动攻击的时候。现在蜀军驻扎了那么久，仍然找不到我们的漏洞，将士疲劳，士气低落，再也无计可施。要想进攻这伙入侵者，就在今天了！"于是先向蜀军的一座营寨发起进攻，战斗失利。

将领们都为之叹息，陆逊却说："我已经知道破敌的办法了。"于是命令士兵每人拿一束茅草，点燃后用火攻，终于将营寨攻克。

之后陆逊又趁势通报其他各支军队，命令他们同时用这个办法发起进攻。结果斩杀了张南、冯习及蛮王沙摩柯等人，攻破蜀军营寨四十几座。蜀汉将领杜路、刘宁等人走投无路，只好向吴军投降。

刘备环绕马鞍山布置兵力。陆逊督促各路军队，从四面压缩，蜀军土崩瓦解，战死一万多人。刘备连夜逃到白帝城。

蜀军的船只、器械，水、陆军队的军用物资，全部损失殆尽；尸体布满长江江面，顺流而下。刘备既惭愧又愤怒，大呼这是天意。

先前，诸葛亮和尚书令法正的爱好、追求不同，但他们都看重对方为公守义，诸葛亮总是很赞赏法正的智谋。刘备伐吴惨败的时候，法正已经去世，诸葛亮感叹说："如果法正仍然在世，一定能阻止主上进攻东吴，即使去了，也不会失败。"

当初，魏文帝曹丕听说蜀军树桩立栅，营寨相连，就对大臣们说："刘备不懂打仗，哪有营寨相连还能与敌人对峙的！这是兵家大忌。孙权报捷的奏文，很快就要到了。"果然不出所料，七天后吴军的捷报果然送到了。

七擒孟获

兵败退守白帝城的刘备临终前将唯一的儿子阿斗托付给诸葛亮，然后含恨而死。

诸葛亮不负刘备重托，把蜀汉治理得井井有条，但不久南中地区的孟获造反了。

孟获是南中地区少数民族的豪强，在当地影响很大。他和朱褒、高定等人勾结，推举雍闿为主帅，趁蜀国对吴国作战失败、元气大伤、刘备刚死之机，煽动百姓，杀了蜀国派在那里的官吏，准备进攻成都。

孟获等人在南中的叛乱，严重地威胁着蜀汉政权，妨碍了诸葛亮北伐中原、统一全国的计划。为了维护国家统一，解除北伐的后顾之忧，诸葛亮经过

孟获

积极准备，在蜀汉后主建兴（225年）三年，分兵三路，南下平叛。

诸葛亮命令蜀将马忠带领的蜀军攻打牂牁郡叛将朱褒，李恢攻打益州豪强雍闿和孟获，诸葛亮亲自攻打高定。

在出兵时，诸葛亮采纳了参军马谡的建议，以征服当地领袖人物的心为主，使他们心悦诚服地服从蜀汉的统治，以防再发动叛乱。这叫"攻心为上，攻城为下；心战为上，兵战为下"。

诸葛亮出兵不久，高定的部下把雍闿杀掉，孟获做了主帅。接着，诸葛亮杀了高定，马忠也攻破了牂牁。这年五月，诸葛亮带领军队渡过泸水，向南追击孟获。

由于孟获在当地百姓当中有一定的威望，当地少数民族和汉族都服从他的指挥，所以诸葛亮下令不准杀死他，一定要抓活的。

孟获见蜀军打了进来，就起兵迎战，蜀将王平跟他对阵。开战不久，王平佯装战败退走。孟获驱兵前进，不料中了埋伏，只得引兵退走。蜀兵紧追不舍，活捉了孟获。

诸葛亮大声问孟获道："我们待你不错，你为什么要反叛朝廷？现在你已被生擒，还有什么好说的！"接着，他亲自带领孟获参观蜀军军营，然后问孟获朝廷的军队如何。

孟获见蜀军兵营整肃，军纪严明，士气旺盛，心里暗暗佩服，但他并不服气。他说："我因不知虚实才被打败，中了你们的埋伏，才被捉了。要是真刀硬拼，我是能够取胜的。"

诸葛亮笑着说："既然这样，我放你回去。你整顿好队伍再来打如何？"孟获说："好吧。"诸葛亮吩咐士兵摆上酒席给他压惊，招待他吃了一顿，然后放他回去。

孟获回去后，又引军来战。加上这次，双方一连打了七次，孟获被擒七次。

最后一次，诸葛亮把孟获的军队引进一个山谷，并截断归路，然后火烧山谷。不多时，满山满谷浓浓烈火，把孟获的将士烧得焦头烂额，孟获第七次被蜀兵活捉了。

孟获再次被押入蜀营。诸葛亮传话说："丞相害羞，不愿意再见孟获了。孟获可以回去，整顿好人马，再来决一胜负。"孟获回答说："七擒七纵之事自古没有。我虽然没读过书,也懂得做人的道理,怎能这样不知羞耻呢?"说完,他脱掉一只衣袖,露出胳膊,跪在地上,表示服罪。他流着泪说:"丞相天威,我们南人再也不反了!"诸葛亮忙上前把孟获扶起来,对他说:"这样就好!"诸葛亮请孟获进入营帐,设宴招待他,又跟他讲了许多道理,然后客客气气地送他出了营门,让他回去。这年秋天,三路蜀军在滇池会师,宣布南征之战结束。

诸葛亮上出师表

魏太和元年(227年),诸葛亮再次北伐中原。三月,蜀军来到汉中,并在此驻扎下来,长史张裔、参军蒋琬留下处理相府诸事。出发前,诸葛亮上书说:

"先帝刘备创立大业,还没有完成一半而中途去世。现在天下分而为三,就数益州的蜀国最为贫穷困乏,这实在是生死存亡的危急关头。而现在陛下身边的近臣对朝廷尽忠尽职,将士们在战场上浴血奋战,这是因为追思先帝优厚的待遇,而想报答给陛下的缘故。陛下正应虚心听取各方面的意见,光大先帝遗留下的美德,振奋有志之士之气;不应该妄自菲薄,讲出不合适的话来,以致阻塞忠臣进谏的渠道。

"宫廷与相府本是一个整体,无论奖罚、提升、败惩,都应该一样,不能有区别。如果有作奸犯科,或者尽忠立功的人,应该交给有关部门按规定给予处罚、奖赏,以显示陛下您的英明公允;不应该偏心护短,使宫廷内外执法的标准不一。

"侍中郭攸之、费祎和侍郎董允等人,都善良诚实、忠心淳厚,所以先帝选拔他们来辅佐陛下。宫廷中事,事无大小,皆可向他们询问,而

诸葛亮

后再实行，一定能够弥补不足，获益良多。

"将军向宠，生性善良而不偏颇，精通军事，以前领兵打仗，先帝也称赞他有本事，所以被大家推举为掌管禁兵的中部督。军中之事，应向向宠将军请教，一定能让将官与士兵相处融洽，各司其职。

"亲近贤臣，疏远小人，这是前汉之所以兴盛的原因；亲近小人，疏远贤臣，这是后汉之所以衰败的原因。先帝在世时，每当和我谈论起这件事，没有一次不叹息痛恨汉桓帝、灵帝两位昏君的。侍中、尚书、长史、参军，都是忠诚贤良之人，陛下要和他们走近些，信任他们，那么汉室兴盛就为期不远了。

"我本是个平民百姓，在南阳亲自耕作，只求能在乱世保全性命，并不奢望飞黄腾达、闻名诸侯。先帝不嫌弃我地位卑下、见识浅鄙，屈尊俯就，三顾茅庐来拜访我，向我咨询当今天下大事；我由此感激万分，于是答应先帝为他奔走效命。后来军事上遭遇失利，我在兵败之时承担重任，在危难之际接受使命，到今天已经有二十一年了。先帝知道我为人谨慎，所以临终前将辅佐之事托付给我。

"我自受托先帝临终遗命以来，时刻忧虑慨叹，害怕辜负先帝信任，损害先帝英名，因此，我于前年五月份率军渡泸水，深入到荒僻的不毛之地。现在南方已经平定，武器兵马也已充足，正应当激励将士，统率三军，北伐平定中原。我愿意竭尽自己平庸的能力，铲除奸贼，兴复我大汉皇室，重返故都。这正是我报答先帝，并且尽忠陛下的职责与本分。

"至于处理朝政，进谏忠言，则是郭攸之、费祎、董允他们的职责。希望陛下把讨伐国贼、兴复汉室的重任交付给我，如果我不能完成使命，则请您将我治罪，以告先帝在天之灵；责备郭攸之、费祎、董允等人疏忽职守，以表明他们的过错。陛下您自己也应该好好想想，思考治国之道，接纳良好的建议，仔细体会先帝的遗诏。我将受益匪浅，不胜感激。眼看就要远离陛下，我写表时忍不住流泪，不知道自己说了些什么。"

马谡失街亭

魏太和二年（228年）春，诸葛亮要攻打魏国，与部下商议军事行动。

丞相司马魏延说："听说镇守长安的夏侯楙是曹操的女婿，此人胆小而没有智谋。现在如果拨给我五千人的精锐部队,带着足够五千人享用的军粮,从褒中走,沿秦岭向东行,在子午道转向北,在十天之内,必可到达长安。

"夏侯楙听说我带军队突然杀到,一定会弃城逃跑。这样长安城中就只剩下御史、京兆太守这些文官了。横门粮仓的存粮和百姓逃散时所留下的粮食,足以供我的军队取食。等魏军在东方准备好军队时,也得二十多天的时间,而此时,您再从斜谷出来接应,时间也足够了。这样,一下子就可以平定咸阳以西各个地区。"

诸葛亮认为这个计划过于冒险,不如从安全角度出发采取稳妥的方法,可以顺利夺取陇右地区,有百分之百的把握而没有风险,所以没有采用魏延的计策。

孔明挥泪斩马谡

诸葛亮扬言从斜谷道进取郿城,命令镇东将军赵云、扬武将军邓芝充当疑兵,据守箕谷。魏将曹真在郿城驻扎。诸葛亮亲率大军攻打祁山,军队整齐严肃,纪律严明。

起初,魏国在蜀汉昭烈帝刘备死后,几年来都没有什么动静,因此几乎没有做什么防备;突然听说诸葛亮出兵攻魏,朝野一片恐惧。紧接着,天水、南安、安定都叛魏而归顺诸葛亮。关中受到震动,朝中大臣都不知道该采取什么对策。

魏明帝说:"诸葛亮本来依靠山岭阻隔进行固守,现在自己前来,正合兵书所说的诱敌出动的策略,我们一定能将他打败。"于是统领步兵和骑兵共五万大军,派右将军张郃监管军务,向西抵御诸葛亮。

越巂太守马谡才能气度都超过常人,喜好谈论军事谋略,诸葛亮十分器重他。刘备临终前曾对诸葛亮说:"马谡这个人言语浮夸,超过他的实际才能,不能委以重任,希望你能认识清楚。"

诸葛亮认为刘备对马谡看错了,于是提升马谡为参军,经常与他讨论问题,昼夜不歇。等到从祁山出兵,诸葛亮不任用旧将魏延、吴懿等人为先锋,反而让马谡统率各路军队在前面,与张郃在街亭交战。

马谡违背诸葛亮的指挥调度,军政措施烦琐冗杂,舍弃水源到山上驻扎,而不在山下据守城池。张郃切断马谡的取水通道，发动进攻，大败马谡，蜀军溃散。

诸葛亮失去了前军的据点，于是攻取西县一千多户人家返回汉中。回到汉中后，他把马谡关进监狱，并且杀了他。诸葛亮悲痛异常，亲自吊丧，并给马谡像生前一样极厚的待遇。

蒋琬对诸葛亮说："过去晋楚相争，楚国杀了能干的臣子，晋文公喜形于色。现在天下尚未平定却杀掉有智谋的人，难道不觉得可惜吗？"

诸葛亮流着泪说："孙子之所以能够无往而不胜，是因为执法严明；因此扬干触犯法令，魏绛就杀了他的仆从。如今四海分裂，战争才刚刚开始，如果置法度于不顾，那还怎么来讨伐贼寇呢？"

当初，马谡去街亭抗敌时，王平劝马谡不要扎营于山，马谡不听。马谡失败后，兵众都逃亡了，只有王平还在坚守着自己的营地。张郃怀疑他设有伏兵，所以不去进逼，于是王平慢慢收拢各部残余士兵，率领人马返回。

诸葛亮诛杀马谡与将军李盛以后，还夺取了将军黄袭等人的兵权，这时王平的功劳显得格外突出，于是提拔他为参军，统领五部军队兼管营寨事务，官位晋升为讨寇将军，封亭侯。诸葛亮上书请求将自己连降三级，蜀汉后主刘禅任命诸葛亮为右将军，兼理丞相事务。

赵云

当时在箕谷还有赵云、邓芝的军队也战败了，幸亏赵云固守，因而损失不大。赵云也受罚被贬为镇军将军。

诸葛亮问邓芝说："街亭兵败撤退，兵将离散不可收拾；箕谷兵败撤退，兵将还能够聚集，这是什么原因呢？"

邓芝回答说："赵云亲自负责断后，各种军需物资保存完好都没有丢弃，兵将没有理由擅自逃走。"

赵云还有剩下的军用物资以及绢帛等物品，诸葛亮让他赏赐给众将士，赵云说："战事失利，为什么还要赏赐！请把这些物资全部存入仓库，等到十月作为冬季慰问品再行赏赐。"诸葛亮对他的回答极为赞赏。

有人劝说诸葛亮率领更多的军队再次出兵，诸葛亮说："上次大军在祁山、箕谷所出动的兵力都远超敌军，结果战败，问题看来不在于士兵多少，而在于缺乏一个好的将领。

"现在我想精简兵将，明令赏罚，反省过

错,为将来解决问题开辟道路;如果不能做到这些,即使士兵再多又能有什么用呢?从今以后,凡是要为国家谋划效忠的人,只需多多批评我的过错,那么大事就能够成功,敌人就可以打垮,功业只需跷着脚等它到来了。"

于是诸葛亮认真考察每一个人的功劳,哪怕是最细微的功劳也要奖赏;对壮烈的勇士提拔重用;在国内公开宣布自己的罪过。他砥砺将士,宣扬武道,为将来的进攻做准备。结果士兵的战斗力增强,百姓也忘记了以往的失败。

诸葛亮命殒五丈原

魏青龙二年(234年)二月,诸葛亮再次率十万大军兵出斜谷伐魏,并约东吴同时进攻。

诸葛亮到达郿县,将军队驻扎在渭水南面。司马懿率领军队渡过渭水,沿着河水筑营抵抗诸葛亮。司马懿对将领们说:"诸葛亮如果从武功出发,依山往东进发,那么确实值得担忧;他如果向西前往五丈原,你们就可以不必操心了。"诸葛亮果然在五丈原驻军。

雍州刺史郭淮建议司马懿先行占领北原这个地方。他认为如果诸葛亮跨过渭水登上北原,和北山连兵,断绝长安与陇西的通道,一定会导致民情不安,这对国家是很不利的。司马懿便派郭淮驻防北原。堑壕和营垒还没有筑成,蜀军就已浩浩荡荡杀来,郭淮带兵迎战,将蜀军击退。

诸葛亮前几次出兵失败,都是因为粮草运输跟不上,这次于是分出部队实行屯田,作为长期驻军的基础。屯田的士兵和渭水之滨的居民杂处,百姓安居乐业,军队不生私弊。

司马懿同诸葛亮相持了一百多天,诸葛亮屡次挑战,司马懿就是坚守不出。诸葛亮就把妇女用的服饰送给司马懿,恼羞成怒的司马懿上表请求出战。

魏明帝派遣卫尉辛毗持符节担任军师来节制司马懿的行动。护军姜维对诸葛亮说:"辛毗持符节到来,敌人不会再出战了。"

诸葛亮说:"司马懿本来就无心出战,所以还要向朝廷请求出战,是要向部下表示自己不是害怕出战而已。将在外君命有所不受,如果他真能够打败我,哪里还需要向千里之外的君主请战呀!"

诸葛亮派遣使者到司马懿军中,司马懿向使者询问诸葛亮的睡眠、饮食

殒大星汉丞相归天

和其他情况，而不打听军事上的消息。使者回答说："诸葛先生早起晚睡，凡是二十杖以上的责罚，他都亲自批阅；吃的饭食不到几升。"

司马懿对别人说："诸葛孔明进食少而事务繁重，如此下去恐怕不会坚持太长时间！"

诸葛亮病重的消息传到成都，后主派遣尚书仆射李福前去探望，顺便询问国家大事。李福和诸葛亮谈完话，辞别离去，几天之后又再回来。

诸葛亮说："你这次来的目的我都知道，上次虽然谈了一整天，有些事却还没有交代，所以你又来听取决定。你所要问的事，蒋琬可以担当。"

李福说："再请问蒋琬之后，谁可担当重任？"

诸葛亮说："费祎可以继任。"

李福又问费祎之后谁可继任，诸葛亮没有回答。

这个月，诸葛亮在军中去世。长史杨仪整顿军马撤退，司马懿得知消息后率领军队追赶蜀军。姜维让杨仪调换战旗顺序，擂响战鼓，像是要向司马懿进攻。司马懿见状，立即下令军队后退。于是杨仪结阵离去，进入斜谷之后才发丧。百姓为此事编了一句谚语说："死诸葛吓走活仲达。"

司马懿听到后，笑着说："这是因为我能够猜测活着的诸葛亮，不能够猜测死了的诸葛亮的缘故。"司马懿到诸葛亮驻军营垒察看后，也不禁称赞诸葛亮为天下奇才，他追到对岸，也不能追上蜀军，于是便撤军了。

蜀军各路军队返回成都。朝廷宣布大赦，赐诸葛亮谥号"忠武侯"。当初，诸葛亮曾上表汉主说："我在成都有桑树八百株，薄田十五顷，除了供给家人衣食之外，还能有一些富余，我也不另置产业来增加收入。我死的时候，一定不让家里有多余的绢帛、外面有多余的钱财，而辜负陛下。"事实也确实如此。

蜀地民众请求为诸葛亮建庙祭扫，后主没有准许。但逢时节百姓就自己在路上祭祀。步兵校尉习隆等人向后主建议在沔阳诸葛亮的墓地附近，建一座庙用于祭祀，使百姓不必再私下祭祀。蜀后主刘禅同意了。之后，祭祀诸葛亮的人络绎不绝。

司马懿诛曹爽

魏国大将军曹爽骄奢无度，穿戴饮食，一切均依照皇帝的标准。尚方署的珍宝器玩，在他家里摆得满满的；他还私自留用明帝宫中的才人做歌舞乐伎。他还造了一个地下宫室，装饰得极为华丽，召集何晏这些自己的党羽在里面饮酒作乐，奢侈无度。他的弟弟曹羲非常担心，经常苦劝，却没有用。

曹爽经常与兄弟一起出游，司农沛国人桓范对他说："你们兄弟总理万机，掌管禁兵，不应该同时出城，如果有人在城内发动兵变，关闭城门，还有谁在里面接应你们呢？"

曹爽说："谁敢这样？"

魏正始九年（248年）冬，河南令尹李胜出任荆州刺史，到太傅司马懿家辞行。司马懿装病，让两个婢女侍奉，他要更衣，衣服没拿住掉在地上；司马懿又假装口渴让侍女端粥，他装作拿不动碗，把粥弄洒了。

李胜说："大家都说您中风之症旧病复发，但想不到您身体竟糟到这个地步！"

司马懿气喘吁吁地说："我年老体弱，卧病不起，恐怕就快死了。你这次屈就并州刺史，并州靠近胡地，要好好加强戒备。我恐怕不行了，我要把儿子司马昭和司马师托付给你。"

李胜说："我是去家乡的荆州，不是并州。"

司马懿就假装听错了他的话，说："你将要去并州？"

李胜又说："是为荆州刺史。"

司马懿说："我年老糊涂，没听明白你的话。如今你回家乡并州，德行昭著，正好建立功勋。"

李胜告退后，回去禀告曹爽说："司马公只比死人多一口气，形体、精神已经分离，不值得担心了。"过了些日子，他又流着泪对曹爽等人说："太傅病体不能康复了，令人悲伤啊。"

曹爽等人不再有所防备，于是司马懿等人开始偷偷谋划诛杀曹爽。

魏嘉平元年（249年）正月初六，魏帝祭扫高平陵，大将军曹爽和他的弟弟中领军曹羲、武卫将军曹训、散骑常侍曹彦等都随侍同行。太傅以皇太后的名

司马懿诈病赚曹爽

义,命令关闭各个城门,带领士兵占领了军械库,并派兵出城据守洛水浮桥;传召司徒高柔持节代理大将军职务,占据曹爽兵营;命令太仆王观代理中领军职务,占据曹羲兵营。然后向魏帝上奏控诉曹爽的罪恶。

曹爽收到司马懿的奏章,非常惶恐,没有告诉魏帝,把魏帝的人马留在南边。砍伐树木堆成拒敌的鹿角,并调遣屯田的士兵数千人充当护卫。司马懿派遣侍中高阳、许允和尚书陈泰去劝说曹爽,告诉他们应尽早归降认罪;又派曹爽所信任的殿中校尉尹大目去对曹爽说,投降以后只免去他的官职而已,并指着洛水发誓。

这时,桓范逃出来,奔到魏帝身边护驾。他力劝曹爽挟天子在许昌,召集地方兵马来辅助自己。

曹爽还在犹豫不决,桓范对他说:"这件事解决起来明明白白,真不知道你读书是干什么用的!在现在的形势下,像你们这样门第的人,就算想求得贫贱安稳的日子也已不可能了!而且普通百姓有一个人被劫持,人们尚且希望他能活命,你们和天子在一起,天下谁敢不响应呢?"兄弟两人都不说话。

桓范又对曹羲说:"你中领军的别营就在城南,洛阳典农的治所也在城外,可以随意调遣。现在这里距离许昌不过两天的行程,许昌军械库里的兵器也足够军队使用。所担心的不过是军粮罢了,不过我有大司农的印章,可以征调军粮。"

曹爽兄弟沉默不答,从初更一直坐到五更。曹爽忽然把刀扔到地上说:"即使投降,我至少还能做一个有钱的人!"

桓范哭着说:"曹子丹那么出色的人,生下你们兄弟,像猪牛一样!哪里想到今天受你们的牵累而灭族啊!"

于是曹爽将司马懿上奏的事通报魏帝,请求魏帝下诏免掉自己的官职,侍奉魏帝回宫。曹爽兄弟回家以后,司马懿立即调兵包围曹府,并对他们日夜监视,等于软禁了他们。曹爽拿着弹弓到后园去,高楼上的人就高声喧唱:"前大将军去东南边了!"曹爽愁闷不已,又不知如何是好。

初十,有关部门禀告说:"黄门张当私自把选中的才人送给曹爽,怀疑他们之间互相勾结。"于是逮捕张当交给廷尉审讯核实。供词说:"曹爽与尚书何晏、邓飏、丁谧、司隶校尉毕轨、荆州刺史李胜等人阴谋造反。"于是逮捕曹爽、曹羲、曹训、何晏、邓飏、丁谧、毕轨、李胜和桓范,把他们都关进监狱,最后定为忤逆之罪,全部夷灭三族。

曹魏灭蜀

诸葛亮死后,继他主持大政的是蒋琬。蒋琬执政十二年(234～246年),蜀汉没有大举北伐。蒋琬本有自汉中沿汉水东下袭击曹魏的打算,但朝野间对此事进行讨论,都认为汉水浅急,如果出兵不能取胜,撤退时就会遇到困难,只怕会重蹈先主刘备猇亭之败的覆辙。因此,蒋琬没有进军。

后来,蒋琬得了重病,费祎担任他的职位。此时,曹魏内部矛盾突出,魏明帝已死,他年幼的儿子继位。曹爽、司马懿辅政,两人争夺权力。曹爽想通过伐蜀取得胜利来提高自己的威望,压倒司马懿。244年,曹爽率大军攻入汉中,遇上淫雨天气,结果被费祎打败。

253年,费祎被魏国刺客刺杀,接替他的是姜维。姜维虽然做到了大将军的职位,但在蜀汉政权中却是非常孤立的。刘禅晚年,宠信太监黄皓,黄皓想让他的亲信阎宇做大将军,总是在刘禅面前说姜维坏话。姜维害怕被陷害,常年带兵在外,不敢在朝廷久待。姜维想完成诸葛亮遗志,九次伐魏,但都没有取得胜利,反而白白耗费了许多兵力。

司马懿杀了曹爽,控制了曹魏政权。经过他两个儿子司马师、司马昭的苦心经营,司马氏夺取曹魏皇位,已是指日可待的事情。

景元四年(263年),魏元帝曹奂下诏命诸军大举征伐蜀汉,派遣征西将军

邓艾

邓艾率三万人从狄道，急往甘松、沓中，以牵制姜维；雍州刺史诸葛绪率三万人，从祁山急往武街桥头，切断姜维军队的退路；钟会统领十余万人，分别从斜谷、骆谷、子午谷，急往汉中。

景元四年十月，姜维布列营垒、扼守险要。钟会进攻，不能攻克，而运粮道远险阻，军中粮食缺乏，打算退兵。

邓艾上书，说："敌人已遭到沉重打击，应该乘胜追击。若从阴平由小路，经汉时德阳亭，直奔涪县，出剑阁之西百里，离成都三百余里。以奇兵攻击其心脏地区，出其不意，剑阁守军必然回头救援涪县，钟会大军就可以列队前进。如果剑阁守军不回救，那么能援助涪城的军队就很少了。"

邓艾率军从阴平出发，在荒僻难行之地，行军七百余里，一路上披荆斩棘。所过之处，都是山高谷深之险地，粮食奇缺，随时面临死亡的危险。将士们都攀缘树木，沿着悬崖，鱼贯而进。先头部队到达江油，蜀汉守将马邈投降，诸葛瞻率诸军抗击邓艾，到达涪县，停住不再前进。尚书郎黄崇，是黄权的儿子。他多次劝诸葛瞻先占尽险要地利，据险攻敌，不要让邓艾进入平坦之地，诸葛瞻执意不听。邓艾遂得以长驱直入，击溃诸葛瞻的前锋部队。诸葛瞻退驻绵竹。邓艾写信劝诱诸葛瞻，说："如投降，必表荐为琅邪王。"诸葛瞻大怒，斩了邓艾的使者，布列军阵，等待邓艾的进攻。邓艾派他的儿子、惠唐亭侯邓忠攻其右翼，司马师纂等攻其左翼。邓忠、师纂出战不利，一同退兵回来，说："贼寇难以击破！"邓艾大怒说："生死存亡，在此一举。怎能说不可击破！"呵斥了邓忠、师纂等，要斩他们。邓忠、师纂奔驰赴敌，还军再战，大破蜀军，斩杀了诸葛瞻和黄崇。诸葛瞻的儿子诸葛尚叹道："父子受国家重恩，不能早斩黄皓，使其祸国殃民，还活着干什么！"纵马冲入敌阵而死。

邓艾攻克绵竹后，直攻成都，速度之快，宛如天外奇兵，百姓纷纷逃往深山避难。后主刘禅赶紧召集紧急御前会议，文武官员议论纷纷。有人主张南逃南中；有人主张投奔东吴；更有人认为魏国大军压境，蜀国危在旦夕，不如趁早投降，还能保全性命。

刘禅胆小懦弱，不会打仗，见邓艾兵来，慌乱中想迁都南中，这样可以继续当皇帝。然而，以谯周为首的蜀地本土地主一起劝刘禅，分析了不可南逃南中的几个原因，刘禅就彻底没了主意，一心听任谯周的摆布。

刘禅决定投降邓艾。而刘家也并不是没有一个有骨气的人，北地王刘谌得知父皇决意投降，大怒，气冲冲地进入皇宫，劝谏刘禅道："父皇，如果真的是穷途末路，咱们就该父子君臣，背城一战，以死殉国，也好有脸面到地下去见先帝（刘备），为什么要投降？"刘禅只想保住自己的性命，拒不接受。当天，刘谌到先帝庙哭祭，十分哀痛。哭毕，先杀妻儿，而后自杀殉国。

邓艾军队刚到成都，刘禅就自缚双手，带着棺木和群臣一起投降了。邓艾赶紧替他松绑，焚烧棺木，以礼相待。

邓艾进了成都，约束部下，纪律严明，不准扰民，使人民很快恢复正常生活。很快，邓艾开始觉得自己了不起，骄傲起来，连钟会也不放在眼里。他直接向司马昭上书，要趁刚打完胜仗的势头，一鼓作气把东吴也灭掉。谁知司马昭派监军通知邓艾说："任何事情，都得先行呈报批准，不可自作主张、想做就做。"这件事把邓艾气得要命。

在剑阁与钟会作战的姜维，听闻诸葛瞻战败，立刻回师成都，但在抵达郪县就接到蜀主让他们就近降钟会的命令，士兵们拔刀乱砍山石泄愤。

姜维倒十分冷静。他跟将士们一合计，决定暂时向钟会投降，一有机会，再做打算。钟会赏识姜维是一条好汉，把他当自己人看待。俩人出门一块坐车，回营一起议事，形影不离。

钟会与邓艾是有矛盾的，邓艾攻下成都居功至伟。姜维怂恿钟会密报邓艾谋反。

司马昭本是个疑心很重的人，一接到钟会的报告，就用皇帝名义下了道诏书，派人到成都把邓艾抓起来，押回洛阳处置。他又怕邓艾抵抗，就命令钟会进军成都。

钟会进了成都立刻抓捕邓艾，将其押送洛阳，半路上就把邓艾杀了。钟会独掌兵权，尽占蜀地，决心谋反。

钟会找姜维商量谋反事宜，姜维完全赞同。因为姜维有他自己的打算，他想利用钟会杀掉魏军将领然后再伺机除掉钟会。他给刘禅送去一封密信，说："请皇上再忍受几天委屈，臣一定会把国家恢复过来。"

钟会哪里知道姜维的打算，他还以为姜维真心跟他合伙呢！

263年12月，曹魏帝国的郭太后去世。

264年正月，钟会在前蜀汉帝国的皇宫里，召集全体高级将领，为郭太后发丧举哀，宣称："接到郭太后遗诏，命令钟会起兵废掉司马昭。"这份遗诏被交给在座的人传阅，并要大家讨论。

大家被这晴天霹雳的巨变吓得目瞪口呆，讨论的结果在意料之中，大家一致拥护讨伐司马昭。钟会任命他的亲信接管在座将领们的部队，然后把在座将领全都软禁在蜀宫里。

姜维主张把远征军的将领全都除掉，钟会迟疑不决。一个被软禁的将领胡烈逃了出去，听说要杀光北方将士，士兵哗变。乱军杀掉了姜维和钟会。

司马氏建晋

汉献帝建安二十五年（220年），曹操的儿子曹丕逼汉献帝退位，建立了魏国，史称魏文帝。

曹丕死后，儿子曹叡即位，史称魏明帝。魏明帝荒淫无道，奢侈无度，大兴土木，搜刮财宝，弄得国库空虚，怨声四起。曹魏政权开始走向衰落了。

魏明帝末年，国内政局混乱，朝廷上争权夺利的斗争日益激烈。那时，魏国已经形成曹氏与司马氏两派势力。

司马懿祖上都是汉代的大官，司马懿出身于贵族。他的势力是在战争中逐步强大起来的。

司马懿才智出众，能文能武。他在曹操当权的时候，曾经帮助曹操推行屯田制。曹操的儿子曹丕废掉汉献帝，自立为帝，司马懿也帮他出过主意，造过舆论，立过大功。所以，曹丕对司马懿很重用，任命他为尚书、太尉，掌管着魏国军政大权。

司马懿在执政期间，多次指挥伐蜀和对吴作战，此外还办了两件事：一是广开漕渠，引黄河水入汴河，扩大淮北地区的水利灌溉面积，开辟了许多稻田，发展了农业生产；二是带领四万人马进攻辽东，消灭了盘踞在那里几十年的公孙氏割据势力，解除了曹魏政权的一个隐患。因此，司马懿赢得了很高的声望。

曹氏的势力以曹爽为代表，曹爽是大将军曹真的儿子、曹操的侄孙。

曹氏和司马氏两派的党羽遍布朝野，明争暗斗。

魏明帝景初三年（239年），魏明帝在临死时，将魏国政权托付给司马懿和曹爽二人，让他们共同辅佐年仅八岁的儿子齐王曹芳做皇帝。

之后，司马懿诛杀曹爽，并夷灭其三族。曹氏政权完全被司马家族控制。

司马懿在政变两年后就死了，他的儿子司马师、司马昭相继执政。

曹芳左右的人见司马氏专权，心中愤愤不平，劝曹芳趁司马昭入见时杀掉他，再用他的兵权杀司马师。曹芳同意了，并写好了诏书，但又不敢发出。他正在犹豫时，走漏了消息。司马师又发动宫廷政变，驱逐了曹芳，仍旧让曹芳当齐王去了。

曹芳走后，司马师改立东海王曹霖之子高贵乡侯曹髦为帝。曹髦是曹丕的孙子，他不愿意做傀儡，一再推辞。郭太后不答应，劝他说："我看你从小就有帝王之相，今日果然应验了。"曹髦见推辞不掉，只得答应，做了皇帝。

司马师死后，司马昭做了丞相，更加飞扬跋扈，一方面拉拢大批士族做党羽，另一方面残杀曹氏一派的大臣。当时，人们都知道司马昭有篡位之心，因此流传着"司马昭之心，路人皆知"的说法。

司马昭排除异己，扩充自己势力，越来越不把魏帝放在眼里。

不久，民间纷纷传说黄龙在宁陵县的井中出现了。曹髦对司马昭的篡权活动非常不满，他有感于井中出现黄龙的民间传说，就提笔写了一首《潜龙诗》，抒发心中的怨愤："伤哉龙受困，不能跃深渊。上不飞天汉，下不见于田。蟠居于井底，鳅鳝舞其前。藏牙伏爪甲，嗟我亦如然。"诗的大意是："可怜的黄龙被困在井中，不能到深渊里自由翻腾，不能在天地间飞舞。泥鳅、鳝鱼居然也敢来欺侮黄龙，在黄龙面前摇头摆尾乱蹦。可怜的黄龙呀，我的处境与你相同。"

甘露五年（260年）四月的一天，司马昭带剑上殿，曹髦站起来迎接。文武官员对曹髦说："司马大将军功德巍巍，应当封为晋公。"曹髦听了，低头不语。司马昭大嚷道："我们司马父子，劳苦功高，难道一个晋公还做不了吗？"曹髦只得说："行！行！"司马昭接着说："你写的《潜龙诗》，把我们比作泥鳅、鳝鱼，这是什么意思？"曹髦不回答，司马昭冷笑着走了。

曹髦回到后宫，把侍中王沈、尚书王经、散骑常侍王业三人找来商议对策。曹髦气愤地说："司马昭之心，路人皆知。我与其坐着等死，还不如早下手跟他拼一场！"

王经劝曹髦说："干这样的大事，要十分慎重。要是走漏了消息，性命就难保了！"曹髦从胸前取出写在黄绸子上的诏书说："是可忍，孰不可忍？我主意已定，死而无恨！"王沈、王业十分害怕，退下后，马上跑去报告司马昭。

曹髦带着几百名宫中卫士要去杀司马昭。王经跪在地上哭着拦阻，曹髦不听。

这时，司马昭已经命令他的心腹贾充率三千铁甲军赶来。在混战中，贾充让司马昭的死党成济挥戈刺死了曹髦。

曹髦死后，司马昭怕被人咒骂，把弑君的责任全推在成济身上，灭了他的三族。

接着，司马昭立曹操的孙子曹奂为帝，史称魏元帝，改年号为景元元年（260年）。

司马昭的政治手腕比司马懿有过之而无不及，他知道要代魏称帝，必须先把蜀和吴灭掉。

景元四年（263年），蜀国后主刘禅投降，蜀国灭亡了。司马昭正在积极筹备称帝时，忽然中风而死。

魏元帝咸熙二年（265年），司马昭的儿子司马炎逼迫元帝禅位，自己做了皇帝，建立了晋朝。

泰始元年（265年）十二月十三日，魏元帝（曹奂）把帝位禅让给晋王，十五日，出宫暂居于金墉城。太傅司马孚叩拜辞别，握着魏元帝的手，呜咽流涕，难以自制，说："我到死的那一天，仍然是大魏的忠臣！"

十七日，晋王司马炎即皇帝位，大赦，改年号。十八日，封魏帝为陈留王，王宫设在邺城。优待和尊崇的礼遇，全都仿照曹魏初建时的做法。曹魏的诸王都降为侯。追尊宣王司马懿为宣皇帝、景王司马师为景皇帝、文王司马昭为文皇帝；尊王太后为皇太后；封皇叔祖司马孚为安平王、叔父司马干为平原王、司马亮为扶风王、司马骏为汝阴王、司马肜为梁王、司马伦为琅邪王，弟弟司马攸为齐王、司马鉴为乐安王、司马机为燕王；又封堂叔伯兄弟、司徒司马望等十七人全都为王；任命石苞为大司马、郑冲为太傅、王祥为太保、何曾为太尉、贾充为车骑将军、王沈为骠骑将军，其余的文武百官，升官晋爵，各有等差。二十六日，任命安平王司马孚为太宰，都督中外诸军事。不久，又任命车骑将军陈骞为大将军，与司徒、义阳王司马望、司空荀𫖮共为八公，同时并立。晋武帝心知曹魏灭亡因为宗室力量不够造成的，因此大封宗室，给宗室极大权力甚至包括官吏任免权等。卫将军、齐王司马攸独独不敢擅自作主，全都向上请示朝廷。

西晋灭吴

司马昭灭了蜀汉之后，他的儿子司马炎代魏建晋，称为晋武帝。羊祜是蔡邕的外孙、司马师的内弟，自小聪颖好学，辩才颇佳。

南夏是靠近东吴边境的小镇，过去十分荒凉。羊祜早有灭亡东吴、统一中国的远大抱负，他决心把南夏治理好，作为伐吴的基地。

羊祜在这里待人诚恳，与士兵和百姓同甘共苦，深得民心。

东吴西陵督军步阐，见羊祜待人以诚，便约好率领全城士兵过来投降。羊祜正要去接应，不料东吴大将陆抗已经得知消息，以迅雷不及掩耳之势袭击西陵，把步阐活捉去了。这件事传到西晋朝廷上，有人乘机散布流言蜚语，中伤羊祜，说步阐被擒，罪在羊祜。不久，羊祜受到了降职的处分。

羊祜不计个人得失，灭吴决心毫不动摇，反而加紧了灭吴的准备工作。

羊祜在东吴广施恩惠，亲自把抓获的孩童送回家，并极力抚慰东吴牺牲将领的家人。羊祜部下不慎割了吴人的稻谷，羊祜赠绢予以补偿。

羊祜的行为使吴人深受感动，他们在提到羊祜时，都不再叫他的名字，尊称他为"羊公"。在不知不觉中，羊祜把吴国的人心收买过来了。由于羊祜在荆州的功劳，司马炎提升他为征南将军。

在收买人心的同时，羊祜加紧了灭吴的军事部署。在他的推荐下，武帝任命益州刺史王濬为龙骧将军，命王濬在长江上游督造战船，训练水军，准备顺流而下，灭掉东吴。

在一切都准备好了之后，晋武帝咸宁二年（276年），羊祜上书晋武帝，请求伐吴。羊祜向晋武帝提出了灭吴的建议，他分析说："吴主荒淫无道，残暴嗜杀，已经失去民心。如果趁此机会攻打吴国，吴国纵然有长江天险，也无济于事。灭亡吴国，统一天下就在眼前了。"晋武帝正想接受羊祜的建议出兵东吴，不料秦、凉二州的少数民族造反了。这样，出兵东吴的事就耽搁了。

羊祜又写了一份奏折说："秦、凉二州的动乱是小事，统一天下是大事。灭了东吴，乘胜利余威再去平定秦、凉二州，可以不费吹灰之力。请陛下迅速做出决定，不要再犹豫了。"

羊祜的建议受到杜预、张华等人的支持，但晋武帝的宠臣贾充坚决反对伐吴。因此，羊祜的主张虽然得到晋武帝的赞许，却不得实行。羊祜仰天长叹说："当断不断，恐怕将来没有这样的好机会了。"

羊祜无法实现统一大业，心中闷闷不乐，不久就生起病来。他要求带病进京，当面对皇帝和文武大臣陈述灭吴的计划。

咸宁四年（278年），羊祜进京。晋武帝见羊祜身患重病，让他坐着车子上殿，还免去了朝见之礼。

羊祜在朝廷上谈了自己的意见，强调说："我这次进京，面见皇上，就是要定计灭吴，统一天下。"羊祜为统一事业操尽了心，武帝非常感动，但是怕他累坏身体，便劝他去休息，让他和中书令张华共商灭吴大计。

过了几天，张华向晋武帝详细报告了羊祜的灭吴方略。晋武帝很高兴，准备派羊祜抱病领兵出征，羊祜辞谢说："灭吴虽是我的愿望，但我有病在身，不便带兵。杜预可以担任灭吴大军的统帅。"

羊祜临死时推荐杜预接替

羊祜

他，晋武帝随后拜杜预为镇南大将军，都督荆州诸军事。吴主孙皓残暴不仁，杜预设计使孙皓调开西陵劲敌张政。

显然，形势对西晋十分有利。杜预立即上表请示伐吴日期，晋武帝回答："准备明年大举出征。"可是主战的将领们早等得不耐烦了。

王濬时任益州刺史，负责在益州督造大批战船。王濬当时已经七十多岁，胡子都花白了。可他为人办事有气魄，大刀阔斧，在益州修建的战船大到能容纳两千多人。船上还造了城墙城楼，人站在上面，可以四面瞭望，所以也称作楼船。

王濬的战船都造好了，只等一声令下，就可万军齐发，可晋武帝就是下不了决心。王濬摸摸自己的花白胡子，心里着实难受。他写了个请战表，交给晋武帝。正巧，杜预也上书请战。这一来，晋武帝终于下定决心。

咸宁五年（279年）冬天，十一月，大举征伐东吴。派遣安东将军王浑出击江西，建威将军王戎出击武昌，平南将军胡奋出击夏口，镇南大将军杜预出击江陵，龙骧将军王濬、巴东监军鲁国人唐彬从巴、蜀顺江而下，东西并进，共二十余万人。任命贾充为使持节、假黄钺、大都督，以冠军将军杨济为副。

太康元年（280年），杜预军锋直指江陵，王浑出击横江，进攻东吴的城镇、戍所，所向皆克。王濬以火炬烧断长江铁锁，以木筏移开江中铁锥，过江杀敌，俘获东吴都督孙歆，东吴各郡望风而降。杜预出示节符，宣称诏意，加以安抚。这次战役，共斩杀、俘获东吴的都督、监军十四人，牙门、郡守一百二十余人。胡奋攻克了江安。

十八日，下诏书，说："王濬、唐彬克定巴丘后，与胡奋、王戎共同平定夏口、武昌，然后顺江长驱，直指东吴国都建业。杜预应当镇抚零陵、桂阳，安抚衡阳。大兵过后，荆州南部地区定可传送文告而平定，杜预等各自分兵增援王濬、唐彬，太尉贾充即移驻项县。"

王戎派遣参军襄阳人罗尚、南阳人刘乔，率兵与王濬共同进攻武昌。东吴的江夏太守刘朗和武昌诸军皆投降。杜预与诸军开会，指示诸路将帅进军方略，直指东吴的国都建业。

王濬的水军也到了，战船趁着春水，排山倒海而来。大战船由两条船并排连在一起，有一百二十步见方，船上有木制的城楼和平台，上面可以驰马往来，船头上刻画了张牙舞爪的怪禽恶兽，煞是吓人。夜幕降临，船上灯火辉煌，照亮了整个天空。盛大的军势把东吴军民吓坏了。

王濬八万大军直逼建业城下。这时，东吴各地还有五千多条大大小小的军用船只，十多万将士，库房里还有二百八十万斛粮食。如果把这些兵力集中起来，也许还能跟王濬一决雌雄。可是由于孙皓的残暴无道，无人再愿意听从他的指挥。孙皓命张象率军抵抗，张象却投降了。孙皓凑了两万水师，士兵也全溜走了。

孙皓这才像断了腿的螃蟹，一步也没法横行了，只得下令在石头城上竖起白旗。

280年三月十五日，孙皓分别派遣使者，向晋军统帅王浑、王濬和司马伷请降。唐代诗人刘禹锡有一首诗追怀这场战争的情景，其中写道："王濬楼船下益州，金陵王气黯然收。千寻铁锁沉江底，一片降幡出石头。"从此，三国鼎立的局面宣告结束，西晋暂时统一了全国。

石崇与王恺斗富

280年，晋武帝统一中国后，心满意足，他并不关心怎么才能把这么大的一个国家治理好，也不考虑刚刚平定下来的局面该有多少事要抓紧做，只是沉醉在享乐里。他最热衷的是搜罗更多的珍宝财富，宫里的奇珍异宝比国家大事更让晋武帝关心。皇帝喜欢奢侈铺排，臣民们也都开始上行下效，以奢侈为荣，大家争相比富，看谁更有钱，石崇是闹得最厉害的一个。

石崇的钱到底有多少，谁也说不清，这些钱都是从哪儿来的呢？原来石崇做了几年荆州刺史，荆州本来就是鱼米之乡、富庶之地，石崇在任上可没少搜刮民脂民膏。而且，荆州有不少商港，那时中国同外国的贸易活动已经比较发达，不少外国使臣和商人到中国来做买卖，路过荆州地界，全得向石崇缴纳一大笔酬金；更有甚者，石崇还像强盗一样公开劫掠，仅在荆州石崇就掠夺了大量财富，成为富豪。

石崇到了洛阳，听说王恺家的豪华阔气很出名，就要压过王恺。石崇知道了王恺家里刷锅洗碗用饴糖水，他就命令仆人烧火做饭时把蜡烛当柴烧。每次宴请文武百官，石崇都备下山珍海味，在众人面前显示自己的阔绰。这样，人家都说石崇比王恺阔气。

王恺不服气，于是用昂贵的紫色丝绸铺设成四十里屏障。谁上王恺家都得通过这道华丽的屏障，就是过路人，也常常经过四十里长的这段锦绣屏障。这个奢华的摆设，可把洛阳城给轰动了。

石崇接着用更为昂贵的彩缎拉起了五十里的屏障。王恺又在屋里的天花板、地板和四壁上涂满香料，满屋都飘着芳香的气味；石崇就把只有济南才出产的赤石脂涂满了客厅、卧室，屋里又好看，味道又怡人。

晋武帝

王恺见连着输了好几招,哪肯罢休?进宫找外甥晋武帝帮忙。荒唐的晋武帝觉得这样的比赛挺有趣,慷慨地答应王恺,把宫里收藏的一株两尺多高的珊瑚树送给王恺,好让王恺在众人面前好好夸耀一番。

有了皇帝的帮助,王恺很得意,觉得石崇再富也比不上皇宫里宝贝多。借着珊瑚树的光,王恺请了一大群文官武将来家吃饭,当然也请了石崇。宴席上,王恺环顾身边的达官贵人,气派十足地说:"我家有一株罕见的珊瑚树,请大家观赏观赏,怎么样?"

大臣们谁不知道王恺是大富翁呀,都想开开眼界;石崇也想知道王恺这回又有什么新招。王恺命令侍从把珊瑚树捧了出来。珊瑚树真是宝物,枝条匀称,色彩鲜艳,大家看了,都赞不绝口,连声称奇。王恺非常得意地看着石崇,而石崇对此却不屑一顾。王恺正悻悻地想问问石崇,只见石崇一边冷笑,一边随手抓起放着的一柄铁如意,朝着珊瑚树一砸,珊瑚树顿时粉碎了。

周围的大臣们全都大惊失色。再看王恺,更是满面通红,气得不得了:石崇也太放肆了,自己比不过,就嫉妒得打坏我的宝贝!王恺气急败坏地指着石崇,话都说不利落了:"你……这是干什么?"

石崇不动声色,笑嘻嘻地对王恺说:"您用不着生气着急,我赔给您就是了。"

"赔?你怎么赔?"王恺又是痛心,又是生气。

石崇立刻吩咐手下人:"回去,把家里的珊瑚全搬来让王大人挑,也请各位大人见识见识。"一会儿,石崇的手下抬来了几十株珊瑚树,比王恺那株大的有很多,至于打碎的那种就更多了。

周围的人这回算开了眼界,都看呆了。王恺这才知道石崇的财富,比自己不知多出多少倍,只好讪讪地认输了。

石崇的豪富众人皆知,可是晋朝初建,百废待兴,京城里如此奢侈斗富,影响太恶劣了。有个正直的大臣傅咸,就向晋武帝上书指出:严重的奢侈浪费,比天灾带来的危害还严重。古时候虽然人多地少,但国家仍能有积蓄,这是重视节俭的结果;要想使国家富足,必须提倡勤俭节约,责罚那些奢侈浪费的人。而如今比阔斗富不仅不受责罚,反被看作是荣耀,这么下去国家就危险了。

晋武帝自己也喜欢穷奢极欲,因此拒不纳谏,西晋士族奢侈之风愈演愈烈。

除害英雄周处

西晋的官僚贵族大多穷奢极侈，不干正经事或是争权夺利、钩心斗角，社会风气败坏得十分严重，但是在官员中也有性情刚直、不怕强暴的人，周处就是其中的一个。

周处的父亲名叫周鲂，当年是吴国的鄱阳太守。周处自小没有父亲，无人教导，他倚仗自己身强力壮，寻衅滋事，打架斗殴，一般人都打不过他。随着年龄的增长，他渐渐长成个强壮的小伙子，但他的脾气却一点也没改，乡亲邻居们都怕他，把他和南山上的猛虎、长桥下的恶蛟并称为当地的三害，可他自己却不知道。

一天，周处在乡里闲逛，几个老人显得闷闷不乐，周处问："老人家，今年的收成不错啊，你怎么好像很忧愁啊？"

老人说："三害没除，有什么可高兴的？"

周处问："哪三害呢？"

老人气愤地说："南山猛虎、长桥恶蛟经常出来伤人为祸，猎人们都拿它们没办法。"

周处说："这不才两害吗？怎么说三害呢？"

老人直说道："这第三害就是你了！"

周处见别人把他和老虎、恶蛟并称为三害，心里很惊讶，也有点难过，但他的好强心也被刺激起来了，他说："这有什么难，凭我一双手，将三害一齐除掉！"

周处回到家里，携带了箭，手持宝剑，进入南山射杀猛虎。杀了老虎，周处又到长桥下面等待恶蛟出来（蛟是古代传说中的水中动物，带有一种神话色彩，今人解说为鳄鱼或鲨鱼），和恶蛟搏斗了三天三夜，在水中沉浮了几十里路才把恶蛟杀死，乡里的邻居们认为周处和恶蛟拼了个两败俱伤，三害都除掉了，大家都很高兴。

周处一身疲惫地回到乡里，乡亲们见到他都很害怕。周处感慨地对大家说："二害都除了，我周处从今天起，改过从善，决不让乡亲们失望！"

周处下决心痛改前非，想拜个名师来学文，当时吴国的陆机和陆云弟兄名

周处

气很大，他便决定找陆机、陆云去。在陆机的家里，周处只碰到了陆机的弟弟陆云，周处很难过地对陆云说："过去，我只顾自己痛快，做了不少坏事，现在要改恶从善了，只怕是年纪太大了吧！"

陆云鼓励他说："一点儿不晚，你正在壮年，从头学起，只要有志，完全来得及！"

从此，周处严于律己，苦读诗书，很快被地方政府赏识选拔为官。吴国灭亡后，周处来到洛阳，当了广汉太守。做官期间，他执法公正，不怕得罪权贵，一直被提拔到散骑常侍，很快又被任命为御史中丞。

御史的职责主要是纠察各级官吏的行为，有什么情况及时向皇帝报告。梁王司马肜犯了法，执法官员因为他是诸侯王，不敢处罚他；而周处却不畏强权，将司马肜的罪行记录在册，向皇帝揭发。梁王司马肜从此便痛恨他，想报复他。

在晋惠帝司马衷统治的初期，秦、雍二州的氐、羌少数民族起义，首领齐万年自称皇帝，和晋朝对抗。梁王司马肜飞速将情况报告皇帝，朝廷令梁王司马肜、安西将军夏侯骏领兵镇压，任周处为建威将军，做大军的先锋。周处见任命他为梁王的手下，而梁王是他的仇人，心知此次前去多半不能活命，但不去一样是死，于是狠心接下了任务。

当时也有许多人看到了这一点，中书令陈准向皇帝上表，说周处是个英勇、果敢的人，让他和梁王、夏侯骏这样的皇亲国戚一道出战，必定会被司马肜送进敌军阵中，司马肜决不会去救援他，只会白白损失一员大将，应该同时派一个大将配合周处一同进军，才能稳稳地获胜。陈准的这个奏章递上去后，根本没有回音。

司马肜果然想借机除掉周处，只让周处带五千骑兵，说："你是朝廷的忠臣，又很勇猛，你打先锋，先去和叛军作战，我在后面接应你。"可当周处领兵和敌军作战时，几天也不见援兵到来，最后战死在军中。

周处战死，完全是梁王故意造成的，朝廷的许多大臣都知道这是怎么回事，却不敢讲；被周处批评过的官员幸灾乐祸，朝廷里也根本没把周处的死放在心上。当时，周处能够知错必改，勤勉做人，为国家的利益，做了不少好事。周处千百年来为后世所敬佩。

贾南风毒计除太子

当初,晋武帝司马炎把才人谢玖赐予太子,谢玖生下了皇孙司马遹。一天夜里,皇宫失火,司马炎登楼观看。司马遹拉着司马炎的衣角让他来到暗处,说:"夜里失火,事起突然,应防备不测,天子不应当站在明处让别人看到。"当时,司马遹年仅五岁。由此,司马炎觉得他非同寻常。

司马炎称赞自己的皇孙司马遹像晋宣帝司马懿,司马炎知道司马衷无能,但因为皇孙聪慧,所以才没有废黜太子。

晋惠帝司马衷即位以后,皇后贾南风的母亲郭槐因为皇后没有孩子,经常劝皇后疼爱太子。贾南风的外甥贾谧骄纵放肆,屡次对太子无礼,郭槐总是严厉地斥责他。

郭槐想让韩寿的女儿去做太子妃,太子也想与韩氏联姻以稳固自己的地位。韩寿的妻子贾午及皇后都不同意,而为太子聘定王衍的小女儿。太子听说王衍的大女儿容貌美丽,而皇后却把她聘给了贾谧,因此心里颇为不满。

郭槐病重,临终的时候,拉住贾南风的手,叫她对太子尽心,言辞非常恳切。又说:"赵粲、贾午,一定会把你家的事搅乱;我死后,不要再让他们随便进出宫殿。用心记住我的话!"皇后却没有听从,反而与赵粲、贾午图谋陷害太子。

太子小时候名声很好,但长大后却不善学习,只知道玩耍。贾南风又让黄门之类的人引诱他,这样太子越来越奢侈,而且性情也变得越发残暴。从此太子的声誉逐渐衰落,而骄横傲慢却日益突出。有时他竟然不去向父皇请安问候,而是纵情游乐。他还在宫中设立市场,让手下人买卖酒肉,太子用手拈分量,轻重丝毫不差。太子的亲生母亲,原来是屠夫的女儿,所以太子也喜好买卖。太子月俸有五十万,却经常预支两个月的,还不够开销。他让西园出售蔬菜、蓝草籽、鸡、面粉等物品,收取利润。他还爱好阴阳术数之类的小把戏,有很多禁忌约束。

辅佐太子的人劝说他,他却不听。中舍人杜锡害怕太子被废,极力而诚恳地劝谏。太子不但不感激,反而觉得杜锡很讨厌,把针放在杜锡平常所坐的毡垫里,杜锡的屁股被扎出了血。

太子性格刚烈，与贾谧不合，太子常常不理贾谧，自己去花园玩耍。

太子的属官詹事裴权劝谏太子说："贾谧是皇后亲近的人，一旦他想陷害你，情况就危险了。"太子不听。

贾谧果然向贾南风诬陷太子说："太子储藏很多私财，有结交小人的目的，就是要图谋您啊。如果皇帝驾崩，他登基继位，一定会按照您过去对杨太后的做法，诛杀我们，把您废黜并囚禁在金墉城，这对他来说易如反掌。不如早做打算，另立一个心慈面善的人做太子，这样您就可以放心了。"

贾谧所说的也是贾南风所担心的，所以贾南风开始宣扬太子的短处，又假称自己怀孕，接来妹妹的儿子韩祖慰抚养，想让他来代替太子。

晋元康九年（299年）十二月，太子的大儿子生病，太子为他请求王爵，没有得到同意。后来病情加重，太子为他祈祷求福。

贾南风听说后，就假称晋惠帝身体不适，召太子入宫朝见，矫诏让宫女陈舞给太子三升酒。

太子推辞说喝不了三升，陈舞逼迫他说："不孝啊！天子赐你酒而你不喝，难道酒中有脏东西吗？"太子迫不得已，勉强喝完，于是大醉。

贾皇后让黄门侍郎潘岳写了一封信的草稿，又让小婢女承福，拿着纸、笔和草稿，趁着太子喝醉，伪称惠帝下诏命令他抄写，内容是这样的："陛下应当自己了断，如不自己了断，我就要进宫替您了断。皇后更应该尽快自己了断，若不自己了断，我当亲手将你了断。而且我已经和谢妃约定，到时皇宫内外一起发动，请不要迟疑犹豫，以免招来后患。我在日、月、星三辰之下茹毛饮血，请皇天允许我扫除祸患，立道文为王，蒋氏为王后。愿望实现，我将用猪、牛、羊三牲供奉北君。"

太子大醉浑然不觉，只好任人摆布，照着抄写。没有抄完整的，皇后把它补充完整，然后交给皇上。

贾氏南风夺朝权

三十日，晋惠帝到式乾殿，召公、卿入宫，让黄门令董猛出示太子的信以及青纸写的诏书，然后说："司马遹的信如此大逆不道，现在将他赐死。"说完，把太子的信和青纸诏书给所有的王公大臣看，大家都默不作声。

张华说："这是

国家的大祸患，自古以来，常常因为废黜太子而导致祸乱。再说我朝拥有天下的时间还短，希望陛下仔细考虑。"

裴𫖯要求仔细审查，核对笔迹，防止有人欺骗妄为，嫁祸太子。

贾南风就拿出太子平时报告事情的十几张启事，大家对比着看，也没有人敢说不一样。贾南风又让董猛假托长广公主的话对晋惠帝说："这件事应当尽快做出决断，大臣们意见各不相同，对那些不服从命令的，应当按军法处置。"大臣们商议到太阳西下，也没有结果。

皇后见张华等人坚持要核查到底，对废黜太子坚决反对，怕有变化，于是建议将太子贬为庶民，晋惠帝同意了。

太子换上平民的衣服，步行出宫，坐上简陋的牛车，一家人被士兵押送到金墉城囚禁。王衍亲自上表要求离婚，司马衷准许，太子妃王氏痛哭着回到娘家。

次年正月，贾南风又安排一个黄门自首，说自己想和太子一起谋反。于是司马衷下令将太子迁移到许昌囚禁。

太子自从被废后，一直坚持亲自做饭，生怕被人毒害。三月，贾南风终于矫诏命黄门孙虑毒死太子。

孙虑把诏令毒死太子之事告诉奉命看守太子的御史刘振，刘振就让太子搬移到小房间里，断绝他的食物，可是宫里仍有人偷偷地给太子送食物。孙虑的食物太子一律不吃；孙虑无奈，便用捣药的器具砸死了太子。

八王之乱

赵王司马伦见太子已死，立即联合齐王司马冏，借口为太子报仇，乘夜晚带兵闯入宫中，讨伐贾后。司马伦废贾后为庶人，将其幽禁于建始殿。不久，司马伦以其人之道，还治其人之身，"矫诏"赐死贾后于金墉城。事态的发展一切都按照司马伦的计划在进行。

太子与皇后死后，朝廷上只剩下一个无能的痴皇帝。司马伦便自封为相国，掌管军政大权。其亲党孙秀等人皆封赏大郡，并掌兵权。文武百官一律听从司马伦调遣，这为他下一步攫取皇帝宝座创造了条件。

淮南王司马允见司马伦想篡位，便想讨伐他。司马伦抢先一步行动，以加官太尉的方式准备剥夺司马允的兵权。司马允深明其中意味,借口有病不受加封,并看出皇帝诏书是孙秀手书伪造,盛怒之下,率七百精兵攻打相府,被司马伦用计杀死在城下,几千人受到株连。

司马允死后,洛阳渐渐平静下来。司马伦加快篡权步伐,派牙门赵奉诈传宣帝司马懿的"神话",说:"司马伦应早入皇宫。"又扬言司马懿在北芒帮助司马伦登位。司马伦命义阳王司马威为侍中,夺取晋惠帝玺绶,伪造禅让诏书,又让尚书令满奋持符节奉玺绶禅位于司马伦。

301年正月,司马伦登基称帝,大赦天下,改元建始。尊惠帝为太上皇,将其幽禁于金墉宫,并把金墉宫改名为永昌宫。另立其子、弟为"王",其他同党也都登上卿、将职位。司马伦称帝,激起各诸侯王的强烈反对。齐王司马冏传檄各地,联合成都王司马颖、河间王司马颙等共同起兵,讨伐司马伦。

司马伦一面命将军孙辅、孙会迎战,一面命人在嵩山穿上羽衣,诈称仙人王乔下凡,说司马伦的统治会长久,以此来迷惑众人。

司马颖军前锋至黄桥,与孙会军交战,孙会军失利,被杀被伤者万余人,士兵、百姓都很震惊。双方又在溴水大战一场,孙会大败南逃。司马颖乘胜长驱渡过黄河,协助司马冏。双方在洛阳附近酣战六十多天,死亡近十万人。司马伦兵败被俘,被迫迎惠帝还朝,司马伦被赐死。诏宣司马冏为大司马,加九锡。

司马冏掌握大权以后,沉溺于酒色。302年,河间王司马颙上表列举司马冏的罪状,扬言率兵十万,将与成都王司马颖、新野王司马歆、范阳王司马虓共会洛阳城,并联合长沙王司马乂一起行动。八王之中,司马乂是最有才略的一个,也最有政治野心。他利用时机抢先攻入洛阳。当晚,洛阳城中飞箭如雨,火光冲天,死者相枕于路,一片混乱,激战三日,司马冏兵败被俘。皇帝想救司马冏,但司马乂坚持把司冏斩首。

司马颙原以为司马乂力量微弱,会被司马冏擒斩,他好以此为借口讨伐司马冏,没想到事与愿违。司马颙于303年,联合司马颖共同攻打司马乂。这一仗从八月打到十月。司空东海王司马越估计打不过司马乂,于是与宫殿里的禁军密谋抓获司马乂,最后用火把司马乂烧死了。

至此,八王已死五王,而争夺统治权的斗争还在司马颖、司马颙、司马越三王之间展开。

司马乂死后,成都王司马颖被封为皇太弟,任丞相、都督中外诸军事,住在邺城遥控朝政;司马颙为太宰,居长安;东海王司马越认为自己杀司马乂有功,却没捞到好处,便挟持惠帝讨伐司马颖。

邺城人听说司马越率十万人已到安阳,惊慌失措。司马颖派石超率五万军队迎战,在荡阴大败司马越。双方交战时,晋惠帝身边侍从全都逃散,致使晋惠帝身中三箭,面颊受伤被俘。司马越逃回东海封国。不久,幽州刺史王浚带领乌桓、鲜卑兵与并州刺史司马腾联军十余万进攻邺城。司马颖挟持晋惠帝坐着牛车向南逃窜，被司马颙部将张方抓获。司马颙重新立司马炽为皇太弟，与司马越共同辅政。

305年，东海王司马越以"奉迎天子还复旧都"为借口，再度起兵，次年攻入长安。司马颙单马败逃太白山。司马颖在去邺城途中被顿丘太守冯嵩抓获，范阳王长史刘舆矫诏赐死司马颖。司马越又以司徒官职召司马颙入洛阳，于途中杀之。接着，他毒杀惠帝，拥立司马炎的第二十五子司马炽为皇帝。这就是晋怀帝。"八王之乱"自此结束。

"八王之乱"从贾后专政开始至怀帝即位为止，历时十六年。他们为争夺统治权同室操戈，把战火从洛阳、长安烧遍黄河南北，夺走数十万人的生命。造成的祸害之大，给建立不久的西晋王朝以毁灭性的打击，从内部挫伤了它的元气，并因无暇顾及边防，使北方少数民族势力进入中原，给中国造成了长期的混乱局面。

刘渊称王建汉

晋惠帝时，在皇太弟司马颖的奏请下，匈奴左贤王刘渊被任命为冠军将军，驻军邺城监理五部匈奴的军政事务。

刘渊的儿子刘聪，很是骁勇，能拉开三百斤张力的大弓。他博览经史典籍，很会写文章，二十多岁的时候到京都游玩，京都的名士都愿意与他结交。司马颖因为他聪颖，就任命他为积弩将军。

刘渊堂祖父右贤王刘宣对他的族人说："自从汉朝灭亡以后，我们的单于只有虚名，而没有一寸土地。像我这样的王侯，地位也降到与百姓一样。现在我们虽然衰落，但仍然有两万多人，怎么能这样俯首帖耳被奴役？

"左贤王英明威武，现在司马氏骨肉相残，四海扰动，如同鼎中的沸水一样。复兴呼韩邪单于的大业，现在正是时候了！"于是一起谋划，推举刘渊为大单于，派他的同党呼延攸到邺城去告诉他。

刘渊请求司马颖让他回乡参加葬礼，司马颖不答应。刘渊就让呼延攸先回去，通知刘宣等人召集五部匈奴以及其他小民族，以援助司马颖为名，实际上打算叛变。

王浚和东嬴公司马腾起兵以后，刘渊劝司马颖说："镇守现在幽、并二州的将领十分猖狂，部下有十多万人，恐怕禁军和附近郡县的军队都无法抵挡，我请求为殿下回去说服五部匈奴来救国难。"

司马颖说："真的能发动五部匈奴吗？即使能发动他们，鲜卑、乌桓也不容易抵挡。我想侍奉皇帝回洛阳，以避开他们的锋芒，然后再向天下发布讨贼檄文，宣布他们为叛逆，以此来制服他们。你看如何？"

刘渊说："殿下是武帝的儿子，既有大功又威武恩德名扬四海，谁不愿意为殿下拼命呢？

"王浚是个小人物，东嬴公是皇室远亲，怎能与殿下相比？殿下一旦离开邺城，就是向人示弱，能不能到洛阳还不知道。即使到了洛阳，殿下的威望权势也不会再有了。

"希望殿下勉励部下，镇伏他们，我请求为殿下用两部匈奴消灭东嬴公，用三部匈奴消灭王浚，悬挂两个小子的头颅，指日可待。"

司马颖很高兴，任命刘渊为北单于、参丞相军事。

晋永兴元年（304年），刘渊回到左国城。刘宣等人奉上大单于称号，二十天之内，召集了五万人，建都于离石县，刘聪为鹿蠡王。

王浚与鲜卑、乌桓等族军队攻打邺城，司马颖离开邺城，侍奉惠帝返回洛阳。

刘渊感叹说："不采纳我的意见，反倒自行逃跑，真是奴才啊！然而我和他有言在先，不能不救他。"于是，打算发兵攻打鲜卑、乌桓。

刘宣等人劝谏说："晋朝人奴役我们，现在他们骨肉相残，是上天抛弃他们，要复兴我们呼韩邪单于的大业啊。鲜卑、乌桓，是我们的同类，可以支援我们，怎能攻打他们呢？"

刘渊说："好！大丈夫应当作汉高帝、魏武帝，呼韩邪单于有什么可效仿的？"

刘宣等人叩头称善。

刘渊将都城迁到左国城。胡人、汉人归附他的越来越多。

刘渊对群臣说："过去汉能长久统治天下，是用恩德凝聚百姓。我是汉朝刘氏的外甥，与汉朝相约为兄弟，哥哥亡故而弟弟继承也是应该的。"于是建国，国号为汉。

不久，刘渊又答应刘宣等人的请求继承王位，宣布大赦，改年号为元熙。追封安乐公刘禅为孝怀皇帝，又用汉太宗、世宗、中宗、显宗、肃宗五宗的牌位来祭祀。

刘聪夺王位称帝

晋怀帝永嘉四年（310年），刘渊去世，太子刘和继承皇位。

刘和性格多疑没有恩德。宗正呼延攸是呼延翼的儿子，因他没有才能和德行，刘渊始终没有给他升官。侍中刘乘对楚王刘聪一直怀恨在心。卫尉西昌王刘锐，对没有受到刘渊临终任命也感到羞耻。这几个人于是一起密谋，对刘和说："先帝不考虑轻重的情势，使三王在皇城里统领强兵，大司马刘聪拥兵十万在近郊驻扎，这样陛下不过是寄寓在他人那里罢了。应当尽早考虑应付这种情势。"刘和是呼延攸的外甥，所以对他深信不疑。

二十日夜，刘和宣召安昌王刘盛、安邑王刘钦并通告他们。刘盛说："先帝的棺椁还没有安葬，四王也没有变节，一旦自相残杀，陛下如何向天下交代？再说大业还没有成功，陛下不要听信挑拨离间的小人的谗言来疑忌兄弟；兄弟尚且都不能相信，那别人谁还值得相信呢？"呼延攸、刘锐对他发怒道："今天商议，没有别的道理可讲，领军你这是什么话？"说完，便命令左右随从把刘盛杀了。刘盛死后，刘钦害怕并屈服了。

二十一日，刘锐带领马景在单于台攻打楚王刘聪，呼延攸带领永安王刘安国的司徒府兵攻打鲁王刘隆，派尚书田密、武卫将军刘璿攻打北海王刘乂。田密、刘璿冲过关卡归附刘聪，刘聪命令穿上铠甲等待刘锐。刘锐得知刘聪已有防备，迅速回师，与呼延攸、刘乘一起攻打刘隆、刘裕，呼延攸、刘乘怀疑刘安国、刘钦有异心，将他们杀死；当天，将刘裕杀死；二十二日，又杀了刘隆。

二十三日，刘聪攻克西明门。刘锐等逃进南宫，前锋跟随着他。

二十四日，刘聪在光极殿西室杀了刘和，抓住刘锐、呼延攸、刘乘，在交通要道上将他们斩首并将他们的首级悬挂起来。

大臣们请刘聪登上皇位，刘聪认为北海刘乂是单太后的太子，就把皇位让给刘乂，刘乂流着泪坚持请刘聪即位，刘聪好久后才同意了，说："刘乂和诸公正是因为祸乱困扰还多，看重我年纪大几岁罢了。我怎么敢推脱国家大事呢？等刘乂长大，我将把大业交还于他。"于是即位。刘聪宣布大赦，改年号为光兴。尊奉单氏为皇太后，尊奉刘聪的母亲张氏为帝太后。以刘乂为皇太弟，兼大单于、大司徒；立自己的妻子呼延氏为皇后，呼延氏是刘渊皇后的堂妹。封儿子刘粲为河内王，刘易为河间王，刘翼为彭城王，刘悝为高平王。仍以刘粲任抚军大将军、都督中外诸军事。任命石勒为并州刺史，封汲郡公。

陈元达力谏刘聪

建兴元年（310年）三月，刘聪立贵嫔刘娥为皇后，并兴建仪殿。廷尉陈元达恳切地规劝："上天孕育民众，为他们树立君主以治理他们，不是要用亿万人民的生命来满足一个人的欲望。晋王室丧失了德行，大汉接受天下，全国民众没有不希望卸去负担的。所以光文皇帝身穿布衣，床上没有两层被褥，皇后妃子不穿锦绣丝织的服饰，皇帝车驾的马匹不吃谷粟，这是爱护人民的缘故。陛下即位以来，已经建造四十多处宫殿楼阁，加上多年战争，运输粮食从未间断，由于饥荒、瘟疫死亡的人接连不断，您却变本加厉地考虑大兴土木，这哪里是作为人民的父母应有的想法呢？现在晋国的残余势力，西面占据关中，南面控制长江以南；李雄拥有巴、蜀；王浚、刘琨在附近窥伺；石勒、曹嶷的进献廪给逐渐减少，陛下不为此担心，却另外为皇后兴修宫殿，这哪里是目前的急事呢？从前太宗处在太平的年代，粮食布匹储蓄很多，对一百斤黄金还很吝惜，停止露台的劳役。陛下面临的是混乱的局面，所拥有的土地，不超过太宗时的两个郡，交战和防守的对象，也不仅仅是匈奴、南越，可是宫室的奢侈却到了这个程度，这是臣下之所以冒着死罪进言的缘故。"刘聪勃然大怒，说："我身为天子，兴修一座宫殿，还需要询问你这鼠辈的意见吗？竟然敢胡言乱语，影响大家的情绪！不杀掉这个鼠辈，我的宫殿就建不成！"命令左右侍卫："拖出去杀了他！连同他的妻子儿女，一起在东市斩首示众，把一窝鼠辈葬在一个洞穴里！"当时刘聪正在逍遥园李中堂里。陈元达先被锁住了腰身，然后进去，立即被用锁链锁在堂下的树上，他大声呼喊："臣下所说的，是国家的大计，陛下却要杀死臣下。朱云说过：'臣下能够和关龙逢、比干同游，就心满意足了！'"左右侍卫拉他，却拉不动。

大司徒任颙、光禄大夫朱纪、左仆射范隆、骠骑大将军刘易等人，叩头流血说："陈元达被先帝所赏识，受命立汉之初，就被安排在门下，一心为国家着想，只要是自己知道的就没有不说的。臣下等人只求保住官位，苟且偷安，每次见到他都感到惭愧。现在他所说的话虽然轻狂直率，但还是希望陛下宽容他。因为受到极力规劝就杀掉卿士，这让后世怎么评价呢？"刘聪沉默不言。

刘皇后得知消息，暗中下令左右侍卫停止行刑，亲手写奏章向刘聪进言："现在宫室已经齐备，不需要另外营造。四海没有统一，应该爱惜民众的劳力。廷尉说这样的话是为社稷着想，陛下没有给以晋爵的奖赏，反而要诛杀他，四海之内的人民将怎样议论陛下呢？忠臣进言规劝，不顾惜自己的性命；君主拒绝接受规劝，也是不顾惜自己的性命。陛下为我修建宫殿而杀死进谏的臣子，让忠诚善良的人不敢讲话是由于我的缘故，激起远近人民的怨恨愤怒是由于我的缘故，公家私人困穷凋敝是由于我的缘故，国家处于危险境地是由于我的缘故，天下的罪过都集中到我身上，我怎么承担得起？自古以来国破家亡的悲剧，没有不是归罪于妇人的，没有想到现在竟要做出这样的事，后人看待我，如同我看待古人那样！我实在没有脸面再侍奉陛下梳洗，希望赐我在这个殿堂中自尽，来补救陛下的过失！"刘聪看过后大惊失色。

刘聪慢慢地说："我近年以来，稍微有些中风，喜怒超出常理，不能再自我克制。陈元达是忠臣，我没有体察到。各位竟然磕破头皮来证明他，实在是领会了辅佐君主的大义。我心中惭愧，怎么敢忘记这件事？"说完请陈元达上殿，把刘氏的奏章给他看，说："在外面辅佐的人像你这样，在宫内辅佐的人像皇后这样，我还有什么忧虑呢？"于是把逍遥园改名为纳贤园，把李中堂改名为愧贤堂。

司马睿迁都建东晋

晋建兴四年（316年），丞相、琅邪王司马睿听说长安失守，晋愍帝被俘，遂带领军队露宿野外，亲自穿上铠甲，并向各地发布檄文，限定日期北伐。但因漕运延期而失败。

次年二月二十八日，平东将军宋哲到达建康，自称接到愍帝诏书，让司马睿全面负责国家事务。

三月，司马睿身穿白衣，出宫避居，并举哀三日。西阳王司马羕等官员请求司马睿登基，但司马睿不肯接受。在百官的再三请求下，他依照魏、晋旧例称晋王。

初九，司马睿即晋王位，大赦天下，改年号为建武。设置百官，建立宗庙社稷。

晋太兴元年（318年）三月初七，晋愍帝的死讯传到建康，晋王穿上丧服，

司马睿

移居倚庐。文武大臣再次请司马睿登基称帝,但司马睿仍是坚持不肯。

纪瞻说:"晋朝嗣统中断至今已有两年,陛下应当继承大业。遍观皇室子弟,还可以推让给谁!陛下如果荣登皇位,那么祖先的神灵和全国百姓都能有所凭依。如果忤逆天命,违背人心,大势一去,就不会再回来了。

"现在洛阳、长安两座京城都被焚烧洗劫,刘聪在西北自立尊号,而陛下却在东南为显示清高推让帝位,这如同要您去救火,怎么能推让呢?"

司马睿还是不同意,让殿中将军韩绩撤去摆好的皇帝宝座。纪瞻呵斥韩绩说:"皇帝的座位与天上的星辰相应,敢挪动的斩首!"司马睿为之动容。

周嵩上书说:"古代的帝王,道义周全然后择取,谦让完备然后拥有,所以能长久地统治国家,光耀万世。现在晋愍帝的梓宫还没有归国,故都还没有恢复,义士泣血,士民子女惊惶不安。

"应当广开言路,接受好的建议,训练士兵,整治兵器,先洗雪大耻,满足天下人的共同愿望,那代表天下的宝鼎还会落到什么地方呢?"

司马睿对周嵩的言语十分不满,于是将其贬出京城,让其担任新安太守。后来又因为抱怨,周嵩被免除官职。

初十,司马睿即皇帝位,文武百官陪立两列。司马睿让王导登上御床同坐,王导坚决拒绝,司马睿也不再坚持。他大赦天下,改年号为太兴,史称"东晋"。

闻鸡起舞

祖逖,范阳人,年轻时就有远大的志向。他和刘琨一起担任司州主簿,与刘琨睡在一起,夜半时听到鸡叫,他就把刘琨叫醒,两人一起起床舞剑。

逢乱渡江以后，左丞相司马睿让祖逖担任军咨祭酒。祖逖住在京口，聚集骁勇强壮的勇士。

他对司马睿说："晋朝的变乱，不是因为君主无道使百姓怨恨反叛，而是因为皇室宗亲争夺权力，自相残杀，结果让戎狄钻了空子，祸害遍及中原。

"现在晋朝的遗民遭到残害以后，每个人都想奋发自强，大王如果真能够派遣将领调动军队，让像我这样的人统率他们来光复中原，各地的英雄豪杰中，一定会有闻风响应的人！"

司马睿一直没有北伐的志向，他听了祖逖的话后，就任命祖逖为奋威将军、豫州刺史。但只拨给他一千人的口粮、三千匹布，不供给兵器，让祖逖自己想办法募集。

祖逖带领自己的部曲共一百多户人家渡长江，到江心的时候，他斩桨发誓，说："我如果不能光复中原，就像大江一样有去无回！"于是驻扎在淮阴，建造熔炉冶炼兵器，又招募了两千多人，而后继续前进。

当初，流民张平和樊雅各自聚集了几千人屯在谯地，自任坞主。司马睿担任晋愍帝丞相的时候，曾经派遣行参军桓宣前去劝说张平、樊雅，二人都请求归降。豫州刺史祖逖出兵驻扎芦洲以后，派遣参军殷义拜会张平和樊雅。

殷义瞧不起张平，看到张平的房屋时说可以当马房，看到大锅时说可以铸铁器。

张平说："这是帝王的锅，天下清平的时候才能使用，怎么能毁坏它？"

殷义说："你连自己的头颅都保不住，还吝惜铁锅吗？"

张平大怒，在座位上斩杀了殷义，率领军队固守。

祖逖攻他们一年竟没有攻克。最后祖逖诱降张平的部将谢浮，让他杀掉张平，然后进军占据太丘。

当时樊雅还占据着谯城，抵抗祖逖。祖逖久攻不下，于是向南中郎将王含请求援兵。王含派桓宣再次说服了樊雅归降祖逖。

祖逖进入谯城以后，石勒派遣石虎围困谯城，王含又派桓宣救援，石虎解围而去。祖逖上表请求任命桓宣为谯国内史。

晋太兴三年（320年），祖逖的部将韩潜和后赵将领桃豹分别占据陈川旧城，桃豹占据西台，韩潜占据东台。桃豹出入经由南门，韩

闻鸡起舞·祖逖

潜出入经由东门。双方互相攻守了四十天。

祖逖派一千多人将盛满土的布袋运到台上，看起来好像装满了粮米，又让一些人挑着真米，在路边休息。桃豹的士兵追他们，他们就丢下担子逃走。桃豹的士兵已有很长时间没有吃饱饭了，他们得到粮米，以为祖逖粮食充足，心中更为恐惧。

后赵将领刘夜堂用一千头驴子为桃豹运军粮，祖逖派遣韩潜和别将冯铁在汴水截击，把这些军粮全部缴获。桃豹连夜逃跑，驻扎于东燕城。

祖逖让韩潜进军驻扎在封丘，以此来威胁桃豹。冯铁占据了陈川旧城的东、西二台。祖逖则镇守雍丘，他经常派遣士兵截击后赵军队。后赵镇守边界的士兵不断地有人归降祖逖，于是后赵国土日渐缩小。

七月，司马睿下诏加授祖逖为镇西将军。祖逖在军中严于律己，与将士们同甘共苦，鼓励农业生产，安抚新归附的士民，不论关系远近、地位高低都施以恩惠。

在当时，黄河流域有许多既服从后赵也服从晋的坞堡。现在，坞堡主人们都感恩戴德，只要后赵有什么特殊举动，就秘密报告祖逖，祖逖因此经常打胜仗。黄河以南地区，多半背叛后赵而归附东晋。

祖逖训练士兵，积蓄粮食，为收复黄河以北的失地做准备。后赵王石勒为此担心，于是下令让幽州守吏为祖逖修葺祖父和父亲的陵墓，并安置两户人家看守坟墓。然后他写信给祖逖，要求互通使节和开放贸易。祖逖没有回信，但听任双方贸易往来，因而获取了丰厚的利润。

祖逖的牙门童建杀死新蔡内史周密，投降后赵。石勒把童建斩首，把首级送给祖逖说："叛臣逃吏，是我非常痛恨的。将军憎恶的人，也是我所憎恶的。"

祖逖很感激他，从此凡是从后赵叛归祖逖的人，祖逖都拒不接纳，同时严禁众将侵犯后赵百姓，两国边境也得以平安。

晋太兴四年（321年）七月，司马睿任命尚书仆射戴渊为征西将军，统管包括豫州在内的六州各项军务。

此时的祖逖任豫州刺史，他认为戴渊没有收复失地的决心，同时预感到国家将有内乱发生，为此闷闷不乐，他知道统一北方的大业难以成功，因此卧病不起。九月，祖逖在雍丘去世。

祖逖死后，豫州百姓就像失去亲生父母一样，在谯、梁二地建立祠堂以供祭祀。而一直图谋不轨的王敦，听说祖逖去世后更是无所顾忌。

陶侃为政

东晋将领陶侃和祖逖一样，也有雄心壮志。祖逖死后，东晋王朝内部发生混乱，先是王敦与晋元帝争夺权力，后来晋元帝死了，王敦又一次进攻都城，以失败告终。但没多久，晋成帝时，又发生了苏峻的叛乱。叛军攻进都城建康，陶侃从荆州带兵前来，战败苏峻，夺回建康，又用了两年时间彻底平定了苏峻的叛乱。

陶侃本是王敦的部下，立下战功，做了荆州刺史，可他对权势并不热心。有人妒忌他，在王敦跟前讲了不少陶侃的坏话，王敦就把陶侃调到了偏远荒僻的广州，官职虽仍是刺史，事实上已经是降职了。

陶侃到了广州，依然不计较个人得失，也没有消沉灰心。没什么事的时候，他就每天早晨起来把一百块砖头从书房里往院里搬，到了傍晚又一摞摞地从院里搬回屋里。手下人问陶侃这是为什么，陶侃神态严肃地回答说："我虽然在这个偏僻的地方，但心里牵挂着北方，还想打过长江去收复失地。要是过惯了闲散的日子，将来恐怕难以为国尽力了。因此，每天用这个锻炼自己。"

陶侃

五月，王敦作乱失败后，朝廷任命陶侃为征西将军，都督荆、湘、雍、梁四州军事，荆州百姓为此而庆贺。陶侃聪慧敏捷，谦恭勤奋，整日盘膝正襟危坐，对军府中诸多事务明察秋毫，无所遗漏，不曾有一刻闲暇。他常常对别人说："大禹这样的圣人，尚且珍惜每寸光阴；至于一般人，更应当珍惜光阴，怎能只求安逸？在生时对时世毫无贡献，死后不留名于后世，这是自暴自弃！"众多参佐中有的玩物丧志、荒废正务，陶侃命人将他们的酒具全都投弃到江中，如果是将领官吏则加以鞭打，他说："老子、庄子崇尚浮华，并不是先王作典则的言论，不利于实用。君子应当使自己的威仪严正，哪有蓬头、光脚却自称宏达的呢？"有赠送礼物的，陶侃一定要询问来路，如果是自己的劳动所得，即使价值微薄也一定喜欢，慰勉还赐的物品超出三倍；如果不是正道所得，就严词厉色加以呵斥羞辱，退还给奉赠的人。有一次陶侃出游，见有人手拿一把未成熟的稻子，陶侃问他这是干什么。那人说："行走的路上所见，随便摘下来而已。"陶侃大怒，说："你不种田，却毁坏他人的稻子拿来玩！"随即抓住此人鞭打。百姓辛勤耕种，家资不缺，人人丰足。陶侃曾经造船，剩下的木屑和竹头，都让人登录并且掌管，大家都不明白他这样做的原因。后来群臣朝会，正逢积雪后开始放晴，厅堂前面残留的积雪仍然潮湿，于是陶侃将地面铺撒上木屑。等到桓温进攻蜀地，又用陶侃所贮存的竹头做榫钉装配船只。陶侃做每一件事都是如此周密。

庾亮逼反苏峻

东曹王导辅政之时，政治清明，很得人心。等后来到了庾亮掌权之时，由于滥施酷刑，导致人心不稳。

历阳内史苏峻，对国家有功，日益显赫，拥有精兵万人，军械精良，朝廷把长江以北地区交付给他治理。但苏峻为人骄横，聚众滋事，用度奢侈，轻视朝廷，稍不如意，就肆无忌惮地斥骂。

南顿王司马宗因为被庾亮罢免了官职，所以心怀怨恨。他平时又与苏峻交好，庾亮想杀他，司马宗也想废黜庾亮，自己执政。恰逢有人告司马宗谋反，庾亮派右卫将军赵胤去抓捕司马宗，司马宗拒捕被杀。

庾亮又免除了西阳王司马羕的太宰职务，把他降为弋阳县王。司马宗是皇室近亲，司马羕则是先帝的辅佐大臣，庾亮随随便便就把他们杀戮或者废黜，更是人心尽失。

司马宗的党羽卞阐逃走，归附了苏峻。庾亮下符令让苏峻把卞阐送回朝廷，苏峻不听。

司马宗被杀，晋成帝司马衍并不知道。很久之后，司马衍问庾亮："以前那个白头发老公公在什么地方？"

庾亮回答说，因为谋反已经被诛杀了。司马衍哭着说："舅舅说别人是反贼，就把他杀了。如果别人说舅舅是反贼，该怎么办？"庾亮害怕，脸色都变了。

庾亮觉得苏峻在历阳雄霸一方，迟早会发生祸乱，于是问王导的意见。

王导说："苏峻多疑阴险，一定不肯奉诏前来，不如暂时容忍他。"

庾亮在朝中说："苏峻狼子野心，将来一定会造反。今天征召他，他若不服从诏令，就此造反，造成的灾难还不算大。如果再过几年，就制服不了他了，就会像汉朝的七国之乱一样。"

满朝大臣都没有人反驳他，只有光禄大夫卞壸争辩说："苏峻拥有强大的军队，离京城很近，一旦变乱发生将不可收拾。应当仔细考虑，慎重行事。"庾亮没有听从。

卞壸知道庾亮一定会失败，就写信给江州刺史温峤说："庾亮征召苏峻的主意已定，这是国家的大事情。苏峻已经表现出狂悖的姿态，还去征召他，这是自己去招惹啊。他一定会用他的力量对付朝廷。朝廷的力量虽然也很大，但对付苏峻，风险还是很大的。

"王导的看法也差不多。我非常恳切地与庾亮争辩，但不能起什么作用。我让你在外任职，本来是想以你为外援。现在反而后悔让你在外面，不能一起劝阻他，那样他或许会听从我们两个的意见。"

温峤也写了很多信劝阻庾亮，满朝大臣都认为不可以，庾亮一概不听。

苏峻听说了此事，就派人去见庾亮，回复说："讨伐敌人，或者在地方上任职，无论远近我都唯命是从。至于在朝廷中辅佐，实在不是我能胜任的。"

庾亮没有答应，征召北中郎将郭默为后将军，兼任屯骑校尉，任命弟弟司徒右长史庾冰为吴国内史，带领军队，以防备苏峻。然后颁下诏书，给苏峻大封爵位，明升暗除，并让他弟弟苏逸代替他的职位。

苏峻上表说："昔日明皇帝亲自拉着我的手，命令我到北边讨伐胡虏。现在中原还没有平定，我怎么敢擅自回到安宁的地方？乞求让我到青州随便哪一个荒僻的郡县去补任，让我得以为朝廷施展我的才能。"又没有获得同意。

苏峻整顿行装准备赴召，正在犹豫，还没有做决定。参军任让对苏峻说："将军您请求去荒僻的郡县都没有被允许，情势已经是这个样子，返回朝廷恐恐怕已经没有生路，不如拥兵自守。"匡术也对苏峻说，应该造反。苏峻终于举兵反叛。

次年正月，苏峻的叛军攻入京城，挟持天子。庾亮乘坐小船逃走，与温峤一起起兵讨伐苏峻。后来苏峻在战斗中被杀，剩余的军队一直到下一年的二月才被平定。

石勒灭前赵称帝

晋咸和三年（328年），后赵中山公石虎率领四万军队，入侵前赵的河东地区，前赵皇帝刘曜亲自指挥作战，大败石虎军队，并一直追杀石虎到洛阳。

十一月，后赵王石勒想亲自率领大军援救洛阳。幕僚程遐等人极力劝谏，说："刘曜孤军深入一千里，势必不能持久。大王不应当亲自动身，动身则难保万全。"石勒大怒，手按佩剑呵斥程遐等人，让他们出去。

石勒于是赦免了因为喝醉酒而受处罚的记室参军徐光，并对他说："刘曜凭借一场战斗的胜利，包围了洛阳，并且筑垒自守，庸人都说他不可抵挡。刘曜手下有十万大军，攻一座城池耗了一百天的时间还没有攻下，士气必然低落，凭我军初战的锐气即可一攻而下。如果洛阳失守，刘曜必定会进攻冀州，由黄河以北席卷而来，那我的大事也就完了。程遐等人不想让我去，你认为怎么样？"

徐光回答说："刘曜乘着胜利的势头，不但不能进逼襄国，而且还据守金墉，由此可见，他不会有什么作为。凭着大王您的威武和计谋进攻他，他一定会望风而逃。平定天下，就在如今这一战，机会不能错过。"

石勒笑着说："你说得对啊。"于是让宫殿内戒严，有胆敢劝谏的斩首。

石勒命令石堪、石聪和豫州刺史桃豹等人各自率领现有的士兵在荥阳会合，又命令石虎进军占据石门。石勒自己率领步兵、骑兵四万人赶赴金墉。

石勒对徐光说："刘曜如果在成皋关驻扎大军，这是上策；在洛水设营牵制，就稍微差了一点；如果坐守洛阳，那他肯定会被我擒获。"

十二月初一，后赵军在成皋集会，有步兵六万、骑兵两万七千人。石勒见前赵防守空虚，高兴得用手指着天空，随后又拍着额头，说："这是天意！"于是命令士兵脱下重甲，嘴里咬着木棍以防发出声音，从隐秘的小路日夜兼程，从巩县和訾县之间穿出。

刘曜只顾与宠臣饮酒赌博，不爱惜士兵。身边有人加以劝谏，刘曜就会发怒，认为是妖言，把劝谏的人斩首。听说石勒已经渡河，他这才商议增强荥阳的防守力量，在黄马关拒守。

没过多久，在洛水侦察的士兵与后赵的前锋交战，俘获了羯族的俘虏送来，刘曜问他说："石勒自己来了吗？有多少士兵？"

俘虏回答说："大王亲自前来，军队非常多。"

刘曜听后，心神慌乱，赶紧让军队解除对金墉的围困，在洛水西布好阵，用十万大军抵抗石勒的军队。

石勒远远地望见，更加高兴，对身边的人说："可以祝贺我了。"然后率领步兵、骑兵四万人进入洛阳城。

初五，石勒、石堪、石聪兵分三路进攻前赵，石勒率军队进攻中军，石堪、石聪自两翼夹击。石勒亲自穿上盔甲，迎击敌军。

刘曜年轻时就喜欢喝酒，上了年纪以后更加厉害。已经准备作战，还喝了几斗酒。刘曜平常骑的红马无故低首蜷足，于是他改骑小马。等到要出发的时候，他又喝了一斗多酒。到了西阳门，他指挥军阵向平坦处移动。石堪乘机发动进攻，前赵军队溃败。

刘曜酒力上涌，晕乎乎地向后逃奔，战马被摔下石渠，刘曜受伤被俘。

石勒于是大败前赵军队，斩首五万多级。下令说："我想抓的只有一个人，此人现已被擒。"

刘曜见到石勒，说："石王，你还记得我们在重门的盟约吗？"

石勒让徐光对刘曜说："今天的事，天意如此，还有什么可说的！"

十一日，石勒班师回京，石虎的儿子、征东将军石邃护送刘曜，并让医师给他看病。

二十五日，回到襄国，让刘曜居住在永丰小城，给他姬妾来服侍，派重兵把守。又让刘岳、刘震等子侄辈男女穿上华贵的服装拜见刘曜。

刘曜说："我以为你们早就化为尘土了，石王仁厚，竟然宽宥你们一直到今天！我杀死石佗，比起他来惭愧多了。今天的灾祸，是我应得的。"于是留下他们宴饮了一整天，才让他们离去。

石勒让刘曜给太子刘熙写信，让他赶快归降，刘曜却只让刘熙和各位大臣"匡扶国家，不要为我改变心意"。石勒看到信后，知道留刘曜无益，没多久就把他杀了。

刘熙听说刘曜被擒，非常恐惧，就和南阳王刘胤商量，想往西退守秦州。尚书胡勋说："现在虽然丧失君主，但国土仍然完整，将士也没有叛离，暂时应该集中力量抗拒敌人。力量不支的时候，再逃也不晚。"刘胤发怒，认为这是影响军队的士气，把他斩首了。

于是刘熙率领文武百官逃到上邽，各地方官员也都放弃自己镇守的地方跟随，关中大乱。前赵的长安守将蒋英、辛恕向后赵请降，后赵派石生率洛阳兵士前去接纳。

次年九月，石虎在义渠大败前赵军队，然后乘胜追击，攻破上邽，擒获前赵太子刘熙、南阳王刘胤及将军、郡王、公卿、校尉以下三千多人，全部诛杀。

晋咸和五年（330年），在群臣的坚持下，后赵王石勒准备即皇帝位。九月，石勒即帝位，改年号建平，大赦天下。

石虎父子相残

后赵王石虎非常喜欢一向骁勇善战的太子石邃，他常对大臣们说："司马氏父子兄弟自相残杀，所以朕得以有今天。如果像朕这样，哪里有杀石邃的道理呢？"

后来，石邃残忍暴戾，经常把打扮漂亮的姬妾砍头，并把头颅洗去血污，让宾客们观看，同时还煮姬妾身上的肉吃。石虎十分喜欢河间公石宣、乐安公石韬，石邃却十分憎恨他们。

石虎沉溺于酒色，喜怒无常。他让石邃处理尚书事务，每当石邃有事禀报，石虎总是不满，经常借故责打石邃。

石邃私下找到中庶子李颜等人让其一起谋反，李颜等人听了，跪在地上不敢回答。

七月，石邃声称生病，不处理政事，却秘密带领宫内大臣、文武官员五百多人骑马到李颜的别宅宴饮，乘机对李颜等人说："我要到冀州杀死河间公石宣，有不跟从的斩首！"谁知在路上，众人都逃跑了。

李颜磕头力劝，石邃方才作罢。后来他母亲郑氏私下派人来问这件事，石邃愤怒地把来人杀了。

佛图澄对石虎说："陛下不宜经常去东宫。"石虎本来准备去探望石邃的病情，想到佛图澄的话，便回去了。

但过了一会，石虎又让自己亲信的女尚书前往察看。石邃喊她走近说话，乘机拔出剑来想要刺杀她。

石虎听说后非常气愤，派人拘捕李颜等人，并把他们杀死，把石邃也囚禁起来，不久就赦免了他，让他来武东堂见驾。

石邃朝见的时候也不谢罪，过了一会儿就离去了。石虎让人对他说："太子应当朝见皇后，怎么可以急急忙忙地离开？"石邃头也不回，径直出去了。石虎勃然大怒，把石邃废黜为庶民。

当天夜里，石虎杀死了石邃与他的妃子张氏，连同男女侍从共二十六人，合葬在一口大棺材内。又诛杀了东宫属臣中的二百多党羽，把郑皇后废黜为东海太妃。河间公石宣被石虎立为皇太子，他的母亲杜昭仪被封为天王皇后。

晋永和四年（348年），石虎又十分宠爱后赵秦公石韬并想立他为太子，可是因为太子石宣年长，所以犹豫不决。石宣、石韬二人也相互攻击。

八月，石韬和他的属官在东明观宴饮，晚上留宿在佛精舍。石宣趁机派杨柸等人爬着梯子翻进佛精舍，杀死了石韬，扔下刀剑离去。第二天早上，石宣禀报石韬被杀的消息，石虎听后震惊悲痛，昏了过去，过了许久才苏醒过来。

他正准备亲自去临丧，但经过司空李农的劝说后取消了计划，他命令士兵严加戒备，在太武殿进行哀悼。

石虎怀疑是石宣杀了石韬，就把他召进宫，扣押了起来。

建兴人史科知道石宣策划杀害石韬的计谋，告发了他们。石虎就派人去抓杨柸、牟成，但他们都逃走了，只抓到了赵生，经过拷问，真相终于大白。

石虎听到后，悲痛欲绝，把石宣囚禁在仓库里，用铁环穿透他的下巴颏把他锁起来，拿来杀死石韬的刀剑，让他舔上面的血。石宣的哀号声震动了整个宫殿。

佛图澄对石虎说："石宣、石韬都是陛下的儿子，今天如果为了石韬而杀石宣，这是祸上加祸啊。陛下如果加以宽恕，福祚还可以延长些。如果一定要杀了他，石宣当化为彗星，横扫邺城宫殿。"

石虎不听劝阻，在邺城北堆上柴草，柴草上竖起来横杆，横杆的末端装了辘轳，绕上绳子，把梯子靠在柴堆上，将石宣押到下边。

石虎又命令石韬所宠爱的宦官郝稚、刘霸揪着石宣的头发，拽着石宣的舌头，拉他登上梯子。郝稚把绳索套在石宣的脖子上，用辘轳绞上去。刘霸砍断他的手脚，挖出他的眼睛，刺穿他的肠子，让他和石韬一样。

然后又点起火，熊熊大火把石宣吞没了，石虎带人在中台观看。火灭以后，又把灰烬洒在通向各个城门的十字路口上。

诛杀石宣的妻儿共九人。石宣的小儿子才几岁，石虎平时很喜爱他，因此临杀前还抱着他哭泣。石虎想赦免他，但大臣们坚决反对，一把抢过来给杀掉了。石虎也因此得了大病。

石虎还废黜了石宣的母亲皇后杜氏，把她贬为平民。又车裂了石宣身边的宦官等人三百多，扔到了漳水里。石宣居住的太子宫改为养猪的地方，十多万东宫卫士全部被贬到凉州。

在事发之前，赵揽曾对石虎说："宫中将有变故，最好加以防备。"石韬死后，石虎怀疑他了解情况却不上告，于是下令把他也杀掉了。

王猛扪虱谈天下

桓温是东晋的征西大将军，他为了收复中原失地，曾多次北伐。他第一次北伐，率领军队攻打灞上的时候，一个衣衫破旧的人来求见他。桓温正想招贤纳士，以为高人来访，便高兴地接见。但是，这个人一进来，桓温一打量，就觉得有点失望。问过来人的姓名以后，桓温想，我从未听过这个名字，他不会是想到我的军营里来骗饭吃吧？

这个人叫王猛，从小家境贫困却喜读诗书，以卖簸箕为生。他安贫乐道，学问渊博。但是，当时关中的士族都嫌弃他低微的出身，瞧不起他，不愿意举荐他当官，但他对此一点也不在乎。曾经有人请他在前秦的官府里做小官吏，他不愿意去，就索性在华阴隐居了下来。这次听说桓温打进关中，就专门到灞上来求见桓温。

此时的桓温对王猛还存有很多疑虑，想试一下他的真才实学。桓温就请王猛谈谈当今天下的形势。王猛把南北双方的政治、军事形势都分析得非常清楚，而他个人的见解也十分精辟。桓温听后，感慨良多，对王猛肃然起敬。

当时只见王猛一边谈，一边把手伸进衣襟里抓虱子（古代的时候称为"扪虱"）。桓温手下的士兵见了，差一点大声笑出来。可王猛却毫不在意，只当什么也没发生一样，继续大谈他的天下大事。

桓温问他："我这次带了大军，奉皇上的命令渡江远征关中，为百姓们除害。可是，我来到这里，地方上的豪杰为什么都不肯来见我呢？"

王猛微笑着说："您不怕千里跋涉，深入敌人腹地，但是长安就在您的眼前，您却不渡灞水直捣长安。凭您的实力是完全可以这么做的，但是您却没有，所以大家都不知道您到底是怎么打算的，才不敢来见您啊。"

王猛的话直中要害，说到桓温的心里去了，原来桓温此番北伐主要是想制服他的政治对手，在朝廷里建立威信。他驻军灞上，不急于攻下长安，正是想保存实力。桓温无话可答，但是他看出王猛是难得的人才。从关中退兵的时候，他再三请王猛一起南下，为他出谋划策，还答应封他一个很高的官。但王猛十分清楚，东晋王朝内部矛盾斗争极为复杂，因此他拒绝了桓温的邀请，回去继续过他的隐士生活。

后来，前秦的苻坚当上了皇帝，他是一个很有作为的皇帝。他在即位之前，就想找一个得力的助手。有人向他推荐王猛，苻坚就派人把王猛请了过来，两人一见面，就像多年没见过的老朋友一样，谈论起历史上的兴亡大事，见解完全相同。苻坚觉得自己找到了一个像诸葛亮一样的人才辅佐，非常高兴。

苻坚即位后，王猛成了他最宠信的大臣，一年内被提升了五次，权力大得没人能和他相比。王猛受到苻坚的信任，帮助苻坚镇压豪强，整顿朝政。在王猛兼任京兆尹的时候，太后的弟弟、光禄大夫强德喝醉了酒闹事，强抢人家的财物和妇女。王猛一听说，马上派人逮捕了强德。他派人报告苻坚，但是等到苻坚派人来宣布赦免强德时，王猛早已把强德处决了。在以后的一段时间里，王猛办案不畏强权，即使皇亲犯罪也严惩不贷。朝廷里的官员大为震惊，坏人也不敢胡作非为了。苻坚称赞说："我现在才懂得国家应该要有法制啊！"

苻坚的前秦在王猛的辅佐下越来越强大，先后灭掉了前燕、代国和前凉三个小国，统一了整个黄河流域。

575年，王猛得了重病，苻坚去看望他。王猛非常诚恳地对苻坚说："东晋虽然远在江南，但是它继承了晋朝的正统，而且现在朝廷内部相安无事。我死了以后，您千万不要去进攻晋国。您一定要清楚，对我们最有威胁的敌人是鲜卑人和羌人，留着他们总是后患。一定要把他们彻底除掉，这样才能保证秦国长久的安宁。"可惜，苻坚自恃国力强盛，兵强马壮，没有听从王猛的临终遗言，一意孤行，率兵攻打东晋王朝。

苻坚灭前凉

兴宁二年（364年）六月，秦王苻坚派遣大鸿胪前往前凉，任命张天锡为大将军、凉州牧、西平公。

太和元年（366年）十月，张天锡宣告与秦断绝关系。太和六年（371年）四月，苻坚命王猛写信给张天锡，威胁张天锡，以秦国的威力可以让他灭国，请他自求多福，不要使六世相传的大业毁于一旦。张天锡十分害怕，赶忙派使者去向前秦谢罪称藩。

咸安元年（371年）十二月，张天锡听说前秦有了吞并他的企图，非常惊恐，在姑臧西郊设立祭坛，宰杀三牲，带领部下与东晋结盟。

太元元年（376年）五月，苻坚派阎负带兵征召张天锡入朝晋见。张天锡命龙骧将军马建率领两万部众抵御前秦。八月，梁熙、姚苌、王统、李辩等从清石津渡过黄河，进攻前凉猛将梁济据守的河会城，梁济投降。苟苌从石城津渡过黄河，与梁熙会师，进攻缠缩城，很快就胜利了。马建很恐慌，从杨非撤退到清塞。张天锡又派征东将军常据率军三万人，进驻洪池；自己则率领还剩下的五万军队，进驻金昌城。安西将军、敦煌人宋皓向张天锡进言说："臣白天观察人事，夜晚观察天象，秦国的军队不可抵挡，不如投降。"张天锡发怒，将宋皓贬为宣威护军。广武太守辛章说："马建出身于行伍，一定不会为国家效力。"苟苌派姚苌率领三千军士作为先锋进攻马建，马建领着一万人投降，其余前凉军队溃散奔逃。苟苌与常据在洪池作战，常据战败，战马为乱兵砍杀。属下董儒交给他一匹马，常据说："我三次督领各路军队，两次持符节斧钺，八次率领宫中卫队，十次在外带兵，受到的重用和宠信达到了顶峰。今天终于受困于此，这就是我的死亡之地，怎么还能安身活命呢？"于是进入军帐，摘下头盔，脱去甲胄，向西叩头，自刎而死。秦军杀死军司席仂，攻占清塞，张天锡再派司兵赵充哲率军抵抗。秦军与赵充哲军在赤岸交战，赵充哲战败，阵亡。张天锡出城，亲自指挥作战，可城内发生了叛乱，张天锡只得率领几千骑兵奔回姑臧。秦军很快追到姑臧，张天锡以白车白马载着棺材，双手反绑于身后，在军营门前投降。苟苌为他松绑，焚烧了棺材，送张天锡到长安。至此，凉州境内各郡县，全部归属了前秦。

九月，苻坚任命梁熙为凉州刺史，镇守姑臧，并把当地豪强七千余户迁到关中。张天锡被封为"归义侯"，授官北部尚书，居住在前秦预先为他在长安修建的宅第之中。前凉灭亡。

谢安东山再起

383年八月，苻坚亲自带领八十余万大军从长安出发。向南的大路上，烟尘滚滚，步兵、骑兵，再加上车辆、马匹、辎重，队伍浩浩荡荡，差不多有千里长。

苻坚进攻东晋的消息传来后,东晋王朝乱作一团,东晋的臣民全都指望宰相谢安。

谢安是陈郡阳夏人,家境颇好,士族出身,青年时期与王羲之交好,经常与一些青年才俊游山吟诗。他在当时的士大夫阶层中名望很高,大家都认为他是个挺有才干的人。但是他宁愿隐居在东山,也不愿做官。有人推举他做官,他上任一个多月,就不想干了。当时在士大夫中间流传着一句话:"谢安不出来做官,叫百姓怎么办?"

谢安

四十岁的时候,谢安不再隐居,入朝为官,由于他隐居的地方是东山,因此人们把他重新为官称为"东山再起"。

苻坚强大起来以后,东晋的北面边境经常遭到前秦军队的骚扰。朝廷想找一个文武全才的将军去防守边境。谢安把自己的侄儿谢玄推荐给孝武帝。孝武帝把谢玄封为将军,让他镇守广陵,掌管江北的各路人马。

谢玄也是才华横溢之人,谢玄到广陵之后,大规模招兵买马。当时从北方逃来的一批难民纷纷应征。他们中间有个彭城人叫刘牢之,从小练得一身好武艺,打仗特别勇猛。谢玄派他担任参军,叫他带领一支精锐的人马。这支人马经过谢玄和刘牢之的严格训练,百战百胜。由于这支军队经常驻扎在京口,京口又叫"北府",所以这支军队叫作"北府兵"。

这一回,苻坚率领大军进攻东晋,谢安决定自己坐镇建康,派弟弟谢石担任征讨大都督,谢玄担任前锋都督,带领八万军队前往江北抗击前秦军队,又派将军胡彬带领水军五千到寿阳去配合作战。

尽管谢玄的士兵骁勇善战,但谢玄还是非常害怕,毕竟前秦的兵力远胜过自己,他特意去谢安家告别,也顺便请示一下,这一仗怎么打。

不料,谢安听了像没事一样,轻描淡写地回答说:"我已经有安排了。"

谢玄心里想,谢安也许还会嘱咐些什么话。可他等了老半天,谢安还是不开腔。

谢玄回到家里,心里总不大踏实。隔了一天,他又请他的朋友张玄去看谢安,托他向谢安探问一下。

谢安一见到张玄,就把他邀请到宅院中聊天,根本不谈军事,张玄想问都没有机会。

谢安请张玄陪他一起下围棋,还跟张玄开玩笑,说要拿这座宅院做赌注,比一个输赢。张玄是个好棋手，平常跟谢安下棋，他总是赢的。但是这一天，张玄根本没心思下棋，勉强应付，当然输了。

下完了棋，谢安又请大伙儿一起赏玩山景，整整游玩了一天，到天黑才回家。

这天晚上，他把谢石、谢玄等将领，都召集到自己家里，把每个人的任务一件件、一桩桩交代得很清楚。大家看到谢安这样镇定自若，也增强了信心，高高兴兴地回军营去了。

当时，桓冲在荆州听说东晋形势危急，派兵来建康救援，谢安却把他们全都打发回去了。

将士回到荆州告诉桓冲，桓冲很担心。他对将士说："谢公的气度确实叫人钦佩，但是他不懂得打仗。眼看敌人就要到了，他还那样悠闲自在，兵力那么少，又派一些没经验的年轻人去指挥。我看我们准要遭难了。"

淝水之战

前秦苻坚的野心很大，极其渴望消灭东晋，统一全国，以成就自己的千古伟业。所以，在统一北方以后，苻坚不断向南扩张。383年七月，苻坚自恃国力强盛亲自聚集百万大军，从三个方向进攻东晋。

这一年八月，苻坚派遣苻融、慕容垂、梁成等率兵二十五万为前锋先出发。九月，他亲自率领的主力从长安进发到项城，但是他的后续部队凉州兵才到达咸阳，西路的蜀汉兵也才刚刚顺江而下，东路的幽、冀之兵才到达彭城。所以，他的总兵力虽然有近九十万，但是具体的兵力分布极其分散。

东晋的兵力虽然不多，但谢安文韬武略，才华横溢。做事既合君意，又合民心。在他的精心治理下，东晋上上下下的关系也比较融洽，东晋开始逐渐呈现兴旺的态势。谢安命令谢石、谢玄、谢琰等将领率领水陆军八万赴淮河一带防守。东晋方面听说前秦军队要进攻，君臣一心都要誓死抵抗。

谢安还命令胡彬率领五千水军增援寿阳，然后和大军会合。胡彬率领的水军沿着淮河向寿阳方向进发，但是在寿阳被秦军围困起来，军粮一天天少下去，情况十分危急。胡彬派士兵偷偷送信给谢石告急，说："现在敌人来势很凶猛，我军的粮食就快完了，恐怕没法和大军会合了。"晋军在送信时，被苻坚截获。

苻坚看了这封告急信，更加骄傲起来。他把大军留在项城，自己亲自率领八千骑兵赶到寿阳，恨不得一口气把晋军全部吞掉。他到了寿阳，跟苻融一商量，认为晋军已经不堪一击，就派了一个使者到晋军大营去劝降。出使东晋的使者叫朱序，是几年前东晋的将领，后来被苻坚俘虏就投降了前秦。

朱序被俘以后，虽然被苻坚任用，在秦国当尚书，但心里还是向着晋朝的。他到东晋军队的军营，不但没按照苻坚的嘱咐劝降晋军，反而向谢石提供了秦军的情报，并提出了他自己的建议。他说："这次苻坚发动了近百万人马攻打晋国，如果等到他的全部人马集中起来，晋军是没法抵挡的。我们应该趁他们的人马还没到齐的时候，赶快发起进攻，打败他们的前锋，挫伤他们的士气，就可以击溃秦军了。"

晋军采纳朱序的建议，突袭洛涧的秦军，极大鼓舞了晋军的士气。谢石、谢玄亲自指挥大军，乘胜前进，直到淝水东岸，把人马驻扎在八公山边，和驻扎寿阳的秦军隔岸对峙。

苻坚见晋军严阵以待，又看到八公山上的草木都威严肃穆，心里开始有点恐惧了。谢玄针对秦军上下离心、士兵不想作战和苻坚急于决战的心理，派人到秦军的大营，请求秦军稍微从淝水往后撤一下，以方便晋军渡河决战。

秦军的将领们都不同意后撤，但是苻坚想等晋军渡河渡到一半的时候发起攻击，就答应了晋军的要求。苻坚下令全军稍退，本来内部就不稳定的秦军，一退就停不下来了。秦兵由于厌恶战争，害怕打仗，一听到后撤的命令，撒腿就跑，再也不想停下来了。

谢玄率领八千多骑兵，趁机飞快地渡过淝水，向秦军发起猛攻。这时候，朱序又在秦军的阵后大声叫喊："秦军败了！秦军败了！"后面的兵士不知道前面的情况，一看到前面的秦军往后奔跑，也转过身跟着边叫嚷、边逃跑。一时之间，秦军如决堤之洪水，四散奔逃。一路上自相践踏，死伤无数，听到风声和鹤唳也以为晋的追兵赶到。谢玄乘胜追击，秦军大败。

谢石、谢玄收复了寿阳，派快马往建康送捷报。此时，谢安正和一个客人在家里下棋。他看完了谢石送来的捷报，不露声色，随手把捷报放在床上，照样下棋。

客人知道这是前方送来的战报，忍不住问谢安说："战事的情况怎么样？"

谢安慢吞吞地说："孩子们到底是把秦人打败了。"客人听了，高兴得根本不想再下棋了，想赶快把这个好消息告诉别人，就告辞走了。

谢安送走客人后，内心再也抑制不住胜利的喜悦和激动，在跨门槛的时候，不小心把木屐齿都碰断了。

经过这次战役，强大的前秦元气大伤。苻坚逃到洛阳，收拾残兵败将，但是他的兵力只剩下十几万了。而鲜卑族的慕容垂和羌族的姚苌兵力尚存，并且不断壮大，正如王猛所言，他们背叛前秦建立了后燕和后秦，苻坚最终也被姚苌所杀。

李暠起兵建西凉

陇西人李暠爱好文学，通涉经史，声望很高。曾经与郭黁及同母异父的兄弟宋繇同宿，郭黁起身对宋繇说："你将来一定位列公卿，而你哥哥终将当上国君；当母马生下白额头的小马驹时，就是你们出人头地的日子。"

孟敏担任沙州刺史的时候，提升李暠任效穀令。宋繇则侍奉北凉王段业，任中散常侍。孟敏死后，敦煌护军郭谦、沙州治中索仙等人推举李暠做敦煌太守。

李暠一开始觉得为难，正好这时宋繇从张掖请假回家，他对李暠说："段王没有长远眼光，最终不会有什么成就。哥哥难道忘了郭黁的话了吗？白额头的马驹如今已经降生了。"李暠于是听从弟弟的话，段业于是任命李暠为敦煌太守。

右卫将军索嗣对段业说："李暠这个人，不能让他在敦煌久留。"段业就派索嗣去代替李暠做敦煌太守，让他带领五百名骑兵上任。

索嗣到了离敦煌二十里的地方，通知李暠前来迎接。李暠又惊又疑，准备出城去迎接。

效穀令张邈和宋繇等人劝阻他，说："段王昏庸懦弱，这正是英雄豪杰建功立业的时候。将军您有建立一个国家的现成条件，怎么能拱手让给别人呢？索嗣仗自己是本郡的人，以为人们一定会归附他，只要我们突然袭击他，一场战斗就能将他抓住了。"李暠听从了他们的建议。

他先派宋繇前去拜见索嗣，用恭顺谦卑的好话将他稳住。宋繇回来后，对李暠说："索嗣心志骄傲，兵力少，很容易取胜。"李暠派张邈、宋繇以及自己的两个儿子李歆、李让偷袭索嗣，索嗣逃回张掖。

李暠与索嗣关系一向很好，所以对他排挤自己很是愤恨，就向段业上书，请求处死索嗣。辅国将军沮渠男成也很讨厌索嗣，也劝段业除掉他。段业果然杀死索嗣，并开始信任李暠，提升他为镇西将军。

晋隆安四年（400年）十一月，北凉太守唐瑶叛变，分别向另外六郡送去声讨的文书，共同推选李暠为冠军大将军、沙州刺史、凉公，兼敦煌太守。李暠在他的管辖区内实行大赦，改年号为庚子，建立了西凉政权。

桓玄施计受禅即位

晋元兴二年（403年）二月，大将军桓玄上表，请求率领大军出师北征，要平定关中、洛阳地区，随即又暗示朝廷下诏不允许，因此他就说："接到朝廷的诏令，我不得不停止北伐。"

桓玄在准备出征之际，命令制造轻舟快艇，里面尽装游玩之物。有人问他为什么这样，桓玄说："战争充满危险，万一发生意外，轻舟速度快，好装着东西逃脱。"大家都暗自笑话他。

九月，侍中殷仲文、散骑常侍卞范之劝说桓玄接受禅让做皇帝，暗地里撰写了加授九锡以及册命的文告。朝廷任命桓谦为侍中、录尚书事，王谧被任命为中书监兼司徒，桓胤和桓修为中书令和抚军大将军。

十六日，朝廷册命桓玄为相国，统领文武百官，以十个郡的封地让他做楚王，加授九锡。他所管辖的楚国，也设置丞相以下的各级官吏。

桓谦私下里问彭城内史刘裕："楚王功勋卓著，德高望重，朝廷群臣多数认为应该实行禅让，让楚王做皇帝。你认为怎么样？"

刘裕说："楚王是南郡宣武公桓温的儿子，功勋德望举世无双。如今晋室已经衰微，民心早已尽失，趁着时运举行禅让，有什么不可以的？"

桓谦高兴地说："你说可以，那就一定可以了。"

十月，楚王桓玄上表请求回到自己的封地，又暗地里让晋安帝司马德宗作诏书挽留他。

他派人造谣说，钱塘临平湖的湖水突然又满了，江州也降下甘露，就让文武百官相聚庆贺，以此作为自己接受皇帝禅让的征兆。

古代禅让的时候，都有隐士出来做官，唯独现在没有，桓玄觉得这是一种耻辱。所以他访求到西晋隐士皇甫谧的第六代孙子皇甫希之，供给他一切生活需要，让他隐居到深山老林里去。然后再以朝廷的名义召他入朝为官，而且让皇甫希之坚决推辞。最后他再下诏书表彰皇甫希之，称他是高士。当时的人都称皇甫希之为"充隐"，也就是"冒充的隐士"。

桓玄又想恢复古制，把制度换来换去的；又要废除钱币，恢复肉刑等。但始终也没有一个固定的制度，来回反复变化，最终什么也没实行。

桓玄生性贪婪鄙陋，别人有好的书法、绘画作品以及漂亮的园林宅第等，他一定通过赌博等手段巧取豪夺，据为己有。他尤其喜爱珍珠美玉，日夜把玩，从不离手。

十一月，晋安帝司马德宗下诏，让桓玄使用天子的礼仪和乐舞，让他的王妃改称王后，让他的世子改称太子。

十八日，卞范之草拟了禅让的诏书，让临川王司马宝逼迫晋安帝司马德宗亲自抄写。

二十一日，司马德宗到大殿前，派王谧手捧皇帝的玺绶，将帝位正式禅让给桓玄。

二十三日，司马德宗搬出皇宫，迁居永安宫。

二十四日，东晋的太庙和先帝牌位迁到琅邪，然后文武百官一起到姑孰劝说桓玄登基称帝。

十二月初一，桓玄在九井山的北侧修建祭坛。

初三，桓玄正式即皇帝位。

桓玄即位的文告上有很多对晋王室很不利的言辞。有人劝他不要这么说，桓玄说："皇帝接受禅让的文告，是向天下百姓宣布的，怎么可以欺骗上天呢？"于是大赦，改年号为永始。

初九，桓玄开始进入建康宫。他刚一登上皇帝宝座，下面的地面忽然就塌陷了下去。殷仲文说："大概是因为皇上恩德太重，所以大地都不能承载。"桓玄听了非常高兴。

桓玄自从即皇帝位以来，心里常常感到不安。次年二月初一，夜里长江掀起大浪，江水卷进石头城，卷走、淹死了很多人，人们的哀号声震天动地。桓玄听了很害怕，说："奴才们要造反了。"

桓玄为人刻薄，经常炫耀自己、苛责别人。如果上奏的官员有错别字或不恰当的词，他要指出来显示自己的高明。尚书回答诏书的时候，误将"春菟"写成"春菟"，结果自左丞王纳之以下，凡是经手签过字的官员，都被降级或者贬黜。

桓玄有时还亲自选定当天值日的官员，或者亲自命令小官吏做一些具体的事情，结果发下来的诏书纷繁杂乱，有关部门都来不及处理。然而他对朝廷事务却不好好管理，没有处理的奏章堆积如山。

桓玄放纵自己，爱好打猎，后来移居东宫后，又喜好大兴土木。民怨载道，桓玄的统治岌岌可危。

刘宋代晋

刘裕是南北朝时期宋帝国的创建者。他祖上是出身于彭城的士族，北方大动乱时迁到京口避难。刘裕是个孤儿，自小失去父母，家境非常贫困，种地、伐木、抓鱼他都干过。刘裕虽穷，却是个行侠仗义的人。他喜欢结交朋友，常跟朋友们舞刀弄剑，谈论武艺，练就了一身过硬的本领。

京口是东晋精锐部队北府兵的驻扎地。有一天，刘裕听说北府兵正在招收新成员，十分高兴，当即前往北府兵总部报名。北府兵首领刘牢之很欣赏刘裕，就把他收在自己部下做个小军官。

在淝水之战中，北府兵曾发挥了主力军的作用。但淝水之战以后，东晋政府罢免了北府兵的统帅谢玄，改派皇室亲王和外戚相继掌管北府兵。从此，北府兵成为东晋统治集团内部争权夺利的工具。

399年，浙江地区爆发了孙恩、卢循领导的起义，刘牢之率领的北府兵又成为镇压这次起义的主要力量。

刘裕在镇压这次起义过程中出了名。刘裕很有军事才能，擅长带兵作战，他的军队战斗力极强。在被派往镇压起义军时，他利用起义军战略上的错误，出奇制胜，打败了起义军，从此声名大振。

402年，桓玄发动政变，攻入建康。刘牢之投降，桓玄称帝建立楚政权，很快桓玄杀掉刘牢之。因而，桓玄失去了北府兵的支持。

桓玄是桓温的儿子，他为人非常苛刻，喜欢炫耀自己的能力和才干。不过，他只会注意一些细枝末节，往往在大事上疏忽。如果官员在报告事情的奏章中出现了一个笔误，他发现了，马上就会扬扬得意地指出来，炫耀自己的博学。而当时的主要问题是朝政特别混乱，许多大事积压，未能及时得到解决，可桓玄却不闻不问，把精力都放在揪官员的小辫子上面。这样，整个国家上下一片怨愤之声，变乱一触即发。

桓玄篡夺东晋天下的行为，刘裕全看在眼里。他暗地里联合北府兵的中下级军官刘毅、何无忌等，密谋推翻桓玄。很快，一切准备就绪。

404年，刘裕率众从京口起兵，向首都建康开进。桓玄闻讯，赶忙派兵阻击，却被刘裕打得大败。刘裕逼近建康，桓玄心里害怕，不等交战就已打定了

刘裕

逃回荆州的念头。桓玄的部队不堪一击，桓玄只得逃回荆州。在荆州，桓玄又组织人马反扑，结果又被打败。桓玄在四川被杀，刘裕控制了东晋大权。

刘裕大权在握，并不满足。他跟桓玄一样，萌发了当皇帝的念头。但时机并不成熟，他也不敢轻举妄动。他知道流落江南的人民还想回江北老家去，所以，他跟桓温一样，开始准备北伐，想靠北伐的胜利提高自己的威望，从而寻找机会夺取东晋的天下。

在刘裕的政治生涯里，有一个叫刘穆之的人，一直鼎力帮助刘裕，他的作用跟萧何差不多，最善于筹集兵马粮草，稳固后方。刘裕掌权后，就让刘穆之管理重要政务。刘穆之竭尽其能，把国家管理得井井有条。经过周密准备，409年，刘裕出兵讨伐南燕。

412年，后秦内部陷入了兄弟之间争权夺位的斗争，姚泓与他的兄弟们为王位继承问题相互残杀。其时，后秦北面有两个政权崛起：赫连勃勃建立的夏盘踞在今陕北、宁夏一带，鲜卑拓跋氏家族建立的北魏拥有今山西、河北的广大领土。可以说，这两个政权都对后秦构成极大威胁。刘裕见后秦内部矛盾斗争不断，于是在416年八月，准备攻打后秦。

到十月，王镇恶兵团抵达洛阳附近，后秦洛阳统帅不战而降。另一方面，王仲德的水上部队经过巨野沼泽后，兵不血刃，轻松进入了北魏在黄河南岸的唯一桥头堡——滑台。

417年初，刘裕大军进入黄河流域，北魏君臣开始惶恐，大臣崔浩认为刘裕的目标是后秦，但另一些大臣认为刘裕对北魏有所图谋。这样，为安全起见，北魏集结十万骑兵，来到黄河岸边，静观事变。刘裕的水军沿着黄河前进，有时风猛水急，晋军的船只被水冲到北岸，这时北魏部队趁机进攻落单的晋军。

刘裕派水军去北岸攻打北魏军，北魏军转身就走，想诱晋军深入。晋军见北魏军一撤就折回来，紧接着北魏军又进行骚扰。如此反复数次，弄得晋军来回奔波，无法顺利进军。

刘裕无可奈何，派自己作战能力最强的卫队在黄河北岸摆了一个"却月阵"。这是一个半圆形的阵势，两端紧靠河岸，中间鼓出，形状像个月牙，所以叫"却月阵"。

北魏兵以为这个阵势没有什么大不了，就集中三万兵力发动猛攻。没料到晋军在却月阵后面暗藏了秘密武器，布置了数千条丈八长矛，特别锋利。北魏军一上来，晋军就用大铁锤敲动大弓，长矛顿时直向北魏军飞去，一支长矛就可洞穿三四个人的胸脯。北魏军被射杀了好几千人，他们没想到这种武器的杀伤力如此之大，慌忙逃窜，全线崩溃。

　　刘裕打退北魏军，打通了沿河进军的道路，顺利西进。最后击溃了后秦军队，后秦灭亡。

　　刘裕进入长安，打算乘胜前进，平定陇右，恢复晋以前的疆域。可是，在这紧要关头，留守建康的刘穆之病死。刘穆之是刘裕的得力助手，这次北伐，刘裕派刘穆之在首都掌管内外全部事务，并让他负责供应北伐部队的粮草军饷。刘穆之把一切管理得井井有条，收集的粮草供应各部队源源不断，是刘裕的坚强后盾。刘穆之一死，刘裕慌了，立即派十二岁的儿子镇守长安，自己匆匆返回建康，结果关中地区都被夏攻占了。

　　刘裕回到建康，被封为相国，尊称为宋公。刘裕早已把目光瞄准了皇帝的宝座。418年年底，刘裕使王韶之缢死了晋安帝司马德宗，改立司马德宗的弟弟司马德文为皇帝。

　　永初元年（420年），宋王刘裕想受禅当皇帝，而难于启齿，于是召集朝臣开宴饮酒，装作很随便的样子说道："桓玄篡位，晋朝实际上已灭亡。我首倡大义，使皇室复兴，南征北战，平定四海，建立功业，遂受九锡之赏。现在很快将进入老年，我权位太高了。物极必反，很难保持长久的平安。现在我想将爵位奉还朝廷，到京城养老算了。"群臣只是异口同声地盛赞宋王的功勋和德行，却都没有理解他的心意。

　　天色已晚，大家罢宴归去。只有中书令傅亮领悟到刘裕的意思。傅亮又返回来请见宋王，宋王开门接见了他。傅亮进来，只说了句："我应暂时到京城去。"宋王明白了他的意思，没有再说别的，直接问道："需多少人护送？"傅亮说："数十人就可以了。"随即告辞。

　　傅亮出来时，已是深夜，见一长星横穿夜空直至天边，他手拍大腿感叹说："我常常不相信天文，今天开始得到验证了。"傅亮到建康活动了一番。

　　夏季，朝廷开始召宋王做辅政大臣。宋王留下儿子刘义康都督豫、司、雍、并四州诸军事，任豫州刺史，镇守寿阳。刘义康尚年幼，委任相国参军、南阳人刘湛为长史，处理都督府和豫州郡的公事。刘湛从年轻时就有主宰万物的气魄，常常自比管仲、诸葛亮。他读书甚广，知识渊博，但不把主要精力放在写文章上，也不喜欢夸夸其谈。宋王很喜欢他。

　　六月初九，宋王到达建康。傅亮讽喻晋恭帝司马德文将皇位禅让给宋王，并把诏书起草好了，呈给晋恭帝，让他照抄。

　　恭帝欣然握笔在手，对左右的人说道："桓玄篡位的时候，晋家已失去天下了，刘公将它重新延续了近二十年。今天这件事，是我心甘情愿的。"于是抄在红纸上，成为正式的禅让诏书。

十一日，晋恭帝退位，回到琅邪王旧府第。百官拜别辞行，秘书监徐广痛哭流涕，十分悲恸。

十四日，宋王即皇帝位，进入建康，入主帝宫。徐广又悲痛流涕。侍中谢晦对他说："徐公是不是过分了些？"徐广说："你是宋朝的功臣，我是晋室的遗老，有悲有欢，当然不会相同。"徐广，是徐邈的弟弟。

宋武帝（刘裕）亲临太极殿，大赦天下，改年号永初，对那些遭受乡论清议贬斥的人，全部平反，一切从头开始。

元嘉之治

刘裕死后，其长子刘义符即位。刘义符年轻贪玩，不管理国家大事，他在华林园中设置市场，亲自卖酒卖肉。没到两年，大臣徐羡之等人将他废掉。为除后患，又把他给杀了。

徐羡之和另一个大臣傅亮拥立刘义符的弟弟刘义隆做了皇帝，史称宋文帝。

宋文帝刘义隆十分精明能干，十四岁时，就把自己的封地管理得井井有条。

刘义隆做皇帝那年，虽只有十八岁，但已经懂得如何治理国家了。他决心不让徐羡之、傅亮这样的人继续掌权，撤了他们的官职。随后，为了给哥哥报仇，又把他们杀了。

宋文帝派出散骑常侍袁渝等十六人巡行各地，检查吏治，访求民间情况。他还命令各级官员上书，议论朝政得失。由于宋文帝很有治国之能，宋国逐渐安定了。

宋文帝认为国家稳定的关键是让农民有地种、有饭吃，这样他们才不会起来造反，自己的帝位才能坐稳。

那时，农民穷得连种子也买不起。宋文帝即位之后，立即宣布："农民欠官府的租税一律减半，等秋后收了粮食再交。"

到了秋天，宋文帝见农民交了欠租之后，第二年播种又要发生困难了，就再次宣布："农民所欠租税一概免除，但以后务必要好好生产，不许继续欠账。"农民听到减免租税的消息，高兴极了，生产的劲头更足了。

接着，宋文帝又下令给全国官吏："各级官吏要带领农民好好耕种，农民缺少种子的，官府要借给他们。哪里生产搞得不好，就要处分哪里的官吏。"

宋文帝重视农桑，亲自带领大臣锄田耕地。农民一见皇帝如此，也都努力开荒了。战乱中被破坏的农业生产很快得到了恢复。

刘义隆

农业生产虽然恢复了，可有的地方也还免不了要闹灾荒。

有一年，江南闹旱灾，水稻种不上。宋文帝下令改种麦子。

又有一年，丹阳、淮南、吴兴、义兴一带发生水灾，田地被洪水淹没，农民没有饭吃。宋文帝下令从官府的粮仓里拨出几百万斛米，运到灾区救济灾民。当时，兼并土地的现象很严重，很多农民沦落为农奴。宋文帝听说后，下令清查户口，把农民和他们的土地登记在官府的户籍簿上，防止大地主侵吞。宋文帝规定土地多的要向政府多交租税，这不仅增加了国家的收入，也使租税不至于摊派到土地少的农民头上，从而减轻了农民的负担。

宋文帝还很重视官员选拔。他选派有能力的人去做官，任人唯贤，绝不徇私枉法，对贪官严加惩处。

有一年，荆州刺史要换人，按照宋武帝的规定，荆州刺史只能由皇帝的本家依次轮流担任。这一次，按照规定应该轮到南谯王刘义宣了。宋文帝认为荆州是军事重镇，刘义宣能力不行，担不起这样重的担子。几天之后，宋文帝出人意料地派衡阳王刘义季去担任荆州刺史，虽然有人反对，但他也不听。

以前，刘义季经常打猎，在春天的时候常踏坏地里的禾苗。一天，有个上了年岁的农民看到刘义季又来打猎，就劝告他说："打猎成了一种嗜好，不顾节气，这是自古以来人们禁忌的事。夏朝时，太康因为爱好打猎，把国家大事弃之不管，结果被后羿乘机夺了大权，亡了国。现在正是春季，风和日暖，是播种庄稼的好季节，如果失去这个播种的时机，田地就要荒芜，百姓就要挨饿。大王不应只图一时的快乐，在这时候打猎，影响百姓的耕种。"刘义季听了老农这番劝告，觉得很有道理，便说："你说得很对！"从那以后，刘义季在春季不再打猎了。这件事传到宋文帝耳朵里，他激动地说："人，谁能没有过失！这种知过能改的精神是最宝贵的。"因此，宋文帝坚持派刘义季到荆州去。

刘义季到了荆州，勤于政务，忠于职守，把荆州治理得井井有条。

宋文帝为了治国，对贪官污吏毫不客气地予以严惩。

南梁太守刘遵考是宋文帝的堂叔，当年曾随宋武帝北伐，立过不少战功，但他为人粗暴，贪财好利。他在南梁郡做太守时，当地发生了特大旱灾，他不但没有采取措施救济灾民，还乘机侵吞朝廷拨去的救灾粮食。宋文帝听说这种情况后，不徇私枉法，坚决罢免了刘遵考。

宋文帝在位期间，天下太平，老百姓不用负担繁重的徭役，租税也很轻。粮食年年丰收，穷人也娶上了老婆，有了孩子，整个国家出现了人丁兴旺的景象。

萧道成建南齐

南齐建元元年（479年）三月初二，太傅萧道成为相国，统领百官。刘准封给他十个郡，号齐公，赐九锡，他以前的骠骑大将军、扬州牧、南徐州刺史的官职仍然保留。

四月初一，刘准进封齐公萧道成为王，加封十个郡。

二十日，刘准下诏，将帝位禅让给齐王。

次日，刘准躲到佛像下面，就是不肯出去见百官。王敬则率领卫队到大殿前，抬着板舆迎接刘准。太后害怕，亲自带着宦官找到刘准。

萧道成

王敬则劝说刘准，让他从宝盖下出来，带着他坐上板舆。刘准正哭着，止住眼泪，对王敬则说："你要杀了我吗？"

王敬则说："只是让你居住到外面的宫殿而已。当初你家取代司马家，也是这样做的。"

刘准哭着说："希望以后投胎，永远不要再生在帝王家里！"宫里的人都哭了。

刘准拉着王敬则的手说："如果

没有意外,就赏赐你十万钱。"

当天,百官陪坐,参加典礼。侍中谢朏值班,应该由他解下刘准身上的玺绶,然而他却假装不知,说:"有什么公事吗?"

有人传诏说:"解下玺绶,交给齐王。"

谢朏说:"齐王应该有自己的侍中。"然后拉过枕头睡觉。

传诏的官员担心,就让谢朏自称生病,另找一个临时的人兼任。谢朏说:"我没有生病,为什么要这么说?"于是穿上衣服,走出东掖门,上车回家。

右光禄大夫王琨,在晋朝时已担任郎中,这时他失声痛哭,说:"人都是因为长寿才高兴,我却因为长寿而悲哀。就是不能早死,才频频看见这样的事情!"哽咽不能自已,百官都泪如雨下。

司空兼太保褚渊等人捧上玺绶,率领百官前往齐王宫殿,请萧道成即位,萧道成谦让推辞。

褚渊的堂弟、前任安成太守褚炤对褚渊的儿子褚贲说:"今天司空在哪里?"

褚贲说:"在齐宫奉玺绶。"

褚炤说:"我真不明白,你家司空把一家的东西给另外一家,到底算什么!"

二十三日,萧道成在建康称帝。开始大赦天下,改年号为建元,尊奉刘准为汝阴王,十分优待他。

孝文帝改革

493年秋,尘土飞扬,北魏孝文帝率领三十万大军浩浩荡荡开进洛阳。

他带着文武大臣察看了洛阳城古代宫殿的旧址,那里已是一片荒芜。过去东周、东汉、曹魏、西晋几代王朝都在这里建都,它是沟通东部和西部以及黄河南北的交通要道,地理位置十分重要,这是几个王朝在这里建都的主要原因。

北魏孝文帝率群臣看完洛阳宫殿遗址,便下令大军向南挺进,攻打南朝。文武大臣见皇帝此举,一齐跪倒,哀求皇帝不要打南朝,先帝太武帝拓跋焘南征刘宋王朝,那种战败而归的悲惨景象历历在目,唯恐这次南征准备不充分,要白白送死，重蹈先帝旧辙。

孝文帝听完便说："事关重大，既然不肯南下，我也不怪罪你们，但有一个条件，必须把都城从平城迁到洛阳，在这里养精蓄锐，待时机成熟再攻打南朝，统一中国。"大臣们一听不再南征都欣然同意。

其实孝文帝这样说是为了迁都洛阳进行改革，他知道直接说明意图会遭到很多保守派的反对，这才设下了一条带兵南下、声东击西的迁都妙计。

迁都洛阳以后，孝文帝进行了大刀阔斧的改革。首先是发展经济，利用汉人的先进生产技术，发展农业生产。颁布均田令，规定全国每人都分得相同数量的土地。这样使原来没有土地或土地少的人都得到了应有数量的土地，人们的生产积极性高了，生产的粮食大大增多，国库更加充实了。

接着，孝文帝令鲜卑族人学说汉话，学习汉族文化。这样才能真正了解汉族，促进北方经济文化的发展。

孝文帝还下令鲜卑族采用汉姓。他带头把自己的姓氏拓跋改为元，自己的姓名叫元宏。很多鲜卑贵族都改了汉姓，互相见面时都以汉族的姓名称呼对方。在改用汉姓的同时，他还鼓励鲜卑贵族与汉族大地主通婚，自己带头娶了汉族妃子。他的公主也嫁给了汉族大姓，他还让人改穿汉族的服装。

孝文帝迁都和实行汉化的一系列措施，使鲜卑族能够和汉族、其他少数民族和睦地生活在一起，使黄河流域的各民族逐渐融合起来。北魏孝文帝为中国北方民族的融合和黄河流域经济文化的发展做出了巨大贡献，是一位杰出的政治家。

梁武帝舍身佛寺

502年，雍州刺史萧衍领军队攻下建康城，即位称帝，改齐为梁，改年号为天监。从502年到549年，共当了四十八年皇帝，是南朝在位时间最长、也是历史上有名的皇帝之一。他死后，被尊为武帝，即梁武帝。

即位之初，梁武帝可以说是一个比较开明和有作为的皇帝。他一即位，就大刀阔斧地整治社会和发展经济。梁国初建，国家机构混乱不堪，官僚贪污腐化，吏治不明。梁武帝就派人到各地巡察，罢黜贪官，选用良吏，同时还对在职官吏的官职进行调整，文官分为十八班，武官分为二十四班，以便升转回旋。为了稳定社会生活,梁武帝又加强整顿社会治安,下诏制定了比《齐律》更完备的《梁律》,确定刑律二十篇,每刑有十五等,定刑二千五百二十九条。《梁律》是一部内容详细、完备的法典,朝廷判刑做到了有据可依。《梁律》在当时对稳定社会治安确实起了不少作用。后来,隋、唐定的《隋律》和《唐律》都参考了它的条文。

为了恢复生产、发展经济,梁武帝下令在全国实行籍田制度,规定无论是皇帝,还是皇亲国戚,或者是朝廷大官、地方官僚,每人必须耕垦一定数量的田地。他自己经常亲自带领农民下地耕田。那些有地种不完的人,要把多余的土地让出来,否则就要依法论处。为了使贫困的农民有能力耕田,梁武帝还多次减免租赋,至于因战乱而逃亡他乡又回来复业的农民,可以免除五年租税和徭役。经过一段时间的发展后,梁朝一度出现了国泰民安的小康局面。这个局面一直维持了四十多年。

梁武帝的私人生活极俭朴,尤其是到了晚年的时候,他每日只吃一餐,吃的是粗米饭,喝的是豆浆,而且不喝酒。他虽身为皇帝,但穿的是麻布做的衣袍,用的是木棉做的土帐,一顶帽子要戴三年,一个被子要盖两年。他平常根本不需要礼乐,只有祭祀时需要。他手不释卷,《史记》《汉书》及诸子百家都读过不止一遍。至于处理朝政,他更是孜孜不倦。即使是冬天,他也经常四更天起来秉烛处理奏章。

梁武帝本来信道家思想,后来却改信佛教。由于缫丝要夺去众多蚕的生命,因此,他不穿丝绸做的衣服。每当朝廷要给犯人执行死刑,他就会抑郁多日。他在全国大力建造佛寺佛像。"南朝四百八十寺,多少楼台烟雨中",京城内外寺院一座连着一座,崇楼峻阁,高台宝塔,耸入云天。当时,全国人口大约五百万,建康城里的僧尼就多达十万。佛教的烟火弥漫着南北,佛寺随处点缀着河山和城镇。

梁武帝经常到当时最大的寺庙同泰寺去念经和讲法,几乎是一有空闲就去,每次去总要带些钱财施舍给庙里。大通元年(527年)三月,他决定终身陪伴在佛身边,出家为僧。这一下可把整个朝廷的官员吓坏了,因为国家不能一日无君啊!但无论公卿大臣们怎么劝说,梁武帝都不愿意回宫,还说我既然已舍身,就把自己交给了寺庙,由不得自己了。最后还是由朝廷和公卿大臣们集了一亿钱给同泰寺,才算把他赎了回来。

萧衍

自此以后，梁武帝每逢改元换年号，便去舍身一次。他先后于大通元年（527年）、大同元年（535年）、太清元年（547年）三次舍身给同泰寺，每次都是由国家拿出一大笔钱把他从庙里赎出来。梁武帝信佛的结果，便是在全国范围内产生了一批寺院地主，寺院僧侣们有田有地，鱼肉百姓，整个国家开始衰落了。

乘长风破万里浪

刘宋初年的宗悫，非常机敏，从小就很有理想和抱负。他的叔父宗少文很喜欢他。有一天叔父问宗悫说："你长大想干什么？"小宗悫见叔父问他，微微地昂起头，睁着两只明亮的大眼睛，毫不犹豫地回答说："愿乘长风破万里浪。"这句话的意思是说，他要利用有利的条件，冲破一切困难，干一番伟大的事业。这话表达了小宗悫的远大志向。可宗少文以为侄子将来想做大官，就骂道："你这小子，净想着钻到那污浊的官场里去，将来不富贵，就一定要败我的家！"宗少文看不惯朝廷的昏暗腐败，自己不愿做官，也不愿意自己的亲属做官。小宗悫虽然被叔父误解了，可他并没有辩解。他有自己的理想、抱负，想做一个有才能的将军，带领着千军万马去冲锋陷阵，为国家立功。

当时，读书的年轻人都只会读书，不知练武，而宗悫却每天挥刀舞剑，勤学苦练，终于练成了一身好武艺。

在宗悫十四岁那年，一件偶然发生的事情使他一下子出了名。那年，他哥哥宗泌娶亲，新娘子家里比较富裕，嫁妆很多，亲戚朋友也送了许多礼品。没想到被强盗盯上了。晚上，月色朦胧，客人们相继离去，当宗悫一家正准备睡觉的时候，十几个强盗拿着火把和刀枪棍棒，闯入他家抢劫。宗悫抄起平日练武用的大刀，一个箭步冲了出去。强盗看他是个小孩子，就没把他放在眼里。宗悫一脚便踢倒一个强盗，又举起大刀，把另一个强盗劈倒。附近的邻居和官员闻声赶来，将强盗全都擒住了。人们禁不住竖起大拇指称赞说："真是初生牛犊不怕虎呀！"

这件事情传到了江夏王刘义恭那里，他很欣赏宗悫，就派人把宗悫请来，让他在自己手下当了一名军官。

宗悫作战勇敢，不到二十岁就做了将军。他作战时，善于跟敌人斗智。

有一次敌人出动一支大象兵团。大象的皮很厚，普通的刀剑不容易砍伤它。宗悫心想，狮子是百兽之王，什么野兽见了它都害怕，于是他叫人做了一些假狮子，装在车上，由士兵推着冲入敌阵。大象看见狮子来了吓得四处奔逃，敌人的队伍很快就溃散了。宗悫还很重视军队的纪律，对部下约束很严，不许抢劫；凡是战利品，都一律上缴，他自己分文不取，部下当然也就不敢私分。

元嘉三十年（453年），太子刘劭谋害了宋文帝。消息传开后，人们纷纷起来反对大逆不道的刘劭。宋文帝的第三个儿子刘骏，正任江州刺史，听说这件事情，首先起兵讨伐刘劭。接着，荆州刺史刘义宣、雍州刺史臧质也起兵响应，一起杀向建康。刘骏任命宗悫为将军，去捉拿刘劭。宗悫与柳元景在建康的一口枯井中抓住刘劭，把他杀了。

这场动乱平息以后，刘骏继承了帝位，他就是宋孝武帝。孝武帝论功行赏，宗悫被任命为左卫将军，封洮阳侯。不久，他又升为豫州刺史。

宗悫待人宽厚，不以个人得失为意。他的同乡庾业与他恰好相反，有千顷良田，奢侈无度。还在宗悫不怎么出名的时候，有一次，庾业请宗悫吃饭，只准备了粗糙的小米饭和萝卜白菜。庾业还故意对别的客人说："宗悫是个武夫，吃惯了粗茶淡饭，所以我不敢用别的饭食招待他。"庾业的目的是取笑一下出身贫寒的宗悫。谁知宗悫并不在乎这些，照样吃得很饱，并且谢过了庾业才走。

后来，宗悫做了豫州刺史，庾业恰好是宗悫的部下，可宗悫并不计较当初庾业对自己的取笑，对他仍然很客气。庾业对自己当时的不礼貌感到很愧疚，可是宗悫听了总是笑着说："过去的事情就不要再提了，那次不是吃得很香，也没有噎着嘛！"

又过了几年，宋文帝的第六个儿子竟陵王刘诞阴谋夺取帝位。他四处扬言："宗悫是我的得力助手，我一起兵，他就会来帮助我。"宗悫听说刘诞盗用自己的名义招摇撞骗，十分气愤，立即请求孝武帝派他去捉拿刘诞。孝武帝派他跟主将车骑大将军沈庆之去平定叛乱。

到了刘诞盘踞的广陵以后，宗悫骑马绕城大喊："我是宗悫，奉命前来捉拿叛贼！"刘诞听了，非常吃惊，赶紧派兵加强防守。沈庆之和宗悫很快攻破了广陵城，活捉了刘诞，斩首示众。

宗悫后来成为刘宋朝大名鼎鼎的将军。他年轻时候"愿乘长风破万里浪"的豪言壮语，后来被人们简化为"乘风破浪"这样一句成语，现比喻不畏艰险勇往直前。

大发明家祖冲之

齐武帝永明初年，局势比较安定，生产发展了，科学上的发明创造也多起来了。

一天，齐武帝带着大臣，到乐游苑去看新发明的水碓磨舂米磨面。他们看到湍急的流水冲动了一个大水轮，那大水轮的轴上安装着许多横木，随着水轮的转动，带动了好些石杵，一起一落地在石臼里舂起米来；还有一组安装在轴上的齿轮，带动石磨不停地转动，磨出了雪白的面粉。这个新的生产工具水碓磨就是由我国历史上伟大的科学家祖冲之发明的。

祖冲之出生在宋文帝在位的时候，他祖父在刘宋朝廷里做大匠卿，负责管理土木建筑工程。

家庭环境使祖冲之从小养成了爱好学习的良好习惯。他二十几岁的时候，就很有学问了。朝廷见祖冲之很有学问，就请他去华林学省做研究工作。祖冲之认真总结前人的科学成就，积累了丰富的知识。他读了很多书，又爱独立思考，在前人研究的基础上进行新的探索。

祖冲之在天文、历史、数学、物理、机械等方面都取得了重大的成就。水碓磨只是他的成就之一，最重要的是他对圆周率的精确计算。

圆周率就是圆的周长和圆的直径的比例数。木工师傅做木盆或木桶的时候，先做一块一块略带弧形的木板，然后把这些木板拼起来，正好拼成一个圆形的木盆或木桶。如果问木工师傅是怎么计算的？为什么木板不会多一块或少一块？木工师傅就会说："这道理很简单，三尺圆圆一尺径呗！"

这"三尺圆圆一尺径"，就是最粗略的圆周率，这样粗略的圆周率只能用于制作木盆和木桶；要制造精密的仪器，就需要比较精确的数值了。在祖冲之以前，已经有许多人在探求这个数值。祖冲之在前人的基础上继续努力，决心攻克这个难关。

古代做计算题，是用筹码（小竹棍）进行的。祖冲之在案子上摆了许多筹码，都是用来计算的。他常常天不亮就起床，一直计算到深夜。筹码因为得经常挪动，都被手磨得十分光滑了。祖冲之计算了一万多遍，才算出了比较精确的数值，确定圆周率是在3.1415926和3.1415927之间。这个数值相当精确，把前人对圆周率的研究,大大地推进了一步。

祖冲之计算的圆周率比欧洲数学家奥托计算的早了一千多年。所以,有人主张把圆周率改名为"祖率",来纪念祖冲之在这方面的重大贡献。

祖冲之还把自己在数学方面的成就应用到历法的研究上,他根据自己对太阳、月亮运行规律的推算,制定出了一种新历法。宋孝武帝大明六年(462年),祖冲之研究出了新的历法叫作《大明历》,以孝武帝年号命名使用。

孝武帝自己不懂历法,他叫大臣们讨论该不该使用。大臣戴法兴首先反对。戴法兴是皇宫里的警卫官,并不懂历法,但是因为他会逢迎拍马,因此他深得孝武帝的宠爱,朝廷上的许多官吏都看他的眼色行事,不敢得罪他。

戴法兴装出十分懂得的样子,指着祖冲之说:"历法是古代圣贤创造的,哪能随便更改呢?自古以来,人们都认为每年冬至太阳回到了原来的位置上,这是永远不变的。你违反古训,说太阳的位置变了,我看这就不对。"

祖冲之站起来反驳说:"古代历法存在着许多错误,这是众所周知的。早在后汉时,就有人观察到了每年冬至太阳位置后移的现象,这个事实说明我的新历法是对的。"

祖冲之又把太令的月食记录翻开说:"文帝元嘉十三年、十四年、二十八年,本朝大明三年,都发生过月食。这四次月食发生的时候,月亮的位置都是有记录的。我根据这些记录推算,证明了太阳每年冬至不是回到上一年冬至的位置上。这个事实怎么能否认呢?"

戴法兴被驳得哑口无言,但他却不肯就此罢休,屡屡提出问题刁难祖冲之。他说:"十九年中有七个闰年,这是自古以来的闰年法,你怎么能把它改成在三百九十一年中设置一百四十四个闰年呢?"

祖冲之从容不迫地回答说:"你说的这个闰年法,自秦汉算起,已经几百年了。在这几百年里,天象早已与从前大不同,况且前人也已经发现了古代历法与天象之间的差异。难道有差错还不能改正吗?"其他官员看祖冲之理直气壮,言辞又那么犀利,都替他担忧,害怕他得罪了戴法兴。

孝武帝看他们争辩得很激烈,怕戴法兴下不了台,就对大家说:"今天的争论,各有各的道理。你们回去都把意见写出来,让我看了再做决定。"

后来,祖冲之把和戴法兴的辩论经过整理写成著名的科学文献——《驳议》。

过了两年,孝武帝知道祖冲之的新历法有优点,宣布在改年号的时候开始采用。祖冲之听到这个消息,高兴极了。不料,宋孝武帝在这年夏天病死,采用新历法的事又被搁置起来。

梁朝天监九年(501年),梁武帝终于用了《大明历》。但此时,祖冲之已经死了近十年了。

伟大的科学家祖冲之,还留下了许多重要的著作,他对人类的贡献是多方面的。他之所以能取得这样巨大的成就,是跟他勤奋好学、不迷信古人、敢于坚持真理不开的。

范缜不信佛

南齐建立以后,佛教比刘宋王朝时还要兴盛,朝廷里从皇上到大臣,几乎佛不离口。统治者鼓吹佛教,宣扬人死了以后灵魂依然存在;还说一个人的贫富贵贱都是前世的因果报应,穷人受罪、富人享乐都是命中注定的,谁也无法抗拒。其目的就是让老百姓心甘情愿地给统治者们当牛做马,不能反抗。

齐朝的宰相、齐武帝的儿子竟陵王萧子良,就极力宣传佛教。在他的带动下,佛教的势力更大了。他曾将一些和尚请到家里,亲自给和尚们安排茶饭,毕恭毕敬地聆听和尚们讲经传教。不少官员和百姓认为萧子良这样做,同高贵的宰相身份太不相符,有失体统;可萧子良依然对佛教十分热衷。

有一个叫范缜的读书人,主张反对佛教,指出佛教的因果说法、轮回报应毫无根据,奉劝大家不要相信。

萧子良听说范缜反对佛教,十分恼火,派人把范缜找到宰相府,当面训斥范缜。

范缜认为人生就好比树上的花瓣,花一起开了,随风飘散:有的掠过窗帘,落在屋里的座席上;有的吹到篱笆外头,掉在茅坑里。

那时正是春色正浓的季节,窗外暖风习习,恰好吹动着花瓣片片飞舞。萧子良看看窗外,眨眨眼,一下子还没明白范缜比喻的意思是什么。范缜接着把萧子良比作落在座席上的花瓣,把自己比作落在茅坑里的花瓣,表明没有因果报应这回事。

萧子良干瞪着眼,无话可说。旁边那些本想看范缜笑话好幸灾乐祸的人,也都面面相觑。

范缜回到家,觉得应该把反对佛教迷信的道理说清说透,于是,他很快构思出一篇文章,题目是《神灭论》,写好后散发到大街小巷,也给朝廷上的官员们每人送去一份。

这篇《神灭论》是批驳佛教迷信的有力武器,文章里写道:

"形体是精神的本质,精神只是形体的作用。精神和形体的关系,就像一把刀的锋利和刀的关系。没有听说刀子没有了而锋利还能存在，那么，形体灭亡了，而精神怎么会仍然存在呢？"

范缜的《神灭论》里，宣扬人死以后灵魂不会存在，什么因果轮回，全是骗人的鬼话。文章传出后，朝廷上上下下，争论得特别激烈。

信奉佛教的都对范缜破口大骂，萧子良纠合了一大群信徒想狠狠整范缜一下子，可跟上回一样，被范缜辩得哑口无言。

萧子良还不死心，又找来寺庙里一群高僧来和范缜辩论，但范缜依据的是真理，谁也辩不过他。

有个佛教信徒王琰，因争论不过范缜，就讽刺范缜连自己祖先的神灵都不知道在哪儿。

范缜立刻针锋相对地挖苦王琰："可惜呀，王先生，你既然知道你的祖先神灵在哪里，为什么不自杀去找他们呢？"王琰被说得不知如何是好。

萧子良怕范缜的影响太大，朝廷里信佛的风气会随之改变，就想用官职来让范缜收回自己的观点。萧子良派王融去劝范缜，想用中书郎的官位来使他收回文章。

中书郎是负责决定朝廷大事的重要官职，仅次于尚书令和尚书仆射，尚书令和仆射相当于宰相。范缜听完王融的话，哈哈大笑，完全不为所动。

萧子良没有办法，只好认输。范缜这种坚持真理、反对迷信的精神，一直受到后人的敬仰；他的《神灭论》一文，成为我国古代唯物主义观点的重要著作。

高欢伐叛

世事变化无常，就在北魏孝庄帝元子攸诛杀权臣尔朱荣后不久，他也被尔朱荣的侄子尔朱兆杀了。后来尔朱兆拥立了元晔为皇帝。

梁大通三年（531年）二月，尔朱兆的叔父、尚书令尔朱世隆与兄弟商量，认为元晔与皇族嫡系关系较远，又没有什么声望，就打算另立嫡系近亲当皇帝。于是密谋想让广陵王元恭当皇帝，废掉元晔。元恭过去为了避祸，就假装嗓子哑，至此时已经有八年没有开口说话了。

六月，北魏大都督、冀州刺史高欢在信都起兵，但还没敢公开宣称反叛尔朱氏。

李元忠也起兵了，军队已经兵临殷州地界。高欢命令高乾率领军队前去援救。高乾骑着马进城，与殷州刺史尔朱羽生见面，与他商量计划。尔朱羽生与高乾一起出城的时候，高乾一刀砍下他的头颅，献给了高欢。

高欢拍着胸口说："现在只好造反了！"于是任命李元忠为殷州刺史，镇守广阿。高欢上表，列数尔朱氏的罪状，尔朱世隆偷偷地把奏表藏了起来，没有上奏。

十月，长史孙腾劝高欢说："现与朝廷隔绝，没有号令可以接受，如果不暂且立一位皇帝，大家就会泄气溃散。"

高欢在孙腾的多次坚持下，暂时拥立元朗为皇帝，称作安定王。元朗即位，任命高欢为侍中、丞相、都督中外诸军事、大将军、录尚书事、大行台。

高欢准备与尔朱兆交战，但畏惧尔朱兆兵力强盛，就询问亲信都督段韶，段韶说："所谓多，是得到大家效死的决心。强就是让天下都诚心归附。尔朱氏上谋害天子，中屠杀公卿，下暴虐百姓，大王以顺讨逆，就像用开水浇在雪上，敌人有什么强盛的呢？"

高欢说："虽然是这样，我们以少对多，如果没有天命，大概也是没法成功的。"

段韶说："我听说'小能敌大：小的道义，大的淫邪'，'上天没有偏爱，只是辅助有德行的人'，现在尔朱氏外扰乱天下，内失去人心，有智慧的人不为他谋划，勇敢的人不为他战斗，已经失去民心，天意怎么会不顺从呢？"

十五日，高欢在广阿打败尔朱兆，俘虏敌军五千多人。

次年正月，高欢采取挖地道的方式攻打邺城，地道一直通到城墙底下，用木柱子撑着，挖好后，点火将柱子烧毁。当月，攻下了邺城。

闰三月，尔朱氏各路军队聚在邺城下，号称二十万，沿洹水两岸驻扎。高欢命吏部尚书封隆之镇守邺城，自己率军出城，在紫陌驻扎，大都督高敖率领家乡部下三千人跟从。

二十七日，尔朱兆率领三千轻骑夜袭邺城，攻打西门，没有攻下，于是撤退。

二十九日，高欢以少于尔朱氏十倍的兵力出战，在韩陵布下军阵，把牛驴等拴好阻挡退路。

尔朱兆看见高欢，远远地斥骂他背叛自己。高欢说："我原本与你齐心协力，是为了共同辅佐皇室，现在皇帝在哪里？"

尔朱兆说："孝庄帝冤枉了天柱大将军，把他杀了，我只是报仇而已。"

高欢说："我过去听说过天柱大将军的计划，你就在门口站着，怎么能说不是造反呢？何况君主杀臣子，有什么可报仇的？我今天与你情义断绝。"

高欢、高敖、高岳分别统领中、左、右三军，高欢军队忽然战败，尔朱兆开始乘胜追击。高岳率领五百骑兵从正面进攻尔朱兆；别将斛律敦聚集起散落的士兵，从后面进攻尔朱兆；高敖率领一千骑兵从栗园出发，从侧面进攻尔朱兆。尔朱兆大败，逃奔晋阳。

大都督斛斯椿等在洛阳起兵，反叛尔朱氏，将尔朱世隆等人抓了起来，并把他们杀掉，把他们的首级送给高欢。

节闵帝元恭派中书舍人卢辩到邺城犒劳高欢，高欢让他去见安定王元朗，卢辩严词抗议，不肯听从，高欢勉强不了他，只好作罢。

高欢因元朗与皇族嫡系关系较远，想另立新君，就派仆射魏兰根去洛阳慰问，顺便观察元恭的为人，想仍旧奉立元恭。魏兰根说，元恭志得意满，恐怕不会听话，高欢就把元恭囚禁起来。

当时北魏各封王大多都逃走躲藏起来，尚书左仆射平阳王元脩，藏在田舍。高欢想立元脩为帝，就派斛斯椿去寻找元脩。

斛斯椿拜见元脩的亲信——员外散骑侍郎太原人王思政，询问元脩的下落，王思政说："我要知道你的用意。"

斛斯椿说："想立他为天子。"王思政于是告诉了他。

斛斯椿跟随王思政见到了元脩，元脩神色大变，对王思政说："难道你出卖了我？"

王思政说："没有。"

元脩说："你敢保证吗？"

王思政说："事情变化无常，怎么能保证？"

斛斯椿骑马报告高欢，高欢派四百名骑兵迎接元脩到毛毡大帐里，表明自己的诚意，说着就流下泪水，打湿了衣襟。元脩声称自己德行不够，坚辞不受，高欢准备衣物，一再跪拜，彻夜警戒守护。

第二天早晨，文武百官拿着马鞭朝拜元脩。高欢让斛斯椿进去奉上劝进表，斛斯椿进了帐门，弯腰行礼，不敢走到元脩面前。元脩让王思政接过劝进表查看，说："不得不即位了。"于是为元朗做诏书，禅位给元脩。

二十五日，元脩在洛阳东郊即位，是为孝武帝。他沿用鲜卑以前的制度，用黑毡蒙在七个人身上，高欢就是其中一个。元脩在毡上向西祭拜上天，然后进入太极殿，群臣朝拜庆贺。元脩登上阊阖门，大赦，改年号为太昌。任命高欢为大丞相、天柱大将军、太师、世袭定州刺史。

七月，高欢率领军队进攻尔朱兆。尔朱兆大肆掠夺晋阳，然后向北逃奔秀容。尔朱兆抵达秀容，分配兵力把守险要关口，到处抢掠。高欢不断假装要进攻尔朱兆，反反复复却没有攻击，尔朱兆开始放松戒备。

高欢猜测尔朱兆年初应当设宴，就派遣都督窦泰率领精锐骑兵迅速进军，一天一夜走了三百里，高欢自己率领大军跟在后面。

次年正月，窦泰率军突然冲进尔朱兆军营前庭，军队里的人因为宴饮而放松警戒，忽然间看到窦泰的军队，一时间慌忙乱逃，在赤欲岭被击败，士兵全跑了。

尔朱兆知道自己气数已尽，反正都是死，又何必死在敌人的手里呢？于是自杀身亡。

北魏分东西

本来元脩想用计谋除去高欢，可是高欢太聪明了，元脩只好自己率兵去攻打他。元脩只说想亲征南梁，让军队整装待命。实际上，元脩是掩人耳目，假装找个借口。

梁大通六年（534年）六月，元脩给高欢送去密诏，说自己觉察到国内宇文黑獭（即宇文泰）、贺拔胜有反叛的企图，所以假称南征，让高欢派兵支援自己讨伐宇文泰。

高欢回奏说，已经暗中派遣部下率领大军出发。元脩知道高欢已经觉察自己的图谋，就拿出高欢的表奏，让群臣商议，想办法阻止高欢出兵。

高欢也聚集部下商议，又上表说："我受到陛下身边的奸臣离间，陛下因此对我产生怀疑。我如果敢辜负陛下，就让我身受天谴，断子绝孙。陛下如果相信我的忠心就请陛下废除身边的奸臣。"这样书面往来了几次，没有什么结果。

中军将军王思政对元脩说："高欢的居心非常明显，谁都能看出来。洛阳不是打仗的地方，宇文泰是向着皇室的，现在迁到他那里，以后再光复旧都，何必担心不成功？"

元脩也这样认为，于是命令柳庆去高平见宇文泰，宇文泰却提出要求迎接元脩。柳庆回京报告，元脩私下里问柳庆说："我想到荆州去，怎么样？"

柳庆说："关中地形有利，宇文泰的才能谋略值得依靠。荆州不是要害之地，南面接近强敌梁国，我认为不能去。"

元脩又询问宇文显和，当时宇文显和是内督，宇文显和也这么认为。

元脩从各州郡召集兵马，东郡太守裴侠率领部属到达洛阳，王思政问他说："现在掌握大权的官员擅作主张，皇室日益衰微，怎么办？"

裴侠说："宇文泰被三军推崇，占据了以两万人就可以抵挡百万人的险要地势。正是所谓自己拿着戈矛，怎么愿意把手柄交给别人？虽然想去投靠他，但恐怕是躲开沸水，又进了火坑。"

王思政说："那要怎么办呢？"

裴侠说："图谋高欢，很快就会有忧患，往西去则将来会有忧患。两害相权，还是暂且去关西，再慢慢考虑更合适的策略。"王思政认为很对，就把他推荐给孝武帝，元修任命他为左中郎将。

元修向群臣求助，群臣意见不一，有的说去南方，有的说去关中，还有的主张哪儿也不去，固守洛口。

元斌之与斛斯椿争权夺利，他丢下斛斯椿自己回来，骗元修说："高欢的兵马已经到了！"

二十七日，元修派使者召回斛斯椿，然后率领南阳王元宝炬、清河王元亶、广阳王元湛，带着骑兵五千人驻扎在瀍水西面。寄宿于南阳王门下的僧人惠臻背着玉玺，拿着千牛刀跟随。

大家都知道元修准备去西边，当天夜里，逃走的人超过一半，清河王元亶、广阳王元湛也逃走了。武卫将军独孤信独自骑着马来追随元修，元修感叹说："将军你辞别父母，抛下妻子儿女，'乱世识忠臣'一点也没说错啊！"

二十八日，元修向西逃奔长安，李贤在崤县境内遇上了元修。二十九日，高欢进入洛阳，住在永宁寺，派遣领军娄昭等人追赶元修，请他东还。

长孙子彦弃掉陕城逃跑了，高敖曹率领精锐骑兵追赶，一直到了陕城以西也没有追上。元修骑马走了很久，粮食和水都用完了。两三天里，跟随元修的官员只能喝山涧里的水。

到了湖城，王思村里的村民献给元修麦饭和一壶水，元修很高兴，免除了全村十年的徭役。到了稠桑，潼关大都督毛鸿宾去迎元修，带了丰盛的酒食，随行官员才免除饥渴。

宇文泰派遣赵贵、梁御率领两千名穿铠甲的骑兵迎接元修，元修沿着黄河向西前行，对梁御说："河水向东流，朕却西上。如果有一天能重见洛阳，亲自祭祖宗庙，都是你们的功劳。"说完与左右侍从都流下泪水。

宇文泰准备好仪仗队在东阳驿迎接拜见元修。宇文泰脱下帽子，流着泪说："我没能阻止敌人的侵犯，使得皇上流离迁徙，是我的罪过。"

元修说："你的忠心节义，远近闻名。是朕没有德行，让贼寇横行，今天与你见面，实在是太惭愧了。现在就把国家的重任托付给你，你一定要努力！"将士们都高呼万岁。

元修在长安重新组建了政权体系，任宇文泰为大将军、雍州刺史兼尚书令，宇文泰掌握了朝廷的军政大权。这个政权，史称"西魏"。

高欢见追不回元修，就召集文武百官及元老，商议立谁为帝。这时，清河王元亶在自己出入的时候，都按皇帝的规格严加戒备，高欢很讨厌他，就立元亶的长子元善见为皇帝，并对元亶说："拥立你为帝王，还不如拥立你的儿子。"元亶十分不安，骑马向南逃走，高欢追上他，把他劝了回来。

十月十七日，元善见在洛阳城东北即位，是为孝静帝，当时他才十一岁。这个政权，史称"东魏"。

丞相高欢认为洛阳西面是西魏和梁朝，所以迁都邺城。

虽然时间仓促，大家都没有准备好，但也只能跟随大军草草离去。到了十一月十二日，他们终于到达了邺城。

元帝平定湘州

承圣二年（553年），元帝听说武陵王萧纪出兵东下，就让会妖术的方士在木板上画上萧纪的图像，亲自往图像的躯体四肢上钉钉子，来诅咒萧纪。又把侯景的俘虏押送到萧纪那儿，告诉他侯景已平。当初萧纪举兵东进，全是太子萧圆照的主意。萧圆照这时镇守巴东，截获了使者，派人骗萧纪说侯景已经攻下荆州。萧纪信以为真，就火速率军东下。

元帝很害怕，给西魏写信让西魏去讨伐他。西魏太师宇文泰认为夺取巴蜀、控制梁朝，在此一举。众将领都感到这次行动很困难。大将军代州人尉迟迥是宇文泰的外甥，唯独他认为可以成功。宇文泰问他应该采取什么战略，他建议用铁甲骑兵快速袭击。宇文泰便派尉迟迥统率开府仪同三司原珍等六军，共计甲士二万二千人、骑兵一万，从散关出发攻打巴蜀。

梁武陵王萧纪到达巴郡，听说西魏出兵攻蜀，就派前梁州刺史巴西人谯淹回军救援后方。当初，杨乾运请求担任梁州刺史，萧纪却让他任潼州刺史；杨法琛请求担任黎州刺史，萧纪却任命他为沙州刺史，两人对他心生怨恨。杨乾运哥哥的儿子杨略劝杨乾运，不如归附西魏，这样可以功名两全。杨乾运认为言之有理，便命令杨略率军两千镇守剑阁，又派女婿乐广镇守安州，与杨法琛一起暗中与西魏勾结。

西魏太师宇文泰秘密地把铁券赐给杨乾运，并授予他骠骑大将军、开府仪同三司、梁州刺史的职位。西魏尉迟迥任命开府仪同三司侯吕陵始为前军，抵达剑阁，杨略打算弃城投靠乐广，于是从城墙翻出来接应侯吕陵始，侯吕陵始就轻而易举地占据了安州。

不久，尉迟迥进军到涪水，杨乾运献出潼州投降。尉迟迥分出一部分军队守潼州，大军继续挺进，袭击成都。这时成都的守军剩下不满一万人，且粮草兵器消耗殆尽。谯淹派江州刺史景欣、幽州刺史赵拔扈带兵去救援成都。尉迟迥派原珍等人打跑了他们。

梁武陵王萧纪到达巴东，听说侯景已被平定，非常后悔并且斥责了太子萧圆照，萧圆照辩解说侯景虽然平定，但江陵萧绎的军队仍在。萧纪也认为既然已登位称帝，已经无路可退，于是想继续东进，可军中的将士日夜盼望返回故乡。江州刺史王开业认为应当回军救援成都，再考虑以后的计划；众将领都认为言之有理。萧圆照和刘孝胜却坚持不能退军，萧纪听从了萧圆照和刘孝胜的意见，禁止众人谏阻进军。后来，萧纪到达西陵，军队兵马众多，士气旺盛，战船满江。萧绎的护军陆法和在长江峡口修筑了两座城垒，用石块堵塞江中航道，再拉上铁锁拦断江面。

六月初一，武陵王萧纪修筑互相连接的城垒，攻断了拦江的铁锁，陆法和连连向江陵告急。元帝任命谢答仁为步兵校尉，配以士兵，让他去协助陆法和。又派使者送王琳去陆纳那里，让他去劝说陆纳归顺。初四，王琳到了长沙，王僧辩派人送他去前线，把他指给陆纳看，陆纳等部众都拜倒在地，哭泣不止。陆纳派人传话说朝廷如果赦免了王琳，就放王琳到城里来。王僧辩不允许，又把王琳送回江陵。陆法和不断求救，元帝想把在长沙的王僧辩的军队调动来使用，又怕失去陆纳，于是又派王琳去陆纳占据的城里劝降。陆纳果然投降，湘州从此被平定了。

侯景兴兵作乱

梁太清二年（548年），东魏大将军多次派人向梁武帝萧衍送上国书，要求与梁朝讲和通好。萧衍让朝廷大臣讨论，大臣们多数认为和平对国家和百姓是好事。萧衍也厌倦了战争，就派使者去东魏吊唁高欢。

河南王侯景是从东魏投降到梁朝的，而且经常带兵讨伐东魏，现在他看到梁要与东魏和好了，内心恐惧，便伪造邺城书信说要用贞阳侯萧渊明交换侯景，萧衍准备答应。

舍人傅岐说："侯景到了穷途末路才来归降，放弃他是不吉祥的。何况侯景是身经百战的人，怎么肯束手就擒呢？"

谢举、朱异说："侯景是败将，用一个使者就能把他召回去。"

萧衍听从了，回信说："贞阳侯早上到，侯景晚上就会回去。"侯景就对左右侍从说："我就知道这老家伙是个薄情的人！"

王伟劝侯景说："现在坐着听命也是死，谋划大事也是死，希望大王考虑！"于是侯景开始制订反叛的计划：把寿阳城里的百姓全都武装成士兵，不再收取税和租金，百姓的子女都被分给将士了。

八月初十，侯景以诛杀中领军朱异、少府卿徐驎、太子右卫率陆验、制局监周石珍为借口，在寿阳起兵叛乱。朱异等人奸诈，名声不好，所以侯景以诛杀他们为名起兵。

当时梁朝国家安定了很久，人们已经不习惯打仗，所以侯景起兵后，军队前进得相当顺利，很快就逼近了京都建康。九月二十三日，侯景的军队抵达板桥。

百姓听闻侯景大军来到，争相逃命，只有都官尚书羊侃率军抵抗。军队的官兵争着进武器库自己拿兵器铠甲，掌管武器库的人阻止不了，羊侃命令斩杀了几个人，才阻止住。

二十五日，侯景布阵包围台城，战旗都是黑色的。侯景向城里射了一封信，说："朱异等人专权，作威作福，我被他们陷害，想杀了他们。如果陛下诛杀朱异等人，我就收兵撤回北方。"

萧衍问太子："有这事吗？"

太子回答说："有。"萧衍于是准备斩杀朱异。

太子对萧衍说："叛贼只是以朱异等人为借口而已，现在即使杀了朱异，也不能解除眼前的危机，只会以后被人嘲笑。平定侯景之后，再杀也为时不晚！"萧衍只得作罢。

侯景布阵围攻，敲着战鼓，吹着口哨，喧嚣声震天动地。侯景叫人放火焚烧大司马及东华、西华等门。羊侃让人在门上凿孔，灌水灭火。太子亲自捧着银制的马鞍，前往奖赏士兵。直阁将军朱思带领几名士兵，翻出城去洒水，过了很久，才把火扑灭。

敌军又用长柄斧砍东掖门，门就快被砍开了，羊侃叫人在门扇上凿洞，用槊刺杀了两名敌人，砍门的士兵于是撤退。

二十七日，侯景造了几百个木驴，用来攻城，城上的士兵扔下石块把它们砸碎。侯景又改用尖顶的木驴来攻城，石头砸不坏。羊侃让人做了一种雉尾形状的火把，灌进油脂和蜡，然后聚起很多火炬一起点燃扔向木驴，木驴很快都被烧光。

侯景又制造了登城楼车，有十几丈高，想从高处向城里射箭。羊侃说："战车很高，壕沟上土不实，来了一定会倒下，我们可以悠闲地观看。"战车一来，壕沟承受不住，果然倒下。

侯景见不能攻克台城，士兵死伤很多，于是修筑长围隔绝皇城内外。

羊侃的儿子羊鹍被侯景俘虏，侯景把他带到城墙下给羊侃看。羊侃说："我以宗族报效君主还嫌不够，怎么会在乎一个儿子？希望你早点杀了他！"

过了几天，侯景又把羊鹍押来。羊侃对羊鹍说："我以为你早死了，怎么还活着？"于是拉弓射他。侯景因为羊侃忠义，就没有杀羊鹍。

侯景刚刚到建康的时候，以为很快就能攻克，所以起初军队号令严格，军容整齐，士兵不敢侵扰抢掠。屡次进攻后，都不能攻克，人心离散，士气低落。侯景唯恐建康的援军四方汇集，自己迟早会溃败。而且石头城里的粮食已经吃完，军队缺乏食物，于是纵容士兵掠夺百姓的米粮、金银、丝帛、子女。当时，米价一升涨到七八万钱，出现了人吃人的情况，饿死的人十有五六。

次年，二月十二日下半夜，天快亮的时候，董勋、熊昙朗从台城的西北楼带领侯景的人马登城，永安侯萧确拼力奋战，不能抵挡，于是推开宫里的小门报告萧衍："台城已经陷落。"

萧衍叹了口气，平静地躺着，对侯景派来拜见他的大将王伟说要见侯景。

侯景到太极殿东堂觐见萧衍，带了五百名甲兵保护自己。侯景在大殿下跪拜，额头碰到地面，典仪让他坐到三公的榻上。

萧衍神色不变，问侯景说："你在军中很久了，难道不辛苦吗？"侯景不敢抬头看，汗流满面。

萧衍又说："你是哪个州的人，胆敢如此？妻儿还在北方吗？"

侯景都不能回答。任约在旁边代他说："侯景的妻儿都被高家屠杀，只有他单身一人投靠陛下。"

萧衍又问："当初你渡江的时候有多少人？"

侯景说："一千。"

萧衍说："包围台城的时候有多少人？"

侯景说："十万。"

萧衍问："现在有多少人？"

侯景说："四海之内没有不属于我的人。"萧衍低下头，不再说话。

侯景又到永福省拜见皇太子，皇太子也没有害怕的神色。皇太子身边的侍卫都惊慌逃散，只有通事舍人陈郡人殷不害在旁边伺候。侯景于是跪拜，皇太子和侯景说话，侯景又不能回答。

侯景退下以后，对萧衍又敬又怕，不敢再见他，于是撤掉两宫所有的侍卫，放纵士兵抢光皇帝用的车辆、衣服和宫女。又逮捕朝中大臣与王侯，送到永福省，派王伟守卫武德殿，于子悦驻扎在太极殿东堂。侯景又伪造萧衍的诏令，宣布大赦，封自己为都督中外诸军、录尚书事。

十四日，侯景派石城公萧大款带上萧衍的诏书，下令解散城外的援军。各路援军见大势已去，而且没有一个领头的人，只好分别回到原先各自的驻地去了。

此后，萧衍被侯景制约，内心十分不平。侯景派士兵进入直省，有的人赶着驴和马，带着弓弩佩刀，在宫廷里进出。萧衍很奇怪，询问这件事。直阁将军周石珍回答说："是侯丞相的卫士。"

萧衍大怒，呵斥周石珍说："是侯景，为什么叫他丞相？"旁边的人都很害怕。从此以后，萧衍的要求大部分都得不到满足，饮食也被减少，忧虑愤恨以致病倒。太子把小儿子萧大圜托付给湘东王萧绎，并且剪下头发与指甲寄给他。

五月初二，萧衍躺在净居殿，嘴里发苦，索要蜂蜜而没有得到，大叫了两声就死了，享年八十六岁。

北周灭北齐

梁太平元年（556年）十月，西魏安定文公宇文泰病逝，世子宇文觉继位，被任命为太师、柱国、太冢宰，外出镇守同州，当时十五岁。十二月，封宇文觉为周公。

宇文泰临死前，让驿站传召侄子、中山公宇文护，对他说："我的几个儿子都还小，外敌正强，天下大事就委托给你了，你要努力去实现我的愿望。"

宇文护的名望地位一向很低，虽然被宇文泰器重，然而各王公大臣都想自己执政，谁也不服从他。宇文护向大司寇于谨询问计策，于谨叫他勇于承担，一定要努力争取，甚至与王公大臣决裂。

第二天，群公聚会商议国事，只有于谨为宇文护的地位据理力争，神情严肃，大家很受震动。

于谨平时与宇文泰的地位相当，宇文护经常给他行礼，于谨站起来说："您如果掌管军国大事，我们都有依靠了。"于是向他跪拜，行再拜礼。

各位王公大臣迫于于谨的威严，也跟着拜了两拜，从此大家的议论平息下去了。宇文护整顿内外，安抚文武大臣，人心逐渐安定。

宇文护因宇文觉年龄小、势力弱，想让他早点登上大位，以安定人心。三十日，宇文护让西魏恭帝元廓下诏，将帝位禅让给宇文觉。元廓搬出宫殿，到大司马府邸居住。

第二天，陈永定元年（557年）的正月初一，宇文觉即天王位，点起篝火告诉上天，朝见文武百官，建立北周政权。封元廓为宋公，西魏灭亡。

北周建立后，实权都在宇文护手中。等到北周武帝宇文邕即位后，才设计诛杀了宇文护。

宇文护被杀后，北周的大权才真正开始掌握在北周武帝宇文邕手中。宇文邕除去了心头大患，开始了一系列的改革措施。改革主要有三个方面。军事上，宇文邕把府兵制中的"军士"变为"侍官"。这样，府兵由国家的军队变为皇帝的侍从，由皇帝亲自管理，从而避免了军权旁落。经济上，宇文邕修改了均田制和租调制，切实地减轻了人民的负担。文化上，周武帝下令灭佛、道二教。周武帝灭佛、道二教，不单单是文化上的政策，而且还是与寺院争夺劳动力的一项政策。当时，寺院经济极其强盛，僧侣地主控制了大量土地和农户。周武帝通过灭佛，增加了国家直接抽税的劳动力，从而相应地减轻了一般劳动人民的负担。

长期以来，北周和北齐战争不断，但双方实力相当，谁也吃不掉谁。现在，北周武帝经过改革以后，双方的实力对比发生变化。北周国力蒸蒸日上。而此时的北齐，却处于混乱不堪的局势之中。

北齐后主高纬是历史上有名的昏君。他不爱说话，胆子又小，常常不愿接见大臣，整天只喜欢跟一些美女、宠臣鬼混，不理政事。

这一切，北周武帝都看在眼里。很快，他决定攻打北齐。

575年，宇文邕第一次出兵讨伐北齐。军事进展很顺利，不久攻下了河阴。但当战事进一步开展时，宇文邕突然得了急病，只好暂时退兵。

第二年（576年）十月，北周再次出兵伐齐。这次伐齐，宇文邕集中了约十五万兵力，改变了上次的进军路线，亲自率军直攻晋州。很快，高纬的军队被打败，高纬带领残兵败将逃跑。

高纬抵达洪洞，他的妃子冯淑妃正对着镜子涂脂抹粉。突然，后面声音嘈杂，有人大喊敌人到了，于是再次逃走。高纬到达晋阳，忧虑恐惧，不知道该怎么办。

高纬向朝臣询问计策，朝臣都回答说："应当减免赋税劳役，安慰民心。聚集剩余的士兵，在北城死战，安定社稷。"

高纬想留下安德王高延宗、广宁王高孝珩，镇守晋阳，自己前往北朔州。如果晋阳失守，就投奔突厥，群臣都认为不可以，高纬不听。他准备逃走，将领们都不愿跟随。

十三日，北周军队抵达晋阳。高纬任命安德王高延宗为相国、并州刺史，统领山西的军队，高纬对他说："并州请你自己去夺取，我现在要离开了。"

高延宗说："陛下为了社稷不要走。臣愿意为陛下效力死战，一定能打败他们。"

穆提婆说:"天子已经决定大计,安德王不要再阻拦!"

高纬在夜里冲出龙门离开,想投奔突厥,随从的官员四下逃散。领军梅胜郎勒住高纬的马劝谏,于是返回邺城。

穆提婆投降北周军队,随后,北齐官吏相继投降。

宇文邕攻下晋阳,继续向邺城前进。高纬手足无措,听会算命的人说,朝廷将会发生变革更替,就叫来尚书令高元海等人商议,决定按照当年武成帝高湛禅位的旧例,将帝位让给太子高恒。

次年正月初一,北齐太子高恒即位,当时他才八岁,尊奉高纬为太上皇。

十九日,邺城被攻克,北周将军尉迟勤去追赶高纬。

高纬抵达青州,快要进入陈朝的国境。北齐右丞高阿那肱却秘密地联络北周军队,约定活捉高纬,于是屡次启奏说:"周朝的军队还远,我已经下令焚烧桥梁截断道路。"高纬听信了,便在青州停留。很快,高纬被尉迟勤抓获,与胡太后一起被押送到邺城。

四月初三,宇文邕抵达长安,把高纬安排在前面,让北齐的王公在后面跟随,车辆、旗帜、器物都依次陈列。准备好车驾仪仗,布置六军,奏着凯旋的音乐,到太庙进献俘虏。观看的人都称万岁。

初六,封高纬为温公,北齐的三十多个王都受封爵。宇文邕和北齐的君臣饮酒,让高纬跳舞。

十月,北周人诬陷高纬与宜州刺史穆提婆谋反,宇文邕于是命令把高纬及其宗族一并赐死。

北周统一了中国的北方,为隋朝统一中国奠定了基础。

陈霸先建陈

梁武帝天监二年(503年),陈霸先生于长城县,出身寒微,但胸怀大志。为了济世救贫,他读了大量的史书和兵书,并且练就了一身好武艺,又长于谋略,因此人们都很佩服他。

陈霸先和王僧辩平定侯景之乱后,萧绎在江陵称帝,为梁元帝,陈霸先与王僧辩分别执掌国内政治和军事大权。

萧绎做了皇帝,他的兄弟萧纶、萧纪,还有他的侄子萧詧都来争夺帝位,互相攻打,萧詧还借了西魏的兵力来消灭对方。

西魏早就想灭掉梁国,扩张自己的领土,现在正好乘机打到长江中游地区。梁元帝承圣三年(554年),西魏派柱国于谨、中山公宇文护、大将军杨忠率军帮助萧詧攻下江陵,萧绎出降。在萧詧的怂恿下,于谨派人用土袋将萧绎压死,封萧詧为梁王。

西魏在江陵烧杀抢掠,留下一座空城交给萧詧,萧詧于次年称帝,历史上称他的王朝为后梁。

江陵被西魏攻下后,平定侯景之乱的陈霸先、王僧辩不承认西魏支持的萧詧为帝,在建康拥立萧绎的儿子萧方智做了皇帝,史称梁敬帝。

这时,北齐又派兵送回被东魏俘虏的萧渊明到梁朝做皇帝。王僧辩是个反复无常的人,他从个人利益出发,答应了北齐的要求,接回萧渊明,立他为皇帝,废掉了梁敬帝。

陈霸先不同意,王僧辩却要坚持,于是陈霸先决心除掉他。

侯安都率军到了建康,打败了王僧辩的部队,冲进城去。王僧辩听说城外有人杀来,大吃一惊。这时,侯安都的人马已经冲到他面前了。王僧辩手下的人死命保护着他,冲向南门逃走。不料,陈霸先率领的军队已从南门杀了进来。当天晚上,王僧辩被陈霸先杀死,萧渊明也被杀,萧方智被立为皇帝。

王僧辩死后,他的党羽继续跟北齐勾结。他们乘陈霸先率兵到义兴去平叛之机,偷袭建康,占领了石头城。这时,北齐也派兵五千,从采石渡江,占领了姑孰,控制了建康的西南门户。

陈霸先闻讯,赶回建康,夜袭长江北岸的北齐军队,而后包围石头城,北齐无奈,被迫求和。

陈霸先虽然知道这是北齐的缓兵之计,但由于建康守军力量薄弱,粮食供应困难,就同意讲和了。他对部下说:"北齐人这次求和是被迫的。他们反复无常,不讲信用,一定会背弃和约,卷土重来的。我们必须做好准备,随时迎敌。"

和约达成后,陈霸先一面清除王僧辩的残余势力,巩固后方;一面派遣军队驻扎在淮河沿岸的方山一带,防御北齐入侵。

不久,北齐果然撕毁和约,南下袭击梁国,占领了江南的一些地方。陈霸先领兵抗齐时,江南百姓用荷叶包上饭,夹好鸭肉争相慰问将士们。北齐军队到处受到江南百姓的抵抗,没有房子住,军粮接济不上,他们只好住在泥泞的野地里,靠抢劫来填饱肚子。最后,陈霸先终于打败北齐军队,保卫了家园。

陈霸先的功绩使他的威望大大提高,梁敬帝封他为陈国公,叫他总揽朝政,掌握大权。

梁敬帝太平二年(557年),陈霸先废掉梁敬帝,自己做了皇帝,建立陈国,史称陈武帝。

杨坚受禅建隋

北周武帝攻灭北齐，刚刚统一北方后，就病死了。继位的周宣帝荒淫无道，滥杀无辜，朝野上下乌烟瘴气，怨声载道。只有大臣杨坚守节持谨，威望甚高。周宣帝便对他动了杀心。

杨坚相貌奇伟，气度非凡。北周武帝在位时，也曾怀疑杨坚有天子相，便召来相面者来和问，来和骗周武帝说杨坚不过是守节之人。周武帝只得作罢。

杨坚的女儿是周宣帝当太子时的太子妃，现在已被立为皇后。杨坚既是大将军，又是国丈，而且德高才大，手握军政大权，居于很高的政治地位。因此，周宣帝觉得杨坚对他的帝位是个潜在的威胁。

一天，周宣帝以议事为名召杨坚入朝。杨坚到来之前，周宣帝吩咐侍臣说："你们留神观察杨坚。他若惊慌不安，则必有异心，就马上杀掉他。"

杨坚上朝后，见宫廷戒备森严，心中暗自吃惊。但他表面却不露声色，坦然自若地步入大殿。在周宣帝面前，他谈笑自若，神情泰然。周宣帝虽然极力察言观色，也没有发现破绽。他敷衍几句，便令杨坚退下了。

周宣帝当皇帝不到一年，就对每天上早朝的皇帝生活厌烦了。于是，他把皇位传给年仅七岁的儿子宇文阐，自己则做了"天元皇帝"。这样，自己既能在后宫尽情玩乐，又能掌握国家大权。

不久，周宣帝病危，召大臣刘昉和颜之仪入宫嘱托后事。但他只剩下一口气，已说不出一句话了，只是用手指着八岁的儿子宇文阐。不多时，他便去世了。刘昉见宇文阐年纪尚幼，便和郑译、柳裘等人商议，伪造遗诏，令杨坚入朝辅政。

于是，杨坚进宫辅佐幼主静帝，独揽北周的军政大权。

杨坚早就不满北周的黑暗统治，于是产生了取而代之的想法。

杨坚积极革除宣帝留下的种种弊政，他一反宣帝的奢侈淫逸，厉行节俭，下令停止建造规模宏大、劳民伤财的洛阳宫，与民休息。他废除宣帝苛刻的法律，代之以宽缓的"刑书要制"。杨坚的新政改变了周宣帝的黑暗政治，天下为之一振。

杨坚极其善于招纳人才、任用贤臣，天下贤能之士纷纷投奔他，大大加强了他的政治实力。曾被周武帝称为"天上人"的中原名士李德林,对杨坚派来的使者表示:"愿以死侍奉杨丞相。"朝廷重臣韦孝宽、掌握数十万精锐部队的李穆、大将军元弘和元胄、御林军首领卢贲以及相当多的高级官员都加入了杨坚的政治集团。这样,杨坚就从组织上完成了夺权的准备工作。

隋文帝

北周宗室诸王中地位最高的是以赵王宇文招为首的五位亲王。经过一番激烈的政治斗争,杨坚把五王全部除掉了。这时,地方官僚中的割据势力以"勤王室、清君侧"为名发动了反对杨坚的战争。首先发难的是相州总管尉迟迥,他和侄儿联合起兵数十万,声势浩大,关东地区纷纷响应。接着,郧州总管司马消难、益州总管王谦也相继起兵。

杨坚兵分三路,派老将韦孝宽反击尉迟迥,派梁睿率军攻打王谦,派王谊带兵对付司马消难。三条战线中,相州方面是主战场。

韦孝宽率领大军,隔着沁河跟尉迟迥的儿子尉迟祐的十万大军对峙。这时,杨坚又派高颎前往沁河担任监军。高颎一到,就指挥军队在沁河上建起桥梁。尉迟祐在上游放的一些带火的木筏全被土墩拦住。尉迟祐见烧不掉桥,就指挥部队稍微后退,想利用对方渡河的机会发起进攻。韦孝宽却趁他们后撤的时机,擂响战鼓,各路军队齐头并进,渡过沁河。军队过河后,高颎下令把桥梁烧毁,断掉了军队后路,将士们无路可退,只好奋勇杀敌。尉迟祐大败,单骑逃走。韦孝宽、高颎率军乘胜追到尉迟迥的大本营——邺城。尉迟迥领兵严阵以待,韦孝宽初战失利,稍微后退。这时,邺城有数万百姓观战。高颎下令部队佯攻观战者,百姓顿时慌乱起来,纷纷逃避。尉迟迥军队大乱,邺城被韦孝宽攻破。

在不到半年的时间内,另外两条战线上的战争也很快结束。这样,杨坚大获全胜,从此他实际控制了北周。

太建十三年(581年),开府仪同大将军庾季才劝说隋王杨坚应该在二月十三日,顺应天意,接受天命。在太傅李穆开府、仪同大将军卢贲的坚持下,北周静帝下诏退位。十三日,命兼任太傅纪公宇文椿奉诏册将皇帝的大权禅让给隋王。隋国国主头戴远游冠接受诏册、印玺,换上纱帽、黄袍,进入临光殿,戴上冠冕、穿上衮服,按照皇帝每年正月初一朝见百官群臣的元会礼仪登基称帝。隋文帝大赦天下,改年号为开皇。他命有关官员恭奉册书在城南郊祭祀,报告上天,受天命为帝。派遣少冢宰元孝矩代替太子杨勇镇守洛阳。元孝矩名矩，以字为名。他是元天赐的孙子，她的女儿是太子妃。

少内史崔仲方劝隋国国主废除北周的六官制度，恢复汉、魏旧制，得到批准。于是，隋朝设置三师、三公，以及尚书、门下、内史、秘书、内侍五省，御史、都水二台，太常等十一寺，左右卫等十二府，以分别执掌和管理各类事务。又设置上柱国到都督十一等勋爵，以奖酬有功劳的人。设置朝散大夫七个等级的散官，为朝廷中德高望重的人加官晋爵。还将门下省长官侍中改称纳言，任命相国司马高颎为尚书左仆射，兼任纳言，任命相国司录京兆人虞庆为内史监，兼任吏部尚书，任命相国内郎李德林为内史令。

十五日，杨坚的父亲杨忠被追尊为武元皇帝，庙号太祖，杨坚的母亲吕氏为元明皇后。十六日，修祭宗庙和社稷，封王后独孤氏为皇后，王太子杨勇为皇太子。十七日，封周静帝为介公。原北周诸王都降爵位为公爵。

隋平陈统一

北方的杨坚当上隋朝开国皇帝的时候，中国还处于一种分裂的状态。在南方有一个陈国，与隋王朝隔长江对峙。陈国是南朝最后一个国家，它的疆域包括现在的两湖、江浙、两广和四川、云南的一部分。

张丽华

"后主"这个说法，是中国历史上用来称呼亡国之君的。陈后主，名叔宝，他没有隋文帝那样的雄才大略，整日只知道喝酒享乐，是一个远君子、亲小人的昏庸皇帝。

582年，陈后主即位，他在位没几年，却干出不少荒唐的事来。

他登基第二年，就开始大兴土木。他在皇宫里建起三座楼阁，用的都是极为名贵的木材，雕梁画栋，墙壁上还镶着黄金、宝石，极尽奢华。陈后主和他的后妃都住在里面。

陈后主经常在宫里举办酒宴，邀

请他宠幸的臣子尚书孔范等人参加，这些人都是些不干正事的人。宴会的时候，君臣混坐在一起，饮酒酣歌，一闹就是一整夜。

张贵妃和孔贵妃是陈后主宠爱的妃子，陈后主与她们寻欢作乐，以国家大事为儿戏，陈后主重用谗臣孔范，厌恶忠言直谏之人。朝廷上下一片混乱。

就在陈后主醉生梦死、偏安东南的时候，北方的隋朝渐渐强大，准备灭掉陈国。

隋文帝向高颎问取陈的计策，高颎回答："江北天气寒冷，田间收获稍晚；江南水稻早亡。估计对方收获的时候，略微征调一些兵马，扬言进行掩袭，对方一定屯兵防守，一定耽误农时。对方集结了士兵，我们便休兵。一再这样做，对方便会习以为常；以后我们再集结士兵，

陈后主

对方必不相信会去掩袭。当对方犹豫的时刻，我们就渡江过去；登上对岸而战，士气加倍。还有一点，江南土薄，房舍多是茅竹盖的，所以储存的物品都不在地窖里。如果暗地里派人去放火烧掉房屋和储存的物品，等到对方修起房子，又烧掉它，这样不出几年的工夫，对方的财力自然都耗完。"隋文帝采用高颎的计策，陈人从此窘困。杨坚厉兵秣马，准备伐陈。

晋州刺史皇甫绩将要到任，向隋文帝说隋有三点理由可以灭陈。隋文帝问他具体的看法，皇甫绩说："大吞小，是第一点。以有道伐无道，是第二点。对方接纳我们的叛臣萧岩，使我们出师有名，是第三点。陛下如果命将帅出兵，我愿意尽微薄的力量。"隋主加以抚慰而让他赴任。

祯明二年三月初九，隋文帝下诏说："陈叔宝占据着巴掌大的一块儿地方，却欲壑难填，劫夺乡民百姓，使他们倾家荡产，驱逼天下黎民，劳役不休；穷奢极侈，昼夜寻欢作乐；诛杀直言之士，族灭无罪之家；欺瞒上天，作恶多端，却去祭祀妖鬼，祈求福佑；与后宫宠爱的妃子出游，侍卫翼从，前呼后拥，清道戒严，自古以来，帝王昏庸腐败，难以为比。使正人君子潜逃归隐，小人奸臣得志弄权。因此天地为之震怒，人妖物怪出没。士大夫闭口不言，平民百姓侧目而视。再加上违反德义，背弃誓言，犯我边疆，白天隐伏，夜间出游，像鼠窃狗盗那样。普天之下都是朕的臣民，每当听到或看到有关江南百姓受苦受难的奏章，朕都感到痛苦悲伤。因此，要出师讨伐，以正国法，乘机诛灭暴君。此战将会永远扫平吴越地区。"又送盖了印玺的文书揭露陈帝十二条罪恶；还抄写诏书三十万张，向江南地区广泛传播散发。

十月二十八日，隋于太庙誓师出兵，晋王杨广、秦王杨俊、清河公杨素为

元帅。杨广出兵于六合,杨俊出兵于襄阳,杨素出兵于永安,荆州刺史刘仁恩出兵于江陵,蕲州刺史王世积出兵于蕲春,庐州总管韩擒虎出兵庐江,吴州总管贺若弼出兵于广陵,青州总管弘农人燕荣出兵于东海,共有总管九十个,士兵五十一万八千人,都受晋王杨广指挥。东连大海,西到巴、蜀,旌旗船只,横贯几千里。以左仆射高颎为晋王元帅长史,右仆射王韶为司马,军中大事都取决于他俩;处置安排,没有阻碍。

(十二月)隋军到了江边,高颎对行台吏部郎中薛道衡说:"现在这次大举出兵,江东一定可以攻下吗?"薛道衡说:"攻得下来。曾听郭璞说过'江东分裂称王三百年,又要和中原统一',现在三百年快要满了,这是第一个原因。主上恭俭勤劳,陈叔宝荒淫骄侈,这是第二个原因。国家的安危在于用人,对方以江总为相,江总这个人只喜好写诗饮酒,选拔小人施文庆交给他政事,任命萧摩诃、任蛮奴为大将,这两个人都只是匹夫罢了,这是第三个原因。我们有道而且是大国,对方无道而且是小国,估计对方的兵力不过十万,从西边的巫峡到东边的大海,分开布置势力就分散薄弱,集中一起就守此失彼,这是第四个原因。我们有席卷之势,这事毋庸置疑。"高颎非常高兴,很赞同薛道衡的分析。

等到隋军到达长江的时候,袁宪等再三恳切地向陈后主请求加强长江防备。施文庆说:"元旦朝会即将到来,南郊举行庆典这天太子等多人随从前往;现在如果出兵,这件事就办不成了。"陈后主说:"现在就出兵,如果北边没事,乘机以水军随从,为什么不可?"施文庆通过贿赂江总,江总便替他游说陈后主,陈后主被群臣所迫,不能决定。

陈后主从容地对侍臣说:"帝王之气在这里。北齐兵曾三次前来,北周兵曾两次前来,没有一次不是失败。隋军有什么了不起呢?"都官尚书孔范说:"长江天堑,古代以它分隔南北,今天敌军难道能够飞渡吗?边将想要建立功劳,妄言军事紧急。我常愁自己官职卑微,如果敌军越过长江,我一定能建功立业,升为太尉公了。"有人妄言隋军马匹多死,孔范又谬言:"这些军马都是我国的马,为什么会死亡?"陈后主听了大笑,认为孔范说得很对,所以根本不多加防备,每天奏乐观舞,纵酒宴饮、赋诗欢欣不止。

开皇九年(589年)正月,隋军渡过长江,攻入陈国都城。陈朝后主惊慌失措,想要躲藏起来,袁宪严肃地说道:"隋军进入皇宫后,一定不会对陛下有所侵侮。事已至此,陛下还能躲到什么地方去呢?我请求陛下把衣服冠冕穿戴整齐,端坐在正殿,按照当年梁武帝见侯景时候的做法。"陈后主没有听从,下了坐床飞奔而去,并说:"兵刃之下,不能贸然拿性命去抵挡,我自有办法!"于是他跟着十多个宫人逃出后堂景阳殿,就要往井里跳,袁宪苦苦哀求,陈后主不听。后阁舍人夏侯公韵用自己的身子遮挡住井口,陈后主极力相争,争了很长时间才得以跳进井里。

不久，有隋军兵士向井里窥视，并大声喊叫，井下无人回答，士兵扬言要落井下石，方才听到井下有人呼唤，于是抛下绳索往上拉人，士兵感到非常沉重，十分吃惊，直到把人拉上来，才看见是陈后主与张贵妃、孔贵嫔三人同绳而上。而沈皇后仍像平常一样，毫不惊慌。皇太子陈深当时年方十五岁，关上门，安然端坐，太子舍人孔伯鱼在一旁侍奉，隋军兵士推门而入，陈深端坐不动，好言慰劳说："你们一路上鞍马劳顿，还不至于过于疲劳吧？"隋军兵士都纷纷向他致敬。当时，陈朝宗室王侯在建康城中有一百余人，陈后主恐怕他们发动政变，就把他们全都召进宫里，命令他们都聚集在朝堂，派遣豫章王陈叔英监督他们，并暗中严加戒备。台城失守以后，他们都相继投降。

高颎被贬

独孤皇后生性好妒，宫里的女子都不敢去侍奉皇上。尉迟迥的孙女，姿色过人，因祖父有罪被收入宫。皇上很喜欢她。皇后趁隋文帝上朝听政的时候，偷偷派人杀了她。隋文帝因此非常愤怒，独自一个人骑着马跑出宫去，沿偏僻小路深入山谷二十多里。高颎、杨素等人急忙追赶，拉住马头向隋文帝苦苦劝谏，劝他不要为了一个妇人看轻天下，皇帝才回宫。皇后在后阁等候隋文帝，等到隋文帝回来了，皇后泪流满面，跪拜谢罪。高颎、杨素等人又从中劝说，隋文帝方摆酒宴，极尽欢乐。原先，皇后因为高颎是自己父亲家中的常客，对他十分亲近礼遇，现在，听到高颎说自己只是一个妇人，便对他怀恨在心。

当时，太子杨勇已经失宠，隋文帝暗中打算废黜杨勇，另立太子，曾在闲谈中暗示高颎想立晋王为太子。高颎长跪在地，认为长幼有一定次序，不能废除太子。独孤皇后认为高颎志不可夺，便暗中想要除掉他。

正巧隋文帝下令选调一部分东宫卫士入宫宿卫，高颎担心如果完全挑选强壮的，会使东宫宿卫力量太弱。隋文帝听了很生气，认为太子在东宫修养德行不需要强壮的勇士，他决定，在禁卫军轮调交接的时候，分一部分去宿卫东宫，使皇宫卫队和东宫卫队编制不分开。高颎的儿子高表仁娶太子之女为妻，所以隋文帝以此来警告他。

高颎的夫人逝世，独孤皇后说服他再娶。高颎流泪说自己年老不想再娶。后来高颎的爱妾生了男孩，皇后借机指责他欺骗隋文帝，使隋文帝疏远高颎。

隋朝要讨伐辽东时，高颎事前极力劝止，皇上没有听从。及至大军无功而返,皇后对隋文帝进言说,他是因为被强迫出征,所以不会尽力打仗。此外,隋文帝因为汉王年纪小,把军事全部委托给高颎处理,高颎深感责任重大,他大公无私,并不自避嫌疑,没有顺从汉王杨谅,杨谅对他怀恨在心。等到班师回朝,汉王哭着对皇后说:"孩儿万幸,没有被高颎杀死。"隋文帝听了,更加气愤。

后来北伐突厥,高颎率主力从白道追击突厥,计划进一步深入大漠。他派使者向朝廷请求增援,隋文帝身边的大臣趁机说高颎想要谋反。隋文帝还没有答复,高颎却已打败突厥班师回朝。后来上柱国王世积因罪被处死,在审理过程中,涉及许多宫中机密,王世积说是高颎泄露的,隋文帝大为惊讶。有关部门又报告说,高颎和左右卫大将军都同王世积交往密切,还接受过他赠送的良马。元旻、元胄因此获罪免官。上柱国贺若弼、刑部尚书薛胄、民部尚书斛律孝卿、兵部尚书柳述等人都证明高颎无罪,隋文帝更加生气,把这些为高颎辩白的人押送到相关的执法部门问罪,从此朝廷大臣再没有人敢为高颎申辩。秋,八月初十,高颎因为被定为有罪而被免除上柱国、尚书左仆射的官职,保留齐公爵位回到家中。

不久,隋文帝驾临秦王杨俊宅第,召高颎陪侍酒宴。高颎痛哭流涕,难以自抑,独孤皇后也对着他哭泣。隋文帝认为他是自作自受,不该用自身来挟持君主。

不久,高颎的国令上疏说,高颎的儿子高表仁劝父亲学司马仲达将来夺取天下。隋文帝大怒,把高颎囚禁在内史省审讯。执法部门又揭发,有和尚尼姑对高颎说了对隋文帝不敬的话。隋文帝听了更加愤怒,对群臣说:"帝王哪里是人力可以求得的呢!孔子以大圣的才干,尚且不能得到天下。高颎与他儿子谈话,把自己比作晋宣帝司马懿,这是打的什么算盘?"执法官吏请斩高颎,皇上说:"去年杀死虞庆则,今年斩了王世积,如果再杀高颎,恐怕会引起天下人不满。"于是隋文帝将高颎免官除名,贬为平民。

杨广夺皇位

杨勇妻妾很多,太子妃元氏不受宠爱,得了心脏病,不久后死去。独孤皇后认为这其中还有其他原因,因此对杨勇很不满。晋王杨广对太子之位觊觎已久,早想取而代之。听说皇后对杨勇不满,他就伪装自己,与妻子互敬互爱,不去招惹其他嫔妃,深得皇后赞许。朝廷中执掌朝政的重臣,杨广都尽心尽力地与他们结交。隋文帝和独孤皇后每次派身边的人到杨广的住所，无论来人的地位高低，杨广必定和萧妃一起在门口迎接，为来人摆设盛宴，并厚赠礼品。人们没有不称赞杨广为人仁爱贤孝的。隋文帝与独孤皇后曾经驾临杨广的府第，杨广将他的美姬都藏到别的房间里，只留下年老貌丑之人，让她们身着没有文饰的普通衣服来服侍伺候。

杨广房间的屏帐都是淡色绢制作的，他故意毁坏乐器，让人觉得他不喜声色。杨坚非常高兴，侍臣们也都称赞有加。隋文帝特别喜爱杨广，对待他和其他的儿子不同。后来，便改立杨广为太子。

独孤皇后去世以后，宣华夫人陈氏、容华夫人蔡氏都受到隋文帝的宠幸。陈氏是陈宣帝的女儿，蔡氏是丹杨人。仁寿四年（604年），隋文帝卧病仁寿宫，尚书左仆射杨素、兵部尚书柳述、黄门侍郎元岩都进宫侍候，皇太子杨广进宫住在大宝殿。杨广想到皇上万一驾崩，必须预先做好防备。他亲自写了一封密信，向杨素请教该如何继承大位。杨素回复太子的信，被宫人误送到杨坚那里，杨坚大怒。

宣华夫人

天刚亮，陈夫人出去如厕，受到太子杨广的逼迫。陈夫人奋力抗拒得以脱身，回到隋文帝的寝宫。隋文帝见她神色有些异常，便询问原因，陈夫人哭着说："太子对我无礼。"隋文帝听了，十分愤怒，捶着床说："这个畜生！朕怎么可以将国家大事交付给他！独孤误了我！"于是叫来柳述、元岩说："召见我的儿子！"柳述等人要叫杨广来。隋文帝说："是杨勇。"柳述、元岩出了文帝的寝宫，起草敕书。杨素听闻要召杨勇，立刻把此事告诉杨广，杨广矫旨抓捕柳述、元岩，调将士来监视隋文帝，又命令右庶子张衡进入文帝的寝宫侍候文帝，把后宫宫女全部遣出，关在别的房室。不久，文帝崩逝。

陈夫人和后宫的宫女听到变故，互相对视，恐惧发抖，变了脸色。下午申时以后，太子派使者送来一个小金盒，盒子上下两扇的缝隙处贴有一张纸条，太子亲自题字签名，赐给陈夫人。陈夫人看了，吓得不敢打开，以为杨广要毒杀她。使者催促，她才打开，没想到盒子里有几个同心结，宫女们很高兴，都说："能够免除死罪了。"陈夫人非常生气，不肯拜谢，被宫女强逼，方才拜了使者。当天晚上，太子就去淫辱陈夫人。

过了几天，杨广正式即皇位，他就是隋炀帝。

隋炀帝游江都

隋炀帝杨广即位后,为了在政治上加强对全国的控制,并且使江南地区的物资能够更方便地运到北方来,同时也为了个人享乐,他办了两件事:一是在洛阳建造一座新的都城,叫东都;二是开通一条贯通南北的大运河。

605年,隋炀帝准备建造东都洛阳,大臣宇文恺负责此事。宇文恺深知隋炀帝的心理,故意把工程搞得十分宏大。

在建造东都的同一年,隋炀帝下令,开通一条运河,叫"通济渠",又下令把春秋时期吴王夫差开凿的一条"邗沟"疏通。这样,从洛阳到江南的水路交通就便利多了。

以后五年里,隋炀帝又两次征发民工,开通运河,一条叫"永济渠",一条叫"江南河"。最后,他把四河连接起来,就成了一条贯通南北、全长约四千里的大运河。这条大运河是我国历史上的一个伟大工程,它对沟通南北经济起了较大的作用。但这都是隋朝的人民用血和命换来的。

隋炀帝特别喜欢外出巡游,一来为了游玩享乐,二来也是为了向百姓显示威风。

从东都到江都的运河刚刚完工,隋炀帝就带着二十万人的庞大队伍到江都去巡游。

隋炀帝早就派官员造好上万条大船。出发那天,隋炀帝和萧皇后分乘四条四层高的大龙船,船上有宫殿和上百间宫室,装饰得金碧辉煌。接着就是宫妃、王公贵族、文武官员坐的几千条彩影船。后面的几千条大船,装载着卫兵和他们的武器及帐幕。这上万条大船在运河上排开,船头船尾连接起来,竟有二百里长。

这样庞大的船队出游,运河两岸要修好柳树成荫的御道,八万多名民工被征发来给他们拉纤,还有两队骑兵夹岸护送。河上行驶着光辉耀目的船只,陆地上飘扬着五色缤纷的彩旗。一到晚上,灯火通明,鼓乐喧天,真是说不尽的豪华景象。

为了满足船队大批人员的享受,隋炀帝命令两岸的百姓,给他们准备吃的喝的,叫作"献食"。州县的官吏逼迫百姓献酒席,有的酒席多到上百桌,非常浪费。别说隋炀帝吃不了那么多，就连他带的宫妃太监、王公大臣一起吃，也吃不完。留下的许多剩菜，就在岸边挖个坑埋掉。可是那些被迫献食的百姓，却弄得倾家荡产。

江都本就是个繁华的所在，隋炀帝到江都后，除了娱乐外，还大摆威风。为了装饰一个出巡时候用的仪仗，就花了十多万人工，耗费的钱财就更不用说了。这样整整闹腾了半年，又耀武扬威地回到东都。

打这以后，隋炀帝几乎每年都会出巡。

游幸江都

隋炀帝建东都、开运河，加上连年的大规模巡游、无休止的劳役和越来越重的赋税，已经把百姓压得喘不过气来了。但隋炀帝却不顾民生凋敝，骄横之心日重。为了炫耀德行武功，611年，他又决定出征高丽。

这一年，他从江都乘龙船，沿着大运河直达涿郡，亲自指挥这场战争。他下令全国军队，不论远近，一律向涿郡集中，还派人在东莱海口督造兵船三百艘。

接着，隋炀帝又命令河南、淮南、江南各地督造五万辆大车，送到高阳，给兵士运输衣甲、帐幕，又征发江、淮以南的民夫和船只把黎阳和洛口仓的粮食运到涿郡。人民饥劳日甚，民不聊生，民怨载道。

人民没法忍受下去了，要想活下去，只有奋起反抗。邹平人王薄，首先领导农民在长白山起义，他写了一首《无向辽东浪死歌》（浪死就是白白送死的意思），号召大家反抗官府，歌中写道：

"……忽闻官军至，提刀向前荡。譬如辽东死，斩头何所伤。"

接着，在山东、河北广大地区，接二连三地发生了农民起义，隋王朝的统治开始不稳了。

隋炀帝三征高丽

大业八年（612年）夏，隋炀帝首征高丽。隋炀帝亲自告诫诸将说："今天我们拯救百姓，讨伐罪逆，不是为了求取功名。各位将领如果有人不了解朕的本意，想用突击队偷袭，孤军独斗，建立一己之功名以获得封爵赏赐，这不是大军东征的目的。你们三路大军，相互策应，互相配合，不许有孤军深入者，以免遭受额外伤亡。另外，凡是军事上行进退止都必须奏报，等待回复，不能擅自作主。"

辽东高丽军队几次出战不利，于是就闭城固守。隋炀帝命令各军加紧攻城，又敕令众将：高丽人若请求投降，立即就宣布安抚接纳，不得纵兵进攻。后来，辽东城将要被攻陷时，城中高丽人就声称要投降，将领们奉隋炀帝的旨意，不敢抓住这一时机，先命人飞马奏报炀帝，等到答复回来，城中的防守已

隋炀帝

调整巩固好了，随即高丽军又坚守城池。每次攻城，总是如此，但隋炀帝就是执迷不悟。城池也久攻不下。

六月十一日，隋炀帝来到辽东城南，观看辽东城的形势，他把将领们召集起来斥责说："你们自以为官居高位，又仗着家世显赫，想要暗中怠慢欺骗朕吗？在京师的时候，你们之所以不愿叫我来，就是怕我看到你们的腐败。今天我到这里，正想看看你们的所作所为。你们现在怕死，不愿尽力攻城，认为我不能杀死你们吗？"众将都吓得浑身颤抖，面无血色。隋炀帝便在辽东城西几里的六合城驻扎下来。高丽各城防守坚固，攻不下来。右翊卫大将军来护儿率领水军战船绵延几百里，前来攻打高丽，大败高丽军队。来护儿准备乘胜进攻平壤，副总管周法尚劝阻，要求等到各路军马都到了一块再进兵。来护儿不听劝告，挑选几万

精兵，一直攻到平壤城下。

高丽人在城中设下伏兵，诱敌深入，来护儿被胜利冲昏了头脑，中了敌人的圈套。来护儿大败，只身逃出，手下士兵生还的不过几千人。高丽军追杀到隋军的船只停泊处，见周法尚严阵以待，高丽军才退去。来护儿率军返回，屯兵于海边，不敢再留下接应各路军队。

隋炀帝第一次征高丽失败后，第二年大业九年（613年）正月再次征调各地军队到涿郡集中，并招募勇士参军，称作"骁果"，又修整辽东古城，用来贮藏军粮。二月又叫臣下讨论征伐高丽的问题，左光禄大夫郭荣劝道："戎狄之国无礼，是臣子应该处理的事情。千钧之弩，不会为小老鼠而发射，陛下何必亲自征讨这样的小小敌寇呢？"隋炀帝不听。

夏季，四月二十七日，隋炀帝的车驾渡过辽水。二十九日，隋炀帝派宇文述和杨义臣进攻平壤。左光禄大夫王仁恭出扶馀道。王仁恭率领劲骑一千名击败高丽军队，高丽军队闭城固守。隋炀帝命令诸将进攻辽东，并可相机行事。隋军用飞楼、云梯、地道，从城池四面昼夜不停地进攻，高丽守军随机应变抗击隋军，隋军攻城二十余天还未攻克，双方都有大批人员阵亡。隋军攀登城墙的云梯竿长达十五丈，骁果吴兴人沈光爬到云梯顶端，靠近城墙与高丽士兵拼杀。

辽东城久攻不下，隋炀帝派人制作了一百余万个布袋，每个布袋装上土，打算用布袋积成一条宽三十步、与城墙同样高的像鱼脊梁一样的坡道，让士兵们登道攻城。他又让人制作了八轮楼车，使楼车的高度高于城墙，把楼车设置在鱼道两旁，准备射杀城内的人。隋军很快就要攻城了，城内已危在旦夕，这时恰好杨玄感谋反的公文到了，隋炀帝大为惊恐，他让纳言苏威进入帐中，说："这个孩子很聪明，恐怕要成为祸患了。"苏威说："能辨别是非、判断成败的人才可说是聪明。杨玄感为人粗疏，不必为他谋反而忧患，但是，只怕因此而逐渐成为动乱的来由。"隋炀帝又听说达官子弟都在杨玄感那里，于是他更加忧虑。

兵部侍郎斛斯政平时与杨玄感交情很好，谋反的事，他也参与了一些。隋炀帝要追究查办杨玄感的党羽，斛斯政极为恐惧，二十六日，他逃跑投奔了高丽。二十八日，夜里二更时分，隋炀帝秘密召集诸将，让他们率军撤退。所有的军资器械、攻城之具堆积如山，营垒、帐幕都原地不动，遗弃而去。隋军军心大乱，士兵人人惊慌，有很多士兵已经开始溃逃。高丽守军立刻觉察，但是未敢出城，只是在城内擂鼓呐喊。到第二天午时，才派兵出城四处侦察，仍疑心隋军是诈退。两日之后，才派出几千名士兵在隋军后面追踪，但仍然慑于隋军人多势众，不敢逼近，一直保持八九十里的距离。快到辽水时，高丽人得知隋炀帝车驾已经渡过辽水，才敢逼近隋军殿后部队。隋军殿后部队有几万人，高丽军队包抄袭击，屠杀了几千名隋军士兵。

大业十年（614年）二月，隋炀帝又一次召集百官讨论征高丽的事，一连几天，没有人敢发言反对。于是决定召集天下兵马，分头去打高丽。

三月十四日，隋炀帝出行到涿郡的时候，士兵一路逃亡，溃不成军，隋炀帝斩杀逃亡的士兵，但依然止不住逃亡之人。

秋季，七月十七日，隋炀帝车驾临时停留在怀远镇。当时天下已乱，所征发的士兵很多过了期限还未到来，高丽国也困顿疲惫，来护儿率军到达毕奢城，高丽发兵迎战。来护儿将高丽军打败，逼近平壤。高丽王高元恐惧，二十八日，高丽王遣使者前来投降，并把斛斯政关入囚车押了来，隋炀帝很高兴，便派使者持节去召回来护儿。

来护儿召集部下说："大军三次出征，未能平定高丽，这次回去就再也不能来了，劳而无功，我感到耻辱。如今高丽确实已经疲惫不堪，以我们这么多的军队去讨伐高丽，不日即可战胜。我打算进兵直接包围平壤，俘获高元，胜利而归不是很好吗？"于是来护儿上表隋炀帝请求出征，不肯奉诏返回。长史崔君肃力争奉旨班师，来护儿不答应，说："高丽人已经支持不住了，皇帝完全相信任用我，我完全可以自行决定此事。我在朝廷之外，有事应该自己决断，我宁可俘获高元返回而受到责罚，但放弃这次成功的机会，我办不到！"崔君肃告诉大家："要是跟从元帅违抗皇帝的诏命，必定被人上奏皇帝，我们都得获罪。"诸将恐惧，都要求返回。来护儿才接受诏命班师。

八月初四，隋炀帝自怀远镇班师回朝。邯郸贼人的统帅杨公卿趁机抢掠。十月二十五日，杨广返回，叫高丽王前来朝拜，高元不肯来。隋炀帝叫将领们做好准备，将来有机会再去征讨，可是这个机会再也不会有了。

隋朝建立之初，曾经富庶一时，隋炀帝却不恤国力三次征讨高丽，结果造成起义不断，埋下了隋朝覆亡的种子。

杨玄感造反

左仆射杨素位高权重，令隋炀帝杨广心有疑忌。大业二年（606年），杨广想除掉杨素。为了不引发乱子，杨广决定暗中将他除掉。于是他便与太子杨昭设下一条毒计。

一天，杨广宴请杨素，由太子作陪。席间，君臣关系融洽，三人谈笑风生。其实，其中暗藏杀机。杨广早就命人备下一杯毒酒，要毒死杨素。不料，不知内情的宫女误将酒杯搞错了。太子喝了毒酒，由于是慢性毒药，所以他当时并未发觉。酒席一散，杨广与杨昭二人相视一笑，各自回宫等杨素的死讯。不料，三日后毒性发作的不是杨素，而是太子。太子临死前对后悔不迭的杨广说："不想我倒替杨素死了，这也许是天意吧！"

不想，这话传到杨素耳中，杨素恐惧成疾，得病而亡。

杨素死了，但他还有个儿子叫杨玄感。杨玄感认为父亲杨素虽未被杨广毒死，但也是杨广间接害死的，就有了报仇的念头。他早已对杨广心生不满，有了取而代之的念头，所以表面虽还和过去一样，暗中却在积极寻找机会。

大业九年（613年），隋炀帝杨广第二次征讨高丽之时，杨玄感奉命去黎阳押运粮草。

当时如火如荼的隋末农民起义已在各地展开，杨玄感岂能放过这个绝好的机会？他当即同自己的几个弟弟和好友李密商议起兵，得到他们赞同。他偷偷地想办法让士兵和运粮的人与他一起干。第二天天刚亮，他就将所有的士兵和农夫集合起来，对他们说："皇上降旨，让我们限期运粮，违期则斩。这里离辽东战场路途遥远，我们根本不可能在限期内赶到。当今皇帝无道，根本不顾百姓死活，像你们这样的士兵和运夫已不知有多少人死在战场上和运粮途中。我实在不忍心让你们白白送死，决定起兵造反。你们愿意随我一起干的，便发誓共讨暴君！"

杨玄感说完这一番话，人们开始只是小声议论。后来，不知是谁先喊了一声："杨将军，反正横竖都是一死，不如大家就反了，或许真有一条活路。"众人一听此话有理，便都高喊："杨将军，我们和你一起干！"一时欢呼声响彻云霄。

杨玄感见状，不由得感到振奋，安抚了一下众人，便按事先与部下王仲伯、赵怀义商议好的编制整编队伍。附近农民听说这里有造反的队伍，也纷纷跑来加入。

杨玄感将队伍训练了一段时间，便要攻打杨广。但他不知道该如何攻打，于是去请教好友李密。

李密可不是个简单的人物，他本是杨广的禁军左翊卫左亲侍，在大兴殿值班。杨广为人喜怒无常，不知怎么就看李密不顺眼，将他赶出大兴殿，李密从此离开禁卫军。

但李密是一个胸怀大志、得之淡然、失之泰然的人，他并不为此气恼，反而更加勤奋向上。一天，他坐在牛车上看书，牛角上还挂着一套书。正巧杨素路过，见李密气度非凡，正在看《汉书·项羽传》，便很欣赏他，把他介绍给儿子杨玄感。两人友情笃深。

杨玄感来到李密的寝帐，发现他正在秉烛夜读。李密见杨玄感来了，忙站

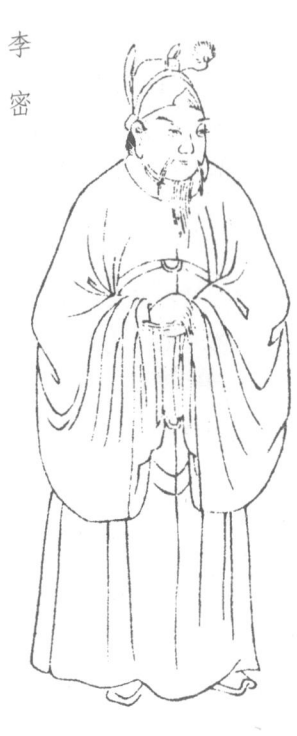

李密

起身笑道:"杨兄此来可是为发兵一事?"

杨玄感先是一愣,继而赞道:"李兄果真料事如神!想必李兄早已想好制敌之计!"

李密连说"不敢当",言罢二人坐下。李密这才为杨玄感出了上、中、下三条计策:

上策:隋炀帝远征高丽,南面为海,北面有突厥,只有一条归路。出兵占据临榆关,断绝隋军退路,等于扼住其咽喉。高丽的军队听闻后,一定会在后面追击杨广,杨广必然会不战而败。

中策:率军直取长安,现在各地农民起义军风起云涌,他们必会积极响应。我们网罗天下豪杰,以潼关天险固守,即使杨广率东征大军回来,也可与之周旋。

下策:进军洛阳。但是洛阳守军闻讯后必会加强防守,而杨广得到消息也会率东征军回来相助,两军夹击,结局可就难说了。

杨玄感偏用下策,以为攻下了东都洛阳后,大隋江山就取了一半;东征军人心浮动,自己再乘胜杀掉杨广,就可以号令天下。李密见他执意要先攻洛阳,也不便再劝,只在心中叹息了一声,暗暗为自己做日后的打算。

次日清晨,杨玄感便让他的弟弟杨玄挺为先锋,亲率五万大军直逼洛阳。

但是,一切都被李密说中了,洛阳守军听到杨玄感来攻,立刻调整了防守。杨玄感久攻不下,两军陷入对峙。杨玄感见状没了主意。想了两天,又决定放弃洛阳,采取李密的中策,攻打长安。

在攻打长安的途中,经过弘农,弘农太守杨智积为了拖住杨玄感,不让他去攻打长安,便在城楼上大骂杨玄感。杨玄感果然中计,下令攻打弘农。李密看出杨智积用的是缓兵之计,力劝杨玄感攻打长安,否则不能占领潼关;追兵来到,便无处可守。杨玄感哪里肯听,非要以十万大军踏平弘农,再打长安。

但是弘农城非常坚固,并不是说攻就能攻下来的。还没等杨玄感攻下弘农,铺天盖地的隋军已从身后杀过来。杨玄感的军队毕竟没有经过多少正规训练,人数又比隋军少,被隋军分割成小块,各个歼灭。杨玄感与他的弟弟见败局无可扭转,便落荒而逃。跑了很久以后,来到一个叫葭芦戍的地方。杨玄感回头一看,只有弟弟杨积善一人跟在自己身后。想到自己轰轰烈烈的起义就这样失败了,他不禁长叹一声:"唉,悔不该不听李密之言。"又转身对弟弟说:"我不能死在隋军手中,你杀了我吧!"

杨积善怎么忍心对自己的亲哥哥下手?杨玄感见状大怒,痛斥他。杨积善无奈，上前一剑将哥哥刺死，自己正欲横剑自刎，追兵赶来，将其擒获。

隋炀帝东征返回后，下令诛杀杨氏兄弟，又将杨玄感的尸体挖出来烧毁。还不解恨，又对御史大夫裴蕴说："杨玄感造反，叛军竟有十万之众！看来天下人还是太多了，多杀些也无妨，还可警诫后人！"

裴蕴等人按照杨广的旨意，大开杀戒。凡是与杨玄感沾亲带故，甚至只是沾一点儿边的全部杀死，连得过杨玄感救济粮的老百姓也不放过。

这次杨玄感造反失败，战斗中死亡和受株连被杀的人数远远超过十万，损失惨重。

杨玄感的反叛不过是封建统治阶级内部争权夺利的行为，但最终受害的还是普通百姓。同时，他们这种斗争所造成的内部分裂也给农民起义军创造了有利的形势。

瓦岗军内讧

隋朝末年，各地爆发了农民起义，其中翟让领导的瓦岗军盛极一时。

一天，瓦岗寨门口突然来了一个衣衫褴褛的人，说要见翟让，卫兵把他带到翟让那里，原来他就是远近闻名的李密。杨玄感起兵造反，李密也被捕了，但在押送的路上李密却跑了出来。他在外面流浪了两三年，穷到吃草根、树皮的地步。隋朝官府到处追捕他，最后，他来投奔瓦岗军。

李密投奔瓦岗军，一是因为走投无路，二是想利用农民起义军重新获得富贵。他一到瓦岗寨，就处心积虑地谋取大权。他看到翟让对军师贾雄十分信任，就想尽办法结交贾雄。他对贾雄热情周到，贾雄对他也非常信任。一天，翟让告诉贾雄，李密要他消灭隋朝，自立为王。贾雄说："李密这个人雄才大略，他的话很有远见。不过，您自己称王，未必能成功；如果立李密为王，一定会成功。"翟让问："既然蒲山公（李密的父亲曾被封为蒲山公，所以人们也称李密为蒲山公）可以自己称王，他又何必投奔我呢？"贾雄笑了笑说："凡事都互相依靠。您姓翟，翟就是泽，是汪洋大水。蒲如果不依靠大泽，就没法生存，所以他必须来投奔您。"贾雄这一番花言巧语，已经暴露出了李密的野心。

再后来，李密逐渐控制了瓦岗军的实际大权。他重用隋朝的降将，形成了自己的势力。就这样，瓦岗军内部分成了两派：一派以翟让为首，主要是瓦岗军的旧部成员；一派以李密为首，主要是隋朝降将。两派之间产生了尖锐的矛盾。

翟让性情粗暴，又有些贪财。总管崔世枢刚刚投降李密的时候，翟让把他囚在自己的住处，崔世枢因为没来得及交出金银财宝，就被上刑拷打。翟让去叫元帅府的邢义期来下棋，邢义期来得慢了一些，就受到了翟让的责罚。这样，他得罪了不少人。李密手下的文臣武将，纷纷劝李密及早除掉翟让。

一天，有两个官员来向李密告状。一个说："我上次攻破汝南县，翟司徒对我说：'你得到许多珍宝，为什么只给魏公，不给我？你可知道，魏公是我立的，今后如何，还很难说呢！'"另一个又火上浇油地说："这话大有文章，岂不是说，他能立魏公，也能废魏公，您应该早做打算！"其实，李密心中也想着这事，只是怕引起非议，就假惺惺地说："如今正是争夺天下的时候，怎么好互相残杀呢？"那两个官员劝他："壮士被毒蛇咬了手，就得把整个胳膊砍掉，牺牲局部是为了保全整体。如果让他们先下了手，后悔就晚了。"这番话正是李密所想的，他嘴上没有说什么，心里却已经有了主意。

这时候，又传来消息说，翟让的部将劝翟让夺李密的军权，翟让的哥哥翟弘要翟让当皇帝。李密唯恐发生变化，决心早下手除掉翟让。

大业十三年（617年）十一月，李密在行军元帅府设宴招待翟让。翟让和他的哥哥翟弘、侄子翟摩侯以及徐世勣、单雄信等将领一起赴宴。刚坐定，李密就对他手下的将官说："今天我和翟司徒饮酒，用不着那么多卫士侍候！"卫士们立即退了下去。翟让的卫士没有动，李密下令："赏他们酒。"翟让对卫士们说："元帅奖赏你们，快下去喝酒吧！"于是，只剩下李密的卫士蔡建德拿着刀站在一旁。

大家正在兴头上，李密拿出一张宝弓，说是从隋军那里得来的，请翟让试射。翟让是有名的射手，见到好弓，非常高兴，他刚接过弓，只见蔡建德突然举刀，照翟让的脑袋猛砍下来。翟让大叫一声，就被蔡建德砍倒在地。随后，翟弘、翟摩侯也被杀死。徐世勣拔腿就跑，被守门的人砍伤。单雄信吓得跪在地上，请李密饶命，在场的人无不惊慌。

这时候，李密站起来，大声地说："各位不要惊慌，我和弟兄们一同起义，原是为了铲除暴政，共享太平。可是，翟让专横跋扈，肆意侮辱各位将领，更不把我放在眼里。为了反隋大业，不能不除了他，与各位无关。"说完，李密让人把徐世勣扶到床上，自己亲自替他上药；为了表示对单雄信的信任，派他去安抚翟让的部下；并且派徐世勣、单雄信、王伯当分别统率翟让的部下。瓦岗军虽然逐渐安定下来了，可内部互相斗争已初见端倪，注定了瓦岗军失败的命运。

再说宇文化及杀死隋炀帝之后，就率领隋朝的残兵败将十多万人北上，想要打回东都。已在东都称帝的杨侗，非常担心宇文化及抢走自己的帝位，再加上王世充总吃败仗，杨侗心急如焚。大臣元文都向他献计说："鹬蚌相争，渔翁得利。我们何不招降李密，让他去打宇文化及呢？"杨侗连称好计，马上派人去见李密。

李密率瓦岗军包围东都，却久攻不下，士气开始低落，听说宇文化及大军向东都杀来，更无计可施。见杨侗派使者来，赶快迎接。杨侗的诏书上说，只要李密解东都之围，打退宇文化及，一定封他做太尉，执掌文武大权。李密高兴万分，于是，他投降了杨侗集团，下令从东都撤兵，替杨侗去打宇文化及。

不久，围攻黎阳仓的宇文化及，在李密和徐世勣的夹击下，吃了败仗，进驻童山。李密乘胜追击，不幸中箭落马，大将秦琼奋力抢救才转危为安；在徐世勣的协助下，他们大败宇文化及。这一仗，宇文化及损失惨重，只剩下两万人，仓皇逃窜，后来，被窦建德领导的起义军消灭。

童山战役结束以后，李密带着箭伤赶回洛口城，准备进东都向杨侗请功。正在这时候，东都发生了政变，王世充掌了权。王世充曾经多次被瓦岗军打败，所以恨透了瓦岗军。他掌握了大权，李密入朝执政的美梦也就破灭了。

大业十四年（618年）九月，王世充带兵攻打李密。李密骄傲轻敌，守卫洛口仓的部将叛变，大将单雄信坐视不救，结果被王世充打败。李密已经到了山穷水尽的地步，只好投靠了李渊。不久，李渊杀死李密。瓦岗军斗争了八年，还是失败了。

关于瓦岗起义的故事流传甚广，秦叔宝、单雄信、王伯当等人物经常出现在评书、戏曲之中，为人们所熟知。

隋炀帝被杀

隋炀帝到了江都，更加荒淫。他在宫中修造了一百多处房舍，都装修得非常豪华，房中美女很多，每天让一处房舍的美女做主人。江都郡丞赵元楷专门掌管供应酒食的事情。隋炀帝与萧皇后带着最宠幸的美女一处一处地去赴宴饮酒，酒杯从不离口，随从的美女也常常喝得大醉。不过，隋炀帝看见天下大乱，心中也忧虑不安。退朝后，他身穿短衣，拄杖散步，遍游所有亭台楼榭，唯恐看不够。

隋炀帝本人通晓占卜相面的知识，经常夜晚摆设酒席，仰观天文，对萧皇后说："外间有不少人打我的主意，不过我也不失做个长城公，你至少也可当个沈后，不管那些，姑且饮酒作乐吧！"于是便疯狂饮酒，烂醉如泥。他还曾拿过镜子来照自己，回头对萧皇后说："好一个头颅，该由哪位来砍呢？"萧皇后惊恐地问他这是为什么，隋炀帝笑着说："人生的贵贱苦乐，是轮流交替的，有什么可伤感的呢？"

隋炀帝看到中原已乱，便想在丹阳建都，偏江东隅，内史侍郎虞世基等以为可行，右候卫大将军李才坚持说不行，两人争得不可开交。门下录事衡水人李桐客说："江东地势低洼潮湿，土地狭小不平，朝内要奉养皇上，朝外要供养三军，百姓承受不了，恐怕最终会离散吧。"御史弹劾李桐客毁谤朝政。此后，公卿们都违心地表示迁都丹阳是好事，于是隋炀帝杨广准备迁都丹阳。

当时江都已经没有粮食了，跟随隋炀帝来的骁果大多是关中人，长期在外，思念故乡。他们见到炀帝无意回到西边，很多人便计划逃回家去。郎将窦贤带领部下西逃，隋炀帝派遣骑兵追上他们，斩杀了窦贤。但逃亡者不少反多，隋炀帝非常担心。虎贲郎将扶风人司马德戡一向受到炀帝的恩宠，隋炀帝叫他统领骁果，驻扎在东城。司马德戡与他的好朋友虎贲郎将元礼、直阁裴虔通等人商量说："如今人人都想逃跑，我想报告给皇上，但害怕先被杀掉；不报告，以后东窗事发了，也免不了灭族。怎么办呢？我又听说关内已经沦陷，李孝常以华阴背叛朝廷，皇上关押了他的两个弟弟，要杀掉他们。我们这些人的家属都在关西，没有类似的灾祸吗？"听了这些话，元、裴二人都害怕了，说："那该怎样办呢？"司马德戡说："骁果如果逃跑，不如同他们一起逃。"两人都说："好主意。"这样他们便互相辗转联络。内史舍人元敏、虎牙郎将赵行枢、鹰扬郎将孟秉、符玺郎牛方裕、直长许弘仁、薛世良、城门郎唐奉义、医正张恺、勋侍杨士览等人，都与他们同谋，日夜互相商议，在大庭广众之下公开议论叛逃的事情，毫无顾忌。有宫人对萧皇后说："外面人人都想谋反。"皇后说："你去报告皇上吧。"隋炀帝大怒，认为她不该管这些事，于是把她杀了。后来又有宫人把谋反的事告诉给萧皇后，萧皇后说："天下事到了今天这个地步，已经无法挽回了，说了也没有用，只是给皇上增加忧虑罢了！"从此以后，再也没有人敢说话了。

赵行枢平时与宇文智及交好，杨士览又是宇文智及的外甥，他们二人联合宇文智及准备一起反叛。司马德戡等人约定在三月十五日聚集在一起向西逃跑。宇文智及说："皇上虽然无道，但威令还能施行，你们逃亡正像窦贤自寻死路一样。现在上天确实要灭亡隋朝，英雄纷纷起事，想叛隋的已经有好几万人，趁机成大事，这是帝王的事业。"司马德戡等人同意了他的看法。赵行枢、薛世良等人推举宇文智及的哥哥右屯卫将军许公宇文化及为首领，大家商议已定，便告诉了宇文化及。宇文化及生性懦弱，听说要联合造反，吓得脸色大变，直冒冷汗，不久后也答应了。

司马德戡叫许弘仁、张恺到备身府中去，告诉相识的人说："陛下听说骁果想叛乱,酿造了许多毒酒,打算在宴会时,将他们全部毒死,只与南方人留在这里。"骁果们都害怕了,辗转相告,于是加快了谋反的步伐。乙卯(初十),司马德戡把骁果中的长官招集起来,把计划告诉了他们,他们都说:"我们都听从将军的命令!"

这一日,大风突起,昏天黑地。临近黄昏,司马德戡偷出了御马,准备好了武器。当天晚上,元礼、裴虔通在阁下值班,专门掌管殿内的事情。唐奉义负责关闭城门,与裴虔通商议好,所有的门都不上闩。到三更时,司马德戡在东城召集兵马,得数万人,点燃火与城外相呼应。炀帝看见火光,听见外面有喧哗声,问出了什么事情。裴虔通回答说:"草坊失火,外面的人都去救火了。"皇宫内外,不能相通,宇文智及与孟秉在外面聚集了一千多人分别守护着各个街巷。燕王杨倓感到事情有变,晚上从芳林门旁的水洞进宫,到了玄武门,假称说:"我突然中了风,命在旦夕,请让我与皇帝告别。"裴虔通等人拒不报告,把他抓了起来。

丙辰(十一日),天还没有亮,司马德戡把军队交给了裴虔通,用来替换各个宫门的卫士。裴虔通带领人马攻打到了成象殿,驱逐了里面的侍卫,控制了各个宫门。右屯卫将军独孤盛对裴虔通说:"什么人的部队,行动怎么这样奇怪?"裴虔通说:"事已如此,与将军没有关系,将军一定不要乱动!"独孤盛大骂说:"老贼,你说的是什么话!"独孤盛还没来得及披上铠甲,便与身边的十多个人交战,被乱军杀死。独孤盛是独孤楷的弟弟。千牛独孤开远率领殿内侍卫几百人来到玄武门,请求说:"我们武器完备,还可以消灭贼寇。陛下如果出去督战,人心就会安定下来。不然,灾祸马上就要来了。"独孤开远并没有组织起抵抗力量,叛军把他抓住,但念其忠义又放了他。原先,隋炀帝挑选了几百名骁健的官奴,安置在玄武门,称为"给使",以防万一。他们的待遇相当优厚,甚至把宫女都赏赐给了他们。司宫魏氏得到隋炀帝的信任,宇文化及等人与他结交,约为内应。当天,魏氏把宫中所有给使全部放到外面去,仓促之间,隋炀帝身边竟没有一个人。

司马德戡等人引兵从玄武门进入皇宫,隋炀帝听到变乱的消息,改换衣服逃到西阁。裴虔通与元礼率领士兵推撞左阁,魏氏把门打开,

宇文化及

士兵们便进入了永巷。他们问："陛下在哪里？"有美人出来，用手指示。校尉令狐行达便拔刀径直朝里面走去。隋炀帝躲在窗下，对令狐行达说："你想杀我吗？"令狐行达回答说："臣不敢杀陛下，只是想侍奉陛下往西边回到长安罢了。"于是便扶隋炀帝下楼。裴虔通在隋炀帝还是晋王的时候，就是他的亲信。隋炀帝看见他，便说："你不是我的敌人，是什么仇恨使你谋反呢？"裴虔通回答说："我不敢谋反，只是将士们想回去，我打算侍奉陛下回京师而已。"隋炀帝说："我正想回去，因为上游的运米船还没有到来，现在就同你们一起回去吧！"裴虔通便领着士兵看守隋炀帝。

  清晨的时候，孟秉派人去接宇文化及，宇文化及吓得说不出话来，只知道低着头连喊"罪过"。宇文化及来到宫城门口，司马德戡来迎接并拜见了他，带他进入朝堂，称丞相。裴虔通对隋炀帝说："百官全都在朝堂，陛下一定要亲自出去慰劳。"便献上自己的坐骑，逼迫隋炀帝骑上去。隋炀帝嫌他的马鞍和笼头破旧，便换了一副新的，才肯骑上去。裴虔通拉着马的缰绳提着刀走出宫门，叛乱者欢声动地。宇文化及说："怎么带这个家伙出来，马上一顿毒打整死算了。"隋炀帝问："虞世基在哪里？"乱党马文举说："已经斩首示众了！"一行人把隋炀帝带入他的寝宫，裴虔通等人都手持白刃站立两旁。隋炀帝叹气说："我因什么罪落到这步田地？"马文举说："陛下抛弃宗庙不顾，巡游不止。对外频繁征讨，对内极度奢侈。致使丁壮死于刀刃，妇女弱者葬身沟壑。百姓流离失所，盗贼蜂起。陛下专门任用奸佞小人，文过饰非，拒绝劝谏。怎么能说没有罪呢？"隋炀帝说："我实在对不起百姓，至于你们这些人，荣华富贵都到了极点，怎么能这样做呢？今天的事情，是谁领的头？"司马德戡说："普天之下所有人都恨你，怎么能是一个人呢？"宇文化及又叫封德彝列举隋炀帝的罪状。炀帝说："你是士人，怎么也干这种事？"封德彝羞愧地退了下去。隋炀帝的爱子赵王杨杲，十二岁，在隋炀帝旁边，号哭不已。裴虔通把他斩杀了，血溅到隋炀帝的御服上。叛乱者想弑隋炀帝。隋炀帝说："天子自有天子的死法，怎么能用刀子？快取毒酒来！"马文举等不同意给毒药，叫令狐行达按住隋炀帝，用丝巾把他勒死了。当初，隋炀帝知道总有一天会遇上变乱，经常在酒器中装上毒药，随身携带。他对所宠幸的嫔妃说："如果贼人来了，你们应先饮，然后我再饮。"到叛乱发生时，隋炀帝四下找毒药，身边的人都逃散了，最后还是没有找到。死后，萧皇后与宫人撤下漆床板，做了一口小棺材，把隋炀帝和赵王杨杲的尸体一起停放在西院流珠堂里。

  宇文化及自称大丞相，控制了朝政，立秦王杨浩为皇帝，让其另居于别宫，但仍然提防他，并派兵监视。宇文化及任命他的弟弟宇文智及为左仆射，宇文士及为内史令，裴矩为右仆射。

李渊太原起兵

就在瓦岗军包围东都洛阳时，太原李渊也起兵反隋了，他率领大军直取长安。他为了笼络人心，下令开仓济贫，并废除了隋朝的一些苛刑峻法，深得老百姓的拥护，他的地位越发稳固。那么，李渊的起兵是怎么一回事呢？

这还要从他做隋朝官吏的时候说起。李渊出身于大官僚贵族家庭，七岁的时候就继承了唐国公的爵位。616年，隋炀帝任命李渊为太原留守。尽管李渊尽心尽力，想博得隋炀帝的赏识，可是隋炀帝还是不信任他，派人监视李渊的行为，李渊虽是太原留守，却整日面对着杨广派来的间谍高威、李君雄两个副留守，非常郁闷，敢怒不敢言。

李渊有四个儿子：李建成、李世民、李元霸、李元吉。其中李世民最有远见卓识和雄才大略，他决定帮助父亲改变这样的境况。他看到当时全国风起云涌的反抗斗争，认为隋朝的统治不会长久。只有趁现在天下大乱的时机，夺取政权，才能保住家族的地位和利益。于是，他就开始秘密行动了。

唐高祖李渊

李世民知道自己势单力孤，还必须得找一些有本事的朋友帮忙，他很看好被关在监狱里的刘文静。于是，李世民就到监狱去探望他，试探他说："像您这样正直的人也被关进大牢，这世道真是忠奸不分啊！"刘文静激愤地说："如今还有什么忠奸可言！除非有汉高帝、光武帝那样的英雄人物，不然，天下是安定不了的！"李世民赶忙说："您怎么知道没有这样的人物？只怕是一般人发现不了。今天我来这里，就是想和您商讨天下大事，听听您的高见。"刘文静十分高兴，笑着说："我到底没有看错公子，现在天下大乱，烽烟不断。皇上贪婪好玩，置江山于不顾，各路起义军风起云涌。唐国公位高权重，手握重兵，太原豪杰辈出，只要唐国公振臂一呼，用不了半年，江山可得！"李世民说："只怕家父不同意，怎么办？"刘文静想想，附在李世民的耳边说了几句话，李世民点头微笑。

第二天，李世民开始主动与李渊最好的朋友裴寂搭上关系，并使两人关系不断密切起来。一次，李世民突然发愁地对裴寂说："皇上把我们李家视为眼中钉、肉中刺，真是朝不保夕啊！看来局势早晚将有大变！我很想乘机干一番大事业，只怕我父亲不同意，您看怎么办呢？"裴寂和李渊的交情很深，听李世民这么说，想了想，说："公子不必着急，我自有办法。"

裴寂想起不久前，他送给了李渊两个晋阳宫美女，裴寂便想以此为切入点。一天，他请李渊喝酒，两人喝得醉醺醺的时候，裴寂就说："都是我害了您，我送您两个宫女的事，怕要传出去了……"李渊大吃一惊，吓得酒醒了一半。私留宫女，灭门之罪，这可如何是好！裴寂赶忙说："二公子世民怕事情败露，招来大祸，正在招兵买马，网罗人才。我看先下手为强，起兵反隋，也许能够成功。"李渊低头沉思了一会儿，无可奈何地说："事到如今，也只好如此了。"李渊走后，裴寂忙派人把这个情况告诉了李世民。

从这以后，李渊一直在惊恐中度日，害怕皇上怪罪自己，而在这个时候，他手下将军又连吃败仗。他更加不安。一天，他正在屋里踱来踱去，焦虑地想着这些事，突然闯进一个少年，少年说："大人，您不当机立断，还待何时？"李渊一看是李世民，便问："你有什么主意？"李世民说："大祸临头了。不如这时顺应民心，举兵反隋，夺取天下。我观察了天下大势，才敢这么说。您一定要告发我，我只好听命。"李渊叹气道："我怎么忍心告发你。只是，以后你可千万要小心，不要随便说这样的话。"次日，朝廷派李渊去镇压起义，李世民劝李渊趁机举事。李渊权衡利弊，下定决心起兵反隋。

李世民先是冒充皇帝的命令下一道公告征兵，引起老百姓的强烈不满。接着又想出一条公开招兵的妙计。一天，李渊对两位副留守说："叛匪头子刘武周现在占据了汾阳宫，要立即平叛。可是天子远在天边，这如何是好？"王威、高君雄说："事情紧急，留守这时候就自己决定吧。"于是，李渊就名正言顺地打着"讨贼"的旗号，派李世民、刘文静到各地征兵，又暗地里派人去通知其他几个儿子和女婿到太原相会。

不久，李渊的兵力急速增强，又都由他的亲信统率。王威、高君雄起了疑心，想除掉李渊，李渊父子先下手为强把他们干掉了。除掉了隋炀帝的耳目，李渊开始大胆进军攻隋。

李渊的大军一路顺利，杀进长安城。后来他立十三岁的代王杨侑为皇帝，就是隋恭帝，实则自己操纵全部大权。618年隋炀帝死了，李渊废掉隋恭帝，自己当上皇帝，就是唐高祖。

李世民取东都

王世充赶跑了李密，自以为力量强大，把杨侗废了，自立为帝，国号为郑。

这时候，唐军已经削平了西北的几个豪强割据势力，稳定了后方。620年，唐高祖派李世民统率大军进攻东都。李世民大军一出关，势如破竹，很快就包围了东都。

李世民不但善于打仗，而且善于用人。他从原瓦岗军和个别的割据势力的降将中，选用了一批人。像有名的秦叔宝、程咬金、尉迟敬德，都成了他的得力助手。

有一次，李世民带了五百骑兵被王世充的一万多步兵围住，王世充的大将军单雄信要杀掉李世民。李世民后面的尉迟敬德飞马赶上，大喝一声，一个回合就把单雄信刺下马来。尉迟敬德保护李世民突出包围，两个人又带着骑兵转过身在郑军阵地来回冲杀，吓得郑兵不敢阻挡。接着，后面的唐军不断围上来，把郑军打得一败涂地。

从秋天到第二年春天，唐军围困东都，久攻不下。日子一久，唐军将士也感到疲劳，有人向李世民建议暂时停止进攻，回长安休整后再打。

李世民说："现在东都已被我们包围，洛阳成了一座孤城，迟早可以攻下，怎么能半途而废呢？"接着就向将士发出命令："不攻下东都，决不退兵。"

王世充被逼得走投无路，只好派人偷偷地出城，赶到河北向窦建德求救。

窦建德领导的起义军是河北一支强大的力量。王世充自称郑帝以后，窦建德也自称皇帝，国号为夏，攻占了唐军许多土地。接到王世充的求救信，窦建德一面派人和李世民协商，一面亲率大军三十万前来救援。

许多唐军将领都被夏军的强大兵力吓住了，主张暂时离开东都。但是有人认为王世充兵力还很强，缺少的是粮食。如果让窦建德跟王世充两军会合，用河北的粮食接济东都，那么取得胜利的希望就很小了。所以，一定要把南下的窦建德大军堵住。

李世民接受了第二个意见，让李元吉留在东都继续围攻王世充，自己则带三千多精兵北上，把守武牢关。

尉迟恭

窦建德大军在武牢关,被唐军死死咬住,不能前进。李世民率骑兵从小路切断了夏军粮道。

窦建德认为自己兵力强大,不怕攻不下武牢关。他不听从部下和妻子的劝阻,命令全军出动,摆开阵势,擂响战鼓冲了过来。

李世民上高地观察了夏军的阵形,说:"窦建德没有遇到过强大的对手。从他的阵形,就可以看出他骄傲轻敌。我们只要按兵不动,等待他们兵士疲劳的时候,一举出击,一定能打败他们。"

夏军士兵正准备大打一仗的时候,唐军却坚守不出了。从早上到中午兵士们又疲劳、又饥饿,有的坐在地上,有的到河滩上舀水喝。李世民一见时机已到,就命令将士渡过汜水,直扑窦建德大营。

窦建德正和他的将帅在大营聚会,听到唐军骑兵突然冲来,赶忙指挥骑兵应战。双方发生激战,顿时尘烟四起,喊声震天。

李世民出其不意,带领一队骑兵猛插到夏军阵后,举起了唐军的大旗。夏军将士回头一看,大本营都被唐军占领了,就无心再战,争先恐后地逃命。窦建德三十万大军大败,连窦建德本人也被唐军俘虏了。

窦建德失败后,李世民再回兵围攻东都。王世充还想突围,将士们说:"现在夏王已经失败,我们就是突围出去,也没有用。"王世充眼看大势已去,只好向唐军投降。

窦建德被送到长安,不久就被杀了。他的部将刘黑闼率领残余兵力继续与唐军作战。唐军又花了三年时间,才把河北地区平定下来。623年,唐统一中国的战争基本结束。

李世民退突厥

武德七年(624年)八月,突厥的颉利可汗和突利可汗率领全国兵马进犯大唐边境。大军压境,唐高祖李渊派秦王李世民率领军队抵抗。

恰好关中地区下雨，下了很久都不停，粮食运输受阻，将士们因行军跋涉而疲惫不堪，兵器锈钝，器械残破，朝廷百官与军中将领都很担忧。

李世民在豳州与突厥相遇。十二日，突厥骑兵一万多人突然奔到豳州城西面，在五陇阪布阵，唐军将士见突厥兵行动如此迅速，内心恐慌。

李世民对李元吉说："现在突厥进逼我军，我们不能向他们示弱，应当与他们决一死战，你能和我一起去吗？"

李元吉害怕地说："突厥军队的阵势这么强大，我们不能轻易出击。万一失利，后悔还来得及吗？"

李世民说："既然你不敢出战，我就独自前往，你留在这里观战吧。"李世民率领骑兵，疾驰到突厥阵前，对他们说："我国与可汗和亲，你们为什么违背盟约，深入到我国的领土来？我就是李世民，如果可汗想打，就和我单打独斗；如果可汗想一起都上，我就只用这一百骑兵进行抵挡。"颉利猜不出李世民的用意，只是笑了一笑，没有回答。

李世民又向前推进，派遣骑兵告诉突利说："以前你我订有盟约，约定有危难的时候互相援救。现在你却率领兵马进犯，哪里还有盟誓时的情谊？"突利也没有回答。

李世民又向前推进，准备渡过一条河沟。颉利看到李世民轻易出阵，又听到他说到从前的盟约，怀疑突利与李世民有勾结，于是赶紧阻止李世民说："秦王不必渡过河沟，我没有别的意思，只想与秦王重申并加强盟约而已。"于是，颉利率领兵马稍稍后退。

此后的日子里，大雨仍然下个不停，李世民对众将领说："突厥兵倚仗的是弓箭，现在雨下个不停，弓上筋弦的胶会变得不黏，弓箭不能用了，他们就像飞鸟折断了翅膀一样。我们居住在房屋里，吃的是熟食，兵器锋利，以逸待劳。不抓住这个机会，还要等到什么时候呢？"

李世民在夜里偷偷出兵，冒雨前进，突厥军队大惊。李世民又向突利说明利害关系，突利认为李世民说得很对。颉利想要出战，突利不答应，颉利就派遣突利和他的堂叔阿史那思摩前来拜见李世民，请求和亲，李世民答应了。

突利此后主动依托李世民，请求与李世民结拜为兄弟。李世民也以恩义安抚他，然后与突利约订好盟约，送突利回去了。

唐太宗

玄武门之变

唐朝建立以后不久，李世民和皇太子李建成之间为争夺皇位展开了激烈的斗争。

本来，唐朝的建立，李世民出力最多、功劳最大，他又网罗了尉迟敬德、秦叔宝、徐世勣、李靖这些著名将领，广泛结交知名人士，像房玄龄、杜如晦等著名的十八学士，都成了他的谋士，所以李世民的势力最大。

李建成自太原起兵以来，也颇多功绩，但远没有二弟实力雄厚。但是，他有太子这个合法的身份，一大批皇亲国戚聚集在他的周围；他长期留守关中，在京城长安一带有坚固的基础，甚至宫廷的守军（玄武门的卫队）都在他的控制之下。他还把齐王李元吉拉拢过来。总的来说，李建成和李世民是势均力敌，旗鼓相当。

但形势对李世民非常不利。李渊是个糊涂之人，见李世民的威信越来越高，心中很是不满。一次，李世民把一块好地分给了淮安王李神通，得罪了高祖宠爱的妃子张婕妤，被唐高祖训斥了一通。

唐高祖另一个宠妃尹德妃的父亲尹阿鼠，无缘无故地把李世民的谋士杜如晦痛打了一顿，还恶人先告状，说李世民唆使部下打他。唐高祖听了以后，不问青红皂白，就把李世民叫来，骂道："你手下的人对我宠爱的妃子的父亲都这样凶狠，对老百姓还不知道有多么厉害呢！"此后，唐高祖不再喜欢李世民，李建成就趁机勾结李元吉和后妃们，准备暗害李世民。

有一次，李建成、李世民、李元吉跟随唐高祖到城外打猎，唐高祖让他们骑马比箭。李建成故意让李世民骑他的一匹难以驯服的烈马。李世民刚骑上马，马就狂蹦乱跳起来。李世民急忙跳下去，等马安静了，再骑上去。谁知刚坐到马上，马又蹦起来。如此反复多次，李世民才把这匹马制服。他骑在马上，对旁边的人说："有人想用这匹马害死我。殊不知，死生有命，怎么害得了呢？"李建成听了，就添油加醋地对张、尹二妃说："秦王太狂妄了，他说天命在他身上，一定要坐天下的，不会轻易死掉！"张、尹二妃又把这些话告诉了唐高祖。唐高祖立即召见李世民，责备他说："谁当天子是上天规定的，不是你耍点手腕就能当得上的！我还没死，你为什么那么心急呢？"李世民再三解释，高祖不听，拍着案子发脾气。几人正说着，紧急军情传来，说有突厥入侵。高祖要靠李世民打仗，所以马上改变了态度，笑着说："算了，算了，还是商量怎样对付突厥吧！"

李建成一计不成，又生一计。一天夜里，他请李世民喝酒，想用药酒毒死李世民。李世民并无防备，喝下去后，感到腹内剧痛，接着就大口吐血。幸好淮安王李神通在场，把李世民背回了西宫。

李建成还用金银财宝收买秦王府的武将，又鼓动高祖把李世民的心腹谋士一个个调到外地，眼看矛盾就要激化了。

玄武门兄弟相残

李建成和李元吉策划，利用抵御突厥入侵这个时机，先夺了李世民兵权，等出征的时候再把他杀掉。李建成在唐高祖面前推荐李元吉代替李世民出征。唐高祖答应了。李元吉又请求让秦王府的尉迟敬德、程咬金、秦叔宝等猛将归他指挥，并征调李世民部下的精锐士兵到他麾下效力，唐高祖竟也同意了。李建成以为自己安排得十分周密，其实，这消息很快就传到李世民那里。李世民急忙找来长孙无忌、尉迟敬德等人商量对策，大家都主张立即动手，先发制人。

唐高祖武德九年（626年）六月的一天，李世民上朝控告李建成和李元吉，揭发他们在后宫胡作非为以及与张婕妤、尹德妃的暧昧关系。

唐高祖大吃一惊，说："竟然有这样的事？"

李世民说："不但如此，他们还几次想谋害我。如果他们得逞，儿就永远见不到父皇了！"说完就哭了起来。

唐高祖说："你讲的事情，关系重大，明天我要亲自审问！"

这天夜晚，李世民开始调兵遣将，暗地里埋伏好人手。次日清晨，他率长孙无忌等人偷偷埋伏在玄武门。张婕妤听到了风声，马上派人报告李建成。李建成找李元吉商量。李元吉说："我们应该赶快把兵马布置好，称病不去上朝，观察一下动静再说。"

李建成说："怕什么？内有张、尹二妃照应，外有自家军队守卫玄武门，李世民能把我们怎么样？我们一起上朝去，看看情况再说。"说完两人骑马进入玄武门。

守玄武门的将领名叫常何，本是李建成的心腹，现在依附了李世民。李建成和李元吉走到临湖殿，发现情况异常，立即掉转马头，往东宫跑。只听有人喊道："太子、齐王，为什么不去上朝？"

李元吉回头一看，不是别人，正是对头李世民。他急忙取弓搭箭，一连向李世民发了三箭，都没射中。李世民对准李建成回射一箭，只听嗖的一声，李建成从马上摔下来，断了气。尉迟敬德带领士兵随即赶到，他身边的士兵也射伤了李元吉。

李世民的坐骑奔入树林，被树枝勒倒在地上。李元吉随即赶到，夺过弓，准备把李世民勒死，尉迟敬德赶忙过来帮助李世民。李元吉想逃去武德殿，尉迟敬德追着射他，把他射死了。

翊卫车骑将军冯立听说李建成死了，叹息道："怎能在别人生前接受他的恩惠，别人死了就躲避他的祸患呢？"于是与副护军薛万彻、屈咥直府左军骑谢叔方亲率东宫和齐王府的精兵两千人迅速赶往玄武门。

张公谨力气很大，独自把城门关闭了，冯立等人无法入城。

敬君弘掌管宿卫军，在玄武门驻扎，准备出战。他身边的人劝告他说："事态还不清楚，先把情况打探清楚再说，等卫兵集合完毕，排好阵形再出战也为时不晚。"敬君弘不听，与中郎将吕世衡大声呼喊着杀出去，全都被冯立等人杀死。

守卫玄武门的士兵与薛万彻等人奋勇作战，持续的时间很长。薛万彻擂鼓大喊，准备进攻秦王府，这引起了士兵们的恐惧。这时，尉迟敬德提着李建成和李元吉的首级给他们看，东宫和齐王府的兵马立刻溃散，薛万彻与几十名骑兵也逃走了。

冯立杀了敬君弘，对手下的人说："这也可以稍稍告慰太子了。"然后他扔下武器，也逃走了。

此时，唐高祖李渊正在海池划船，李世民让尉迟敬德到宫里通报，尉迟敬德顶盔贯甲，手握长矛，直接来到高祖所在的地方。

李渊大惊，问他说："今天有人作乱吗？你穿成这样到这里来干什么？"

尉迟敬德回答说："太子和齐王作乱，秦王已举兵将他们诛杀，唯恐惊动了陛下，所以派臣来保护陛下。"

李渊对裴寂等人说："想不到今天竟然有这样的事情发生，该怎么办呢？"

萧瑀和陈叔达说："建成与元吉本来就没有在推翻隋朝中做出什么贡献，对天下也没有功劳，还妒忌秦王，所以才共同图谋不轨。现在秦王已经声讨并诛杀了他们，秦王功盖寰宇，天下归心。如果陛下能够立他为太子，委托国家大事，天下便太平了。"

李渊说："好！我本来也是这样想的。"

当时，宿卫军、秦王府的士兵与东宫、齐王府的士兵仍然在激战，尉迟敬德恳求李渊颁布亲笔敕书，命令由秦王管理各处军队，李渊答应了。天策府司马宇文士及由东上阁门出来宣读敕令，大家听后才乖乖罢手。李渊又让黄门侍郎裴矩到东宫向各将士通报,将士们都放下武器,各自逃散。

李渊传召李世民,安抚他说:"近日来,我差点误信别人的谗言而疏远你。"李世民跪下来,趴在高祖的胸口哭泣,哭了很久。

初七,李渊立李世民为太子,并下诏说:"从今往后,军队和国家的事务,不论大小,全都交给太子处置决断,然后再向我汇报。"

八月初八,李渊颁下诏书,让太子李世民继承皇位。李世民再三推辞,李渊不答应。第二天,李世民在东宫显德殿登基,李世民就是唐太宗。

李世民励精图治

唐太宗李世民称帝后,改年号为贞观。他任人唯贤,励精图治,从谏如流,实行轻徭薄赋、减轻刑罚的政策,终于促成了国家富强、社会安定、百姓安居乐业的升平景象,史称"贞观之治"。

唐太宗与群臣讨论消灭强盗,有人主张制定严刑峻法,唐太宗却不以为然。他认为百姓之所以做强盗,是因为赋役太重,官吏贪暴,以至于饥寒交迫,才铤而走险,所以应该减轻赋税和徭役,整顿吏治。几年后,天下果然太平,路不拾遗,夜不闭户,人民安居乐业。

唐太宗曾对身边的大臣说:"君主依靠国家,国家依靠百姓。剥削百姓侍奉君主,就像割下身上的肉来充饥,吃饱了人也死了,君主富足而国家灭亡。所以君主的忧虑,不来自外界,往往来源于自身。欲望多则花费大,花费大则赋税繁重,赋税繁重则百姓忧愁,百姓忧愁则国家危殆,国家危殆则君主不保。朕经常考虑这些,所以从来不敢放纵自己的欲望。"

唐太宗英武刚毅,群臣觐见的时候,都诚惶诚恐,敬畏非常。太宗知

开馆亲贤·李世民

道后,每次召见大臣奏事,都态度温和,希望听到规劝净谏。

唐太宗曾经对公卿说:"人想看见自己的样子,一定要借助明镜。君主想自己知道过失,一定要依靠忠臣。如果君主刚愎自用,自以为是,大臣阿谀奉承,刻意迎合,君主就会失去国家,大臣又怎能独自保全?希望你们勇于进谏,要知无不言,言无不尽!"

贞观四年(630年),四方各民族首领要给唐太宗上尊号,称其为"天可汗"。唐太宗说:"我是大唐的天子,又要负责可汗的事务吗?"朝廷群臣及各民族首领一起高呼万岁。从此以后,唐太宗给西北各族首领的玺书中,都自称"天可汗"。

贞观五年(631年),河内人李好德得了心病,胡言乱语,妖言惑众,太宗下诏审理此事。大理丞张蕴古上奏说:"好德生病有证据,依法不应治罪。"

治书侍御史权万纪弹劾说:"张蕴古籍贯在相州,李好德的哥哥李厚德为相州刺史,张蕴古为了讨好李厚德,所以弄虚作假。"

唐太宗一怒之下,斩杀了张蕴古,但事后又后悔了。于是他下诏说:"从今以后凡是死罪,即使下令立即处决,也要三次复奏后才能执行。"

年底唐太宗颁下制书,增加复奏次数。结果很多被冤枉或是量刑过重的人,因此而免于死罪或被轻判。

第二年年底,唐太宗亲自审核监狱囚犯,见到应该处死的人,他心生怜悯,就放他们回家,但是与他们约好到秋天就回来受死。唐太宗下令,把全国的死刑犯都放回家,让他们到期赶往京师。

过了一年,当初被放回家去的死刑犯,全国共有三百九十人,在无人监督的情况下,他们全都自己按期返回了,没有一个人逃跑。唐太宗于是把他们全都赦免了。

李世勣

唐太宗对执政的官员说:"朕常常担心因为个人喜怒而妄行赏罚,所以希望你们诤谏。你们也应接受别人的劝谏,不能讨厌别人违背自己的意思。如果自己不能接受劝谏,又怎么能劝谏别人?"

为此,唐太宗在见大臣的时候,更显亲和,还说:"隋炀帝多猜忌,临朝的时候很少和群臣说话。朕不这样,要与群臣亲近得像一个人一样。"

唐太宗曾经问身边的大臣:"创业与守成哪个更难?"

房玄龄说:"当初,我们与群雄

一起举义，以实力相竞争，然后使之臣服，创业难啊！"

魏徵说："自古以来的帝王，都是从艰难中夺取天下，在安逸中失去天下，守成更难！"

唐太宗说："玄龄与我共同夺取天下，出生入死，所以知道开创大业的艰难。魏徵与我共同安定天下，经常担心因为富贵而变得骄傲奢侈，因为轻忽而生出灾祸，所以知道守业的艰难。然而，创业的难关已然渡过，守业的艰难，应该我们大家一起认真面对。"

房玄龄等人叩拜，说："陛下这样说，是天下百姓的福气！"

唐太宗善于驾驭诸臣，让他们尽心竭力地效力。李世勣曾经得急病，药方说"胡须烧的灰可以治疗"。唐太宗亲自剪下自己的胡须，为他配药。

李世勣磕头称谢，直到磕出了血，唐太宗说："这是为了社稷，不是为你，有什么可谢的？"

李世勣曾经侍奉太宗饮宴，唐太宗从容地对他说："朕在群臣中想找可以托孤的人，没有人能比得上你，当年你不曾辜负李密，又怎么会辜负朕？"李世勣流泪辞谢，咬破自己的手指，发誓效命，至死不渝，因此喝得大醉。唐太宗脱下身上的衣服，盖在他身上。

唐太宗立晋王李治为太子后，曾经对身边的大臣说："朕自从立李治为太子，遇到事情就趁机教诲他，看到他吃饭，就说：'你知道耕种的艰难，才能经常吃上饭。'看到他骑马，就说：'你知道马的劳逸，不要耗尽它的力量，就能经常骑它。'看到他在树下休息，就说：'木头经过墨线矫正才能变直，君主接受劝谏才能圣明。'"

有一次，唐太宗去未央宫，卫士们都过去了，有一个人带着刀在路边的草丛中趴着，唐太宗就质问他，那人回答说："我听见卫士经过，害怕不敢出来；卫士没有看见我，我趴着没敢动。"

唐太宗带他回宫，对太子说："这件事追究起来，得有几名卫士被处死，你从后面立刻送他出去。"

唐太宗坐轿，有卫士无意中碰到唐太宗的衣服，十分害怕，脸色都变了，唐太宗说："这里没有御史弹劾你，我不会给你加罪的。"

唐太宗临死前，把自己为君的经验总结为十二篇文章，取名《帝范》赐给太子，并对他说："修身治国的道理，都在这里面了。有一天我死了，除了这些文字，就再也不能留给你什么了。"

唐太宗还跟太子说，要学习古圣先贤的治国之道。唐太宗认为自己即位以来，不应该做的事做了很多，锦绣珠玉之类的享受不能免除，还不停地兴建宫室，平时喜好打猎，又巡游四方，使各地殚于供给，这些都不值得效仿。

唐太宗与魏徵

　　唐太宗虽然出身于大贵族家庭，但是他亲自参加了推翻隋朝的斗争，亲眼看到强大的隋王朝被造反的农民推翻。他总结隋朝灭亡的原因，所以，他当了皇帝后，总是以这些教训来提醒自己。唐太宗经常对他的儿子说："一个皇帝，要是按正道办事，百姓就拥护他；如果他不行正道，百姓就推翻他，这实在可怕！"他又说："百姓好比是水，皇帝好比是船。水能载船，也能翻船。"他认为人君应当"虚己以受人"，这样才能使有才能的人为尽心尽力地辅佐自己。

　　唐朝立国伊始，唐太宗理政非常勤勉谨慎。有一次，他问大臣魏徵，君王怎样才能"明"，怎样才是"暗"？魏徵回答说："兼听则明，偏信则暗。"他非常赞成这个见解。因为唐太宗自己清楚，他并不是全能全知的人。唐太宗很注意纳谏。他曾经对大臣说："我少年的时候就喜爱弓箭，得到几十张好弓，以为再也不会有更好的弓了，不久前，我把自己的弓拿给制弓的师傅看，他们却说这些都不是好弓。我问什么缘故。他们说，木心不直，自然脉理就斜；弓虽然硬，发箭却不直。我用弓箭定天下，还不能真正识别弓箭的好坏，何况天下的事情，我怎么都能懂呢？"

魏徵

　　626年，唐太宗开始征兵。有个大臣建议：不满十八岁的男子，只要身材高大，也可以征。唐太宗同意了，但是诏书却被魏徵扣住不发。

　　唐太宗催了几次，魏徵还是扣住不发。唐太宗生气了，怒气冲冲地派人叫魏徵前来，训斥道："那些个头高大的男子，自己说不到十八岁，其实可能是故意隐瞒年龄，逃避征兵。我已发布诏书，你为什么扣住？"

　　魏徵不慌不忙地说："我听说，把湖水弄干捉鱼，虽能得到鱼，但是到明年湖中就无鱼可捞了；把树林烧光捉野兽，也会捉到野兽，但是到明年就无兽可捉了。如果把那些身强力壮、不到十八岁的男子都征来当兵，以后还从哪里征兵呢？国家的租税杂役，又由谁来负担呢？"

唐太宗虽觉得魏徵说得有道理，可还是有些不服气。魏徵接着说："陛下的诏书上清清楚楚地写着征招十八岁以上的男子当兵，现在不到十八岁的男子也得应征，这能算讲信用吗？"

唐太宗吃惊地问："我什么时候不讲信用了？"

魏徵说："陛下刚即位的时候，曾经下诏说，拖欠官府东西的，一律免除。可是官吏们照样催收，这是不是说话不算数？陛下曾明令规定，关中百姓免收租赋二年，关外百姓免除劳役一年。如今已经服了劳役或交了租赋的又被征为兵，这是不是说话不算数？陛下每每强调以诚信待人，但征兵时，却无缘无故地怀疑百姓，这是讲信用吗？"

魏徵的一席话，说得唐太宗哑口无言。好半天，唐太宗才说："我过去总以为你固执，不通情达理，今天听你讲国家大事，才知道我的过错很大啊！"于是，唐太宗又重新下了道诏书，免征不到十八岁的男子。自此以后，魏徵更加得到唐太宗的信任，并且还担任了太子的老师。

贞观四年，唐太宗打算到洛阳巡游，于是下令修洛阳乾元殿。大臣张玄素上书反对，他说："巡游东都，先修宫室，这不是当前的急务。当年平定王世充时，凡隋朝宏大奢侈的宫殿都拆毁了，赢得了人民的拥护。现在还不到十年，又建豪华的宫殿，为什么以前的坏事，又去学它呢？关中是全国的要地，应千方百计使其保持稳定。目前民生凋敝，陛下这样做，就是走隋炀帝的老路，那弊端，恐怕比隋炀帝时还严重呢。"唐太宗回答说："你说我不如隋炀帝，比夏桀、商纣王怎样呢？"张玄素说："如果这项工程不停，将来的命运和商纣同样可悲。"唐太宗认为张玄素说得有道理，就接纳了他的建议，下令停建。

还有一次，唐太宗到九成宫，随行的宫女住在围川县的官舍里。不久，宰相李靖和王珪来了，当地官吏于是把宫女迁到别处去，把官舍让给了李靖居住。唐太宗知道了这件事，很生气地说："为什么轻视我的宫人？难道这些人在此作威作福了吗？"准备下令惩罚这个县令。魏徵说："李靖、王珪是朝廷大臣，而宫人不过是后宫服役的奴仆。朝廷大臣到地方上巡视，县令要向他们请示公事；大臣回朝以后，陛下也要向大臣询问民间疾苦。官舍作为接待朝廷官员之处，这是合情合理的。宫人们只负责处理生活小事，从来不接待来访的客人。如果因此惩罚县令，将会引起天下人的批评。"唐太宗听了魏徵的话，认识到自己的错误，就不再追究了。

唐太宗鼓励各级官吏有什么说什么，不要因为怕得罪皇帝而隐瞒真相。有一次，他询问监修国史的房玄龄："自古以来撰修国史都不让本朝的君主看，这是为什么呢？"

房玄龄回答说："一个正直的史官，他撰写的国史一定会如实地记下君主的功过。君主看到里面记载着自己的过错，一定会发怒，所以国史都不让本朝的君主看。"

唐太宗说："有什么写什么，怎么会得罪君主呢？我很想看看国史上怎样写的，把以前的错误作为今后的鉴戒，有什么不好呢？"房玄龄于是整理好唐高祖、唐太宗两部分的史料，送给唐太宗。唐太宗看到六月四日下面记载的玄武门之变有关杀死李建成、李元吉的部分叙述得十分含糊，便把编写国史的史官叫来，细致地讲了一遍当时的情况，并说诛杀李建成、李元吉一事不必隐讳，因为这是安定国家、有利于百姓的事情。他还说"史官写历史，应该去掉浮词，直书其事，这样才能起到惩恶劝善的作用"。

贞观中期以后，唐朝更加繁荣昌盛，政治也愈加清明，朝臣们都开始歌功颂德，赞扬太平盛世，只有魏徵不忘过去的艰苦，居安思危。他给唐太宗上了一道奏折，指出他在十个方面的缺点，希望他警惕，保持贞观初年的好作风。

唐太宗不仅能纳谏，并且主动采取措施引导大臣评论朝政，提出改进意见。唐太宗登基伊始，因为态度威严，大臣们都非常害怕，所以很长时间无人进谏。唐太宗发现这个问题以后，主动改变作风，自己有意识地找大臣交谈，摆出一副和颜悦色的面孔，以减轻大臣的畏惧情绪。对敢于批评朝政的大臣，他还给予赏赐。

有一次，唐太宗准备把元律师处死刑，当时孙伏伽不以为然，批评太宗说："元律师没犯重罪，陛下判刑过重，实际是滥加酷刑。"他接受了孙伏伽的批评，并且把价值一百万的兰陵公主园赏给他。有人评论说："赏赐得过于优厚了。"唐太宗说："我从登基以来，大臣没有敢批评朝政的，这次厚赏孙伏伽，就是为了鼓励大家关心朝政，多提意见。"

唐太宗为了给群臣创造进谏的条件，创立了一种制度，即让谏官、史官在政事堂开会议论朝政。实行这种制度以后，谏官能及时了解朝政内幕，宰相不敢谎报政绩。军国大政如果有错误，谏官有权当面指责。同时，史官参加政事堂会议，可以及时地了解皇帝和宰相的言行，然后根据第一手材料编写史书，这对统治者来说是一种监督。

在唐太宗的倡导下，大臣们都敢于直言，甚至连一个地方小官也敢于说出自己的意见。栎阳县丞刘仁轨是个小小的八品官，他反对唐太宗在秋收大忙季节出去打猎，要求改在冬闲的时候进行。唐太宗不但采纳了他的意见，还提升了他的官职，作为鼓励。

唐太宗说："以铜为镜，可以正衣冠；以古为镜，可以见兴替；以人为镜，可以知得失。"意思是说，人们用铜镜照自己，可以看见穿戴是否整齐；以历史为鉴，可以知道历代兴衰和更替的原因；用别人作自己的镜子，可以吸取经验和教训。

643年，魏徵病逝，唐太宗悲痛万分，亲自为他撰写碑文悼念。以后他时常怀念魏徵，说："魏徵死了，我失去了一面镜子！"

645年，也就是魏徵去世后的第二年，唐太宗远征高丽，劳民伤财，损失惨重。回来的时候，唐太宗想起了魏徵，十分感慨地说："假如魏徵在世，他一定不会让我有这番举动的！"

唐太宗善于纳谏，群臣们也都积极进言，所以唐太宗时期，政治清明，经济繁荣。唐太宗不愧是一位杰出的政治家。

房谋杜断

唐太宗李世民有两个得力的宰相：一个是尚书左仆射房玄龄，一个是尚书右仆射杜如晦。房玄龄善谋，杜如晦善断，二人配合默契，相得益彰。

房玄龄曾经当过隋朝的小官，李世民率军收复渭北时，房玄龄投奔而来。二人谈论时事，意见相投，李世民视其为知己，并封他为渭北道行军记室参军。从此，房玄龄跟随在李世民身边，从李世民当秦王之时，到他登基称帝，一直都为他出谋划策。

李世民为秦王时，房玄龄在秦王府任职十多年，专门掌管公文书记。房玄龄撰写军书、表、奏，只需一会儿工夫，而且言简意赅，从不抄写二遍。李世民为他的才华所折服了。

房玄龄

杜如晦

房玄龄还能为李世民网罗人才，每次秦王攻城略地之后，众人都争着去抢夺金银宝物，只有他先去找寻人才收进幕府中。因此，秦王府中的谋臣猛将，都和房玄龄结识交好，也只有房玄龄才能让他们发挥全力以效忠秦王。

621年，因为李世民功勋卓著，李渊特意加封李世民为天策上将，位在诸王之上；设立"天策府"吸收武将，作为军事上的顾问决策机构；同时又设"文学馆"收罗四方文人学士，房玄龄、杜如晦等十八人被选进馆中，号为"十八学士"。李世民让著名画家阎立本为他们画像，让文学家褚亮作赞，有"十八学士登瀛州"之说。李世民这个文武集团的形成，在举荐人才方面，房玄龄贡献很大。杜如晦被重用，也是由于房玄龄的推荐。

杜如晦原是秦府中一个小小的参军。当时，由于战事多，军务十分繁忙，秦王府中的杰出人物均被李渊等抽调派往外地。秦王李世民很担心势力就此被削弱。房玄龄对李世民说："府中僚属离去的虽然很多，但都不足惜。杜如晦聪明练达，有王佐之才。假如大王只想安安稳稳当个藩王就算了，用不到他；如果要经营四方，非此人不可！"李世民一听，高兴地说："你不讲，我差点失去此人了！"立即重用杜如晦。杜如晦办事果断，颇得李世民欣赏。文学馆建成后，杜如晦居十八学士之首。

当太子李建成、齐王李元吉打算除掉李世民时，李建成对李元吉说："秦王幕府中最可畏惧的人只有房玄龄和杜如晦。"因此，他们极力在唐高祖面前诋毁，房、杜二人相继被逐出秦王府。

李世民即位后，房玄龄与杜如晦都是一等臣。629年，杜如晦升为尚书右仆射，房玄龄升为尚书左仆射，二人共同打理朝政。房玄龄、杜如晦珠联璧合，亭台规模、典章文物都是二人所定。每次唐太宗同房玄龄谋事，房玄龄一定说："非杜如晦不能决定。"等到杜如晦来了，一个谋划，一个决断，未曾失算，国家大事遂成。可惜的是，不到两年杜如晦就染病身亡了。唐太宗非常悲伤，三天没有上朝，以表示对杜如晦的纪念。

房玄龄成为掌管行政的第一宰相，一直执掌朝政达二十多年。在这二十多年间，房玄龄多次上表请辞，唐太宗执意挽留，房玄龄才留下辅政。642年，房玄龄再次要求告老还乡。唐太宗说："我不让你走，是因为突然没有贤良的宰相，就像一个人失去两手。如果你精力还够用，就不要这样辞让。等到感到自己确实力不从心之时，再另请奏明。"

晚年，房玄龄体弱多病，唐太宗看他如此辛劳，有时都心痛得哭泣。唐太宗允许他卧床在家理事，只要稍好些，就让人用轿子抬进宫中。后来只要房玄龄略有好转，唐太宗马上喜形于色；病情稍恶化，唐太宗立刻悲痛不已。

房玄龄临死前交代儿子起草了一份劝阻唐太宗讨伐高丽的奏章。唐太宗深为感动，说："病到这种地步，还在忧虑国事。"于是，唐太宗亲自到房玄龄家中，握着房玄龄的手，与自己的第一功臣做了最后的诀别。

李靖大破突厥

隋末唐初，正是北方突厥强盛的时期。唐高祖李渊初起兵时因势力太弱，曾经卑辞厚礼，称臣于突厥，要他们出兵相助，并且与他们约定：一旦攻下长安，土地、人口归李渊，金帛财物则归突厥。突厥连年犯边，给唐朝造成极坏的影响。

唐太宗贞观三年（629年），代州都督张公谨上了一道奏章说：因为突厥颉利可汗骄横无道，突厥发生内乱，建议乘机出兵讨伐。这年十一月，唐太宗命兵部尚书李靖为定襄道行军总管，与其他各路兵马一起，共十万大军，分头出击突厥。对唐朝来说，这是一次规模较大的反击战。过去对突厥不断和亲，送钱送物，却不能消除边患，边境上的战争互有胜负，无法洗雪被侵略的耻辱。这一次胜负如何？自从派出大军，唐太宗的心中就没有轻松过。不过，对于李靖这样的将领，唐太宗还是非常放心的。在扫平国内军事割据势力的过程中，李靖屡立大功，几乎百战百胜。唐高祖李渊曾经夸赞他说："古时的名将韩信、白起、卫青、霍去病之流，如何能比得上李靖呢？"

这些年来，李靖多次带兵抵御突厥，可谓知己知彼了。受命之后，他率领着三千骁骑，从马邑出发，乘敌人不备，直扑恶阳岭。

颉利可汗被李靖大败，吓破了胆，一直逃窜到阴山以北。为了等候时机东山再起，他施了一个缓兵之计，派遣执失思力为使者去见唐太宗，说是请求举国归附唐朝，他本人也要亲自来朝见大唐天子。

唐太宗见多年仇敌愿意低头，心中很高兴，就派鸿胪卿唐俭前去抚慰，又下诏让李靖带兵去接颉利。

李靖与另一员大将李世勣会合后，决定效法当年韩信破齐，虽然皇上有抚慰诏书，还是要带兵擒获颉利可汗。

李靖

李靖与李世勣的大军如同巨网一般无声地撒来，不仅颉利没有想到，就连唐朝君臣也都毫不知情。

　　大军一路疾行，沿途遇到颉利派出侦探军情的突厥人，将他们全部擒住，带在军中一同前进。行至阴山，共俘获营帐一千多个。

　　快要到颉利的巢穴时，李靖令手下将领苏定方率领二百名骑兵做先锋，自己随后跟进。正巧起了大雾，苏定方领命而去，一直跑到离颉利牙帐只有几里路的地方，才被敌人发现。突厥兵已是惊弓之鸟，仓促上马迎战，颉利自己跳上千里马抢先逃命。突厥兵群龙无首，被苏定方冲得乱跑一气。这时李靖赶到，大军一拥而上，纵马劈杀，突厥兵彻底溃散，一万多士兵被砍了脑袋，十几万男女成了俘虏，数十万牲畜被唐军缴获。颉利的妻子是隋朝时的义成公主，在乱军中被杀。颉利的儿子叠罗施被擒。颉利带着一万多残部想穿越大漠，被李世勣挡在碛口，无法通过，只得另投吐谷浑，最后被大同道行军副总管张宝相抓获，押送到长安。

　　唐太宗听到李靖击破突厥的消息，喜出望外，对侍臣感叹道："朕听说主忧臣辱，主辱臣死。过去国家在创立时，太上皇（指李渊）为了不使百姓受难，不得已而向突厥称臣，朕如何能不痛心疾首！朕志灭匈奴，一直坐不安席，食不甘味。现在仅仅派出一支偏师，便无往而不胜。过去的耻辱，难道不是一朝洗雪了吗？"

　　一直是唐朝边境大患的突厥败亡了，唐朝疆域由阴山一直往北扩展至大漠，恒安、定襄等地被收复。这年三月，与大唐毗邻的各少数民族慑于唐王朝的军威，各派使节齐集长安，给唐帝奉上"天可汗"的尊号，唐太宗非常高兴。此后凡与西方各国酋长有书信往来，皆自称天可汗。

　　贞观八年（634年），李靖因为脚上有病，行走不便，就上表请求卸任。唐太宗觉得历来身居富贵之中的人，大都贪恋名位，很少有能知足的，即使身患疾病，也要勉强支撑，而像李靖这样能够急流勇退的明智之人，实在不多见。因此，唐太宗特地下诏，准许他在家养病，不减俸禄，只需等脚病稍好一些之后，每过两三天到门下和中书两省去过问一下政事，并且又给他加了赏赐和名位。后来还赠送给他一根灵寿杖，以便他拄着行走。

　　时隔不久，西北地区另一个游牧民族吐谷浑举兵侵扰凉州，唐太宗遣使宣谕，没起作用，于是下诏大举讨伐。

　　西北地形复杂、气候恶劣，吐谷浑又是一个善于骑射的民族，唐太宗认为用李靖这样的良将挂帅去征讨，才不至于误事。已经六十五岁的李靖再次出征讨伐吐谷浑。

　　第二年夏天，吐谷浑可汗伏允打了一个败仗之后，放火烧掉了野草，想饿死唐军的战马，然后率轻兵逃入大漠。李靖召集众将议事，诸将认为战马无草可吃，十分瘦弱，不能再深入大漠作战。侯君集说："敌虏一向强悍，现在一败之后，如鼠逃鸟散，连侦骑都绝迹了，其君臣父子分散各处，失去联系，若去攻取他们，就像捡几颗草籽那样容易。现在如果不乘胜前进，以后必定后悔不迭。"李靖采纳了侯君集的建议，分两路乘胜追击，进入大漠。李靖与薛万钧、李大亮走北道，侯君集、李道宗走南道。

不久，李靖部将薛孤儿在曼头山与吐谷浑一部相遇，薛孤儿奋勇破敌，缴获了很多牲畜，唐朝大军得以补充了军粮。

几天之后李靖又在牛心堆、赤水源等地打败吐谷浑。

另一路唐军深入荒原，行了两千多里路，皆没有人迹。虽在夏天，霜雪不断，人啃冰、马吃雪，一路辛苦异常，终于在乌海追上伏允，经过一场战斗，唐军大胜。

李靖督率唐军转战追杀，翻越积石山，经过那里的黄河源头，到了且末。又听闻伏允已逃到突伦川，李靖率军继续追击，杀掉了数千名吐谷浑兵，缴获了十多万牲畜。伏允自己逃脱，其家属被捕。

不久，伏允在荒漠中走投无路，为左右的人所杀。伏允的儿子举国归降，唐王朝的又一个边患被扫平了。

在这次出征过程中，利州刺史高甑生为盐泽道总管，因延误了军机，受到李靖的斥责。高甑生怀恨在心，诬告李靖谋反。唐太宗下令司法机构审查，结果高甑生因诬陷而获罪。李靖为了避嫌，不见任何人，甚至亲戚都很难见他一面。

对于这位功勋卓著的老将，唐太宗没有吝惜官爵与赏赐，李靖被封为卫国公。贞观十七年（643年），他与长孙无忌、李孝恭、杜如晦、魏徵、房玄龄、尉迟敬德等二十四名功臣一起被画在了凌烟阁上，得到了极大的荣宠，也引起了无数后世人的羡慕。贞观二十三年（649年），李靖逝世，享年七十九岁。这一年，唐太宗也逝世了。

文成公主入藏

当唐朝繁荣发展的时候，在西藏高原上，出现了一个强大的少数民族政权——吐蕃。

吐蕃是藏族人的祖先，在青藏高原居住，过着农耕和游牧的生活。他们勇敢善战，不怕牺牲。谁要是临阵逃跑，大家就拿一个狐狸尾巴挂在他的帽子上，嘲笑他像狐狸一样胆小。吐蕃人的首领称为"赞普"，意思是雄壮强悍的男子。

629年，吐蕃赞普松赞干布的父亲沦赞弄囊统一了西藏各部落。松赞干布出生于西藏高原的泽当，在他十三岁的时候，吐蕃毗王族的残部大搞分裂，爆发了叛乱，沦赞弄囊被毒死了。年轻的松赞干布担负起平定叛乱和反击侵略的任务，在中小贵族的帮助下，他平定了叛乱，维护了吐蕃王朝的统一。他做了赞普，把都城迁到逻些（今拉萨），制定官制和法律，创立国有王田制度，建立了强大的奴隶制政权。

这时候，正是唐太宗贞观年间，松赞干布非常羡慕唐朝的文化，想和唐朝建立友好关系。634年，松赞干布派使者访问长安。接着，唐太宗派使臣回访。此后，汉藏两族关系日益密切。

不久松赞干布派使臣带着丰盛的礼物，到唐朝向皇室求婚。唐太宗没有同意。使臣回到吐蕃，怕受到惩罚，编了一通假话，说："刚到唐朝的时候，他们对我的欢迎非常隆重，同意将公主嫁给大王。后来吐谷浑王也来求婚，唐朝天子又不同意了。看来一定是吐谷浑王在中间说了坏话。"松赞干布听了非常生气，马上发兵攻打吐谷浑。

吐谷浑力量很小，哪里是吐蕃的对手？刚一交锋，就被打败了。于是，松赞干布又派使臣带着厚礼去长安，并且扬言："我们是来接公主的，如果不把公主嫁给我们赞普，我们的军队随后就到！"唐太宗派吏部尚书侯君集去讨伐吐蕃。松赞干布由于骄傲轻敌，被打得大败而逃。

松赞干布看到唐朝这样强大，既害怕又佩服。640年，他派大相（相当于宰相）禄东赞带着黄金五千两、珍宝数百件，经过数千里的草原，再一次到长安求婚。

据说，当时去长安求婚的有五个国家，都派使臣携厚礼而来，要娶唐朝公主。究竟把公主嫁给谁呢？唐太宗决定出几个难题，考一考这些使臣，看谁聪明能干，再做决定。

唐太宗把各位使臣请到宫里，拿出一颗九曲明珠和一束丝线，对他们说："你们当中谁能把丝线穿过明珠中间的孔，我就将公主嫁给谁的国王。"原来，这颗明珠有两个相通的珠孔，一个在旁边，一个在正中，中间的孔弯弯曲曲，所以叫九曲明珠。要想让丝线穿过九曲明珠，真是难如登天。几位使臣手握丝线，一筹莫展。

禄东赞很快就想出一个办法，他找到一只蚂蚁，用一根马尾鬃拴在蚂蚁的腰上，把蚂蚁放到九曲明珠的孔内，然后不断地向孔里吹气。一会儿，这只蚂蚁便拖着鬃从另一端的孔中钻了出来。禄东赞再把丝线接在马尾鬃上，轻轻一拉，丝线就穿过了九曲明珠。唐太宗见禄东赞这样聪明，很高兴。

接着，唐太宗又派人把使臣带到御马场，准备出第二道难题来考核使臣们。御马场左右有两个大圈，一边是一百匹母马，一边是一百匹马驹。唐太宗要求使臣把它们的母子关系辨认出来。其他几个使臣束手无策，只有禄东赞想出了办法。他运用吐蕃人民在游牧方面的丰富经验，让人暂时不给马驹吃草和饮水。过了一天，他把母马和马驹同时放了出来。只见母马嘶叫，马驹哀鸣，小马驹一个个跑向自己的母亲去吃奶，它们的母子关系就这样被禄东赞辨认出来了。禄东赞说："马的母子关系已经辨清，请陛下将公主嫁给我们的赞普。"唐太宗说："还要再考一次，然后决定。"

当天夜里，唐太宗急召各国使臣入宫。其他几国使臣赶紧穿好朝见的衣服，匆匆向宫里赶去。只有禄东赞想得周到，他因初到长安，路途不熟，怕回来的时候找不到路，就让随从带着红色的颜料，在去皇宫途中的十字路口都做了记号。原来唐太宗是请各国使者到宫里看戏。看完戏，唐太宗说："你们自己回去吧，谁能最先回到住处，就把公主许配给谁的国王。"禄东赞有记号指引，很快就回到了住处。其他使臣由于不熟悉路途，摸来摸去，直到天亮以后才找到住处。

几次考试，禄东赞都顺利地过了关。唐太宗非常高兴，心里想：松赞干布的使臣都这样聪明、机智，松赞干布自己就更不用说了。于是，决定将文成公主嫁给吐蕃赞普。

文成公主是一位献身于汉藏两大民族友好团结伟大事业的优秀女性。

文成公主远嫁吐蕃的消息使吐蕃人民非常高兴。为了减少公主在旅途中的辛苦，他们在很多地方都准备了马匹、牦牛、船只、食物和饮水，以表示对公主的热烈欢迎。吐蕃王松赞干布亲自率领大队侍从和护卫人员，从逻些起程到青海去迎接。

唐太宗为文成公主一行预先在青海南部的河源修了一所负责接待的离宫，经过的地方都有官民迎送。一个多月后，公主到达河源，在河源附近的柏海，会见了前来迎接的松赞干布。松赞干布以唐朝女婿的身份拜见了前来送行的江夏王李道宗，并请李道宗代为向太宗问好。松赞干布陪文成公主到了逻些。

他们从东北进逻些城，乐队奏着歌曲，吐蕃人民穿着节日的服装，争着去看远道来的赞蒙（藏语王后的意思）。

松赞干布高兴地说："我们先辈没有和上国通婚的，今天我能娶大唐公主，实在荣幸。我要为公主建一座城，作为纪念，让子孙万代都知道。"他按照唐朝建筑的风格，在逻些为文成公主修建了城郭和宫室，就是现在的布达拉宫。

在文成公主所走的路上，很多地名都和文成公主有关。青海有一座日月山，是现在青藏公路必经之处，据说一千三百年前，当文成公主到达这里时，她感觉过了这座山，又是一重天，远离家乡的愁思未免触景而生。唐太宗为了宽慰她，特地用黄金铸造了日、月的模型各一个，远道送去，叫她带在身边，以免思念。从此这座山就被命名为日月山了。

青海还有一条倒着流淌的河，从东到西一直流入青海湖。传说文成公主从这条河开始，要弃轿骑马，进入草原。她感到从此和家乡的距离一天比一天远了，不禁痛哭失声。公主这一哭感动了天地，结果使这里发生"天下江河皆东去，唯有此水向西流"的现象。

文成公主到吐蕃，不仅带去各种谷物、蔬菜种子，而且带去了工艺品、药材、茶叶及各种书籍。

在文成公主以前，吐蕃已经有了农业，但经营粗略。唐朝的生产技术传入后，吐蕃出现小块农田，学会了防止水土流失和平整土地。吐蕃的手工业，如酿酒、造纸、造墨、缫丝等都是在唐朝汉族工匠的直接帮助下建立的。文成公主和她的侍女，曾协助吐蕃的妇女改进纺织技术，特别是在染色和图案设计上，给吐蕃带来了很多改进。过去吐蕃人都住帐篷，文成公主进藏后，上层人物都改住房屋。在衣着方面，吐蕃人穿的是毡裘，又笨又重。双方和亲以后，一部分人开始用绫罗绸缎。同时，用唐朝石磨加工谷物，不仅省工，而且减少损耗，从而改善了人民生活。

吐蕃过去没有文字，文成公主就劝松赞干布设法造字。于是他令人去研究，后来造出了三十个字母和拼音造句的文法。松赞干布认真学习新文字，并把这些字刻在宫殿的石崖上，从此吐蕃有了自己的文字。他们用吐蕃文释译唐朝的儒经和佛经，促进了文化的发展。

唐太宗去世后，唐朝与吐蕃关系一直很密切。

680年，文成公主去世，她一共在吐蕃生活了四十年。

太宗慎立太子

长孙无忌

贞观十七年（643年），太子李承乾因为谋反获罪，被幽禁起来。魏王李泰每天进宫侍奉唐太宗，唐太宗当面许诺立他为太子。岑文本、刘洎也劝太宗立李泰，长孙无忌则要求立晋王李治。

唐太宗对身边的侍臣说："昨天李泰在我怀里对我说：'我今天才成为陛下的儿子，这是我的再生之日。我有一个儿子，我死的时候，一定为陛下杀了他，将来好传位给李治。'谁不心疼自己的儿子，李泰这么说，让我很是感动。"

谏议大夫褚遂良说:"陛下的话错了。希望您谨慎考虑,不要有什么差错。陛下万岁以后,魏王拥有天下,怎会愿意杀掉自己疼爱的儿子,把皇位传给晋王?

褚遂良

"以前陛下既已立李承乾为太子,又宠爱魏王,对他的宠爱超过李承乾,以致酿成现在的灾祸。事情过去不远,足以成为现在的借鉴。陛下现在如果要立魏王为太子,希望先安置好晋王,这样才能够安稳。"

唐太宗流着泪说:"我不能这么做。"说完,起身回宫。

李泰非常担心李治成为太子,对李治说:"你与李元昌关系很好,李元昌谋反,事情败露,你不忧虑吗?"

李治听了,非常忧虑。唐太宗问及原因,才知道是李泰的原因。太宗很失落,开始后悔以前对李泰说的话。

唐太宗曾经当面责备李承乾,李承乾说:"我是太子,还有什么要求?只是因为李泰图谋不轨,有时与朝臣谋求保全自己的策略,不法之徒趁机教我做不轨的事情。现在如果立李泰为太子,那就正好落入他的圈套。"

唐太宗亲自驾临两仪殿,让群臣都退下,只留长孙无忌、房玄龄、李世勣、褚遂良四人。唐太宗对他们说:"我的三个儿子,一个弟弟,所作所为就像这样,我心里实在是百无聊赖。"

说完,唐太宗撞向床头,长孙无忌等人争相上前抱住他。唐太宗抽出刀具,向自己扎去,褚遂良夺下刀,交到李治手上。

长孙无忌等人请求唐太宗说出自己的想法,唐太宗说:"朕想立晋王为太子。"

长孙无忌说:"谨奉诏令。有异议的人,臣请求将他斩首。"

唐太宗对李治说:"你舅父已经应许你了,你应当向他拜谢。"李治于是拜谢长孙无忌。

唐太宗对长孙无忌等人说:"你们已经同意我的意见,但不知道朝廷外面会怎么议论?"

众人回答:"晋王仁义孝顺,天下归心已久;希望陛下召见文武百官询问,如果有反对的,就是臣等辜负陛下,罪该万死。"

唐太宗于是在太极殿召见文武百官,对他们说:"李承乾大逆不道,李泰居心险恶,都不能立为太子。朕想从众位皇子中选一位继承人,谁可以担当?你们可以明说。"

众人都欢呼说："晋王仁义孝顺，应当立为太子。"唐太宗十分高兴。

当天，李泰带百名骑兵进入永安门，被唐太宗的门卫拦住，唐太宗命令把李泰幽禁在北苑。

四月初七，唐太宗下诏，立李治为皇太子。太宗对身边的侍臣说："我如果立李泰为太子，那么太子之位就可以通过耍手段而得到。从今往后，凡是太子无道，而有藩王窥伺，两个人都弃置不用。这要当成一个原则，传给后世子孙，让后人效法。而且我若立李泰为太子，李承乾和李治都不能保全；立李治为太子，李承乾与李泰都能安然无恙。"

武则天当皇后

贞观二十三年（649年）五月，唐太宗李世民去世，太子李治继位为帝，是为唐高宗。唐高宗立太子妃王氏为皇后。

最初，王皇后无子，高宗宠幸萧淑妃，王皇后非常妒忌。高宗做太子的时候，入宫侍奉太宗，看见才人武氏，十分喜欢她。

唐太宗驾崩，武氏跟随众嫔妃到感业寺出家为尼。唐太宗的忌日，唐高宗到感业寺上香，看见了她，武氏哭泣，唐高宗也哭泣。王皇后听说这事以后，偷偷地让武氏蓄发还俗，劝说唐高宗纳武氏入后宫，想用她来隔断唐高宗对萧妃的宠爱。

武氏机敏聪慧，很会玩弄权术。刚入宫的时候，她谦卑恭敬，委屈自己，以侍奉皇后。武氏非常讨皇后的喜欢，皇后常在唐高宗面前夸武氏。过了不久，武氏就得到皇上不一般的宠幸，被封为昭仪，皇后与萧妃的宠爱都有减弱。二人又一起诬告武氏，唐高宗都不理睬。

武昭仪想追赠他的父亲武士彟官爵，但没有什么名义，于是假托要褒奖功臣，武士彟也在其中。

此后，王皇后、萧淑妃一起诽谤武氏，唐高宗不信，只信武昭仪一个人。王皇后不会曲意侍奉唐高宗左右的人，她的母亲魏国夫人柳氏与舅舅中书令柳奭进见六宫的时候，又不讲礼节。

对皇后不尊敬的人，武昭仪就与他们结交，她自己得到的赏赐也分给他们。于是王皇后与萧妃的举动，武氏都知道，并且都告诉高宗。

皇后虽然失宠，但唐高宗并未有废黜她的意思。恰好武昭仪生了一个女孩，皇后很喜欢，在屋里逗弄她。皇后出去以后，武氏偷偷地把小孩掐死，用被子盖上。正好唐高宗来了，武氏假装欢笑，和唐高宗一起去看孩子，发觉孩子居然已经死了，她立即失声痛哭。

他们向左右侍从询问，都说："皇后刚刚来过。"

唐高宗大怒，说："皇后杀了我的女儿！"

武昭仪于是哭着列数皇后的罪过。皇后无法为自己辩白，唐高宗就想废黜皇后，改立武昭仪，但又害怕臣子们不服，于是就与武氏一起去了太尉长孙无忌家。喝酒喝到兴头上，唐高宗把长孙无忌宠姬的三个儿子都拜为朝散大夫，还命人装了十车金银财宝、锦缎丝绸赏赐给长孙无忌。

唐高宗乘机说王皇后没有子嗣，暗示长孙无忌，长孙无忌却不表态，故意岔开话题，没有顺从皇上的心意，唐高宗与武氏都很不高兴，罢席回宫。

武昭仪又让自己的母亲杨氏到长孙无忌家里多次请求，长孙无忌始终没有答应。礼部尚书许敬宗也屡次劝说长孙无忌，长孙无忌狠狠地斥责了他。

永徽六年（655年）九月的一天，唐高宗退朝后，在内殿召见长孙无忌、李世勣、于志宁和褚遂良。

褚遂良说："今天皇上召见，多半是为了立皇后的事情。皇上的心意已定，触犯他的人一定会被处死。太尉是元舅，司空（李世勣）是功臣，不能让皇上有诛杀元舅与功臣的罪名。而我褚遂良出身草民，也没有汗马功劳，获得今天的地位，又受先帝的嘱托，不以死进谏，怎么去九泉之下见先帝？"

李世勣不愿参与便借口生病，不愿来。唐高宗对他们说："皇后没有子嗣而武昭仪有，现在朕想立武昭仪为皇后，怎么样？"

褚遂良回答说："皇后出身名家望族，是先帝为陛下娶的。先帝临死的时候，拉着陛下的手对我说：'朕的好儿子好儿媳，现在就托付给你了。'这都是陛下亲耳听到的，言犹在耳；再者，我又没听说皇后有什么过错，为什么轻易地废掉呢？我不敢顺从陛下，违背先帝的遗愿！"唐高宗很不高兴，只得作罢。

第二天，又说起了这件事，褚遂良说："陛下一定要改立皇后，我请求挑选全国的世家望族，何必一定要立武氏？武氏曾是先帝的人，世人皆知，万世之后，天下人会怎么说陛下呢？望陛下三思！我今天触怒陛下，罪当处死。"

褚遂良把朝笏放在殿内台阶上，解下头巾磕头磕到流血，接着说："还陛下的朝笏，请求放我回老家去。"高宗大怒，命人把拉他出去。

武昭仪在帝幕里大声说："何不杀了这老东西？"

长孙无忌说："褚遂良是先朝顾命大臣，有罪也不可以加刑。"于志宁不敢说话。

有一天，李世勣入宫见唐高宗，唐高宗问他："朕想立武昭仪为皇后，褚遂良固执己见，认为不行。褚遂良是顾命大臣，就当作罢吗？"

李世勣回答说："这是陛下自己家的事情，何必问外人呢？"唐高宗的心意于是就定了下来。

许敬宗在朝中说："庄稼汉多收了十斛麦子，还想换个老婆！何况君王要立皇后，和别人又有什么关系，为何随便议论呢？"武昭仪让左右侍从把这话告诉唐高宗。

十月十三日，唐高宗下诏说："王皇后、萧淑妃阴谋用毒酒杀人，废为庶民。母及兄弟全部削除官爵，流放岭南。"

十九日，在群臣的邀请下，唐高宗下诏立武氏为后。

十一月初一，唐高宗让司空李勣拿着印玺，在殿前册封武氏为皇后。当天，群臣在肃义门朝拜皇后。

原皇后王氏和原淑妃萧氏，一起被囚禁在别院。唐高宗挂念她们，经常私下去看她们，但他只能派人通过墙上留的小洞送些食物。

唐高宗十分感伤，大喊说："皇后、淑妃在哪里？"王氏哭泣着回答："我们犯下罪过，已经是奴婢，哪里还有尊称！"王氏又说："皇上如果挂念从前的情分，让我们重见天日，请将这个院子赐名为回心院。"

唐高宗说："朕就会安排的。"

武后听闻，异常愤怒。派人把王氏和萧氏各杖打一百下，砍下她们手脚，泡在酒坛子里，说："让这两个女人连骨头都醉掉！"王氏和萧氏几天后就死了，又被斩下首级。

王氏听到宣布命令的时候，拜了两拜说："祝皇帝万岁！武昭仪承受皇恩，死是我的本分。"

萧淑妃大骂说："阿武邪恶狡猾，竟至如此！愿来生为猫，阿武为鼠，活生生地扼住她的喉咙。"从此宫中不养猫。过了不久，又改王氏为蟒氏，萧氏为枭氏。

武后经常看到王氏和萧氏的鬼魂，和她们死时的模样一样。后来，她移居蓬莱宫，还是能看见。所以她经常在洛阳住，很少回长安。

武则天弄权称帝

武则天在参与朝政期间，权力欲逐渐膨胀，享受到了最高统治者的乐趣。

许敬宗、李义府等人支持武则天当皇后，为武则天出谋划策，并劝说唐高宗立武氏为后。因此，武则天对他们非常信任，都委以重任。在武则天的唆使下，许敬宗、李义府等人制造谣言，诬陷长孙无忌、褚遂良、韩瑗、于志宁等老臣，因为他们都是反对武则天当皇后的。对长孙无忌，许敬宗费尽心机，诬陷他谋反。最后，唐高宗含着眼泪说："就算舅父谋反，我又怎么能杀掉他？杀了他，天下人将怎样议论我，后世人将怎样看待我呢？"许敬宗便举出汉文帝杀死舅父薄昭的例子，强词夺理地说："长孙无忌受两朝大恩，尚且谋反，比薄昭

许敬宗

的罪还大，陛下为什么要犹豫呢？俗话说：'当断不断，反受其乱。'若不尽快杀掉长孙无忌这个奸雄，陛下将会后悔莫及的。"最后，唐高宗终于杀死了长孙无忌，并且株连甚广。武则天在当上皇后以后的四五年内，把长孙无忌等主要政敌杀的杀，贬的贬，流放的流放，从此，朝中大臣站在武则天一边的越来越多，武则天逐渐控制了朝廷的实际权力。

显庆五年（660年），唐高宗得了风眩病。病发作时，头晕眼花，看不见东西。于是，朝中政事都由武则天处理了。武则天本来就很聪明，读过许多书。这些年，她又积累了不少从政经验。因此，武则天处理政务非常好，得到了高宗的赞赏。

武则天在朝中笼络了一批大臣，安插了许多耳目，势力一天天壮大，地位一天天巩固。武则天的野心越来越大。

当初，武则天为当上皇后，对李治百依百顺。而现在，她大权在握，连李治想做什么事情，都得看她的眼色了。李治很生气，便偷偷召集宰相上官仪商量对策。

上官仪进言说："既然皇上觉得武后太霸道。把她废了就是。"李治同意了，命令上官仪起草废黜武则天的诏书。

谁知，武则天在李治身边安排了许多心腹。李治刚和上官仪商量完，便有人密报给武则天，上官仪刚把诏书呈上，武则天便赶到了。见到武则天，李治像做了件见不得人的事一样，扭捏不安，他觉得对不起武则天，便对她说："我本来不想这样做，都是上官仪教我的。"这样一来，就把上官仪给出卖了。从此后，再也没有人敢对李治说真心话了。武则天后来寻找机会杀掉了上官仪。

从此，李治每次上朝理事，武则天都要坐在后面垂帘听政，政事不论大小，她都要参与。天下的大权，全由她掌管。当时，朝内外称他们为"二圣"。

武则天

　　武则天虽然控制朝权，但她毕竟是以皇后的身份参政，还不能名正言顺地指挥外廷官员。为了削弱外廷宰相的实权，她特地召集了一帮文人学士，组成了她的智囊班子。这些人从皇宫的北门出入皇宫，当时的人把他们叫作"北门学士"。北门学士的组成，对武则天日后登上帝位起了重要的作用。

　　674年，武后为了进一步提高自己的地位，建议李治称天皇，自己称天后。继而，她又提出了治国十二方案，内容涉及经济、军事、社会等各个方面。十二方案的提出，表明武则天已经成长为一个成熟的政治家了。

　　不久，武则天提出"建言十二事"，包括劝桑、薄赋徭、息兵、广言路等十二项内容，涉及国家政治、经济、军事、社会等各方面。

　　徐敬业的叛乱虽然很快被平定了，但这件事给武则天很大的震动。她觉得很多的宗室和大臣都不满她独掌政权，于是，她便在国内实行恐怖政策。武则天重用酷吏来俊臣、周兴等，加大刑罚，诬陷了很多大臣和唐室宗亲，对反对派造成了沉重的打击，武则天的政治势力日趋强大。

　　武则天还大兴告密之风。她规定：凡是地方上来京告密的人，官员不能阻拦，由国家按五品官的待遇提供食宿。告密人符合武则天的心意，便破格授予官职；即使所说的不符合实际也不问罪。一时间，人们纷纷告密，这成了人们升官发财的捷径。

　　武则天还费尽心思，铸成四个方形的钢箱，分置于皇宫的四面，供告密者投递告密信。

　　恐怖政策沉重打击了反对武则天的势力，巩固了武则天的统治，同时，也造成了人心惶惶的局面。

　　武则天掌政的五十余年间，未曾发生过大规模的农民起义，社会秩序比较安定，百姓生活有所好转。唐高宗永徽三年（652年），即唐太宗死后的第三年，全国只有三百八十万户。到了武后神龙元年（705年），已经发展到六百一十万户，差不多增加了一倍。

　　武则天于天授元年（690年）称帝，国号周，史称武周。她改革了科举制度，初行殿试，首创武举。她知人善任，选拔了一批优秀人才。她重视农业生产，减轻人民负担。

　　武则天在改唐建周后不久，便发现自己面临着一个大难题：将来帝位是传给姓李的儿子呢，还是传给姓武的侄子？如果传给儿子，自己苦心建成的大周王朝就不免一代而终；如果传位给侄子的话，自己死后，侄辈们会把自己置于何处还不好说。因此，在建立周朝后，武则天很长时间都没有确立皇位的继承人。

武则天在掌控朝权后，开始大力提拔武氏子弟，打击唐朝李氏家族势力。建立周朝后，武则天的侄子武承嗣、武三思等人被封为王，权势熏天。武承嗣等人为了做周王朝的皇位继承人，与李氏子弟明争暗斗。

大臣狄仁杰支持李姓子弟继位。他对武则天说："历代皇位都是子孙相传。陛下将皇位传给儿子，可以千秋万代享受太庙的祭祀；传位给侄子，我从未听说过侄子将姑姑安置在太庙内的。请陛下考虑，姑侄与母子相比较，哪一个的关系更亲呢？"听了这话，武则天恍然大悟，此后，便不再有立武氏子弟为继承人的念头。698年，武则天将被废的中宗李显从流放地接回，重新立为皇太子。武、李争嗣的斗争才告一段落。

武则天晚年，政治趋于稳定，她专事享乐，生活糜烂，她十分宠幸张易之、张昌宗兄弟。武则天与张氏兄弟年龄相差三十多岁。张氏兄弟依仗着有武则天的宠幸，胡作非为，朝廷里的大臣都恨他们。大臣们多次向武则天进言，要求惩处张易之兄弟，武则天一直没有答应。

705年，武则天病重。宰相张柬之密谋铲除张氏兄弟。他联络一些大臣带领御林军，去东宫迎接太子李显。

李显受武则天压制已久，胆子很小。在听了张柬之的图谋后，非常害怕，他说："小人应该铲除。可是现在皇上有病，这样做也许会惊扰了她。这件事还是以后再说吧！"大臣们劝说道："将帅宰相为了国家不惜舍弃身家性命，殿下忍心看他们白白送死吗？"众人一拥而上，将李显抱到马上。李显没有办法，这才同意。

张柬之等人率兵冲入皇宫，将张氏兄弟杀掉了，然后众人连同李显一起，来到武则天居住的宫殿。

武则天看到众人拿着兵刃进来，大吃一惊，喝问道："是谁在带头作乱？"张柬之上前一步，回答道："张易之兄弟作乱，我们奉太子李显的命令已将他们杀了。"武则天看见李显也在人群中，知道太子发动了政变。

武则天当时已八十多岁，但神志十分清醒，她不动声色，对李显说："这事是你让干的吧？既然事情办完了，你可以回东宫去了。"李显听了，就想回去。一个大臣急忙将李显拦住："太子哪能回东宫去？希望陛下现在就将帝位传给太子。"甲兵环绕，兵刃临身，武则天也没有办法，只得同意。李显于是继承皇位，称为唐中宗。

政变当天，武则天被迁至上阳宫。李显派人守卫，实施软禁。李显随即恢复了大唐的国号。

这一年的十一月，武则天病逝在上阳宫。死前她留下遗命，要求去掉帝号,改称则天大圣皇后。

　　武则天是中国历史上唯一的女皇帝,她在位数十年,励精图治,政绩斐然,是一个伟大的政治家;但同时,她阴谋篡位,残酷杀害政敌,私生活放荡,她也成为历史上受到非议最多的一个女人。一千多年来,世人对武则天评价褒贬不一,正像立在武则天墓前的无字碑所写的一样:我自为之,千秋功过任由后人评说。

酷吏周兴

　　武则天在位时,为了巩固自己的政权,她大开告密之门,网罗了一批心狠手毒、残忍无道的刽子手,总想把心怀不满的人一个个杀掉。其中,周兴、来俊臣、索元礼是最有名的酷吏,谋害了许多大臣。

　　天授二年(691年)初春的一天,来俊臣宴请一位同行好友。酒过三巡,来俊臣忽然重重地叹了口气,好友关心地问道:"贤弟为何叹息?"来俊臣说:"实不相瞒,小弟我遇上了一件十分棘手的案子,案犯怎么也不肯招供,你能帮小弟想个好办法吗?"只见这位好友腆起大肚子哈哈一笑,说:"贤弟,这能难住咱们吗?取个大瓮架起来,四周用火炭烧得旺旺的,再将囚犯装入瓮中,这样他还敢有什么不招吗?""好主意!"来俊臣一边称赞,一面命令手下人如法炮制:七八个人抬来一个瓮,又在四周燃起了炭火。等一切都准备好后,来俊臣便转身对他的好友说:"有人在皇上面前告你谋反,现在要你招供。请您入瓮吧!"这就是历史上有名的"请君入瓮"的典故。来俊臣的这位好友,就是与来俊臣齐名的酷吏周兴。

　　周兴出身于长安一个小地主家庭,自幼好学,尤其擅长研究典章制度和各朝的法律,很快便以他的学识才干当上了河阳县令。但由于周兴的出身不好,所以一直得不到重用。

　　武则天执政以后,残酷打击政敌。周兴见时机已到,写了一篇文章述说自己对刑狱的管理措施和用刑的见解,居然受到武则天的赏识,被提升为刑部侍郎。后来,他与同乡好友来俊臣狼狈为奸,互相勾结,专以告密为生。

　　垂拱四年,有人诬告太子的通事舍人郝象贤谋反,武则天便派周兴审讯。周兴对郝象贤动用了酷刑:由几个彪形大汉轮流打他的屁股,直到郝象贤"求破家"为止。于是周兴判了郝象贤死刑,而且连坐全家。

武则天为了给自己登基扫清道路,很想除去唐宗室韩王李元嘉、霍王李元轨等。武则天派监察御史苏珦拷问他们谋反的罪行,谁知苏珦审问半天,竟没有得到任何证据。

武则天非常生气,把苏珦贬为河西监军,改派周兴接管此案。周兴施展出自己的全部本领,动用各种酷刑,终于使韩王、霍王以及韩王之子和常乐公主自绝于人世,连坐的有六七百家,籍没为奴的多达五千人。

请君入瓮

当初,周兴曾以河阳令被唐高宗召见,唐高宗打算予以提拔重用,因有人反对而作罢。但周兴还不知道,依然在殿前待诏。宰相们都不敢泄露消息,只有尚书、检校纳言、同平章事魏玄同看他可怜,对他说了句:"周明府你该回去了!"暗示他不要白等了。

其实这是一番好意,周兴却误以为是魏玄同在高宗面前诬陷他才导致高宗不见他。所以一直对他怀恨在心。为了报私怨,周兴就到武则天那儿诬奏魏玄同曾私下对别人说:"太后已经老了,我们不如侍奉太子更加保险。"武则天一听,勃然大怒,马上下旨赐死魏玄同于家中,内外大臣因此而受牵连的又有一大批人。

右武卫大将军、燕公黑齿常之是唐高宗至武则天时的名将,他出身少数民族,勇猛善战,屡立功勋。周兴很嫉妒他,就诬告他谋反。黑齿常之因此锒铛入狱,不久,因不堪酷刑的折磨,黑齿常之上吊自杀。

天授元年(690年),武则天称帝,建立大周政权。周兴为表示自己的忠心,帮助武则天灭除李氏宗亲,并不惜制造冤假错案,与武氏勾结,打击异己。户部尚书韦方质得了病,武承嗣和武三思前去探望,韦方质因重病在身没有起床施礼。他手下的人等武氏兄弟走后说:"武家人来,您怎敢不起身施礼,恐怕要大祸临头!"不久,韦方质果真被周兴诬告,被流放儋州,籍没全家。这年七月,周兴又罗织罪名诬陷随州刺史泽王李上金和舒州刺史许王李素节谋反。于是武则天下诏召二王进京受审。许王李素节在路上遇到一家哭丧的,感叹地说:"我连求个病死也不可能,他们病死了人还有什么好哭的呢?"他的预感没有错,他刚走到龙门就被人缢死了。泽王李上金也自杀身亡。二王的子孙亲属也全部被杀光。

但是,随着武氏政权的日趋稳定,武则天十分清醒,应是笼络人心、施以宽政的时候了。周兴做梦也没想到，他在武则天心目中的地位已今非昔比了。

道州刺史李行褒兄弟被酷吏诬陷，要诛灭九族。和周兴共事的刑部郎中徐有功为此案极力辩争，也没有能免除他们的灾祸，而他本人也受到了周兴的弹劾，周兴说徐有功包庇谋反的囚犯，应当斩首示众。但这次武则天却没有听周兴的话。她知道像徐有功这样清廉刚正的干才，正是她所需要的，因此只是暂时免除了他的官职，以后又重新启用徐有功当了侍御使。

天授二年，在周兴提升为尚书右丞后不久，就有人诬告他与丘神勣谋反。武则天大怒，但她一想周兴是依靠整人起家的，而且老奸巨猾，谁能制服他呢？于是想到了另一酷吏来俊臣。来俊臣平日里与周兴私交很好，也是靠整人起家的，让他审讯周兴真是以毒攻毒。所以，武则天就让来俊臣审理这一案子。来俊臣受宠若惊，一心要露一手向女皇显示一下自己的才能，就对老朋友周兴翻脸不认人，演出了请君入瓮这一幕。

周兴本来喝得正高兴，见此情景立刻吓得魂不附体，双腿一软，跪在来俊臣面前，磕头求饶。论法周兴要被斩首，但武则天念他为自己效过犬马之劳，就放了他一马，把他改为流放岭南。也是他"多行不义必自毙"，走到半路上，周兴就被仇人杀掉了。

宰相狄仁杰

天授二年（691年），洛州司马狄仁杰被朝廷任命为地官侍郎、同平章事，做上了宰相。武则天对狄仁杰说："你在汝南的时候，为政的成绩很不错，你想不想知道有谁诬陷过你？"狄仁杰道谢说："如果陛下认为我有过失，请允许我改正；知道我没有过失，是我的幸运。我不愿意知道是谁诬陷我。"武则天对狄仁杰的话非常赞同。

长寿元年（692年），左台中丞来俊臣诬陷狄仁杰等七位大臣谋反。以前，来俊臣曾奏请武则天下命令：一审问就承认谋反的，可减免死罪。等到狄仁杰等人入狱，来俊臣便用这道命令引诱他们认罪。

最后查出这些人都是冤枉的。于是武则天将他们释放，但都降了职，狄仁杰被贬为彭泽县令。

万岁通天元年（696年），契丹入侵，武则天重新起用狄仁杰，任命他为魏州刺史。前任刺史独孤思庄将百姓全都赶到城里，让他们修筑工事防御契丹。

狄仁杰到任后，将百姓全都遣回，让他们务农，说："敌人还远着呢，用不着这样烦劳百姓！万一敌人来了，我自己抵挡他们。"百姓都很高兴。

狄仁杰后来又担任宰相，武则天让宰相们各举荐尚书郎一名，狄仁杰举荐自己的儿子狄光嗣，狄光嗣被任命为地官员外郎。后来狄光嗣在朝中表现优异。武则天高兴地说："春秋时晋国大夫祁奚，举荐自己的儿子，你足以成为他的继承者了。"

狄仁杰

武则天十分倚重狄仁杰。她常常称狄仁杰为"国老"，而不叫他的名字。狄仁杰总是在朝堂上当面争谏，武则天也总是违背自己的心意听从他。狄仁杰曾经陪武则天游玩，遇到大风，风把狄仁杰的头巾吹到地上，他的坐骑也受惊不受控制。武则天立刻让太子李显追赶惊马，并把马拴好。

狄仁杰屡次以年老多病为由，请求辞官，武则天不答应。入朝进见的时候，武则天经常不让他行跪拜礼，说："每当看到您跪拜，都让朕也感到身体疼痛。"武则天还免去狄仁杰夜晚值班，并告诫他的同事说："如果没有军国大事，就不要去烦扰狄公。"

久视元年（700年），狄仁杰去世。武则天流着泪说："朝堂无人了！"从此以后，有的国家大事，大臣们解决不了的时候，武则天就会叹息着说："老天为什么这么早就把我的国老夺走呢？"

徐敬业叛乱

当初，太后武则天废中宗李显为庐陵王，另立豫王李旦为帝，大封武氏亲族。武氏掌权，李唐宗室朝不保夕，人人自危。

正好李世勣的孙子、担任眉州刺史的英公李敬业，和他弟弟盩厔令李敬猷、给事中唐之奇、长安主簿骆宾王、詹事司直杜求仁都因事获罪,或被降职,或被免官,加上曾任御史、两度被罢黜的盩厔尉魏思温,他们都聚在扬州,都为自己被削去官职感到愤慨。他们便阴谋叛乱,以恢复庐陵王的帝位为借口。

魏思温是叛乱的主要策划者。他指使党羽、监察御史薛仲璋请求出使江都,让雍州人韦超到薛仲璋处报告有变乱,说:"扬州长史陈敬之谋反。"薛仲璋于是把陈敬之抓了起来,关进监狱。

过了几天,李敬业乘坐驿车到达,冒充自己是扬州司马的部属官吏,说:"奉太后密旨,因为高州酋长冯子猷谋反,朝廷要发兵讨伐。"于是打开府库,命扬州士曹参军李宗臣到铸钱作坊,驱逐囚徒、工匠,发给他们盔甲。

李敬业将陈敬之在监狱斩首。录事参军孙处行抗拒,也被斩首示众,官吏中没有人再敢反抗。于是他发动了整个州的兵力叛乱,改用中宗"嗣圣元年"的称号。

在扬州设置三府:一个称匡复府,一个称英公府,一个称扬州大都督府。李敬业自称匡复府上将,领扬州大都督,不到十天时间,叛军人数已达十几万。

李敬业发布檄文到各州县,大意是说:"僭位临朝的武氏,人非温顺,出身寒微。当年充实太宗后宫,钻到空子侍奉太宗。太宗晚年,她又与太子淫乱。隐瞒先帝的恩幸,谋取后宫的宠爱,夺皇后之宝座,陷君主于乱伦。"

骆宾王

檄文又说她:"杀害姐妹,屠戮兄弟,杀害皇帝,毒死皇后。人神共愤,天地不容。""包藏祸心,觊觎社稷。君王的爱子,被幽禁在别殿,武氏的亲族,都任命为高官。先帝坟上的黄土还没干,先帝托付的幼主又在哪?试看今天的中国,究竟是谁家的天下?"

这篇檄文文采斐然,武则天看了以后,问:"谁写的?"

有人回答说:"骆宾王。"

武则天说:"这是宰相的过失啊。此人如此才华横溢,却飘零流落,不被重用,怎能不反。"

李敬业找了一个长得很像前太子李贤的人,骗大家说:"李贤没有死,逃亡到城里,命令我们起兵。"于是侍奉他以号令天下。

魏思温劝李敬业说:"您用匡复社稷为口号,应当率领大军,大张旗鼓地进军,直接向东都洛阳进发,这样大家都知道您是为国为公而举义旗,四方就都会响应。"

薛仲璋说:"金陵有帝王气象,又有长江天险,足以固守。不如先夺取常、润二州,作为霸业的基础,然后再向北夺取中原。这样向前可以取胜,后退也有立足之地,是最好的计策。"

魏思温说:"崤山以东地区,豪杰们因为武氏专制,愤懑不满,听说您起事,都自己蒸了麦饭做干粮,拿着锄头做武器,等待南方军队到达。我们不乘此形势建功立业,反而畏缩不前,自己修建巢穴,让远近的人知道了,还有谁不离散呢?"

李敬业不听,让唐之奇守江都,亲自率兵攻打润州。魏思温对杜求仁说:"兵力聚集就强大,分散就衰弱。李敬业不聚集力量渡过淮河,召集山东的兵众攻取洛阳,失败眼看就要来了!"

朝廷任命左玉铃卫大将军李孝逸为扬州道行军大总管,率领士兵三十万,前去讨伐。又削掉李敬业祖父和父亲的官爵,挖掉李敬业的祖坟,恢复他们的本姓徐。

徐敬业听说李孝逸前来讨伐,就从润州回师抵抗,在高邮的下阿溪驻扎。徐敬业派徐敬猷进逼淮阴,别将韦超、尉迟昭驻扎都梁山。

李孝逸进军,他的副手马敬臣进攻都梁山,斩杀了尉迟昭。到了十一月,韦超、徐敬猷相继兵败逃跑。徐敬业与李孝逸的部队隔下阿溪相抗。

李孝逸等各路军队相继到达,与徐敬业交战,几次都失败了。李孝逸害怕,准备撤退,魏元忠与行军管记刘知柔对他说:"现在是顺风,而且芦苇干燥,是火攻的好机会。"坚持请求决战。

徐敬业布下军阵,等了很久,没有决战迹象,士兵们都感到疲倦,军阵不再严整了。李孝逸出兵进攻,乘着风势纵火,徐敬业大败,被斩杀的士兵约有七千人,淹死的士兵更是不计其数。

徐敬业等人骑马逃入江都,带着妻子儿女逃奔润州,准备经海路逃奔高丽。李孝逸进军驻守江都,分别派遣各将领追击徐敬业。

十八日,徐敬业到达海陵边界,被大风挡住了去路,他的部将王那相砍下徐敬业、徐敬猷和骆宾王的脑袋投降。剩下的党羽唐之奇、魏思温都被擒获斩首,首级被送往东都。

陈岳评论说:徐敬业如果能够采用魏思温的计策,大军直向河、洛进攻,专以匡复大唐天下为目标,即使失败了,也是为国为天下,忠义之名可留。但他却妄想希求金陵的王者之气,以致变成真正的叛逆者,不失败更待何时!

韦后母女乱政

705年，武则天病故。张柬之扶助李显复位，李家重新掌权。

李显复位以后，便立妃子韦氏为皇后，追封皇后的父亲韦玄贞为王。大臣贾虚己反对说："异姓不王，古来如此，陛下刚刚复位，就大封后族，天下会失望的。"

唐中宗不理睬。原来，唐中宗被武则天放逐到房州的时候，只有韦氏陪伴着他，两人尝尽了人世的艰难。每当听说武则天派使臣来了，唐中宗就吓得直哆嗦，甚至想自杀。韦氏总是安慰他说："祸福无常，不一定是赐死，何必这样惧怕呢？"多亏韦氏在患难中的帮助，唐中宗才活了下来，所以他和韦后的感情特别好。他曾经对韦氏发誓："有朝一日，重登帝位，一定满足你的一切愿望。"如今他当上了皇帝，于是就想实现自己当初的誓言，一切都按着韦后的意愿办。这一来，韦后也学起武则天来了，但她比起武则天来，政治才能可要差远了，唐朝刚刚稳定的局面又开始动荡不安了。

那时候，武则天虽然死了，她的侄子武三思仍然很有势力。韦后最宠爱的小女儿安乐公主嫁给了武三思的儿子武崇训，两家成了儿女亲家，关系就更复杂了。武三思后来当了宰相，更加骄横。

张柬之见形势不妙，就劝唐中宗除掉武三思，削弱武氏的权力。可是中宗是个平庸之辈，毫无政治头脑，他和武三思走得越来越近。

武三思知道了张柬之想要加害于他，忙去找韦后商量对付他的办法。韦后就和武三思一起到唐中宗那里攻击张柬之、敬晖、袁恕己等五位大臣，说他们"恃功专权，图谋不轨"。

昏庸的唐中宗信以为真，忙问："这如何是好？"武三思把他和韦后策划好的主意说了一遍，要唐中宗晋升张柬之等五位大臣为王。唐中宗不明白其中的奥妙，问："封他们做王，不是更难控制了吗？"武三思说："这叫明升暗降，实际上夺了他们的权。"

果然五位大臣做了王，反而失去了掌控朝政的权力。武三思把持了大权，把反对武氏的统统赶走，被张柬之罢官的一律复职，接着又诬陷五王诋毁韦后。唐中宗下令把五王流放到边疆去。在流放途中，武三思就派人把他们全杀死了。

武三思、韦后除掉心腹之患，气焰更加嚣张。武三思得意忘形地说："我不知道什么叫好人，什么叫坏人。凡是对我好的就是好人，凡是对我不好的就是坏人。"一时间，武三思身边集中的全都是势利小人。

韦皇后的女儿安乐公主，野心勃勃，一心想做第二个武则天。她对唐中宗立卫王李重俊做太子很不满意，因为李重俊不是韦皇后的亲生儿子。她想以皇后亲生女儿的资格做皇太女。安乐公主在宫中飞扬跋扈，为所欲为，甚至自己写了制书（皇帝的诏书），掩盖起正文，拿去让皇帝盖印。唐中宗不看内容是什么，就盖了印。

安乐公主请求唐中宗立她做皇太女，废掉皇太子，宰相魏元忠不同意。安乐公主大骂："魏元忠这个山东傻瓜，懂得什么！阿母子（这是宫里人对武则天的称呼）可以做天子，天子的女儿就不可以做天子吗？"安乐公主一心要学武则天，日思夜想的是如何当女皇，因此很不喜欢太子李重俊。

李重俊感到自己的地位受到越来越大的威胁，就暗中和左羽林大将军李多祚约定起兵。景龙元年（707年），李多祚带领士兵三百多人，杀入武三思家里。武三思、武崇训正在饮酒作乐。羽林军一到，太子就先杀了武三思父子。接着，他带兵打入宫中。唐中宗慌忙带着韦后和安乐公主登上玄武门楼。右羽林大将军刘景仁保卫着门楼。双方交战中，李重俊、李多祚被杀死了。

平定了李重俊之后，韦皇后和安乐公主更加肆无忌惮了。她们先诬陷宰相魏元忠"与太子通谍"，把魏元忠赶走，接着又大卖官爵，不论什么人，只要出钱就给官做。出钱越多，官职越高，官员成倍增加。这些大官都坐享俸禄，老百姓的负担更加沉重了。

710年，一个地方小官燕钦融上书，指责韦后生活淫乱，干预国政，阴谋篡权。唐中宗召见燕钦融，当庭对质。燕钦融义正胆壮，慷慨陈词，揭发韦后恶事。唐中宗只好低头不语。韦后指使她的心腹——兵部尚书宗楚客把燕钦融举起来摔在大殿下，燕钦融被当场摔死。这件事虽然过去了，但韦后也颇感不安，她感觉这样下去，迟早会出事的。

韦后把她的心腹找来商量对策。安乐公主正愁当不上皇太女，就鼓动韦后称帝,自己好当皇太女。于是母女二人商量着要害死皇上。一天,唐中宗正审批奏章,还没有吃饭,韦后让宫女送去蒸饼。唐中宗边看奏章边吃,没等吃完,便倒在地上死了。

韦后毒死唐中宗后,把消息封锁起来,不发丧,然后召集韦家子弟和她的亲信,带兵五万人守卫京城,准备登基称帝。她没料到,被她陷害罢了官的李隆基(唐睿宗的第三个儿子),早已料到韦后会篡夺皇位,为了保住唐室江山,他在长安的羽林军中结交了一批猛将,等待着时机。唐中宗一死,李隆基立刻率军队冲入宫中,杀了韦皇后和安乐公主。接着用武力清洗韦氏和武氏集团,把韦氏家族和武氏家族的人差不多都杀光了。

最后,由太平公主出面,让唐睿宗重登帝位。过了两年,712年,唐睿宗又把皇位让给了李隆基,这就是历史上有名的唐玄宗。

姚崇为臣坦荡

姚崇,字元之,陕州人,曾任武后、唐睿宗、唐玄宗三朝宰相,兼兵部尚书。姚崇是稳固武周政权、开创"开元盛世"的关键人物。他辅弼朝廷,革除旧弊,开辟了一代之风,推动了社会进步,是我国封建社会不可多得的政治家、中国历史上著名的"贤相"。

姚崇

他自幼受父亲影响,怀"王佐"之志,读书甚广,精通为官之道。长大后,应"下笔成章"制举,授濮州司仓参军,"剖析决断,对答如流"。武则天当政时,五迁为夏官(兵部)郎中。当时契丹侵扰河北,军务繁巨,姚崇在处理契丹事务时,判断裁决迅速准确,且条理清楚。武则天非常惊讶于他的才能,破格提拔他为夏官侍郎,又加封凤阁鸾台平章事。

圣历初年(698年),武则天对近臣说:"以前周兴、来俊臣等裁讼刑狱，朝臣们相互牵连，结果都有谋反罪。国家有法，朕岂能违抗？朕恐怕其中有冤情，就派近臣去狱中探问，都得到手状，并无虚假的东西，朕也不再怀疑，就批准了他们的奏请。自从周兴、来俊臣死后，再没听说有什么谋反者，那么以前被杀戮的是不是有很多属于被冤枉滥杀的呢？"

唐玄宗

姚崇回答道："自垂拱年间以来，被告者家破人亡，都是受酷刑自诬而死的。告发的人还以此为功。这种罗织罪名，比汉代的党锢还要厉害。陛下让近臣去查问，近臣都难于自保，还谈什么动摇原案？被调查的人若是翻案又要遭受更毒辣的酷刑，将军张虔勖、李安静就是这样。托上天降灵，诛杀奸恶小人，朝廷便平安无事了。今后，我保证内外官员不会再有谋反的人了，若陛下再收到告人谋反的状子，收藏起来，不用再过问。如若事实无法证验我的看法，仍然有谋反者，我愿受不告之罪。"

武则天听后高兴地说："以前的宰相都不过问这些事，陷朕于不义的境地，卿言很合乎朕意。"于是武则天对他器重有加，当天就赐给姚崇千两白银。

长安四年（704年），姚崇以母亲年迈为由上表请求解职回家侍养母亲，言辞恳切，武则天知道无法改变其主意，就拜他为相王府长史，罢参知政事之衔，使他能够清静。这一月，又命他兼任夏官尚书一职，同凤阁鸾台三品。姚崇上书说："臣侍奉相王，再统领国家兵马有所不便，臣不是怕死，而是担心对相王不利。"武则天觉得他的话说得有道理，就改任他为春官尚书。当时，张易之请求把京城著名的十名僧人安排到定州专设寺庙，僧人们极其不愿意。姚崇反对这件事，因而得罪了张易之，遭到了张易之的谗毁。

但在武则天做皇帝的十五年中，姚崇一直受到武则天的信任和重用。神龙四年（705年），张柬之、桓彦范等密谋诛杀张易之兄弟，恰逢姚崇从军队中回到都城，于是他也参与了密谋，还因功被封梁县侯，赐封二百户。武则天被移居上阳宫，唐中宗复辟，唐中宗率百官阁台理政，朝臣们无不欢欣，只有姚崇哀伤哭泣。

桓彦范、张柬之对他说："今天岂是啼哭的日子？只怕姚公的灾祸从此就要开始了。"

姚崇说："跟随则天皇帝日子长了，突然辞别再也不能拜她了，实在是忍不住要哭啊！昨天帮助诸公诛除凶逆，是做臣子的本分，不敢说什么功劳；今天辞别旧主而悲泣，也是臣子忠于节操。若因此而获罪，实在心甘情愿。"不久，他就被贬，出任亳州刺史，转任常州刺史。

开元九年（721年）姚崇病逝，终年七十二岁。姚崇一生刚正不阿，对朝廷忠心耿耿，敢言直谏，不计较个人得失，以天下为己任，深受后人敬仰。

宋璟不徇私情

每一次的天下大治，除了与君主本身的贤能有关，同时也与辅佐君主的大臣有着重大的关系。唐太宗一朝名臣云集，有房玄龄、杜如晦这样的贤臣敢于犯颜直谏，所以才有"贞观之治"。唐玄宗一朝，又有姚崇、宋璟这样严于律己、做事认真的臣子，才会有"开元盛世"。

宋璟，邢州南和人。他博学多才，且为人耿直，有气节。做官之后，他清正廉明，不怕得罪权贵佞臣，遇到不法之事，总是第一个站出来指正，坚持己见，从不人云亦云，因此很得武则天重用。到唐玄宗时他被提拔为宰相，为朝廷选举了许多德才兼备的人才，且能量才加以合理使用。因此，百官各有所安。

唐中宗时，韦氏母女干政，外戚把持朝政，忠良被害，奸邪之徒兴风作浪，朝中的忠义之臣为此头疼不已。那时，宋璟与侍郎李义、卢从愿等精心打理朝政，做事细致入微，取舍公正公平，罢免了不少不称职的官吏。最后，安乐公主等掌管的"斜封官"制度也被废除。

宋璟

开元六年（718年），有人向宋璟推荐隐士范知璿并呈上他的文章。宋璟看了那文章便觉多有阿谀奉承之意，他对推荐的那人说："文章如果高明，应该走科举的道路，而不可委曲提任。"后来终未用范知璿。

宋璟知人善任，量才使用。括州司马李邕和仪州司马郑勉，二人都是他举荐的。但宋璟知道他们性格多变，常常会意气用事，委以要职，恐怕会有重大的闪失。于是宋璟任命他们为渝、硖二州刺史，以后如有政绩再加重用。朝中大臣都认为宋璟处理得当。

宋璟还特别注重考察官吏的政绩，大理寺卿元行冲素有才能和德行，初做官时，的确勤于政务，办案认真，很有成绩。可后来却疏于政务，案件积累众多，宋璟于是建议唐玄宗给他降职处分，并举荐能干的李朝隐代替他的职位；大臣陆像先也因为荒于政事，傲慢闲散，而被贬为河南尹。

宋璟对那些因袭父母爵位官职的官员，考核得更为审慎严格。岐山令王仁琛是袭官的资深老吏，皇上认为他任职时间很长，劳苦功高，就想给他升官。宋璟说："仁琛因袭官获得了优厚职位，现在如果破格任用，恐怕会让同僚非议。我请求交给吏部仔细考核，如果确有功劳，没什么过错，就按规定选留任用。"唐玄宗也同意了，但最终未提升他。

宋璟选官不徇私情，就是亲戚朋友也不例外。他的从叔宋元超曾到吏部，暗示说自己是宰相的亲戚，希望得到一个官职。宋璟听到后，写了一份公文给吏部："元超是我的从叔，如果他确有才能，自然能够通过科考获取功名，你们不要徇枉私情。"宋元超最终并没有获得他所希望的职位。

宋璟通过严格的考核，为朝廷选拔了许多品行优良、认真称职的官吏，受到皇上和群臣的赞赏。唐玄宗对后世的宰相说："以后挑选官吏要以宋公为榜样，这样国家才会吏治清明、万民富有。"

口蜜腹剑

李林甫，凭着其祖父是唐高祖李渊的叔伯兄弟的关系当了官。由于他为人狡诈，善于投机钻营，又会玩弄权术，因而很快便爬上了吏部侍郎的高位。

为了爬上高位，他苦心经营，勾结讨好了后宫之中的宦官、嫔妃，让他们暗中帮助自己观察皇帝的一举一动。因而李林甫做事多符合唐玄宗的心意，深得唐玄宗的喜欢。

当时，唐玄宗宠爱的武惠妃希望自己的儿子寿王能够取代原来的太子，被立为储君。李林甫知道了这个情况，便托宦官给惠妃传话，说自己愿意尽力辅佐寿王。武惠妃听了非常感激，便暗中帮助他，怂恿玄宗提拔李林甫做宰相。结果，唐玄宗不顾张九龄等人的反对，硬是将李林甫任命为宰相。

李林甫因此对张九龄十分痛恨。但张九龄德高望重，文章独步天下，深得

张九龄

玄宗倚重，李林甫也奈何他不得，只得对他客客气气，可暗地里一有机会，就在唐玄宗面前说张九龄的坏话。

唐玄宗一直有改立太子的心思，他召来宰相们商讨此事。张九龄坚决反对，因此，言语上对唐玄宗有所冲撞。李林甫便在退朝后私下对宦官说："废立太子是皇帝的家事，何必要问外人？"这话传到唐玄宗耳中，唐玄宗更加厌恶张九龄了。后来，张九龄终于因为屡屡直谏而遭贬官，李林甫得以独揽大权。

李林甫当权之后，为了彻底蒙蔽唐玄宗的视听，就告诫众谏官，让他们闭紧嘴巴少惹事，小心祸从口出。有一名谏官不听李林甫的话，照旧向唐玄宗提意见。结果，他第二天就被贬官了。从此以后，再也没有人敢上书议论政事了。

李林甫当上宰相以后，更是打压贤才，特别是那些被唐玄宗宠信且权位将要赶上自己的，千方百计除去他们。他特别忌恨因有文学才干而做官的人，有时假装与他们友好，口中说着好话背地里却陷害他们。因此世人称李林甫是"口有蜜、腹有剑"。

唐玄宗曾经在勤政楼垂帘欣赏歌舞。兵部侍郎卢绚提鞭按辔，从楼下穿过。卢绚风度清雅，唐玄宗看见后，深深感叹他含蓄不露的气质。李林甫知道了唐玄宗夸赞卢绚之事，于是召来卢绚的儿子对他说："你父亲素来名望很高，现在交州、广州需要有才能的人，皇上想让你父亲去，可以吗？如果害怕远行，就要降职。不然，以太子宾客、詹事的身份到东都洛阳做官，也算是优待贤者的任命，怎么样？"卢绚知道后担心祸降己身，便主动奏请做太子宾客、詹事。后来，李林甫又通过自己善玩权术的特长将卢绚降为詹事、员外同正。

有一次唐玄宗告诉李林甫，要重用绛州刺史严挺之。李林甫退下后，召来严挺之的弟弟严损之，对他说："皇上对你哥哥十分看重，为何不借此做觐见的打算，上奏说得了风疾，请求回京师就医。"严挺之按李林甫的说法向皇上呈上奏折。唐宗玄便知道严挺之病得很严重，还为此叹息了很久。四月，任命严挺之为詹事，又任命汴州刺史、河南采访使齐浣为少詹事，与严挺之都为员外同正，在东京养病。齐浣在朝中素有名望，所以李林甫也忌恨他。

李林甫的儿子李岫任将作监，他认为父亲权势过大，十分担心畏惧。曾经有一次与李林甫游览后园时，他指着做工的民夫对李林甫说："大人担任宰相很久了，结下的怨仇布满天下，如果有一天灾祸降临，想要像这些民夫一样，恐怕也不能够啊。"

李林甫听了很不高兴。

唐朝建立以来，驻守边疆的将帅都任用忠厚的名臣，任期不让太久，不让朝臣兼任，不让身兼数职，功名卓著的往往入朝担任宰相。开元年间，唐玄宗想要攻打少数民族，所以边疆守将十多年都不换，开始长期任职。

李林甫当宰相，想杜绝边将入朝为相的途径，就上奏说："文臣担任将帅，胆小不敢打仗，不如用出身贫寒的胡人。胡人勇敢果断，战斗经验丰富。出身贫寒，而且朝中没有朋党。陛下若真能以恩惠相笼络，他们一定能够为朝廷效命。"唐玄宗认为他说的有道理，便用了安禄山。从此，各道的节度使都任用胡人，精锐部队都戍守北部边疆，造成内轻外重的局面，最后几乎使安禄山颠覆江山。这都是李林甫为求取专宠、巩固地位的阴谋所造成的。

唐玄宗晚年自以为天下太平，没有什么可忧心的，于是深居宫中，沉迷于声色娱乐，把政事都委托给李林甫。到天宝十一载（752年）李林甫去世，他共做了十九年宰相，造成了天下大乱的局面。

安禄山起兵反唐

唐玄宗在位初期，政治开明，有很多贤臣辅佐，出现了"开元盛世"的局面，使大唐国力达到鼎盛。可是到他执政后期，逐渐变得昏暗。他听信谗言，罢免了贤相张九龄，任用李林甫为相。一批贤能的大臣被排挤出朝廷。

李林甫掌权以后，认为边境将领中的胡人文化低，不会被调到朝廷当宰相，就在唐玄宗面前竭力主张重用胡人，理由是胡人善战，而且跟朝官没联系，靠得住。唐玄宗本来最怕边境的将领谋反，就听李林甫的话，提拔了一些胡人当节度使。

在这些胡人节度使中，唐玄宗、李林甫特别看中平卢节度使安禄山。

安禄山长得特别肥胖，有一次，唐玄宗指着他的肚子开玩笑说："这么大的肚子，里面装的什么东西？"

安禄山不假思索地回答说："没有别的，只有一颗赤诚的心。"

唐玄宗认为安禄山真对他一片忠心，心里更高兴了。以后又封安禄山为郡王，还替他在长安造了一座跟王公贵族住的府第一样华丽的府第。安禄山搬进王

宠幸番将

府后,唐玄宗每天让他陪着一起喝酒作乐;还让杨贵妃把安禄山收为干儿子,让安禄山在内宫随便进出,亲热得像一家人一样。

安禄山骗取了唐玄宗和李林甫的信任,除了范阳、平卢两镇外,又兼了河东节度使,控制了北方边境的大部分地区。他秘密扩充兵力,提拔了史思明、蔡希德等一批猛将,任用汉族士人高尚、严庄帮他出谋划策;又从边境各族的降兵中挑选了八千名壮士,组成一支精兵,囤积粮草,磨砺武器。只等唐玄宗一死,他就准备叛乱。

没多久,李林甫病死,杨贵妃的同族哥哥杨国忠凭着他的外戚地位,接任了宰相。杨国忠几次三番在唐玄宗面前说安禄山一定会谋反。但是唐玄宗正在宠信安禄山,他根本就不相信。日子一长,安禄山谋反的迹象渐渐显露出来了。

755年十月,安禄山经过周密的准备,决定发动叛乱。这时候,正好有个官员从长安到范阳来。安禄山假造了一份唐玄宗从长安发来的诏书,招集将士宣布说:"接到皇上密令,要我立即带兵进京讨伐杨国忠。"将士们都觉得很突然,面面相觑,但是有谁敢对圣旨表示怀疑呢?

第二天一早,安禄山就带领叛军南下。十五万步兵、骑兵在河北平原上进发,一路上烟尘滚滚,鼓声震地。中原一带已经有一百年左右没有发生战争,老百姓好几代没有看到过打仗。沿路的官员逃跑的逃跑,投降的投降。安禄山叛军一直向南进攻,几乎没有遇到什么抵抗。

诗仙李白

李白是中国文学史上绝无仅有的奇才,他字太白,号青莲居士,祖籍陇西成纪。701年,他出生于西域碎叶城,五岁时随经商的父亲迁居到四川绵州青莲乡。他自小诵六甲，观百家，勤学苦读，博览群书。由于地理环境、时代风气以及家庭教育的影响，少年时的李白豪放不羁、风流倜傥、不拘礼法。他不仅好诗赋，而且喜任侠，酷爱剑术。二十六岁那年，他离家远游准备以此开始他"经国济世，报效国家"的宏愿。

李白顺长江直下，首先到达湖北襄阳。接着抵荆门，到武汉，在洞庭湖上泛舟。二十七岁时，他来到湖北安陆，娶了退职宰相的女儿为妻。此后十年，他大体以安陆为中心，过着稳定的生活。这就是"酒隐安陆，蹉跎十年"。也正是这十年，他游览了两湖、江浙、山东、山西等地的名山大川，遂眼界大开，生活阅历渐丰，创作风格日趋成形，个性风格逐步奠定，同时，他也交了许多朋友。由此"名播海内"，誉满京华。

742年（天宝元年），因道士吴筠推荐，唐玄宗三下诏书召李白进京。李白欣喜若狂，认为实现抱负的机会来了，于是发出"仰天大笑出门去，我辈岂是蓬蒿人"的高歌，奔赴首都长安。

长安三年，是诗人李白一生最得意也是最痛苦的时期。初到长安，著名诗人、太子宾客贺知章和他见面便惊叹说："此天上谪仙人也！"这一赞誉，顿使李白誉满京华。唐玄宗对他也相当器重，给以殊遇，除去亲自下轿迎接他，"以七宝床赐食，御手调羹"，还"问以国政"，令其起草过一些诏诰文件，还请他写过《答番书》，最后封他为翰林供奉。但唐玄宗宠爱李白，仅是看中他的文学才能，希望他做个御用词客，为自己歌功颂德。这对李白来说是个重大的打击，宫廷诗人与经国济世这二者之间的差别太大了。李白并非政治英才，但毕竟是个十分高傲的浪漫主义诗人；他要求思想解放，反对礼法束缚；坚持人格尊严，不向权贵折腰。这种孤高傲岸的性格与封建政治完全是相悖的。他那"天子呼来不上船，自称臣是酒中仙"，"揄扬九重万乘主，谑浪赤墀青琐贤"的狂放作风定不会被森严的封建秩序所接纳。因而不过三年，李白便无法忍受周围的混浊风气，主动上书要求归山。唐玄宗也"以其非廊庙器，优诏罢遣之"，赐金放还。就这样，诗人又解放了。他再次回到优美纯净的自然山水间。长安之行，李白在仕途上一无所获，却用傲骨为后代士子筑起了一座伟大人格的丰碑。

李白

744年（天宝三年），李白来到洛阳，遇到了比他小十一岁的杜甫。两人自此结下了终生不渝的友谊。他们的文章都成为文学史上万世传颂的经典。两人饮酒、论诗、打猎，在游历开封时遇到著名的边塞诗人高适。三人在一起"慷慨怀古"，对朝政颇多讥评，敏锐地感觉到这号称盛世的时代潜伏着种种危机。

李白在此时写的许多诗歌，流露出对国事的隐忧。《古风五十九首》中有很多篇以"游仙"为题，隐藏着对社会的深切关心。就在这年秋天，李白与杜甫在兖州石门痛饮而别。杜甫去了长安，李白则南游扬州、金陵、越中、宣城、秋浦，北游邯郸、幽州，西游梁苑、嵩山等地，最后隐居庐山。这次长达十年的漫长之旅，是李白诗歌创作的丰收期，留下了许多传世之作。如《梦游天姥吟留别》《行路难》《蜀道难》《将进酒》《宣州谢朓楼饯别校书叔云》《登金陵凤凰台》《长相思》《月下独酌》等。这些诗篇以其瑰丽的想象、壮丽阔大的意境、排山倒海的气势，创造了美的境界，成为后人审美的典范。

755年（天宝十四年），"安史之乱"爆发，唐玄宗在逃往蜀地避难的途中，命永王李璘在江陵组织部队勤王，永王在途经当阳时，因慕李白才名，邀其出山出谋划策。诗人此时虽近暮年，但老骥伏枥，志在千里；烈士暮年，壮心不已。于是李白欣然接受邀请，当了永王帐中的幕宾。他所作的《永王东巡歌》十一首和《在水军宴赠幕府诸侍御》都是很有名的，表现了"为君谈笑静胡沙""誓欲清幽燕"的壮志豪情和赴死决心。遗憾的是诗人受人利用还不自知。永王李璘因谋取皇位而被镇压，李白也以"从逆"被捕入狱，幸得郭子仪等友人从中斡旋，才免死罪，流放夜郎。此时诗人已近六十。李白一生追求个性解放，不忘报国建功，到头来却沦为阶下囚，悲伤至极。他走到巫山一带时，遇到朝廷大赦天下，被释放。"朝辞白帝彩云间，千里江陵一日还。两岸猿声啼不住，轻舟已过万重山"便写于归途之中，恰如其分地传达出诗人跳出罗网、恢复自由之后的轻松、愉快心情。

761年（上元二年），李白在安徽当涂听说太尉李光弼率兵百万在临淮围击安史之乱的叛军，诗人报国之心再次狂跳，他决定去投军参战。但只走到金陵，就因病折回。次年在族叔当涂县令李阳冰家中结束了他悲剧而又不凡的一生。

李白用那支天才的神笔，留下了数以万计的美丽诗篇。

在这些诗中，表达着对祖国山川的挚爱之情。诗人运用奇异的想象和出神入化的夸张手法，突出地表现了高山大河的壮美，开拓了传统山水诗的美学境界，第一次把崇高之美、阳刚之美纳入山水诗的审美范畴。诗歌语言自然流畅，气势贯通，如天马行空，无拘无束；如行云流水，连绵不断，不可遏止。"抽刀断水水更流，举杯消愁愁更愁。""君不见黄河之水天上来，奔流到海不复回。""地崩山摧壮士死，然后天梯石栈方钩连。""我且为君槌碎黄鹤楼，君亦为吾倒却鹦鹉洲。"这些神奇的诗句，已到了出神入化、炉火纯青的境地。

张巡守城

唐肃宗至德元年二月，雍丘县令令狐潮献出县城投降安禄山叛军。安禄山任命他为将军，派他率领军队去襄邑阻击淮阳来的唐朝援军。唐将贾贲出城迎战，战败阵亡。张巡尽力抵抗，打退了叛军，于是统领贾贲的军队，自称是河南都知兵马吴王先锋使。

三月初二，令狐潮及安禄山叛军四万多士兵突然打到城下；张巡的部下都很恐惧，没有坚守城池的意志。张巡说："贼兵精锐，有轻视我们的心理。现在，我们出其不意地攻击敌人，他们一定惊惶溃败。贼军的气焰稍受挫折之后，我们的城池就可守住了。"于是，张巡就派千名士兵登上城墙；又亲自率领千把人，分成几队，开城门冲出去。张巡身先士卒，直冲贼军阵地，敌军人马惊恐败退。第二天，敌人又来进攻，摆设了上百门大炮包围城池，雍丘的城楼和城墙被炸毁。张巡命令士兵在城墙上竖立木栅来抵御敌人的进攻。叛军附着在城墙往上攀登，张巡的军队就把干枯的秸秆捆成一束一束，浇上油脂点燃丢下去，使贼军不能爬上城楼；有时又趁叛军稍有松懈，出兵袭击；有时又在夜间用绳子把战士送到城外，去偷袭敌人的军营。坚守六十多天，经过大小三百多次战斗，贼军终于失败逃走。张巡率领军队乘胜追击，捕获敌人约两千人，胜利归来，军威大振。

张巡

五月，令狐潮再次率领叛军攻打雍丘。双方对峙四十多天，张巡与朝廷失去联系，音讯不通。令狐潮听说玄宗皇帝已经仓皇逃往四川，就写信招降张巡。张巡部下中有六个大将，他们对张巡诉说兵力敌不过叛军，况且皇帝的生死也不知道，不如投降安禄山。张巡假意答应。第二天,张巡在大厅上悬挂皇帝的画像,带领将士朝拜。人人都洒泪哭泣。张巡拉着那六个说要投降的大将到前面来,责备他们不忠不义,当场把他们杀了。这样,将士们的斗志更加激昂,互相勉励要为国尽忠。

城里箭用完了,张巡就用稻草扎成一千多个草人,披上黑衣服,夜晚用绳子拴住草人吊到城下,令狐潮的士兵都争先恐后地朝他们射箭,许久才知道那些是草人,结果张巡的部队获得了几十万支箭。这以后又在一天夜间把士兵缒下城去,叛军以为是草人,因此没有防备。张巡就这样派出五百名的敢死队偷袭敌营,放火烧掉敌军营垒,令狐潮的军队大乱,狼狈奔逃,张巡的军队追赶了十几里。

过了不久,叛军步兵、骑兵七千多人驻扎在白沙涡,张巡于夜间袭击,大败敌军。部队返回时在桃陵遇到敌人的救兵四百多人,又把他们全部俘虏。张巡守城成功,使安禄山夺取雍丘的计划失败。

颜杲卿讨伐安禄山

安禄山叛乱后,首先起来讨伐叛军的是常山太守颜杲卿。

颜杲卿本来是安禄山的部下。安禄山一反叛,他就在河北招募了一千多名士兵,但这些人马跟安禄山的反叛大军比起来,就太弱小了。因此他就跟手下的官员袁履谦向叛军假投降,安禄山仍旧让他守常山。为了保险起见,安禄山将颜杲卿的儿子、侄儿押为人质,另外派了一个叛将守在井陉关。

安禄山渡过黄河攻下洛阳之后,颜杲卿和他的堂弟平原太守颜真卿联合,准备攻占井陉关,截断安禄山的后路。

颜杲卿打听到守井陉关的叛将是个糊涂的酒鬼,就假传安禄山的命令,派人带了美酒好菜去慰劳他。等叛将喝得大醉的时候,把叛将杀死,占领了井陉关。

颜杲卿攻下了井陉关,士气振奋。第二天又接连活捉了两名叛将。同时,颜杲卿派人分头到河北各郡去告诉官吏:"现在朝廷派出三十万大军讨伐安禄山,已经出了井陉关,很快就到河北各郡了,受安禄山威胁叛变的趁早投降,可以受到重赏;如果顽抗,罪加一等。"河北各郡官员本来就不相信安禄山,都纷纷响应颜杲卿,站到唐军一边来。

安禄山正准备向潼关方向进兵，一听到河北各郡转投唐军的消息，只好改变主意，回到洛阳。他在洛阳自称大燕皇帝，派大将史思明、蔡希德各带一万人马，分两路攻打颜杲卿。

颜杲卿这时虽有河北各郡的支持，但起兵只有八天，常山周围的防御工事都没修好，怎能敌得过两路叛军？他立即派人到太原去求援，可太原守将王承业不肯出兵。

颜杲卿

史思明的人马把常山紧紧围困，颜杲卿带领常山军民拼死抵抗，但四天之后，常山城内弹尽粮绝，常山失守，陷落在叛军手里。

史思明下令屠城，常山一万多军民惨遭杀害，又把颜杲卿、袁履谦抓起来，押送到洛阳去见安禄山。

安禄山命令兵士把颜杲卿押到他跟前，责问颜杲卿说："你本来只是个范阳小官，我把你提拔为太守，为什么反叛我？"

颜杲卿怒气冲冲地骂道："你一个藩邦蛮夷，斗大个字都不认识；国家让你做了三镇节度使，恩宠有加，你却忘恩负义，背叛朝廷，我为国除奸，理所应当！"

安禄山恼羞成怒，要左右兵士把颜杲卿、袁履谦拖到一座桥边的柱子上绑起来，使用残酷的刑罚折磨他们。

颜杲卿大义凛然，毫无畏惧之色，面对酷刑的折磨，仍然痛骂安禄山。叛军用刀割了颜杲卿的舌头，颜杲卿满口鲜血，还发出含糊的骂声。

袁履谦看到颜杲卿受刑的悲惨情景，气得自己咬断舌头，连血带肉喷在旁边一个叛将的脸上。颜杲卿、袁履谦骂不绝口，一直到他们咽气。

颜杲卿从起兵到失败，虽然只有十几天，但沉重打击了叛军嚣张的气焰，拖住了叛军前进的脚步。他们奋起抵抗、誓死不屈的精神，鼓舞了更多的人抗击叛军。

颜杲卿被杀后一月，河东节度使李光弼率领步骑兵一万多人、太原弓箭手三千人出兵井陉关，打退叛军，收复常山。接着，朔方节度使郭子仪也带领精兵到常山和李光弼会合。郭、李两支大军兵强马壮，士气旺盛，接连打击安禄山叛军。河北十几个郡重新回到唐军手中。

马嵬驿兵变

　　潼关是京城长安的门户,那里形势险要,道路狭窄。唐玄宗派大将哥舒翰带领重兵把守,叛将崔乾祐在潼关外屯兵半年,没法打进去。

　　正在安禄山进退两难的时候,唐王朝却自己打开了潼关的大门。原来哥舒翰主张坚守潼关,又以此等待机会准备反攻;郭子仪、李光弼也从河北前线给唐玄宗上奏章,请求引兵北上,攻打安禄山的老巢范阳,并告诫潼关守军千万不要出关。但是,宰相杨国忠却有个人的打算,他怕哥舒翰立了功,自己宰相的位子就保不住了。于是他在唐玄宗面前说潼关外的叛军已经攻了半年多还没有攻破潼关,此时已是强弩之末;如果哥舒翰出兵,肯定能够大败叛军,显示我唐军风采。昏庸的唐玄宗听信了杨国忠的话,接二连三派使者到潼关,逼哥舒翰带兵出潼关。

　　圣意难违,哥舒翰只能出关一战。

　　关外的叛将崔乾祐早已养精蓄锐,只等唐军出关。崔乾祐派精兵埋伏在灵宝西面的山谷里。哥舒翰的二十万大军一出关,就中了埋伏,几乎被叛军打得全军覆没。二十万人马只剩下八千。

　　哥舒翰想收拾残局,但他的部下先乱了阵脚,叛军乘胜打进潼关,哥舒翰被俘虏了。"一夫当关,万夫莫开"的潼关被打开了,从潼关到长安之间的一些地方官员和守兵纷纷弃城逃走。

　　到这时候,唐玄宗才感到形势危急,命令杨国忠与文武百官商量对策。这帮人平时都享乐惯了,危急的时候谁也想不出一个好主意来。杨国忠知道待在长安只有死路一条,京城肯定是保不住了,就劝玄宗逃到蜀地去。

　　当天晚上,唐玄宗、杨国忠带着杨贵妃和一批皇子皇孙,在将军陈玄礼和禁卫军的护送下,悄悄地打开宫门,逃出长安。他们派了宦官先到沿路各地,要官员准备接待。哪知道才到咸阳,派出的宦官和县令都已经跑得不见一个人影。

　　唐玄宗一行走了半天,别说没有官员接待,连个送饭的人都没有。随行太监好不容易找到当地百姓,向他们讨了点粮食。有几个百姓送上一点高粱饽饽,那些皇子皇孙平时吃的都是山珍海味,哪吃过这样的饭?刚开始他们还不吃，到最后饿得慌了，也不管什么好吃不好吃了，保命要紧。

唐玄宗勉强咽了几口饽饽，百感交集，直流眼泪。有个老人挤到车前，对玄宗说："安禄山想造反，已经不是一天两天了。这么多年来，不断有人向朝廷告发，但不是被杀掉，就是被关起来。陛下周围的大臣，只知道说好话。外面的情况，陛下一概听不到。要不是到了今天这步田地，我们怎么能站在陛下面前说话呢！"

唐玄宗听了，懊悔地说："是我太糊涂，现在后悔也来不及了。"

这样走走停停，第三天到了马嵬驿。随行的将士又饿又疲劳，他们心里越想越气，这全是杨国忠给害的；要不是他，潼关能失守吗？大家也不会落到这步田地，四处流亡。

杨贵妃

这个时候，有二十几个吐蕃使者拦住杨国忠，向杨国忠要粮。杨国忠还没答话，周围的兵士就嚷起来："杨国忠造反了！"一面嚷，一面就朝他射起箭来。

杨国忠慌里慌张想逃走，几个兵士追赶上去，砍下了他的头。

兵士们杀了杨国忠，情绪激昂，把唐玄宗住的驿馆包围了起来。唐玄宗听到外面有动静，问是怎么回事，太监告诉他："士兵们已把宰相杨国忠杀了。"唐玄宗大吃一惊，不得不拄着拐杖走出门，慰劳士兵，要将士们回营休息。

可是，士兵们照样吵吵嚷嚷。唐玄宗派高力士找到陈玄礼，问其原因。陈玄礼回答说："杨国忠谋反，贵妃也不能留下来了。"

唐太宗一听，一下子呆住了，愣愣地站了半天，才回过神来说："贵妃住在内宫，和杨国忠谋反有什么关系呢？"

高力士知道不杀杨贵妃，兵士们不会罢休，就说："贵妃是没有罪，但是将士们杀了杨国忠，如果留着贵妃，以后追究起来，将士哪里会心安？希望陛下慎重考虑，将士们心安，陛下也就安全了。"

唐玄宗为了保自己的命，只好狠了狠心，叫高力士把杨贵妃带到别的地方，用带子勒死。将士们听到杨贵妃已经被处死，才撤围回营。

李亨灵武即位

马嵬驿兵变之后，唐玄宗继续向蜀中行进。

这时，随行的许多将士纷纷劝阻唐玄宗李隆基说："杨国忠被杀了，但他的亲信都在蜀中，陛下不能去那里。"

于是，大军归向何处成了一个问题，一时间众说纷纭。有人主张去河西、陇右，有人要求去灵武，还有的人认为应该去太原，甚至有人提出返回京都长安。唐玄宗一时也没了主意。

大臣韦谔说："如果要回长安，就要有足够的兵力抵御叛军。不如先到扶风，再慢慢考虑去向。"大家都认为这个主意好，李隆基就决定先到扶风避难。

大军刚要起程，当地的父老就拦在路中，请求唐玄宗留下。父老们问道："皇宫是陛下的家园，陵寝是陛下的归宿，陛下如今要放弃这一切，到哪里去呢？"

李隆基想了很久，还是不知如何回答老百姓的问话，便命令太子李亨留下安抚，他自己先上路了。

李亨想伴随玄宗左右，有个照应。当地父老们对李亨说："如果殿下和皇上都去了蜀中，谁来为中原百姓做主？"请愿的百姓越来越多，一会儿就有几千人聚集在李亨面前。李亨不肯留下，他向父老们解释说："父皇年迈，西去路途遥远而且艰险，我怎么能让他一个人去冒这个险？再说，即使我不走，也还没有当面向父皇辞别。我要回去禀告父皇，然后再听他吩咐。"

说着，他泪流满面，催马要走。建宁王李倓与宦官李辅国拉着李亨的马笼头，极力劝阻说："逆胡反叛，进犯长安，国家分崩离析，百姓陷入水火之中，如果不顺从民意，怎么能恢复大唐天下呢？殿下随从皇上入蜀，如果叛军断绝栈道，那就等于将中原大地拱手送给了叛军。到那时想有所作为，恐怕为时已晚。不如现在收回西北戍边的军队，征召河北地区的郭子仪和李光弼，合兵东讨安禄山叛贼，收复东西两京，平定四海，然后再打扫宫殿，迎接皇上归来。这跟守在他身边比起来，才是更大的孝顺！"

广平王李俶也劝李亨留下来。父老们拦住了李亨的马，使他无法前行。李亨只好让广平王骑马前去禀告。

且说唐玄宗他们上路半天也不见李亨追上来，就派人回去打听看是怎么回事。派去的人回来禀报了李亨的情况，李隆基叹息道："这真是天意。"于是，他从后面的军队中分出两千人，连同一匹最好的飞龙厩御马留给李亨，并对这些留下的将士说："太子仁孝，一定能够继承大唐的帝业，希望你们好好辅佐他。"

李隆基又派人告谕李亨说："你要好自为之，不要为我担心，我待西北各部胡人一向不薄，你一定用得上他们。"李亨听罢，面向南方号啕痛哭。李隆基又派人传来旨意，要把帝位传给李亨，李亨坚决不接受。然而，他们究竟应该往哪里去呢？

李俶说："殿下过去做过朔方节度使，朔方离我们不远，兵马完好无损。河西行军司马裴冕出身名门望族，世代受朝廷俸禄，对皇上是忠贞不贰；而且叛军正忙于攻城略

郭子仪

地，朔方这边他们还顾不上，那里现在还是很安全的。我们可以前往朔方，到那儿以后，再商讨大计。"

大家齐声称善，便向朔方进发。他们刚走到渭河边，迎面碰上一队人马。大家都还以为是叛军，没仔细看便打了起来。混战半天才发现是自己人，正是从潼关退回的败兵，但这时已经伤亡了不少人。李亨于是收容了这些残兵，准备渡河。可是渭河水深，将士们骑着马才能勉强通过。没有马的那些人，只好含着泪，目送太子过河，场面颇为悲壮。

李亨一行日夜兼程，七月初九抵达灵武。众人商议认为：灵武兵强粮足，殿下在这里，向北可以召集各郡的军队，向西可以征发河西、陇右的精锐骑兵，然后挥师南下，平定中原，大功可成。于是他们请求李亨遵唐玄宗之命，即皇帝位，李亨不答应。

裴冕等人纷纷劝说道："殿下率领的将士都是关中人，他们为什么任劳任怨地跟着殿下来到这荒凉的边城？当然是希望有一天，收复故土，能够跟随殿下建功立业，再创我大唐之太平盛世。殿下如果再不同意，让众将失望，一旦离散，就不可收拾。希望殿下顺应军心，为江山社稷做长远打算！"

裴冕等人的奏议一连上了五次，李亨终于同意了。

756年七月十二日，李亨在灵武城南楼即位，奉李隆基为太上皇，改年号为"至德"，并大赦天下。他就是唐肃宗。

固守太原

至德二载（757年）正月，叛将史思明统率几路兵马，共十万大军，进攻太原。当时守卫太原的是宰相李光弼，他的精兵都已经奔赴朔方，剩下的团练兵都是乌合之众，不足一万人。史思明认为攻取太原城易如反掌，他想攻下太原后，就立刻进军，直接进攻朔方、河西、陇右。

太原城里的将领都很恐惧，商议修补城池等待叛军，李光弼说："太原城周围四十里长，叛军就快要到来，却大兴土木，是没见到敌人就先让自己疲惫。"

他于是率领士兵与百姓在城墙外面挖掘壕沟，又让士兵做了几十万块砖坯，大家都不知道有什么用处。等到叛军在城外进攻，李光弼就让士兵用砖坯加高城墙，有毁坏的地方立刻补修。

史思明派人到崤山以东取来攻城的器具，并且让胡兵三千人护送，到达广阳的时候，遭到别将慕容溢、张奉璋的截击，胡兵都被杀死。

太原久攻不下，史思明便挑选骁勇善战的士兵为机动兵力，告诫他们说："我进攻城北，你们就偷偷地到城南去；我进攻城东，你们就到城西，有机会就进攻。"但是，李光弼军纪严明，即使叛军没有进攻的地方，巡逻警戒也不曾松懈，叛军无法攻入。

李光弼在军队里征募人才，只要是小有技能，都被选出来，根据才能任用，人尽其才。

李光弼得到安边军的三个铸钱工匠，他们善于挖掘地道。叛军士兵站在城下仰头辱骂，李光弼就派人从地道里拉住他们的脚，拖进城里，在城墙上斩首。从此，叛军士兵走路的时候都低头看地。

叛军又用云梯和土山攻城，李光弼挖掘地道迎战，这些器具临近城墙的时候都陷进地里。

叛军起初攻势猛烈，李光弼做了大炮，发射大石头，一下就可以打死、打伤二十多人。叛军死了十之二三，于是把军营后撤了几十步，愈发严密地把城围住。

李光弼又派人假装与叛军相约，定下日期出城投降，叛军很高兴，没有防备。李光弼让士兵在叛军的营地周围挖掘地道，然后用木头撑住。

到了约好的日期，李光弼率领士兵站在城楼上，派遣裨将率领几千人出城，假装投降的样子，叛军都在旁边观看。忽然营中地面塌陷，死了一千多人，叛军惊慌混乱，官军趁机擂鼓呐喊，出城袭击，俘虏斩首了一万多人。这时恰好安禄山死了，安庆绪命令史思明返回范阳镇守，留下蔡希德等人继续围攻太原。

李俶收复两京

由于回纥军队作战英勇，士兵个个强悍，因此郭子仪就劝唐肃宗多征募回纥兵，攻打叛军。回纥怀仁可汗派他的儿子叶护和将军帝德等人率领精兵四千多人到了凤翔，支持唐肃宗平定叛乱。肃宗接见了叶护，设宴犒劳，赏赐财物，随便他想要什么。

至德二载（757年）九月，天下兵马元帅、广平王李俶率领朔方等各镇军队与回纥、西域各国士兵共十五万，号称二十万大军，从凤翔出发。李俶见到回纥叶护，提议二人结为兄弟，叶护很是高兴，称李俶为兄长。回纥兵到达扶风，郭子仪留他们宴饮三天。

叶护说："我们远道而来是为协助天朝平定叛贼，怎么只顾吃喝？"宴饮后立刻出发，并由唐朝来供应回纥军队每天的伙食。

二十五日，各路大军同时进发。二十七日，到达长安城西，在香积寺北、沣水东岸布阵。李嗣业为前军，郭子仪为中军，王思礼为后军。叛军十万人在北边布阵，叛将李归仁出阵挑战，官军追击，逼近叛军军阵，叛军一齐进发，官军一看敌人阵容强大，不是对手，便撤退。叛军乘机进攻，官军军中顿时乱作一团，军心涣散。叛军争着抢夺辎重。

李嗣业说："现在不拼死抵抗，我们只有等着挨宰的份儿。"但见他祖露上身，手执长刀，在阵前大声呼喊，奋勇出击；被他砍到的，人马俱死，他一连杀了几十人，军阵才稍稍稳定。李嗣业身先士卒，率领前军手持长刀，排成横队，像一堵墙一样向前推进，所向披靡。都知兵马使王难得为了救他的裨将，被叛军射中眉毛，垂下的皮肉遮住眼睛。王难得自己拔出箭头，扯掉皮肉，血流满面，但仍然上前奋战不已。

祖呼决阵·李嗣业

叛军原本在阵地东面埋伏精兵，想从后面袭击官军，却被官军的侦察兵发觉，因此反被朔方左厢兵马使仆固怀恩率领的回纥兵袭击，顿时没了战斗力。

李嗣业又与回纥兵绕到叛军阵后，与大军夹击，从午时到酉时，斩首六万多人，死在野外的不计其数。叛军溃败，剩余的士兵逃进长安城，喧嚣声一整夜都没有停息。

仆固怀恩对李俶说："叛军弃城逃走，请让我率领二百名骑兵追击，活捉安守忠、李归仁等人。"

李俶说："将军作战已经很疲劳了，还是休息休息，等明天早晨再说。"

仆固怀恩说："李归仁、安守忠都是叛军中骁勇的将领，刚刚被我们打败，这次是追击他们的良机，请大王派我们去吧，肯定能俘虏他们。一旦放虎归山，他们再收集残军，进攻我们，后悔也来不及了。兵贵神速，为什么要等到明天早晨？"

李俶坚持不同意，仆固怀恩一夜反复请求了四五次李俶也没有同意。天色微亮时，间谍回来报告说，安守忠、李归仁与张通儒、田乾真等人都已逃走。二十八日，朝廷大军进入西京。

当初，唐肃宗为了尽快收复京师，与回纥约定说："攻克城池以后，土地、男子归唐朝，金帛、女人都给回纥。"到这时，叶护就想按约定的那样办。

李俶在叶护的马前下拜，说："现在刚收复西京，如果大肆抢掠，那么东京的人都会为叛军死守，不能再攻克，希望攻克东京后再履行约定。"

叶护吃惊，赶紧跳下马也跪在地上，抓着李俶的脚说："当为殿下立刻前往东京。"于是与仆固怀恩率领回纥、西域的军队从长安城南经过，在浐水东岸扎营。李俶留在长安镇抚百姓，三天之后，领兵向洛阳进发。

十一月十五日，李俶率领军队抵达曲沃。叶护命令他的手下鼻施吐拨裴罗等人率领士兵顺着南山搜寻叛军，驻扎在岭北。郭子仪率领的官军与叛军在新店相遇，叛军依山布阵，易守难攻，郭子仪与之交战失利，被叛军赶到山下。

回纥军从山的南面袭击叛军的背后，叛军腹背受敌，一看回纥兵来了，顿时溃败。官军与回纥军乘机夹击，叛军大败，尸横遍野。严庄与张通儒等人放弃陕郡向东逃跑，李俶与郭子仪进入陕城，仆固怀恩等人率领士兵分头追击叛军。

十八日，李俶率兵进入东京。回纥军很难满足，李俶十分忧虑。东京百姓请求用一万匹丝帛贿赂回纥军，回纥军才作罢。

李光弼大破史思明

唐王朝收复两京以后，安庆绪犹据六十多座城池，继续抵抗唐军。唐肃宗便集结了九个节度使约六十万兵力，准备一次性剿灭安庆绪。这九路大军归谁统率呢？论地位和威望，应该是郭子仪和李光弼，但是唐肃宗又担心郭、李两人权力太大，所以故意不设主帅，竟派了一个完全不懂打仗的宦官鱼朝恩做观军容使，九个节度使都得听他指挥。

唐军攻至邺城的时候，史思明举兵反唐，从范阳带兵救援安庆绪。唐军正准备与叛军交战，突然一阵大风刮起，天昏地暗。由于鱼朝恩根本不懂得带兵，九路人马顿时乱作一团，吃了败仗。但没想到回朝之后，鱼朝恩竟将兵败的责任全部推给郭子仪。唐肃宗听信鱼朝恩的话，就撤了郭子仪的职务，让李光弼接替他。

这时候，叛军内部发生叛乱。史思明在邺城杀了安庆绪，自立为大燕皇帝，整顿人马，向洛阳方面进攻。

李光弼到了洛阳，洛阳的官员看到史思明的兵马众多，来势汹汹，有点害怕，有人主张退到潼关。李光弼说："现在双方势均力敌，谁占领了有利的地形谁就可以扭转局势，我军不如转移到河阳，进可以攻，退可以守。"于是下令让官员和老百姓全部撤出洛阳，逼史思明带兵到河阳与唐军对峙。

李光弼是个久经沙场的老将。他知道眼前的兵力不如叛军，所以只能智取，不能强攻。他听说史思明带来一千多匹战马，每天要在河边沙洲洗澡吃草，就命令部下将自己的母马与小马分开拴在不同的马厩里，等叛军的战马一到沙洲，就把母马放出去和敌人的战马混在一起。到时母马想起小马，就会嘶叫着奔回来，敌人的战马也就会跟着母马群跑到唐军阵地来。

此计果然妙哉！史思明一下子丢了上千匹战马，气得要命，他立刻调了几百条战船从水路进攻，并用一条火船开路，准备把唐军的浮桥烧掉。

李光弼

李光弼知道后,就命令士兵准备好几百根粗大的长竹竿,用铁甲包住竿头,以防被火烧坏。等叛军火船一来,几百名兵士站在浮桥上,用竹竿顶住火船。火船没法前进,被烧得支离破碎,一下子就沉没了。唐军又在浮桥上发射石头炮攻击敌人的战船,把船上的敌兵打得头破血流。有的连人带船都沉入水底;有的挣扎着爬上岸,没命地逃跑了。

史思明几次发动进攻,都被李光弼用计打退。

最后,史思明集中了强大兵力,派叛将周挚进攻河阳的北城,自己领了一支精兵攻打南城,准备南北夹击。

早上,李光弼带领部将一起登上北城,观察敌军军情,只见敌军黑压压的一大片,正向北城紧逼过来。众将一看,心里确实有些慌了。为了不影响军心,大家嘴上没有说什么,但脸上的表情却不言而喻。李光弼看出大伙儿的心情,镇静地说:"敌军虽然人数众多,但是队伍不整齐,看得出他们有点骄傲。骄兵必败,不到中午,保准能击败他们!"

接着,李光弼就命令将士分头出击。将士们虽然打得勇猛,但是敌人很多,打退了一批,又上来一批,双方还是不分胜败。

李光弼又召集部将商量,说:"你们观察敌军的阵势,哪个方向的战斗力最强?"

部将们回答说:"西北角和东南角。"

李光弼马上拨出五百名骑兵,派两名将领率领,分路增援西北角和东南角。然后把剩余的将士都集中起来,严肃地宣布军令:"将士们看我的旗帜行动:我缓慢地挥旗,你们可以各自行动;如果急速挥旗着地,就是总攻的信号。将士们看到这个信号,必须奋勇向前,不准临阵退却。"说到这里,他拿了一把短刀插在靴子里,继续说:"打仗本来是拼死拼活的事儿。我是国家的大臣,决不能当了敌人的俘虏。你们如果战死在前线,我就在这儿自杀。"

将士们听了李光弼一番激励的话,都勇猛无比地杀上阵去。战场之上,各个以一当十,英勇无比。

李光弼看到唐军士气旺盛,就急速挥动旗帜着地,下令总攻,各路将士看到城头旗号,争先恐后地冲进敌阵,喊杀声惊天动地。叛军受到猛烈的攻击,再也抵挡不住,纷纷溃退,被唐军杀死、俘虏了一千多,还有一千多兵士被挤到水里淹死，攻北城的叛将周挚也逃走了。

史思明这时还在进攻南城。于是，李光弼就把北城俘虏来的叛军赶到河边，史思明知道周挚已经全军溃败，不敢再战，连忙下令撤退，逃回洛阳。

李光弼连续打退史思明的进攻，双方相持了将近两年。后来，昏庸的唐肃宗又听信鱼朝恩的话，命令李光弼攻打洛阳，李光弼认为敌人兵力还很强，不该轻易攻城。唐肃宗接二连三地派了宦官逼他进攻，李光弼君命难违，只能出战，结果战败而回，李光弼也被撤销了主帅的职位。

史思明去了一个强大对手，就乘胜进攻长安。幸亏在这个时候叛军发生了第三次内讧，史思明被他的儿子史朝义杀死，叛军内部四分五裂。763年，史朝义兵败自杀。

从安禄山发动叛乱，一直到史朝义失败，中原地区打了八年的内战，历史上把这件事称为"安史之乱"。

杜甫写"诗史"

杜甫跟李白一样，是唐代著名的大诗人。在文学史上，他们合称为"李杜"。杜甫，字子美，河南巩县人，出生在一个没落的官僚家庭，从小就下苦功读书，也游历了许多名山大川，写了不少优秀的诗歌。三十几岁的时候，他在洛阳，遇见了李白。杜甫比李白小十一岁，两个人的性格也迥然各异，但是共同的志趣和爱好使他们成为亲密的好友。

后来，杜甫到长安参加科考。当时是奸相李林甫掌权，李林甫由于自己没有学问，便非常嫉妒那些读书人，他就怕这些来自下层有才能的读书人受到皇上的器重，影响他的官运。于是他勾结考官，让这次参加考试的人都没有中举。唐玄宗感到奇怪，李林甫便上了一道祝贺的奏章，说这件事正说明皇帝圣明，有才能的人都已经得到任用，民间再也没有遗留的贤才了。唐玄宗当时已经听惯了这种好话，还很高兴地重赏了李林甫。

那时候的读书人都把科举作为谋出路的唯一途径，杜甫自恃才高，没想到会遭遇这样的事情，这对他的打击自然不小。他在长安过着贫穷困苦的生活，看到权贵的豪华奢侈和穷人受冻挨饿的凄惨情景，按捺不住心里的愤慨，就用诗歌控诉这种不平的现象。"朱门酒肉臭，路有冻死骨"，就是他写下的不朽

杜甫

诗句。

杜甫在长安待了十年，唐玄宗刚刚封了他一个官职，"安史之乱"就爆发了。中原大地，一场浩劫。人民流离失所，杜甫也开始了避难生涯。当他听到唐肃宗在灵武即位的消息后，就离家投奔唐肃宗，没想到偏偏在半路上碰到叛军，又被抓到长安。

长安已经陷落在叛军手里，叛军到处烧杀抢掠，宫殿和民房在大火中熊熊燃烧。唐王朝的官员，有的投降了，有的被叛军押送到洛阳去了。杜甫被抓到长安以后，叛军的头目看他不像什么大官，就把他给放了。

第二年，杜甫从长安逃了出来，几经波折，终于赶到凤翔见到了唐肃宗。那个时候，杜甫身上的衣服都破烂不堪了，连手肘都露在外面，脚上穿的是一双旧麻鞋。唐肃宗对杜甫长途跋涉投奔朝廷表示赞赏，委任他一个左拾遗的官职。

左拾遗是个谏官。杜甫以为自己从此便可实现年轻时的梦想，匡正时弊，辅佐君王，成就天下太平之大业，便很认真地办起事来。他根本就没想到唐肃宗是看他可怜，设这个官职也是为了装装门面，哪里是要大臣直言规劝、指责自己。过了不久，宰相房琯被唐肃宗撤了，杜甫认为房琯很有才能，不该把他罢免，就上了奏章向肃宗进谏。这一来，就得罪了唐肃宗，他还差点被治罪。亏得有人在唐肃宗面前为他求情，唐肃宗才把他放回家去。

唐军收复长安以后，杜甫也回到长安。唐肃宗把他派到华州做了个管理祭祀、学校工作的小官。杜甫带着失意的心情，来到华州。那时候，长安、洛阳虽然被官军收复了，但是战争还没有结束，唐军到处拉壮丁补充兵力，把普通百姓折腾得没办法生活。

有一天，杜甫经过石壕村，时间已经很晚了。他到一家穷苦人家去借宿，接待他的是一对老农夫妻。半夜里，他正翻来覆去睡不着觉的时候，忽然响起一阵急促的敲门声。杜甫在房里静静地听着，只听到那个老人翻过后墙逃了，老婆婆一面答应，一面去开门。

进屋的是官府派来抓壮丁的差役，他们厉声吆喝着，问老婆婆说："你家男人到哪里去了？"

老婆婆带着哭声说："我的三个孩子都上邺城打仗去了，前两天刚接到一个儿子来信，说两个兄弟都已经死在战场上。家里只有一个儿媳和吃奶的孙儿，你还要什么人？"老婆婆讲了许多哀求的话，差役还是不肯罢休。老婆婆没有法子，只好答应跟他们走，到军营去给兵士做苦役。

天亮了，杜甫离开那家的时候，送别的只有老农一个人了。

杜甫看到这种凄惨的情景，心里很是气愤，诉诸笔端，便成了后来著名的《石壕吏》。他在华州的时候，前后一共写过六首这样的诗，即《石壕吏》《潼关吏》《新安吏》《新婚别》《垂老别》《无家别》，由于杜甫的诗歌大多是写"安史之乱"中人民的苦难，反映唐王朝从兴盛到衰落的过程，所以，人们把他的诗篇称作"诗史"。

第二年，他辞去了华州的官职。接着，关中闹了一场大旱灾，杜甫只好带着全家流亡到了成都，依靠朋友的帮助，他在成都西郊的浣花溪边，造了一座草堂，在那里过了将近四年的隐居生活。后来，他的朋友死去，他在成都没有依靠，又带了全家向东流亡。770年，杜甫死在湘江上的一条小船上。

他死后，人们为了纪念这位伟大诗人，把他在成都住过的地方保存起来，这就是有名的"杜甫草堂"。

段秀实不畏强权

唐肃宗死后，他的儿子李豫即位，即唐代宗。当时，唐朝西部边境驻军很少，吐蕃贵族便趁机集结了吐谷浑等几个部落共二十多万人马大举入侵，一路上势如破竹，一直打到长安。

唐代宗赶快请郭子仪出来抵抗吐蕃兵的进攻。那时候，郭子仪身边已经没有士兵了。"安史之乱"平定以后，他便功成身退。为使唐肃宗心安，他不但交了兵权，连自己身边的亲兵都解散了。因此，他临时招募了二十名骑兵，赶到咸阳时，长安已经陷落，唐代宗被迫逃到陕州。郭子仪派出将士在长安附近虚张声势，白天打鼓扬旗，晚上点起火堆，又派人进城找了几百个少年在大街上打鼓，大叫大嚷，说郭令公带着大军来了，人数多得数也数不清。吐蕃人都知道郭子仪的厉害，就抢掠了一些财物，逃出长安了。

郭子仪又立了一次大功。唐代宗回到长安后，重新封郭子仪为副元帅。过了一年，吐蕃、回纥兵又逼近邠州，郭子仪派他的儿子郭晞带兵去协助邠州节度使白孝德防守。

白孝德

郭晞仗着他父亲在朝中的地位，自以为是，目中无人。他手下的兵士纪律松弛，经常出去滋扰百姓，郭晞不但不追究责任，有时还帮他们隐瞒真相。

邠州地方有些地痞流氓，便抓住郭晞这一个点，认为有利可图。他们买通了官吏，做了郭晞家的士兵，对外借着郭晞的名声肆意横行，扰民不断。

邠州节度使白孝德因为这件事伤透了脑筋，但是他自己也是郭子仪的老部下，不敢去管郭家的人。

邠州旁边是泾州，泾州刺史段秀实是个很有智谋、很有见识的人。他听到这种情况后，特地派人送信给白孝德，要求接见。

白孝德接见了他。段秀实说：“我看到您这里治安混乱，心里很难受，所以特地来请求在您部下做个都虞候（军法官），来管理地方治安，怎么样？”

白孝德拍手说：“您肯来，我求之不得。”

段秀实在邠州做了都虞候。这件事并没有引起郭晞手下将士的注意，一些兵士照样胡作非为。

有一天，郭晞军营里的十七个士兵又在街上酒店里酗酒闹事，喝了酒不给钱，还拿刀刺伤了店主，砸了人家的酒坛。

段秀实得到报告，立刻派出士兵，把那些闹事的人就地处死。老百姓看到这批害人的家伙受到惩罚，个个称快，人人高兴。

这消息传到郭晞军营，士兵们纷纷穿戴好盔甲，拿上武器，让郭晞带着他们去找白孝德算账。

白孝德害怕了，直怪段秀实给他闯了祸。段秀实说："白公不用担心，我自有办法应付。"说着，便只带了一个给他拉马的跛脚老兵，到了郭晞军营。

郭晞的士兵们全副武装、杀气腾腾地在营门口拦住段秀实。段秀实一面笑，一面走进营门，说：“杀个老兵，还用得上摆这个架势？我把我的头带来了，叫你们将军出来吧。”

士兵们看到段秀实泰然自若、毫不惧怕的样子都呆住了，赶快报告郭晞。郭晞连忙请段秀实进来。

段秀实见了郭晞，作了一个揖，说：“郭令公是国家的大功臣，大伙都敬仰他。现在您却纵容士兵横行霸道。这样下去，能不大乱才怪呢！如果国家再发生大乱，你们郭家的功名也就完了。"

郭晞听了，猛然醒悟过来，说："段公给我教训，这是对我的爱护，我一定听您的劝告。"他对左右的兵士说："传我命令，全军士兵一律回营休息。再敢胡闹立即处死！"

当天晚上，郭晞为了感谢段秀实，把他留下来请他喝酒。段秀实便让老兵先回去了，自己在郭晞的营里过了一夜。郭晞怕坏人来暗算段秀实，自己不敢睡，还专门派兵在段秀实宿营外巡逻保护。第二天一早，郭晞跟随段秀实一起到白孝德那儿道歉。

打那以后，郭家的军队军纪肃然，再也没有人敢违法闹事。邠州地方的秩序也安定下来。但是，不到一年，长安又紧张起来。

鱼朝恩祸乱朝政

鱼朝恩，泸州泸川人，三十多岁时进宫当了太监。由于他狡黠、机敏，口齿伶俐，传达诏令准确得体，很受皇帝的赏识。他便因此爬上高位，干尽了残害忠良、祸害朝廷之事。

乾元元年（758年），唐肃宗命郭子仪、李光弼等九个节度使联合出兵讨伐盘踞在相州的叛军安庆绪。唐肃宗担心郭、李两位将军兵权在手，会有所图谋，便决定由自己的心腹之人担任观军容宣慰处置使，鱼朝恩就顺理成章地第一个坐上了这把交椅。

鱼朝恩根本不懂军事，又很想过一把统率千军万马的瘾，于是就瞎指挥起来。乾元二年，史思明在魏州自称大圣燕王。李光弼建议出兵攻打史思明，这样可以断了安庆绪的后路，可鱼朝恩却坚决反对，结果错失良机。

不久，李光弼等率步骑六十万与史思明叛军在安阳河畔大战，郭子仪率后续部队也赶到，唐军眼看要得胜，不料忽然狂风大作，飞沙走石，天昏地暗，官军缺乏一个统一的主帅指挥，顿时惊慌失措，被叛军打得伤亡惨重。回到京师后，鱼朝恩把责任全部推到郭子仪身上，一再要求处治郭子仪。于是，这年七月，郭子仪被撤职召回京师。

过了一年多，唐肃宗决定重新起用郭子仪，让其率领各路大军攻打安禄山的老巢范阳。但是鱼朝恩怕郭子仪出兵获胜，重建功业，就极力阻挠。结果，唐肃宗的诏令下达后仅过了十几天，便成了一纸空文，唐王朝又失去了一次消灭叛军的良机。

唐代宗广德元年（763年），吐蕃入侵长安，鱼朝恩因救助唐代宗平安到达陕州避难有功，唐代宗便让他当了天下观军容宣慰处置使，掌管神策军，可以自由出入宫廷。

从此以后，鱼朝恩更加得意忘形，随心所欲。他本是个不学无术的大草包，偏偏却要附庸风雅、假装斯文，经常招揽些轻薄文人在家中讲经书，写文章，大言不惭地吹嘘自己能文善武。唐代宗也糊里糊涂，居然于大历元年（766年）让鱼朝恩负责中央最高教育机构国子监。

鱼朝恩越发骄横，由于有唐代宗的宠信，竟对国家军政大事指手画脚。大臣们都害怕他的权势，只好忍气吞声。礼部郎中相里造、殿中侍御史李衍不买他的账，经常把鱼朝恩驳得哑口无言。鱼朝恩恨死他俩，便在唐代宗面前诋毁他们，唐代宗最终罢免了他们的官职。

鱼朝恩深知，作为一个宦官要永久保住权位，只有把皇帝巴结好才是硬道理。他知道唐代宗信佛想当孝子的心理，就把自己的宅院献出来做寺庙，孝敬给已死的唐代宗的母亲章敬太后在九泉之下享用。为了讨取唐代宗的欢心，他让工匠不分昼夜地干活，稍有怠慢，就拳脚相加。

鱼朝恩还是一个搜刮民财的能手。为了聚敛更多的钱财，他暗中指使长安城内的流氓无赖用种种编织的罪名肆意逮捕富人，送到狱中，把他们屈打成招，甚至干脆活活打死，把全部财产没收。

随着地位的稳固，鱼朝恩连唐代宗也不放在眼里了。每次向唐代宗奏事，他都是根据自己的意愿安排时间，让代宗等着他。朝廷在讨论重大事情时，如果不让鱼朝恩参加，他就大吵大闹，这使代宗不由得对他反感起来。

鱼朝恩的养子鱼令徽还是个小孩儿，就当上了内给事，因为没有官品，只能穿绿衣服。鱼令徽狗仗人势，每次和小伙伴玩耍，总要占上风不可。有一次他没能如愿，回家告诉了鱼朝恩。第二天一早，鱼朝恩就领着鱼令徽去见代宗，说："我儿子官位太低，常受别人欺负，希望陛下能赐给他一套紫衣。"按当时的等级制度，只有三品官员才能穿紫色官服，可是唐代宗还没有答话，有关人员早已把紫衣拿了过来，鱼令徽立即穿上向唐代宗拜谢。唐代宗只好默认，内心却对鱼朝恩这种行为非常不满。

宰相元载看出唐代宗对鱼朝恩不满，便乘机在唐代宗面前揭露鱼朝恩专权骄横、图谋不轨，要求除掉他。这时，郭子仪也密奏唐代宗："鱼朝恩久抓神策军兵权，如不及早消灭，将会留下严重的后患。"唐代宗思前想后，觉得对鱼朝恩再没有什么可以留恋的了，就让元载着手准备。

鱼朝恩的同党刘希暹觉察出唐代宗的意图，密告鱼朝恩，他开始坐立不安。但是唐代宗每次见到他，仍是那么敬重，鱼朝恩又放下心来。殊不知，唐代宗已命令元载等人暗中调查他的犯罪事实。

大历五年二月，元载上报代宗，已经准备好了随时逮捕鱼朝恩的方案。唐代宗叮嘱他们谨慎从事，以免打草惊蛇。

清明节那天，唐代宗在宫中设宴招待百官。宴会结束后，他以商量事情为由把鱼朝恩留了下来。唐代宗责备鱼朝恩心怀不轨，鱼朝恩极力为自己辩解，态度还非常蛮横。这时，周皓带人进来，捉住鱼朝恩，当即把他绞死。这个恶贯满盈的大宦官终于得到了他应得的下场，结束了他罪恶的一生。

颜真卿临死不屈

建中三年（公元782年），淮西节度使李希烈起兵反叛，唐德宗向卢杞询问计策，卢杞回答说："李希烈是因为年轻又比较勇猛，仗着自己立过军功，便十分骄傲轻慢，目中无人，将佐无一人敢规劝和阻止他。如果派一名温文尔雅的朝廷重臣前去说服，并向李希烈讲明是非利弊，李希烈定会洗心革面，那么可以不派军队，就能使他归服朝廷。颜真卿是三朝元老，为人正直忠诚，刚毅果断，在朝中有很高的名望，人们都信任他、敬佩他，我认为他是最佳的人选。"唐德宗同意了卢杞的提议，派颜真卿到许州去传达自己的旨意，安抚李希烈。命令下达后，满朝大臣都大惊失色。

到了许州，颜真卿正准备宣读皇帝的诏书，李希烈派其养子领一千多人围着他肆意谩骂，有的还拔出刀比画着要砍要杀的样子。颜真卿面不改色心不跳。李希烈又急忙用自己的身体挡住颜真卿，从此把颜真卿扣留下来，不让他回长安。

朱滔、田悦、王武俊、李纳等分别派人到李希烈处，上表称臣，劝他

颜真卿

称帝。李希烈召来颜真卿给他看这些人的信，说："四王不谋而合，共同推举我，难道我会因朝廷的猜忌而无地自容吗？太师看看这事态该怎么发展。"

颜真卿说："这四人是四凶，怎么能称四王？你不保全自己的功名、事业，做大唐的忠臣，却与这些乱臣贼子往来，想和他们一块覆灭吗？"

李希烈听后很不高兴，派人在院中挖了一个坑，准备活埋软禁在馆舍中的颜真卿。颜真卿镇定自若，去见李希烈时说："既然决定杀我，何必要那么多花样呢！赶快一剑砍死我，不是令你更痛快、更满足吗？"李希烈却反而给他道歉。

二十日，荆南节度使张伯仪与李希烈的淮宁兵在安州交战，结果朝廷军队大败，节度使张伯仪死里逃生，却丢掉了朝廷赐给他做节度使的旌节。李希烈派人把张伯仪的旌节和割下的俘虏耳朵拿给颜真卿看；颜真卿看后悲痛欲绝，一时气绝昏迷，后又苏醒过来。从此以后，他不再与人说话。

李希烈即帝位，国号大楚，设置百官，又派遣他的将领辛景臻对颜真卿说："你既然不愿意屈节服从，干脆自焚算了！"于是在他居住的庭院，堆起柴点燃。颜真卿向火堆快步走去，辛景臻急忙拉住他。

八月初三，李希烈看到王师接连获胜，担心发生变故，就派中使到蔡州（李希烈后来把颜真卿押送到了蔡州）去诛杀颜真卿。中使到了说："有敕书！"颜真卿拜了两拜，中使说："今天赐颜真卿死。"颜真卿说："老臣没有成绩，罪当死。不知道使者是哪天从长安出发的？"中使说："我是从大梁来的，不是从长安来。"颜真卿说："这样说来，只是贼寇罢了，怎么能说敕书呢？"于是中使勒死颜真卿，而颜真卿最终也没有屈服。

二王八司马事件

唐德宗时期，唐朝的国势已经十分衰弱了。而德宗又昏庸无能，更加重了社会的动荡不安。

唐德宗认为宦官是自己的家奴，忠实可靠，竟然叫他们统率禁军，开了宦官掌兵权的恶劣先例。

为了躲避吐蕃进犯和朱泚叛乱，唐德宗曾两次出逃，过了一段艰苦的日子。他没有从中总结出应有的教训，却总结出了必须敛财的经验。返回长安的唐德宗把敛财当成了首要大事。于是那些节度使和地方官，把从百姓身上剥削来的钱财拿出一小部分进奉给他,有的按月进奉,有的按日进奉,以此来讨他的欢心。他每年收到的进奉钱,多的时候有五十万贯,少的时候也有三十万贯。

为了敛财,唐德宗还办了起了宫市。所谓宫市,就是皇宫里需要什么东西,到市场上去买时,不按市价付款,只随便给几个钱。这实际上就是公开掠夺。有几百名宦官专门负责此事,他们被称为"宫使"。这些宫使在长安闹市走街串巷,看到好东西拿了就走,卖主也不敢追问。所以市民和商人看到宫使来了,就像碰到强盗一样担惊受怕。诗人白居易的《卖炭翁》一诗反映的就是这种情况。

贞元二十一年正月,昏庸贪暴的唐德宗死了,太子李诵即位,史称唐顺宗,改元永贞。

李诵当太子的时候,就从侍从官王伾、王叔文那里听到民间疾苦、宫市的弊害。李诵是个有作为的皇帝,他想要改革政治,振兴唐室。但他当皇帝时已经中风,不能说话了。于是,他重用王伾、王叔文来处理朝政。

在"二王"的建议下,柳宗元、刘禹锡、韦执谊、韩泰、韩晔、陈谏、凌准、程异八人,也参加议政。他们十分痛恨当时腐朽黑暗的局面,决心在政治上进行一番改革。有了皇帝的支持,他们就大刀阔斧地干起来。

革新派通过唐顺宗发布命令,废除百姓积欠官府的一部分租税,停止地方官的进奉,减低盐价,取消宫市,释放宫女,大大减轻了老百姓的负担。

唐初赋税有租、庸、调之分,是按男丁征收的。每丁每年向国家交粟二石,叫作租;每年交绢二丈、绵三两,或交布二丈五、麻三斤,叫作庸;每丁每年服徭役二十天,如果不服徭役,每天折合绢三尺或布三尺七五,叫作调。到了唐中后期,由于土地兼并等原因,按丁计算征收的办法已经行不通了。

唐德宗时,在宰相杨炎的主持下,对赋税制进行改革,改为按亩征收了。因在夏、秋两季征收,故称两税法。这本来是于国于民都有利的事情。但从两税法实行的第二年起,德宗就开始任意加税了。如加征茶竹漆木税、房屋税、交易税。不仅如此,还宣布"借商令",向富商强借国债。于是,官吏乘机敲诈勒索,许多人家被抢劫一空,含冤自杀。针对这种情况,革新派就适当地减轻了赋税。对藩镇割据和宦官的权力也做了限制和削弱。剑南西川节度使韦皋派刘辟到长安,对王叔文进行威胁利诱,想要完全控制三川地区来扩大割据地盘。王叔文不仅拒绝了韦皋的要求,还下令诛杀刘辟。刘辟吓得狼狈地逃回去了。

王叔文打算让老将范希朝统率禁军,并且担任京城以西各城镇行营节度使;打算派韩泰为行军司马,接管宦官的兵权,但最终由于宦官的阻挠而未能实现。

当时的京兆尹李实原来在外地做官时,就因为克扣军粮,引起士兵的愤怒,士兵打算杀他。他吓得连夜缒城逃走了。他当上了京兆尹后,有一年,他不管天旱歉收,依旧让老百姓完粮纳税,逼得百姓拆房卖瓦、卖青苗来交税。

李实把不择手段搜刮来的钱,拿出一部分进献给唐德宗,其余大部分都装进了他自己的口袋。他聚敛的钱财足足有三十万贯！王叔文最后把他贬到外地去。长安市民听到这个消息，无不拍手称快。许多人揣着砖瓦石块，准备拦住他痛打一顿。李实非常害怕，当天晚上就偷偷逃出了长安。

革新派的许多措施对国家和百姓有利，因而受到了人民的称赞。他们的改革史称"永贞革新"。

永贞革新损害了宦官和大官僚的利益，因此遭到他们的强烈反对。不久，以俱文珍为首的宦官集团阴谋策划废掉唐顺宗，立太子李纯为皇帝。同时许多被革新派贬职的官员也纷纷上表，逼迫唐顺宗退位，并且大肆攻击王叔文等人。

同年八月，唐顺宗让位给太子李纯。李纯即位，史称唐宪宗。在宦官和守旧官僚的支持下当了皇帝的宪宗，自然要照顾他们的利益。于是，他一即位，就把王伾、王叔文贬到外地去了。

不久，王伾在贬地死去，王叔文被贬后又被赐死。柳宗元、刘禹锡等八人都被贬到边远地区做了小小的司马。只进行了短短的一百四十六天的革新就这样夭折了。这也被人们称为"二王八司马事件"。

李愬雪夜取蔡州

元和十一年（816年）年底，朝廷任命太子詹事李愬为唐、随、邓节度使，讨伐吴元济。李愬来到唐州，当时唐州的军队刚打了败仗，死伤很多，士兵们都害怕作战。

李愬得知这种情况，就对出来迎接的人说："天子知道我温和怯懦，能够忍辱负重，所以让我来抚慰你们。至于攻城野战，就不是我的事情了。"大家相信了他的话，都放下心来。

李愬亲自看望将士，慰问伤病的士兵，不摆威严的架子。他打算袭取蔡州，就向朝廷上表，要求增加兵力。得到归降的士兵，他一定亲自询问，因此对敌方地形、兵力的情况都了如指掌。

敌将吴秀琳投降，李愬抚着他的背，好言安慰他，收降了他的三千人马。

后来李愬与吴秀琳商议袭取蔡州的事，吴秀琳说："非有李祐不行。"李愬便趁李祐外出，派人将他捉了来。

九月，李祐向李愬进言说："如今蔡州的精兵都在洄曲，戍守四周边境，在州城守卫的都是老弱残兵，可以乘虚而入，直抵州城。等到敌军将领得到消息，吴元济已经被我们捉住了。"李愬认为这个计策很好。

军队已经开拔，还不知道要去往哪里。李愬说："尽管向东前进！"军队走了六十里路，夜里到达张柴村，把戍守的淮西士兵和掌管烽火的人全部杀死，占领了敌军的栅垒。

雪夜入蔡

李愬命令将士稍稍休息，吃些干粮，整顿装备，把义成军的五百人留下镇守张柴村，截断洄曲与各条道路上的桥梁。然后连夜率领兵马出了张柴村，众将请示进军的目标，李愬说："到蔡州攻打吴元济！"

众将领都大惊失色，监军哭着说："果然中了李祐的奸计了！"

当时，风雪大作，旌旗都被吹裂了，冻死的士兵和马匹到处都是。天色阴暗，从张柴村往东去的道路，都是官军从来没走过的，每个人都认为一定会死，但是都畏惧李愬，不敢违抗。

半夜，雪下得更大了。军队前进了七十里，抵达蔡州城下。城外有一个喂养鹅鸭的池塘，李愬命令哄赶鹅鸭，遮掩军队行走的声音。自从以前的节度使吴少诚抗拒朝廷命令，已经有三十多年没有官军来到蔡州城下了，所以蔡州人没有什么防备。

十六日四更，李愬抵达蔡州城下，城里没有一个人知道。李祐和李忠义用锄头在城墙上掘出坑坎，率先登城，强壮的士兵紧随其后。

守卫蔡州城门的士兵正在熟睡，李祐等人把他们全部杀掉，只留下巡夜打更的人，让他照旧去敲打木梆。于是打开城门，让大军进城。进入内城的时候，也是采用这种办法，城里的人毫无察觉。

鸡叫的时候，雪也停了，李愬已经进入吴元济的外宅。有人向吴元济报告说："官军到啦！"吴元济还在睡觉，笑着说："只是关着的俘虏捣乱罢了！天亮后就把他们都杀了。"

他站起身来，走到院子里聆听，听到李愬军的号令："常侍传话。"回答的有将近一万人。吴元济开始害怕，说："这是什么常侍，竟能到这里来？"于是率领左右亲信，登上牙城，抵抗官军。

李愬派遣李进诚进攻牙城，毁坏牙城的外门，攻取兵甲仓库，取出军用器具。十七日，李进诚再次进攻牙城，放火焚烧了牙城的南门，百姓争着背柴草来帮助官军，射在城墙上的箭像刺猬身上的刺一样密集。

申时，城门被毁，吴元济在城楼上请罪，李进诚用梯子把他接了下来。第二天，李愬用囚车把吴元济押送往京城，并且报告了在外监军的宰相裴度。

一身正气的韩愈

韩愈，河阳人，祖籍河北昌黎，故人称"韩昌黎"。我国著名文学家，他为官清廉，正直不阿。

唐德宗时，韩愈任监察御史，曾因弹劾明抢豪夺的宦官而触怒皇帝，被贬为知县。唐德宗死后，韩愈才有了升迁的机会。由于他的直言上书又多遭贬官。唐宪宗当政时，韩愈任刑部侍郎。

唐宪宗名李纯，十分迷信佛教，特地派出使者前往陕西凤翔，迎回了一块据说是释迦牟尼手指骨的佛骨。一时间，长安城内热闹非常，烧香的、磕头的、念经的，一片沸沸扬扬。

韩愈几次欲当面劝谏宪宗制止这场劳民伤财的活动，但都被宪宗拒绝了。

韩愈坐卧不安，回到家中，立即准备起草有关的奏章。韩愈的朋友张籍听说后立即劝他不要触怒皇帝，应多著书来流芳百世，但被韩愈拒绝了。

唐宪宗正要去参加安放佛骨的大典，韩愈手捧着奏章拦住了去路。宪宗没办法，只好说明日再召见他。

但韩愈长跪不起，劝说道："那释迦牟尼佛，不过是外国的一个偶像，直到汉代才传入中国。过去没有人信佛，三皇五帝都很长寿，甚至有超过百岁的。后来，汉明帝崇信佛法，只当权十八年；宋、齐、梁、陈的几代君主天天礼佛，却只统治了很短的时间；梁武帝三次出家修行，亲自当和尚，一天只吃一餐素食，这么虔诚，最后竟被乱贼逼得饿死于台城。他们拜佛拜来的不是福，而是一场大祸啊！"

此时，生怕佛祖会怪罪的唐宪宗不许韩愈再说下去。韩愈这时早已将生死置之度外了，又大声劝道："陛下贵为天子却迷信佛，殊不知会带动百姓不顾家业、不顾性命以供奉佛！危险啊！"

"来人啊，把这狂妄的韩愈拉下去！"唐宪宗发火了，大吼起来。

"慢！"韩愈厉声喝住了欲上前来的御林军："我还有几句话，说完后任杀任剐！陛下，我身为御史，如果不劝谏您停止参加安放一块骨头的什么'大典'，是要受到千秋万代耻笑的。乞求您把这块骨头烧掉或埋掉，使天下人都觉得您是真正的英主。如果佛真的有灵，就请他把一切灾祸加在我韩愈的身上吧！"

唐宪宗被一番义正词严的话语说得满脸通红，想立即杀死他，但由于大臣们的劝阻，就把他贬去了广东潮州当刺史。

当时正值寒冬，韩愈把妻子儿女留在长安，只身一人去潮州赴任。走到蓝田关时，见到为他送行的韩湘，韩愈感慨万千，挥笔写下了著名的《左迁至蓝关示侄孙湘》一诗，表达了内心的郁愤。

潮州地区十分荒僻，贫穷落后，老百姓生活非常艰苦。韩愈到任后就努力为老百姓办好事。

韩愈

后来，韩愈被任命为兵部侍郎。不久，河北军阀田弘正被部将王庭凑杀死，发生兵变。朝廷派牛元翼前去征讨，结果牛元翼反而被王庭凑率军围困住，情况十分危急。唐穆宗慌了，连忙委派韩愈前去安抚王庭凑。人民都担心韩愈会遭王庭凑的毒手。唐穆宗此时也认识到了韩愈此去的危险性，就让人传旨给韩愈，叫他在镇州附近看看形势就行了，但被韩愈拒绝了。

王庭凑听说韩愈到来，立即在四周布置了张弓拔剑的士兵等待他。韩愈看到这剑拔弩张、杀气腾腾的阵势，轻蔑地笑了笑，昂首进入厅堂。王庭凑厉声问韩愈："你来这里有何贵干？"

韩愈高声回答："我是奉天子的命令，来劝说将军归顺朝廷的。"

王庭凑冷笑一声，威胁说："这是士兵们威逼我干的，你有什么话就去对士兵们说吧。"

韩愈又看了看两边的士兵，没有丝毫的畏惧，大声说："天子让你当节度使，是因为你有将帅之才，谁知道你竟然不能跟士兵说话。"

在韩愈一番义正词严的劝说下，王庭凑听从了韩愈的劝告，答应归顺朝廷，不再兴兵作乱。韩愈凭着他那三寸不烂之舌和无畏的勇气，消除了一场战乱，便立即回京复命去了。

韩愈因才干突出，被调任为京兆尹兼御史大夫。京城的地痞流氓听说韩愈当了京兆尹，以前放肆的行为大为收敛，没有人敢违反禁令。因为他们都知道韩愈是个连佛骨都敢烧的硬汉子。很快，京城的秩序大为好转，偷盗的事件也越来越少了。

甘露之变

李训本是被流放的罪人，后被唐文宗任命为兵部郎中知制诰、充翰林侍讲学士。一年后，又被提升为宰相，得到唐文宗的信任。无论是宰相王涯，还是神策军护军中尉、枢密使等都对他畏惧三分，阿谀逢迎。

郑注和李训共同谋划清除宦官，准备等郑注到凤翔上任以后，挑选壮士作为亲兵。十一月二十七日，朝廷在浐河旁安葬王守澄时，郑注上奏请求让自己进去护卫，借机率领亲兵跟随。同时奏请唐文宗，命令神策军扩军中尉以下的所有宦官，都到浐河旁为王守澄送葬，然后令亲兵把宦官全部诛杀。

计划已经定好，李训又和他的同党密谋，准备杀死宦官后再杀死郑注。李训于是让亲信邠宁节度使郭行余、河东节度使王璠、左金吾卫大将军韩约、京兆少尹罗立言和御史中丞李孝本等人担任要职，计划也只有李训和这几个人及宰相舒元舆知道。

十一月二十一日，韩约向皇帝奏称："左金吾衙门后院的石榴树上，夜里有甘露降临。"于是拜了两拜，宰相也率领百官向唐文宗祝贺。

唐文宗在李训的建议下，打算亲自前去观看。唐文宗于是来到含元殿，先打发宰相和中书门下两省的官员去察看，接着又让左、右神策军护军中尉仇士良、鱼弘志率宦官前往察看真伪。此时，李训令郭行余、王璠前往诛杀宦官，但只有郭行余一人率军去了。

仇士良率领宦官们来到左金吾后院，看见韩约汗流满面，脸色大变，感到十分奇怪，接着又看见很多拿着兵器的士兵在帐幕后，还听到兵器碰撞的声音。仇士良等人急忙往外跑，守门的卫兵正要关门，仇士良大声呵斥，门闩没能闩上。

仇士良等人跑到含元殿，报告唐文宗说有变乱。李训急忙叫金吾卫上殿护驾，并给予赏钱。但宦官们立刻抬起软轿，扶唐文宗上去，冲破殿后的丝网，迅速向北出门。

李训拉住唐文宗的软轿，大声说："我奏请朝政还没有完呢，陛下不能入宫！"这时，金吾卫士和罗立言及李孝本率领的军队也登上含元殿，击杀了十几名宦官。

这时唐文宗的软轿已进入宣政门，李训被打倒在门外，大门立刻关上，宦官们都高呼万岁。

李训知道大事不好，于是穿上随从官吏的绿色官服，骑马逃走了。

仇士良等宦官知道文宗参与了李训的谋划，非常怨愤，出言不逊。文宗羞愧畏惧，不敢再说话。仇士良等人命令左、右神策军副使刘泰伦、魏仲卿等人，各自率领禁兵五百，拿着兵器从紫宸殿冲出去讨伐贼党。中书、门下两省和金吾卫的士兵，外加官吏六百多人被杀害。

仇士良等人部署兵力，关闭各宫门，搜查南衙各司衙门，捕捉贼党。各司的官吏卫士，以及正在里面卖酒的百姓商贾，共有一千多人，全部被杀。

不久，舒元舆、王涯、王璠等人全部被捕。七十多岁的王涯禁不住毒打，只好招认与李训谋反，想拥立郑注为皇帝。

接着神策军又在太平里逮捕了罗立言，以及王涯的亲戚奴婢，都关押在左、右神策军中。户部员外郎李元皋是李训的远房表弟，也被抓起来杀了。禁军和京城无赖趁机大肆抢掠，公报私仇，京城一片大乱。

二十三日，唐文宗亲临紫宸殿，问："宰相为什么没来？"

仇士良说："王涯等人谋反，已经被逮捕，关进监狱。"然后呈上王涯的供词，唐文宗无奈，只好下令处死王涯。

贾𫗦换下官服，躲到百姓家里过了一夜。自己知道无处可逃，于是穿着丧服，骑驴到兴安门，让卫兵把自己抓走。不久，李孝本与李训也被抓住了。

走到昆明池，李训担心受到严刑拷打，就对押送他的人说："抓住我的人一定可以得到荣华富贵。我听说禁军到处搜捕，他们肯定会从你们这儿把我夺走，不如拿我的首级送到京城！"押送他的人听从了，斩下李训的首级，送往京城。

左神策军派出士兵三百人，以李训的首级引领王涯、王璠、罗立言和郭行余；右神策军派出士兵三百人，押着贾𫗦、舒元舆和李孝本，献祭于宗庙社稷；接着又游街示众；最后在京城独柳树下，将他们腰斩，首级挂在兴安门外示众。

在这之前，郑注按照事先和李训的约定，率领亲兵五百人已经从凤翔出发，到达扶风县。扶风县令韩辽知道他们的阴谋，于是没有接待，携带县印和下属官吏士兵逃往武功。郑注得知李训已经失败，于是又返回凤翔。

仇士良等人又密令凤翔监军张仲清诛杀郑注。押牙李叔和建议不知如何是好的张仲清说："我以您的名义，用好话劝郑注来，然后屏退他的亲兵，在座席上把他杀了，叛乱立刻就能平定。"张仲清同意了，按计斩杀了郑注并诛杀了其亲兵。

张仲清出示唐文宗的密诏，让将士们观看。于是诛灭郑注家族，又一起诛杀了凤翔节度副使钱可复、节度判官卢简能、观察判官萧杰、掌书记卢弘茂等人及其同党，共计一千多人。

唐武宗灭佛

会昌五年（845年）七月，唐武宗开始灭佛。首先下令将山野中的寺庙全部拆毁。西京长安和东都洛阳的左、右两街，各留两座佛寺，每座留三十名僧人；天下各镇的节度使、观察使治所，以及同州、华州、商州、汝州各留一座佛寺。同时又将寺庙分成三等，每等所留人数不同：上等的可以保留三十名僧人，中等的可以保留十名僧人，下等的可以保留五名僧人。其余的僧侣和尼姑及大秦穆护、祆教僧侣全都勒令还俗。朝廷还特派御史监督此事。

佛寺的财物、田产全部没收入宫，寺庙的建筑材料用来修理公家的馆舍和驿站的房屋，寺中的铜器被用来铸成钱币。

八月，宰相李德裕等人建议唐武宗用拆毁佛寺得来的木材修复太庙。

初七，唐武宗下诏向朝廷内外宣布了佛教的种种弊端。在全国范围内拆除佛寺四千六百多座，勒令还俗的僧侣、尼姑共二十六万多人，大秦穆护（摩尼教）、祆教僧侣也有二千余人，同时有四万多座佛祠被拆除。

唐武宗

从寺院收回的良田有几千万顷，奴婢十五万人。所留下的僧人都隶属礼部主客郎中管辖，不再隶属祠部郎中。大臣们纷纷上表表示祝贺。

不久，唐武宗又下诏命令东都只许保留二十名僧人。原先保留二十名僧人的寺院，现在改为十人；保留十人的减去三人；保留五人则一个不留。

五台山的僧侣很多都逃往了幽州。李德裕召见幽州的进奏官，对他说:"你回去告诉节度使,五台山的僧人做将领,一定不如幽州的将领,做士兵也一定不如幽州的士兵。为了一个收留僧人的虚名是不值的。"

幽州节度使张仲武于是拿两把刀封起来,送给居庸关的守将,说:"如果有游僧进入幽州,就将他斩首。"主客郎中韦博认为毁佛的事情不应该太过分,结果引起了李德裕的反感,李德裕把韦博贬为灵武节度副使。

朋党之争

唐宪宗时期,有一年,长安为选拔能够直言敢谏的人才而举行考试。在参加考试的人中,李宗闵、牛僧孺两人符合条件,被推荐给了宪宗。

当时的宰相李吉甫是个士族出身的官员,本来就瞧不起科举出身的官员,现在出身低微的李宗闵、牛僧孺居然敢批评朝政,揭露他的短处,他更加生气。于是他上告宪宗说这两个人是因为跟考官有私人关系而被推荐的。唐宪宗听信了李吉甫的话,把几个考官降了职,李宗闵和牛僧孺也没有受到提拔。

李吉甫死后,他的儿子李德裕依靠他父亲的地位,做了翰林学士。那时候,李宗闵也在朝做官,李德裕对李宗闵仍心存旧怨。

唐穆宗时的一次进士考试,有两个大臣因为有熟人应考,私下里托过考官,但考官钱徽没买他们的面子。然而李宗闵有个亲戚被选中了。那两个大臣就向唐穆宗告发钱徽徇私舞弊。唐穆宗问翰林学士,李德裕说真有这样的事。唐穆宗就把钱徽降了职,把李宗闵贬谪到了外地。

李宗闵知道真相后,恨透了李德裕。牛僧孺当然同情李宗闵。打这以后,李宗闵、牛僧孺就跟一些科举出身的官员结成一派,李德裕跟士族出身的官员结成一派,两派的斗争十分厉害。

唐文宗即位以后,李宗闵依靠宦官当上了宰相。李宗闵向文宗推荐牛僧孺,也把他提为宰相。这两人一掌权,就合力打击李德裕,把李德裕调为西川节度使。

不久,李德裕收复了一个被吐蕃占领的重镇维州。这本来是李德裕立了一功,但是宰相牛僧孺却跟唐文宗说:"收复一个维州,算不了什么;跟吐蕃搞坏关系,太不划算了。"唐文宗于是下令,叫李德裕把维州还给吐蕃。

后来,有人告诉唐文宗,说退出维州城是失策,并且说这件事是牛僧孺排挤李德裕的手段。唐文宗于是疏远了牛僧孺。

此后，受宦官控制的唐文宗一会儿用李德裕，一会儿用牛僧孺。一派掌了权，另一派就没好日子过。两派势力轮流执政，把朝政搞得十分混乱。唐文宗也闹不清谁是谁非，他不禁叹息道："要平定河北容易，要除掉朝廷的朋党可真难啊！"

牛、李两派为了争权夺利，都极力拉拢宦官。李德裕做淮南节度使的时候，监军的宦官杨钦义被召回京城时，大家都认为他一定会掌权。临走的时候，李德裕就置办酒席请杨钦义，还送给他一份厚礼。杨钦义果然在唐武宗面前竭力推荐李德裕。

唐武宗即位时，李德裕当了宰相。他竭力排斥牛僧孺、李宗闵，把他们都贬谪到南方去。

得到了唐武宗信任的李德裕，当了几年宰相，但因为办事专断，遭到朝野上下的怨恨。846年，唐武宗病死，宦官们立武宗的叔父李忱为帝，就是唐宣宗。结果，唐武宗时期的大臣一概遭到排斥，唐宣宗即位第一天，就把李德裕的宰相职务撤了。过了一年，又把李德裕贬谪到崖州。直到此时，闹了四十多年的朋党之争才终于宣告结束了。

黄巢起义

"安史之乱"之后，唐王朝日趋衰落，到了唐朝末年，社会已经混乱不堪了。皇帝和贵族官僚们过着奢侈糜烂的生活，农民不仅失去了土地，还要交纳名目繁多的赋税。

无法生活的农民只有一条路可走，那就是造反，裴甫、庞勋与黄巢等农民起义相继爆发，其中规模最大、历时最久、影响最深的当首推黄巢农民大起义。

黄巢，曹州冤句人，出生于一个世代贩卖私盐的家庭。他小时候读过一些书，能言善辩，有胆有识。曾经有这样一个故事：有一年秋天，菊花正盛开之时，黄巢的父亲与一位老人以菊花为题作联句。黄巢的父亲先作了一联，那位老人一时还没有接上，在旁边玩耍的黄巢却脱口接了一联"堪与百花为总首，自然天赐赭黄衣"。他的父亲立即训斥了他一顿，而那位老人却让黄巢另作一首诗。黄巢的父亲同意了,黄巢当场吟道:"飒飒西风满院栽,蕊寒香冷蝶难来。他年我若为青帝,报与桃花一处开。"诗中,他那冲天的豪气和广阔的胸怀得到了充分的体现。

黄巢

黄巢长大以后,曾与同乡王仙芝一起贩卖私盐。他武艺超群,尤其善于骑射,并且豪爽仗义,好打抱不平,颇有侠客的风范。多年的走南闯北,使他了解到各地百姓都处于水深火热之中。后来,他屡试不第,又看到了官场的黑暗与腐朽。于是,当王仙芝举起起义的大旗后,黄巢便响应王仙芝的号召,聚众数千人,也举起了起义的大旗。不久就发展成了几万人的队伍。

王仙芝与黄巢的起义军震动了朝廷,皇上立即诏令五个节度使进攻起义军。当时起义军虽然有了一定的力量,但是和朝廷五个节度使的力量比起来,可就差得远了。在这种情况下,王仙芝和黄巢采取了避实就虚、流动作战的战术,攻占了不少的州县。在他们进攻到蕲州时,王仙芝禁不住朝廷的诱惑,准备率众投降。

黄巢知道以后,勃然大怒。他来到王仙芝的帐中,揪住王仙芝便走,把他的头都打破了,并且一边打一边骂:"当初我们一起对天宣过誓,要齐心协力,横行天下。现在朝廷给了你这么个小官,你竟然就动摇了。你投降了做官了,但你手下的将士怎么办?"王仙芝见大家都反对,没有办法,只好放弃了投降。但是,自此之后,黄巢和王仙芝分道扬镳了。王仙芝向南渡过汉水进攻荆南,而黄巢则带领二千多人马向北进发。

还有投降之心的王仙芝派部下尚君长等人去和朝廷联络。朝廷假装答应了王仙芝的请求,却杀了尚君长等人。王仙芝知道上当受骗以后,奋起反抗,最终战死在黄梅。

王仙芝死了以后,尚君长的弟弟尚让率领王仙芝的部分队伍投奔了黄巢,并推举黄巢做头领,号称"冲天大将军",还设置了官职,委派了官吏,建立年号"王霸"。起义军有了自己的政治机构以后,信心更足了。

黄巢率领起义军一直征战在中原一带。但是中原一带官兵的势力非常强大,而江南力量则非常薄弱,于是他们就决定转战江南。来到江南以后,黄巢又将队伍扩大到三十多万。黄巢用兵如神,在江浙一带连战连捷,这使朝廷非常震惊。惊慌的唐僖宗赶忙派淮南节度使高骈迅速进攻起义军,并派其他军队进行协助。

在高骈的不断进攻下，起义军连连失利，只得一再撤退，最后撤到了信州。但祸不单行，在信州又遇上了瘟疫，起义军病死了很多，元气大伤，处境非常危急。黄巢于是一方面用重金贿赂敌将，让他们减慢进军的速度；另一方面写信给高骈，说要投降朝廷。

高骈以为黄巢真的已是走投无路了，非常得意地上书给皇帝，向皇帝邀功。高骈的一时得意使黄巢的起义军得到了喘息的机会。不久，他们就恢复了元气，打败了淮南官兵。之后，黄巢向北进军中原，同年十一月攻占了东都洛阳。

黄巢攻占洛阳后不久，又一鼓作气攻下了潼关。随后，黄巢率军向长安进攻。朝廷的百官听说起义军已经开始向长安进发的消息后，纷纷四散逃命了。唐僖宗则只带了几个手下匆匆逃往成都避难。长安城人去楼空，没有一人防守，起义军于是顺利地进入了唐朝的首都。

880年十二月十二日，黄巢进入了太清宫，第二天在含元殿即皇帝位，国号"大齐"。黄巢的宏大抱负终于实现了，而大齐政权的建立，也标志着起义军已经取得了巨大的胜利。

但是黄巢虽然建立了政权，却没有施行改革措施，政府机构的人员，也是起义军的首领与原唐朝的一些官僚。沉浸在胜利喜悦当中的黄巢没有及时地去追击逃跑的唐僖宗，给了他们喘息的机会。不久，唐僖宗就派人进攻长安讨伐起义军，起义军由于轻敌而惨败，黄巢也只好撤出了长安。虽然后来黄巢又重新回到了长安，但实力已大不如从前了。

后来，黄巢又带领起义军残部流动作战了几年。最后一次战斗中，起义军伤亡殆尽，黄巢与他的一个外甥被逼到了狼虎谷。黄巢对他的外甥说："我起兵反对朝廷，本来是为了消灭朝中的奸臣贪官，但现在看来，是无法实现了。朝廷肯定会悬赏捉拿我，如果你拿着我的首级献给朝廷，说不定还能获得富贵。"说完，黄巢便自杀了。

黄巢从揭竿而起到失败身亡历十年之久。他的活动范围几乎遍及全国，沉重地打击了唐朝的腐朽统治，加速了唐朝的灭亡。

王建建前蜀

唐朝之后，中国进入了混乱的五代十国时期。

王建，字光图，许州舞阳人。小时候家境贫寒，他没读过书，目不识丁。少年时代他就四处游荡，贩卖私盐。之后他又投到忠武节度使杜审权麾下，当了一名士兵。他因作战勇敢，又有计谋，不久便被提升为军官，后来又被任命为忠武八都之一。

　　黄巢起义后，王建曾抵御过黄巢部将朱温的进攻，而后又率三千精兵迎接僖宗，田令孜将王建等五人收为养子，拜为诸卫将军，号称"随驾五都"。黄巢兵败后，王建随僖宗回到长安。

　　僖宗回长安后，河中节度使王重荣和田令孜因争夺产盐的解池发生冲突。不久王重荣与河东节度使李克用联兵进犯长安。僖宗以王建为清道斩斫使逃往四川兴元。一路上，王建拼死护驾。在过栈道时，栈木已被追兵点燃，摇摇欲坠。王建舍身为僖宗牵马，勉强冲出烟火。僖宗感激涕零，当即脱下黄袍赐给王建说："上有朕的泪痕，权作纪念吧。"到兴元后，僖宗马上委任王建为壁州刺史。禁军将帅兼任州刺史，是从来没有过的。为此，王建十分得意，认为自己要青云直上了。

　　不久，王建的靠山田令孜失势，王建被贬为利州刺史。王建攀龙附凤的幻想破灭了，于是他决心自己做一番事业。

　　被贬到利州的王建听从部将建议，对内扩招兵勇，训练士兵，同时安抚百姓；对外与故交剑南东川节度使顾彦朗建立联系，互相配合。这样，他的势力一天比一天大了。

　　王建的所作所为很快引起了剑南西川节度使陈敬瑄的警觉。陈敬瑄唯恐王、顾联合对他不利，便请监国田令孜出面解决此此事。田令孜十分放心地说："王建是我的义子。只要有我一封信，即刻可以让他前来，听从你的指挥。"

　　王建见信后，听说义父召他去，认为自己飞黄腾达的机会到了，于是他将家属委托给顾彦朗，自己率领精兵两千人前往成都。

　　但是王建的队伍到了东西川交界的鹿头关时，陈敬瑄又改变了主意。他认为王建进入成都会发生意外。于是，他派使者赠钱万缗，仍要王建回阆州。同时，他还增设守备，以防备王建。

　　王建闻讯大怒，立即率领人马攻破鹿头关，连拔汉州、德阳，直逼成都。他拒绝田令孜的安抚，率军围攻成都，三日未能攻下，只得退回汉州。

　　从此，王建以汉州为据点，屡次进犯西川诸州，但并无进展。

　　唐僖宗文德元年（888年）三月，唐僖宗死去，唐昭宗即位。早在唐昭宗做寿王时，唐昭宗就对田令孜不满，即位后便罢了田令孜的监军之职。他还要收回陈敬瑄节钺，田、陈拒不受命。昭宗立即派宰相韦昭度为西川节度使兼两川招抚制置使，打算控制西川。

　　这年十二月，唐昭宗调兵近十万，任命韦昭度为招讨使，王建为行营诸军都指挥使，攻打成都，并特地割四川邛、蜀、黎、稚四州，设置永平军，以王建为永平军节度使。但韦昭度和王建围困成都达三年之久，仍没能攻克。昭宗想召回韦昭度，恢复陈敬瑄的官爵，命王建退兵。

王建闻讯后立即上表说田、陈罪大恶极，不可赦宥，要求予以诛灭，以肃纲纪。然后劝韦昭度还朝，自己讨伐他们。

韦昭度刚一出川，王建马上派兵扼守剑门关，关上了蜀中大门。接着，他率领士兵猛攻成都，终于在同年八月，成都粮尽兵疲，田令孜与陈敬瑄只得开城投降。王建入城，被朝廷任命为西川节度使，封为西平郡王。为除后患，王建索性将田令孜和陈敬瑄杀掉，自诩大义灭亲。

之后，王建又四下攻占，不仅灭了顾氏，吞并了东川，还兼据汉中、陇东，这奠定了前蜀王国的基业。

唐昭宗天复三年（903年），朝廷晋封王建为蜀王。第二年八月，朱温杀了唐昭宗，另立昭宣帝。天祐四年（907年）三月，朱温废唐称帝，建立后梁。王建拒不承认。九月，王建在掌书记韦庄的策划下，率众为唐室大哭三日，然后称帝，国号大蜀，史称前蜀，建元永平。

十二年后，王建病死，终年七十二岁。

后梁代唐

朱温本生于书香门第，但由于父亲死得早，他在很小的时候就随母亲一起到地主家当奴才，经常被人打骂、瞧不起。在这种环境下，朱温渐渐成了一个不务正业、见风使舵而又野心勃勃的泼皮无赖。

唐朝末年，黄巢举兵起义。朱温参加了黄巢的大军，并在战争中屡次立功，深得黄巢信赖。然而自私自利的朱温最终出卖了黄巢，投降了唐军。

唐僖宗看朱温既乖巧又善于打仗，便赐给他"全忠"的名字，让他前去镇压黄巢起义。朱温则乘机把徐州、兖州、郓州等地方划为自己的势力范围，与大军阀李茂贞、李克用平起平坐，相互争战。

后来，李茂贞将继位的唐昭宗挟持到凤翔。朱温便与宰相崔胤共同出兵抢回了昭宗。唐昭宗于是封朱温为梁王。而朱温又借机诛杀宦官，杀害大臣，自己独揽大权。

朱温的专权不仅引起了李克用等冤家对头的不满，同时也引起了崔胤的愤怒。崔胤打算招募军队培养自己的势力，但不幸为朱温所杀。

朱温在铲除朝廷内部的异己时，李茂贞等地方上的势力也一心想除掉朱温。朱温怕混战中出乱子，所以借口李茂贞逼近京城，让唐昭宗迁都洛阳，并将唐昭宗软禁起来。

唐昭宗迁都洛阳前，朱温火烧长安。唐昭宗一路上受尽折磨，对朱温也愤恨不已。他们行至半路，得到消息说，洛阳宫室还未建好。唐昭宗便趁机悄悄使人与李克用等军阀联系，诏令他们速来征讨朱温。但是回信还没有到，朱温却知道了这件事，他说宫室已修好，请唐昭宗尽快赶赴洛阳。

朱温

唐昭宗被迫来到洛阳。朱温开始在唐昭宗身边换上自己的心腹。朱温集军政大权于一身，但他毕竟做贼心虚，担心昭宗之子德王李裕对自己造成威胁。而且此时李克用、李茂贞等地方军阀已经暂时联合起来，要大举进攻朱温，朱温怕唐昭宗趁势生变，破坏了他当皇帝的美梦，于是便动了杀害他的念头。

蒋玄晖是朱温安插在昭宗身边的密探。这时，朱温同蒋玄晖商议杀害昭宗的时间。他们选择了一个深夜，蒋玄晖派部下史太前去执行。史太前毫不犹豫地在内室抓住企图逃命的唐昭宗，一剑结果了他的性命。何皇后吓得蜷缩在角落里，以儿子尚小为由苦苦哀求蒋玄晖饶她一命。蒋玄晖终于不忍，提剑而去。

事后，朱温将弑君的罪名嫁祸于裴贞一，又让李柷继皇位，这就是唐昭宣帝。接着朱温就大举捕杀唐昭宗的家属、族人和亲信，以彻底铲除后患。

唐昭宗的九个儿子对朱温杀死自己的父亲的逆举恨得咬牙切齿，但又苦于力量不足，敌不过心狠手辣的朱温，暂时奈何不了他。朱温表面上温和无比，却突然在一次宴会上，趁他们喝得高兴时，派蒋玄晖将他们一一杀死。

由于朱温出身不高，所以对世族和科举出身的大臣深恶痛绝。于是一天，朱温以彗星出现，天下有灾，必须杀人顺应天变为由，大开杀戒。凡是朝中出身高门，或科举及第入仕的官吏，包括宰相裴枢在内，都被杀的杀、贬的贬，无一幸免。

当身边的异己被清除得差不多时，朱温开始计划着当皇帝了，而且急切之情路人皆知。朱温一向视蒋玄晖为自己最信任的心腹，所以找他替自己谋划，本想着大功可以立即告成。谁知蒋玄晖去找当时的宰相之一柳璨商议，柳璨建议朱温当皇帝不要操之过急。朱温见他没能领会自己的意思，气得七窍生烟；

再加上柳璨是一个阴险卑鄙、杀人不眨眼的奸臣，平时得罪了不少人，朱温于是起了杀心。其实，柳璨、蒋玄晖等并非反对朱温称帝，只是所主张的形式不同而已。正当他们为朱温篡位之事日夜奔劳，极力谋划时，却全然不知大祸临头。

当时，唐昭宣帝的母亲何太后十分清楚朱温的野心，极怕朱温篡位后母子性命难保，她以前曾求过蒋玄晖放过她的性命，所以这次她又派两个宫女前去通融，让蒋玄晖答应唐帝让位之后，保她母子平安。这事却被朱温的密探得知，他们添油加醋地密告蒋玄晖等与皇太后一起密谋造反，毫不怀疑的朱温立即将蒋玄晖斩首示众，柳璨、何太后以及相关人员都命丧黄泉。

开平元年二月，唐朝的大臣共同奏请唐昭宣帝退位。五日，昭宣帝下诏命宰相率领百官到元帅府劝进。梁王派遣使者辞退了他们，表示谦让。

不久，唐昭宣帝再次下诏禅位于梁王。朱温于是改名朱晃，在大梁玄德殿登上皇帝宝座。大臣们俱上表颂德。

有一天，朱温与宗室、亲戚在皇宫中饮酒、赌博，酒意正浓之时，朱温的哥哥朱全昱忽然抓起骰子向盆里摔去，斜眼看着朱温说："朱三，你本是砀山一个平民百姓，跟随黄巢当强盗，天子任用你做四镇节度使，富贵达到了极点。怎么忽然灭掉唐朝三百年的天下，自己称起了帝王！你就要被灭族，还有什么心思赌博！"朱温怏怏不快地停止宴饮和赌博而去。

次日，朱温命有关部门祭告天地、宗庙、社稷，接着派遣使臣向各州、镇传谕。第四天，宣布大赦天下，改国号为大梁。奉唐昭宣帝为济阴王，一切官爵制度不变。以汴州为开封府，命为东都，以原来的东都洛阳为西都，废弃长安原西京的称号，以京兆府为大安府。在大安府设置佑国军。将魏博镇改名为天雄军。派专人把济阴王软禁在了曹州。

李存勖建后唐

李克用是北方少数民族沙陀人，本姓朱邪，李是唐朝皇帝赐给他的姓。他瞎了一只眼睛，外号叫"独眼龙"。因为他镇压黄巢起义有功，唐僖宗任命他为河东节度使，后来又封他为晋王。他盘踞河东地区，军事实力雄厚，因此引起了朱温的嫉妒。

一次，李克用大败黄巢，回军途中路过朱温的辖地大梁。朱温把他和他的随从官员接进大梁,设宴招待他们。朱温表面上对李克用十分客气,暗中却在驿馆周围布下了伏兵。宴会结束后,李克用大醉,留在驿馆里安歇。深夜,李克用正在呼呼大睡,伏兵忽然攻进驿馆。李克用惊醒,来不及抵抗,被随从用席子裹着藏在床底下,才没被朱温的士兵发现。

李存勖

这时,碰巧电闪雷鸣,下起雨来。李克用和随从趁机溜出驿馆,缒城而出,侥幸地逃走了。从此,两人结下了深仇大恨。后来朱温篡唐称帝,许多藩镇都表示服从,李克用坚决不承认,双方争战不休。

李克用临死的时候,拿了三支箭对他的儿子李存勖说:"这三支箭,一支用以讨伐幽州的刘仁恭,一支用以击败北方的契丹,还有一支用以消灭朱温!"李存勖哭着接过三支箭,他发誓一定要完成父亲的遗愿。

为了给父亲报仇,为了争夺天下,李存勖立了三条军规:第一,出兵作战的时候,骑兵不见敌人不许骑马。步兵和骑兵要按照各自的位置进行攻战,碰到危险也不许越位躲避。第二,各部队分路并进,在规定的时间必须到位。第三,行军的路上,如果有敢于称病的人,立即斩首。他所率领的军队十分精锐。

李存勖不仅勇力过人,武艺精湛,而且总是身先士卒,冲锋在最前面。

910年,李存勖联合后梁的赵王起兵反梁。朱温派兵袭击赵王,李存勖亲自率领军队救援,但梁军立即坚守大营,闭门不战。

突然有一天,守城的梁将率领步兵和骑兵三万人,分三路进攻晋军,每个士兵盔甲上都扎着彩绸、金银线,在阳光下光彩夺目。误以为是神兵降临的晋军顿时大乱,全军眼看要覆没。将军周德威率领几千精锐骑兵拼命进攻梁军的两翼,左突右杀,才击退敌人的进攻,使晋军没受太大的损失。

回到大营的周德威建议李存勖暂且按兵不动,等敌人士气衰落时再发动突然袭击。李存勖不以为然地说:"我们从各地招募兵马大老远赶来,就是为了救人之急,应该速战速决,哪有按兵不动的道理?"

周德威苦苦相劝说:"赵王的军队擅长守城而不擅长野战;而我们所依赖的骑兵适宜在平原旷野上作战,可以左右奔袭。现在我们紧逼敌人的营垒,骑兵的优势就发挥不出来,这正是以己之短攻彼之长啊。如果敌人再发现我军数量不如他们,那么我们的处境将十分危险!"

刚吃了败仗的李存勖心情很差,听了周德威的这一番话,生气地回到帐中

周德威

躺了起来。

周德威找到大臣张承业说："大王最近非常轻敌，想速战速决。现在我们与敌军隔河相望，只有咫尺之遥，敌人一旦冲过河来，我们就危险了。不如暂且后退，诱敌出营，然后切断他们的补给线，最多一个月就可歼灭梁军。"

张承业认为周德威分析得很有道理，便走进营帐劝说李存勖："周德威久经沙场，对大王也忠心耿耿，希望大王不要鲁莽啊！"

李存勖起身说道："回到帐里我就一直在想，周将军刚才说的话的确很有道理，只是我军刚打败仗，我心情很差才会迁怒于他，请你转告他，让他不要放在心上。"最终，李存勖采纳周德威的建议而大败梁军。

李存勖每次战斗都身先士卒，有好几次陷入险境，多亏身边的将士拼命死战才得以脱身。其他起兵反梁的将领写信劝他说："全国百姓的前途命运和唐朝中兴的希望都寄托在您身上，大王您怎么能这样不爱惜自己的身体呢？"李存勖看了信却笑着说："不经百战怎能平定天下？将士们在外面浴血奋战，我怎么能躲在屋子里养得白白胖胖的呢？"

李存勖知人善任，手下的将官都死心塌地地为他效力，在疆场上拼命杀敌。同时他十分善于接受部下的劝告，从谏如流。这也是他取胜的重要原因。

唐朝后期，为限制藩镇将领的活动，朝廷就派太监到各藩镇做监军。李克用的监军就是张承业，这个人管理财政很有水平，跟随李氏父子多年，一直很忠心。李存勖连年征战，政事全都交给张承业一手处理。张承业努力发展农业，积蓄钱财招兵买马。他征收赋税和执法时铁面无私，丝毫不纵容功臣权贵，晋王李存勖的实力因此日益增强，从来不用为缺少粮饷发愁。

张承业掌管钱粮十分节俭，李存勖有时想要钱赌博或赏赐歌舞艺人，都被他拒绝了。

有一回李存勖在钱库里摆起了酒席，让儿子李继岌给张承业跳舞，张承业送给李继岌一条玉带和一匹骏马，李存勖指着仓库里的钱对张承业说："和哥（李继岌的小名）缺钱花，七哥（张承业排行第七）应该从库里多拿些钱送给他，只赏给这些也未免太小气了吧？"

张承业说："送给继岌的礼物都是出自我的俸禄，仓库里的钱是大王用来供养军队的，怎么能拿来送礼呢？"

李存勖此时已经醉了，便挖苦起张承业来。张承业不但不曲意顺从晋王，反而言辞更加激烈："我一个老太监，无儿无女，珍惜这些钱财还不是为了辅佐大王建立霸业？否则，大王尽管随便拿，不必再问我了。只不过到头来钱财散尽，后悔都来不及了！"

李存勖大怒，高声命令手下拿来宝剑，张承业扑上前，抓住他的衣服，哭着说："我受先王遗命辅政，发誓要为国家诛灭十恶不赦的逆臣朱温，如果因为爱惜国家钱财而被您处死，到了九泉之下见到先王我也问心无愧了。请大王现在就杀了我吧！"

这件事传到李存勖的母亲那里，她立即派人召见李存勖，让他向张承业赔罪。此时李存勖的酒已醒，他面带愧意地给张承业赔罪。

李存勖手下的文臣武将都忠心耿耿，竭尽全力辅佐他，李存勖也因此称帝，建立后唐。

"儿皇帝"石敬瑭

石敬瑭是中国历史上非常有名的"儿皇帝"。他的父亲是李克用和李存勖手下的一员大将。石敬瑭年轻时沉默寡言，不喜张扬，却嗜好研读兵法，且十分勇猛。他射起箭来百发百中，又能熟练使用多种武器，因而深受李存勖的重用。李克用的养子李嗣源还把自己的女儿嫁给了他。一次，在李存勖的军队跟后梁军队作战的时候，李嗣源带着石敬瑭去偷看梁军的营寨。猛然间，一队梁军的骑兵冲出，向李嗣源杀过来，刀差点儿砍到李嗣源的背上。石敬瑭挥动铁戟，奋勇向前，才使李嗣源死里逃生。从此以后，他更加受到器重。

石敬瑭的心计很多。一次，一家客店的老板娘到衙门告状，说她在地上晒的谷子被一个士兵的马吃了。可这个士兵辩解说，他的马没吃老板娘的谷子。双方各执一词，一直闹到石敬瑭那里。那时候，他已经担任了后唐的河东节度使。他对问案的官吏说："告状的人和被告的人都说自己有理，这案子问是问不出来了。不如把马杀了，破开肚肠，要是里面有谷子，证明老板娘告状有理，应该把军士杀了；要是马肚里没有谷子，说明老板娘是诬告，就应该把她杀了。"结果马被杀了之后，没有发现谷子。在事实面前，老板娘无话可说，

石敬瑭

被定为诬告罪杀掉了。这件事充分说明石敬瑭不仅聪明而且残暴。

同时,石敬瑭野心也非常大。在后唐,他虽然做到节度使的大官,被封为赵国公,但仍然不满足,一心想要当皇帝。后唐末帝李从珂任命他为天平节度使。他便以有病为由推辞不去。后唐朝廷下令削去了他的官职和爵位,命令晋州刺史张敬达领兵包围晋阳。石敬瑭赶忙派亲信桑维翰到契丹去请求援兵。契丹国王耶律德光正苦于没有南下的机会,于是便立即答应中秋之后发兵。

这年九月,耶律德光率领大军南下,大败唐军,解救了石敬瑭。石敬瑭得救以后,带领部下将领,从晋阳城出来拜见耶律德光。耶律德光拉着石敬瑭的手,跟他叙起父子的情谊来了,显得很亲热的样子。石敬瑭比耶律德光大十一岁,但石敬瑭厚颜无耻,百般献媚,极力装出孝顺儿子的模样。耶德德光又对他考察了好多天,相信他确实是个尽忠尽孝的儿臣,才对他说:"我看你的相貌和气量,够做一个皇帝,我要立你为天子。"石敬瑭喜出望外,可又怕耶律德光说话不算数。他假意推辞了一番,但在一群大臣的"劝说"下,他就真的做起皇帝来了。耶律德光把自己身上穿的袍服脱下来,把自己头上戴的冠冕摘下来,替石敬瑭穿戴起来,封他为"大晋皇帝",并相约永远保持父子关系。石敬瑭对耶律德光感激涕零,决定把雁门关以北的幽、云等十六州的大片土地奉送给契丹,每年再向契丹贡献丝绸三十万匹,还要送给契丹王、王太后和宰相等大官大批贿赂,以此来报答"父王"。石敬瑭称呼比他小十一岁的耶律德光为"父皇帝",自称"儿皇帝"。从此以后,契丹王如果对哪件事感到不满意,就派人来责备石敬瑭。石敬瑭总是诚惶诚恐地谢罪赔礼,请求宽恕。

石敬瑭当了十八年皇帝后,在契丹死去。他的侄子石重贵继位,即晋出帝。被石敬瑭割让给契丹的幽、云等十六州则成了北方民族侵略中原的根据地,给中原地区带来了极大的灾难。

杜威受骗降契丹

后晋开运三年（946年）十一月，耶律德光大举入侵中原，从易州、定州直奔恒州。

杜威等人到达武强，听到这个消息，打算从贝州、冀州向南退走。彰德节度使张彦泽当时在恒州，领兵与他们会合，向他们分析契丹可以被打败的形势。于是杜威等人又再度赶赴恒州，任命张彦泽为前锋。

二十七日，杜威等人到达中度桥，桥已被契丹人占据。张彦泽率领骑兵前去抢夺，契丹军队把桥烧掉后退走。后晋军队和契丹军队在滹沱河两岸对峙。

开始的时候，契丹人见后晋军队大批到来，争夺中度桥又没有取胜，担心后晋军队快速渡过滹沱河，与恒州军合兵一处向他们进攻，所以商议撤兵回去。等到听说后晋军队修筑营垒，做长久的打算，于是就不撤兵了。

杜威凭借贵戚的身份担任统帅，他性格怯懦，但他的副手们都是能征善战的节度使，他每天只是讨好奉承这些节度使，与他们饮酒作乐，很少讨论军旅之事。

磁州刺史兼北面转运使李谷劝说杜威和李守贞说："现在大军离恒州近在咫尺，做饭的烟火都能互相望见。如果把很多三股木（三根木条交叉捆绑，下边撑开为三脚）放到水里，在上面放上柴枝铺上泥土，桥立刻就架成了。再与城中的守军秘密约定，点火呼应，招募勇士趁夜色砍断敌人营寨的栅栏冲进去，里应外合，敌人一定败逃。"众将领都认为可以这样做，只有杜威认为行不通。

契丹人的大军挡在后晋军队的前面，他们悄悄派出将领萧翰、通事刘重进率领一百名骑兵和羸弱的步卒，绕过西山插到后晋军队的后面，切断了后晋军的粮道和退路。打柴的樵夫遇到他们，全被他们抓走。有逃跑回来的，都说契丹军队人马强盛，后晋军中人心惶惶。

萧翰等人到达栾城，城中后晋守军有一千多人，他们根本没有防备，慌乱中全都投降了。契丹抓到后晋百姓，在他们脸上都刺上"奉敕不杀"四个字，放他们往南走。运粮的民夫在路上看见他们，都丢弃车辆，慌忙逃跑。

十二月八日，契丹人用兵把后晋军营包围起来，后晋军营与外面的联系被切断，军中粮食也快要吃完了。杜威和李守贞、宋彦筠开始谋划投降契丹。杜威暗中派心腹到耶律德光的牙帐，向耶律德光请求重赏。

耶律德光骗他说："赵延寿的威信和声望向来不高，恐怕不能当中原的皇帝。假如你真的投降，就让你当皇帝。"杜威很高兴，就打定了投降的主意。

十二月十日，杜威埋伏下武装好的士兵，然后召集众将，拿出降表给他们看，让他们签名。将领们很吃惊，但没有人敢说话，只是唯唯诺诺地听从命令。杜威派阁门使高勋带着降表去见耶律德光，耶律德光颁下诏书慰劳他，接受了降表。

这一天，杜威下令所有的士兵在营外列阵，士兵们都欢呼雀跃，以为将要出战。杜威亲自告诉他们："现在粮食吃光，无路可走，我将和你们共同谋求一个生存的办法。"于是命令全军放下武器。

士兵们都失声痛哭，哭声震动了原野。杜威、李守贞向众人扬言说："君主无道，信任奸臣小人，猜忌我们。"听到的人没有不咬牙切齿的。

耶律德光派赵延寿身穿赭色龙袍来到后晋军营犒劳士兵，指着赭袍对杜威说："这将是你的东西。"杜威以下的所有将领都到马前迎接。

赵延寿也给杜威穿上赭袍，做给后晋将士看，其实这都是愚弄他们的把戏罢了。耶律德光任命杜威为太傅，李守贞为司徒。

杜威投降后，各州守将纷纷投降，很快就把后晋给葬送了。

刘知远建后汉

沙陀人刘知远本是石敬瑭的大将。对于石敬瑭认贼作父，投靠契丹，刘知远深为不满。

石敬瑭做皇帝后，刘知远做了晋阳留守。石敬瑭临死前，欲召刘知远到朝中任职。但一直不信任刘知远的石重贵即位后，一直不肯召他进京。

石重贵与刘知远相互猜忌。刘知远虽有北面行营都统之职，却没有一点权力。刘知远因此大量招募士兵，又得到吐谷浑的财产牲畜，军队的人数达到五万，成为各藩镇中军事实力最强大的一支。

后来，契丹多次攻打后晋，刘知远全然没有拦击和支援的打算。等到听说契丹已占据大梁，刘知远就分兵守护四方边境来防备受到侵犯。

不久，契丹赏赐给刘知远木拐，以示对他礼遇优厚。刘知远也派遣北都副留守太原人白文珂献上珍奇的丝织品和名贵的马匹。等白文珂回太原时，契丹皇帝让他告诉刘知远："你既不侍奉南朝，又不侍奉北朝，这是为什么呢？"蕃汉孔目官郭威对刘知远说："胡虏对我们怨恨很深！王峻说契丹贪婪残暴，不得人心，在中原一定不会长久的。"

刘知远

有人劝刘知远起兵扩大地盘。刘知远说："用兵有缓有急，应当因时采取合适的策略。现在契丹刚刚招降了晋国十万兵马，都城里像有老虎盘踞着，于我们不利。况且我观察到他们所贪图的无非是钱财物品，钱财物品得足了，他们一定会回去的。现在冰雪已消，天气转暖，他们必然难以久留。等他们退去之后，我们就可以顺利地占领了。"

之后，刘知远又拒绝了称帝的建议。后汉高祖天福十二年（947年）二月十一日，刘知远命令武节都指挥使荥泽人史弘肇集合各军，公布了出兵的日期。军士们都说："现在契丹攻陷京城，抓走了天子，天下已没有君主了。能够做天下君主的，除了我们北平王还有谁！应该先确定皇帝名号，然后再出兵。"于是争着呼喊"万岁"不止。

刘知远说："胡虏的兵力还强，而我们的军威还不振，建功立业才是首要任务。"命左右将佐制止士兵的喧哗。

二月十五日，刘知远正式即皇帝位，刘知远不忍心改晋国号，仍然用后晋的年号，并声称要打败辽军，接石重贵回来。这样，他既赢得了后晋旧臣的好感，又得到了一些豪强的支持。

同时，刘知远还下令奖励抗辽的人，禁止用搜括百姓的办法筹集军款。这样，他大得民心，受到了百姓的支持。另外，他还派使者带着诏书召回了躲避战乱的农民。

这年三月十七日，因受到中原百姓的反对，在开封站不住脚的耶律德光于是还师北上，留下表哥萧翰坐镇开封。四月二十一日，耶律德光病死在北归的路上。

五月七日，刘知远召集文武大臣，讨论进军开封的策略。许多将领建议从井陉东进，先扫平河北平原，黄河之南自然就平定了。

刘知远说："不如从石会关经上党直接南下。"

郭威说："耶律德光虽然死了，但辽军占据的城池依然十分坚固。如果我们东进，道路遥远，途中没有支援，会陷于进退两难的境地。前进则辽军挡住去路，后退则辽军切断归途，那么我们就危险了。因此，去河北是不行的。而上党一带十分偏僻，无法筹集军粮。因此，南下也是不可考虑的。而陕州、晋州新近归降，最好莫过于从西路进军，经那里南下用不了二十天，就可以拿下洛阳和开封了。"刘知远听了，连声叫好。

五月十二日，刘知远率领大军从晋阳出发了。第二天，就接到大将史弘肇攻下泽州的捷报。泽州攻下后，黄河以南的辽军纷纷北逃。刘知远兵不血刃，从晋阳一直打到开封，这都是史弘肇的功劳。

沉默寡言、刚强冷静的史弘肇治军极严，官兵稍一违纪，他就用铁锤将其打死。行军途中，凡是践踏农田和把马拴到树上的，立即斩首。因此他的军队战斗力强。

萧翰听说刘知远大军快到了，想逃回北方。但他又怕中原无主，会发生大乱，使他无法脱身。于是，他把后唐明宗李亶的幼子李从益接来，假传诏书说："命李从益主持南朝军国事务，调萧翰前往恒州。"读罢，便立李从益为皇帝，自己则逃往北方了。

李从益的母亲王淑妃看到拜见的百官，哭道："我们母子被推上高位，这是存心害我们！"

六月初三，刘知远到达洛阳，诛杀了李从益母子。王淑妃临死时哭道："我儿被辽国所逼，有什么罪？为什么不留他一条命，不至于让他爹无人祭祀。"听到这话的人无不落泪。

六月十一日，刘知远进入开封，后晋各地节度使相继前来投降。

刘知远下令大赦天下，让文官武将仍任原职，不做变动，改国号为"汉"，他就是后汉高祖。

此时北方经过长期战乱，盗贼遍地，刘知远决定用重典治理，便下令道："只要是抢劫偷盗，不论多少，一律处以死刑。"大臣苏逢吉起草诏书说："所有盗贼本人，以及他前后左右邻居，连同一保居民，全族处死。"同僚说："盗贼本人尚且无灭族之罪，为什么要处死四邻和同保的居民？"而苏逢吉仍然坚持要灭族，最后迫不得已，只涂掉"全族"二字。后来，苏逢吉被提升为宰相，受到刘知远的重用。

郭威则在军事上一直被委以重任。

第二年正月二十七日，刘知远病危，召苏逢吉、史弘肇、郭威进宫接受遗诏："我就要走了，不能多说话了。承祐年纪还小，以后就全靠你们了。"接着又说："要谨防杜重威！"不多时，瞑目而死。苏逢吉等人便将消息封锁起来，外人全然不知宫中之事。

过了三天，苏逢吉等人用刘知远的名义降诏说："杜重威等人在我生病之时妖言惑众，动摇军心，应将杜重威以及他的儿子杜弘璋、杜弘琏、杜弘璨一律斩首。后晋公主石氏及其他远近亲族，不加追究。"

杜重威被杀后，尸体被当街示众。前来的百姓争着割他的肉来吞吃，顷刻间就被割尽，只剩下一堆白骨。次日，苏逢吉等人又用刘知远的名义降诏，封皇太子刘承祐为周王兼同平章事。不久，他们宣布刘知远去世的消息，公布遗诏，由刘承祐继承皇位。

郭威废帝自立

十八岁的后汉隐帝刘承祐按遗诏继承皇位以后，由杨邠、郭威、史弘肇、王章四人辅政。随着他渐渐长大，对重臣辅政的局面感到不满，就想杀死四位大臣亲政。一天清晨，文武百官上朝。他们刚刚走到政殿外的廊房下，忽然从殿内冲出几十名武士，乱剑齐下把杨邠、史弘肇、王章三个人杀死。

当时，郭威正领兵驻守邺都。刘承祐派供奉官孟业携带密诏到邺都，命令邺都的副将郭崇威等人杀死郭威。没想到郭威却获得密诏，他不禁大惊失色。他立即把密诏给郭崇威、曹威等部将看，痛心疾首地对众人说："我和杨邠他们跟随先帝披荆斩棘，历尽艰辛，夺取了天下。自从接受辅政重任以来，我们为朝廷尽心竭力，没想到杨邠他们竟然死得这么惨。剩下我一个人活着还有什么意思？你们就按诏书的命令，把我杀了吧！"众人一听，惊得目瞪口呆。

郭崇威流着眼泪说："天子年少，这一定是天子身边的小人干的。崇威情愿跟从郭公入朝面见天子，铲除奸党。郭公不能蒙受千古骂名。"

在众人的劝说下，郭威实在忍无可忍，毅然率军南下，直捣京都大梁。

刘承祐得知郭威反叛，又惊慌又后悔。他颓丧地对身边的大臣说："那天实在是太草率了！"

这日，郭威大军与朝廷军队相遇在大梁郊外的刘子陂。刘承祐硬着头皮亲临阵前督战。泰宁节度使慕容彦超率领骑兵向郭威军队发起猛攻，郭

郭威

崇威率领骑兵迎战，南北两军展开了一场殊死搏斗。

战斗很快结束，朝廷军队大败而逃，士兵纷纷投降，慕容彦超仓皇逃走。

第二天，刘承祐率领残兵败将返回大梁。

这时城门已被平卢节度使刘铢占据，刘铢下令开弓放箭，刘承祐只得拨转马头，向西北方向奔逃，最终被翰林茶酒使郭允明杀害。刘承祐的死讯传到郭威军中，郭威不禁黯然神伤，失声痛哭。

郭威进入大梁后，率领百官拜见太后，建议太后说："现在军政繁多，国中不可一日无君，请太后及早选定继嗣。"

太后无可奈何地说："高祖有两个弟弟、两个儿子，就让百官从中选择最合适的吧。"郭威等人一致要求后汉高祖刘知远的亲生儿子刘承勋继位。太后说："刘承勋长期患病，卧床不起。"众人不信，请求面见刘承勋。太后派人把刘承勋抬到众人面前，众人这才确信无疑。

郭威率领百官又请求让刘知远的养子也是侄子的刘赟继位。太后同意百官的请求。郭威立刻派太师冯道等人前往徐州迎接刘赟入朝登基。

十二月，刘赟跟随冯道等人从徐州返回大梁。途中正好遇到出征抵御契丹的郭威军队。刘赟派使者慰问官兵，而将士们却害怕刘氏家族会找他们报复。

十二月十九日，郭威大军到达澶州。第二天早晨，住所外面人声鼎沸，不断的喊声使郭威吃了一惊。郭威唯恐发生不测，急忙命人关闭院门。外面的将士纷纷翻墙而入，众人叩拜郭威说："我们已经和刘氏结下仇怨，绝不能再让刘氏当皇帝，皇帝必须由侍中来做。"

郭威一再拒绝众人的恳求。这时，有人撕下黄旗披在郭威身上，众人趁势欢呼万岁，簇拥着郭威返回大梁。

得知郭威军队哗变的枢密使王峻立刻派留守大梁的侍卫马军指挥使郭崇威带领七百名骑兵直奔宋州，把刚刚走到宋州的刘赟看护了起来。郭崇威让冯道返回大梁，接着在杀死刘赟身边的几员大将后，又把刘赟幽禁杀死。

被逼无奈的太后只好发布命令，废黜刘赟为湘阴公，授予郭威传国玉玺，郭威登基称帝，改国号为周，史称后周。

赵匡胤黄袍加身

显德六年，夙兴夜寐、一心打算统一全国的周世宗柴荣，不幸突然生病去世了。他七岁的儿子柴宗训即位，史称后周恭帝。

第二年正月初一，正当后周君臣庆贺新年的时候，忽然传来契丹和北汉联合进犯的消息。后周宰相范质和王溥等人不辨真假，忙派赵匡胤率领大军前去抵抗。

赵匡胤从小就显得与凡人不同。他于后唐明宗天成二年出生在一个名门世家。显德七年，刚三十四岁的他被提升为殿前都点检，做了皇帝亲军的最高长官。同时，他还兼任归德军节度使，防守都城汴京。后周的军事大权全掌握在他的手中。

赵匡胤

赵匡胤率领大军出发后，走到汴京东北一个叫陈桥驿的地方住了下来。这天晚上，将士们在一起议论朝政，赵匡胤的一个亲信说："如今皇上年幼，不能主持朝政。我们舍生忘死为国杀敌，有谁知道呢？不如先立赵点检做天子，然后北上。"

大家都同意了这个建议，就请一个将军去见赵匡胤的弟弟赵匡义和赵匡胤的幕僚赵普，谈谈大家的想法。正谈着，众将推门而入，异口同声地说："军中已经议妥，要立赵点检做天子！"赵匡义高兴地说："看来，这是大势所趋，人心所向啊！希望你们不要让士兵给地方带来危害。这样，你们就可以共保富贵了。"众将听了，都连连点头。

赵匡义和赵普连夜部署军队，又通知了京城中的禁军将领石守信和王审琦，叫他们在城内策应。他们都是赵匡胤的心腹，见信后立即动手做准备。

第二天黎明，陈桥驿突然呼声大起，惊天动地。宿醉初醒的赵匡胤走出帐外见众将手持兵器，列队站在庭前，齐声说："诸将无主，请点检做天子吧！"赵匡胤还未来得及回答，就被众将拥上大堂，披上了准备好的黄袍，然后大家一起下跪，高呼万岁。

赵匡胤推让了一番，众将哪肯答应？赵匡胤问道："你们立我为天子是贪图富贵，但你们能听从我的命令吗？"

众将异口同声地回答说："我们愿意听命！"

赵匡胤说："那就好，当今的皇上和太后都是我侍奉的，朝中的大臣都是我的同辈，你们不许冒犯他们。回京后，不许手下士兵抢劫。听令者，赏；违令者，罚！"说完，便带领大军回京。

后周大臣韩通性情刚直，毫无心计。他的儿子却很有谋略，见赵匡胤受人

赵普

尊敬，威望越来越高，曾劝父亲早加处置，韩通不以为意。这天，韩通听说赵匡胤真的反了，刚要派兵镇压，就被赵匡胤的部将王延升杀死了。

范质和王溥被将士拥到赵匡胤面前，赵匡胤见了他俩，哭着说："我受皇上厚恩，正思报答，不料被众将所逼而造成今天的局势，这该如何是好呢？"范质刚要说话，赵匡胤的部将罗彦瑰按剑上前，大喝道："我们今日一定要立赵点检做天子！"赵匡胤忙让他退下，罗彦瑰按剑不动，怒目而视，吓得范质和王溥脸色都变了。王溥赶紧退到阶下，倒身下拜。范质见了，也只得跟着下拜，并且口呼万岁。

正月初五下午，赵匡胤举行登基典礼。同时宣布了以后周恭帝的名义写好的诏书，将帝位禅让给赵匡胤。于是，赵匡胤正式登基做了皇帝，建国号为宋，即宋太祖。